本书受中南财经政法大学出版基金资助

中南财经政法大学
青年学术文库

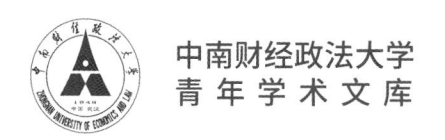

石智雷 ○ 著

Research on social protection and citizenization of migrant workers in China

中国农民工的社会保护与市民化研究

中国社会科学出版社

图书在版编目（CIP）数据

中国农民工的社会保护与市民化研究/石智雷著.—北京：中国社会科学出版社，2018.9

（中南财经政法大学青年学术文库）

ISBN 978-7-5203-2626-1

Ⅰ.①中… Ⅱ.①石… Ⅲ.①民工—城市化—研究—中国 Ⅳ.①D422.64

中国版本图书馆 CIP 数据核字（2018）第 118052 号

出 版 人	赵剑英
责任编辑	徐沐熙
特约编辑	孔东东
责任校对	李孝利
责任印制	戴　宽

出　　版	中国社会科学出版社
社　　址	北京鼓楼西大街甲 158 号
邮　　编	100720
网　　址	http://www.csspw.cn
发 行 部	010-84083685
门 市 部	010-84029450
经　　销	新华书店及其他书店

印刷装订	北京君升印刷有限公司
版　　次	2018 年 9 月第 1 版
印　　次	2018 年 9 月第 1 次印刷

开　　本	710×1000　1/16
印　　张	25.5
插　　页	2
字　　数	320 千字
定　　价	68.00 元

凡购买中国社会科学出版社图书，如有质量问题请与本社营销中心联系调换
电话：010-84083683
版权所有　侵权必究

《中南财经政法大学青年学术文库》
编辑委员会

主　任：杨灿明

副主任：吴汉东　姚　莉

委　员：（按姓氏笔画排序）

　　　　朱延福　朱新蓉　向书坚　刘可风　刘后振

　　　　张志宏　张新国　陈立华　陈景良　庞凤喜

　　　　姜　威　赵　曼　胡开忠　胡贤鑫　徐双敏

　　　　阎　伟　葛翔宇　董邦俊

主　编：姚　莉

前　言

　　农业转移人口市民化是我国新型城镇化建设的核心命题。2016年，我国农民工总数达到28171万人。农民工有很强的城市融入意愿，他们渴望成为城市的一员，融入城市生活。但是改革开放40年后的今天，农村劳动力大规模迁入城市务工、经商，并未像世界上其他国家的人口城市化过程那样，实现市民化的真正转变。一小部分条件较好的农民工，通过积分制或购买住房等方式，获得了城市户籍，实现了市民身份的转变。但是大部分农民工还存在收入水平低、就业不稳定、发展机会少、生活压力大等诸多问题。他们依然处在城市的边缘，社会认同趋于模糊化、不确定和不稳定化，无法融入城市社会，只能在城乡之间候鸟式迁移。这种不彻底的转移方式，一方面起不到农民转移就业、使土地向务农劳动力稳定流转和集中的作用，不利于农村和农业发展；另一方面农民工不能在城市定居和融合，不利于中国人口城市化的进程。党的十八大提出要有序推进农业转移人口市民化，党的十八届五中全会进一步提出了加快提高户籍人口城镇化率的目标。足见中央政府对农民工市民化问题的重视，但是，就如何实现农民工市民化并没有形成一致的观点。

　　很多人关注人力资本、社会资本和户籍制度等因素对农民工市民化的影响，但是农民工文化程度低和社会关系的缺乏短时期内难以改善；农民工在城市中社会网络规模小、结构单一、同质性高，反而阻碍农民工的城市融入；从部分地区户籍制度改革试点来看，即使政策放开给予农民工市民身份和福利，很多农民工也难以在城市生存下来。在城市化快速推进的过程中，由于在城市中保障性资源的缺乏，实现市民身份转变的农民工面临更严重的脆弱性和陷入贫困的风险。但是由于市民化成本的巨大压力，户籍制度改革不可能满足农民工市民化的所有需求，社会保护才是亟须解决的问题的核心。

农民工难以走出"年轻时外出务工，年老时回流农村"的怪圈，表面上看是由于户籍制度的限制，未能实现市民身份转变，而实质上其根本症结在于随着年龄的增长农民工在城市的生计风险逐渐增加，而在城市中保障因素逐渐缺乏，使他们不得不返回农村。社会保护是居民用以维持生计的资源或者权利，具体而言就是在具备劳动能力时有一份稳定的工作，失去劳动能力后有维持生计的保障。政府、企业和家庭分别从不同的层面提供社会保护，政府主要可以提供制度性社会保障，包括劳动合同制度和医疗、养老等社会保险制度；企业可以提供就业保障，确保农民工有稳定的收入来源；家庭主要可以提供基本生活保障，包括照料和物资保障等。农民工市民化进展缓慢的重要症结在于农民工城市社会保护的缺失，而农村社会保护因素的不可替代性和强大吸引力又进一步增强了农民工的回流意愿。

农村保障效应主要体现为家庭禀赋对农民工回流的拉力。与城市户籍流动人口相比，农村的耕地、山林等自然资源是农民先天性的自然资本，可以为返乡后的农民工提供基础性和资源性的生活保障；农村家庭成员、亲友和近邻作为农民工社会网络的最主要构成部分，能够为其提供物质帮助和照料。新型农村合作医疗为农民工的大病风险提供了很好的应对策略，农村养老保险则为农民工的养老安排提供了制度性保障。为实现对农村社会保护的维持，农民工会通过往家乡汇款、为亲朋邻里介绍工作或者在节假日返乡等形式对农村家庭禀赋进行投资，这也是导致农村劳动力在城乡间往复式循环流动的一个重要原因。城市保障效应通过政府、企业和家庭三方面共同作用增强农民工的市民化意愿。第一，政府提供社会保障降低农民工在城市生活的风险预期；第二，企业提供就业保障提高农民工的就业稳定性，增加城市经济保障；第三，通过家庭共同努力增加收入，购买住房，获得居住保障，增强农民工在城市生活的稳定性。城市社会保护的缺失会弱化城市保障效应，降低农民工在城市就业和生活的稳定性，从而使农民工倾向于回流。

劳动力迁移是一种理性经济人行为，他们不仅考虑当前的生活状况，更会从整个生命周期的角度去考虑城市生活的收益及成本。对于农民工群体而言，社会保护是他们在城市"落地生根"的首要考虑因素。就短期而言，一方面城市社会保护的缺失会阻碍农民工融入城市，减少参与城市的各项活动，从而降低在城市的消费支出；另一方面为了维持农村社会保护，农民工还需要对农村家庭进行持续的投资，于是农民工往返于城乡之间，他们在城市获取收入，然后回流农村进行消费。从长期来看，城市社会保护的缺失使农民工在失去劳动能力或年老后没有生活保障，只能回流农村；而农村社会保护又为回流者提供了基本生活来源，从而使年老的农民工最终选择返乡。即使农民工的工资持续增加，如果不能获得城市社会保护，农民工还是会倾向于回流。

新型城镇化建设的本质是人的城镇化，其关键是农民工的市民化。但是市民化不只是给予农民工市民身份，同时要建立起相应的社会保护体系，让农民工真正在城市"落地生根"，防止城市病，防止出现新移民的贫困和边缘化现象。基于农民工落地生根的目标，我们必须重新审视农民工城乡迁移和市民化过程中面临的核心需求，以及外部政策如何调整来帮助农民工。农民工在城市找到一份工作不难，随着时间的推移，逐渐适应城市生产和生活方式也比较容易达到。但是，对农民工来说，能够在城市站稳脚跟，让自己不必为未来失去劳动能力后或者退休后的生活担忧，则是非常困难的，或者对于部分人来说单凭一己之力根本无法实现。本书研究的基本结论是，在农民工个人能力之外建立维持生计的社会保护体系，才是推动农民工市民化的关键。也就是说，农民工无法落地生根的根本原因并不是当下生活艰难，而是在可预见的时期内，社会保护状况仍然很难发生改善。获得户籍身份、加薪只是权宜之计，更为重要的是帮助农民工扎根于城市，排除后顾之忧，让他们利用本不宽裕的资源去和其他城市居民在平等的起点开始竞争。这就需要政府，在保障性制度层面推进农民工城镇社会保障体系的全覆盖，在家庭发展层面完善发展型家庭政策，实现农民工家庭功能的再造。

实现农民工在城市"落地生根"的目标，关键在于提升农民工社会保护的能力。对农民工提供社会保护支持是一项庞大的工程，除了政府支持外，还应有企业支持、志愿者团体支持、社区服务支持、家庭支持等多层面的参与。鼓励企业提高农民工就业稳定性和福利待遇，逐步建立起兼顾农民工的养老保险和待遇正常的调整机制，保障农民工退休后的基本生活。以政府购买服务的方式，扶助面向服务农民工生产和生活的非政府组织，扩大其服务的覆盖空间和加大其力度。完善发展型家庭政策，重建农民工家庭功能，为农民工家庭特别是那些承担养老和育幼责任的家庭提供社会扶持或经济帮助。

目 录

第一章 农民工市民化路径的反思 …………………………… (1)
  第一节 农民工市民化的困境 ………………………………… (1)
    一 第一代农民工:年轻外出、年老返乡 ………………… (1)
    二 第二代农民工:回不去的农村、融不进的城市 ……… (3)
  第二节 三种有影响的市民化思路 …………………………… (6)
    一 农民工人力资本投资 …………………………………… (6)
    二 农民工社会资本培育 …………………………………… (9)
    三 户籍制度改革与基本公共服务提供 …………………… (13)
  第三节 当前的政策方案 ……………………………………… (17)
    一 户籍制度改革 …………………………………………… (17)
    二 市民化的成本 …………………………………………… (20)
    三 财政转移支付忽视了农民工基本公共服务 …………… (21)
    四 现有财政转移支付阻碍了农民工市民化 ……………… (23)
  第四节 挑战与解决方案 ……………………………………… (24)

**第二章 基于可持续生计的农民工社会保护:
        一个分析框架** ………………………………………… (32)
  第一节 可持续生计理论 ……………………………………… (32)
  第二节 基于可持续生计的农民工社会保护分析框架 …… (35)

  一 农民工的社会保护及对其市民化的影响…………（35）
  二 农民工社会保护的内在维度………………………（43）
  三 从社会保障、社会福利到社会保护………………（46）
 第三节 样本选择与数据说明……………………………（49）
  一 研究对象及调查内容………………………………（49）
  二 抽样方法……………………………………………（50）
  三 样本量及其分配……………………………………（51）

第三章 市民化进程中农民工生计状况与生计风险…………（53）
 第一节 农民工在城市生计行为的阶段性特征……………（53）
 第二节 农民工在城市中的生计风险……………………（58）
 第三节 农民工在城市中的生计资本……………………（63）
  一 农民工在城市中的住房状况………………………（63）
  二 影响农民工住房选择因素的实证分析……………（64）
 第四节 农民工在城市中的生计支持：就业与社会保障……（73）
  一 农民工在城市的就业现状…………………………（74）
  二 农民工参加社会保险的现状………………………（79）
  三 农民工参加社会保险比例较低的原因分析………（83）

第四章 应对生计风险的农民工社会保护状况………………（85）
 第一节 农民工社会保护的衡量方法……………………（86）
  一 中国农民工的保障因素……………………………（86）
  二 农民工社会保护的衡量……………………………（88）
 第二节 农民工社会保护的理论体系构建及指标选取……（91）
 第三节 农民工社会保护水平的评价……………………（96）
  一 评价方法……………………………………………（97）
  二 样本数据的处理……………………………………（100）

三　农民工在城市和农村的社会保护水平……………………（101）
　第四节　农民工社会保护总体特征……………………………（115）

第五章　相关保障性因素对农民工市民化的影响……………（118）
　第一节　职业发展与农民工市民化……………………………（118）
　　一　职业发展的视角……………………………………………（118）
　　二　农民工职业发展的理论分析与研究假说…………………（121）
　　三　农民工的职业流动与市民化：描述性分析………………（123）
　　四　职业发展对农民工市民化的影响…………………………（128）
　　五　职业发展的影响效应………………………………………（137）
　第二节　就业稳定性与农民工市民化…………………………（138）
　　一　就业稳定性的视角…………………………………………（138）
　　二　就业稳定性与农民工市民化：理论分析与
　　　　假说提出………………………………………………………（140）
　　三　变量设置与模型构建………………………………………（144）
　　四　农民工的就业稳定性与市民化：描述性分析……………（148）
　　五　就业稳定性对农民工市民化的影响………………………（150）
　　六　就业稳定性的影响效应……………………………………（158）
　第三节　社会保障与农民工市民化……………………………（160）
　　一　社会保障的视角……………………………………………（160）
　　二　研究对象与研究策略………………………………………（163）
　　三　社会保障对农民工市民化的影响…………………………（165）
　　四　社会保障的影响效应………………………………………（177）
　第四节　基本公共服务与农民工市民化………………………（178）
　　一　农民工在城市基本公共服务现状…………………………（178）
　　二　城市基本公共服务对农民工市民化的影响………………（185）
　　三　基本公共服务对不同区域农民工市民化的影响…………（189）

四　基本公共服务的市民化效应……………………………（192）
　第五节　业余生活与农民工市民化………………………………（194）
　　一　关注农民工业余生活…………………………………（194）
　　二　梅奥的"社会人"假说与农民工市民化 ……………（197）
　　三　研究数据与模型构建…………………………………（200）
　　四　工作时间和业余生活对农民工市民化的影响………（205）
　　五　业余生活的影响效应…………………………………（214）

第六章　农村社会保护与农民工返乡……………………………（216）
　第一节　为什么返乡………………………………………………（217）
　　一　关于迁移者返乡的理论回顾与研究假说……………（218）
　　二　研究设计与模型构建…………………………………（226）
　　三　家庭禀赋、家庭决策与农民工返乡：计量分析………（235）
　　四　家庭禀赋对于返乡农民工的保障作用………………（243）
　第二节　返乡后的发展……………………………………………（245）
　　一　农民工返乡与农村发展………………………………（246）
　　二　外出务工经历对农村发展和农民能力的影响………（249）
　　三　研究设计与样本选择…………………………………（256）
　　四　返乡农民工能力发展的统计描述……………………（258）
　　五　外出务工经历对返乡农民工能力发展的影响………（265）
　　六　外出务工经历与返乡后的发展………………………（282）
　第三节　农村保障对农民工返乡的拉力…………………………（284）
　　一　劳动力流动的社会保护理论与研究假设……………（286）
　　二　计量方法与模型构建…………………………………（289）
　　三　城乡社会保护是否决定农民工的去留………………（296）

第七章 城市社会保护与农民工市民化……………………(306)
第一节 农民工的社会保护状况:描述分析 ……………(306)
第二节 农民工社会保护与市民化的衡量方法 …………(310)
    一 农民工市民化的衡量…………………………………(310)
    二 农民工社会保护的衡量………………………………(311)
第三节 城市社会保护对农民工市民化的影响 …………(314)
    一 农村社会保护对农民工市民化的影响………………(314)
    二 城市社会保护对农民工市民化的影响………………(317)
    三 稳健性检验……………………………………………(321)
第四节 社会保护的市民化效应……………………………(322)

第八章 社会保护对农民工市民化的影响机制分析…………(325)
第一节 数据与描述性分析…………………………………(326)
    一 研究对象特征…………………………………………(326)
    二 农民工市民化程度的衡量方法………………………(328)
    三 农民工社会保护的测度与描述………………………(330)
第二节 社会保护对农民工市民化的影响:计量分析 ……(335)
    一 对异方差、多重共线性的处理和稳健性检验 ………(335)
    二 内生性检验和处理……………………………………(338)
    三 计量结果分析…………………………………………(342)
第三节 社会保护对农民工市民化有多重要? ……………(346)
    一 社会保护对农民工市民化程度的贡献………………(346)
    二 农民工与城城流动人口市民化差异…………………(349)
第四节 社会保护的市民化效应对弱势群体更明显………(350)
第五节 社会保护是农民工市民化的关键…………………(353)

第九章 促进农民工市民化的社会保护体系……(358)

第一节 户籍制度改革应重视农民工的社会保护……(358)
一 我国人口城市化面临制度性障碍……(358)
二 户籍制度改革有利于有人口城市化发展……(360)
三 社会保护视角下户籍制度改革分阶段推进策略……(361)

第二节 财政转移支付、基本公共服务与农民工社会保护体系……(363)
一 财政转移支付、基本公共服务均等化与农民工市民化……(363)
二 财政转移支付与农民工社会保护体系建立……(366)

第三节 构建促进农民工市民化的社会保护体系……(368)
一 构建农民工社会保护型外部支持……(369)
二 强化企业的责任,构建长期雇佣关系……(370)
三 完善发展型家庭政策,重建农民工家庭功能……(372)

参考文献……(375)

后记……(393)

第一章

农民工市民化路径的反思

第一节 农民工市民化的困境

城市化是中国现代化发展的重要路径。农民工市民化，不仅是中国新型城镇化发展的关键，也是解决"三农"问题的最终出路。农民工为了弥补收入差距，实现和提高人力资本的回报率，从农村流向城市务工、经商，并逐步融入城市社会，谋求市民身份和生活方式的真正转变。但是在中国，市民化是有门槛的，并非每个农民工都可以任意选择城市以实现其市民化。部分农民工通过积分制、存钱购买住房等途径获得了市民身份，但是大部分农民工仍然游离于城市社会之外，或者仍似候鸟般迁徙于城乡之间，或者年轻时外出务工年老体弱时返回农村，或者苟延于城乡接合部、城中村等边缘地带。

一 第一代农民工：年轻外出、年老返乡

20世纪80年代以来，中国的市场经济改革改变了计划经济时期高度僵化的城乡隔离制度和人口流动限制政策，大量农村剩余劳动力流入现代城市在当前及未来几十年都将是中国最显著的社会现象。但是，20多年来的农村劳动力城市迁移并没像西方国家那样，

大量外来人口融入城市社会，成为新的市民。在特殊的制度遗产和渐进性的改革模式下，农村劳动力进入城市后并未实现职业转换和地域转移的同步、合一和彻底改变，而是农村人口的城市化过程被分割成三个阶段：城市迁入、城市适应和城市融入。第一阶段城市迁入，这是一个人口空间转移的过程，即人口城市化的初期阶段，现基本上已经完成。第二阶段城市适应，这是流动人口在城市建立经济及社会基础与实现城市认同的阶段，即外来人口经过一段时间的城市生活，愿意并且能够在城市居留。第三阶段城市融入，流动人口真正的市民化，即外来人口彻底地融入城市社会，他们在生活中受到城市政策的平等对待，得到周围城市居民的认可和接受。当前绝大多数农民工处在城市适应阶段，没有实现外来人口真正的市民化，而从城市适应向城市融入阶段的过渡，是人口城市化的一个重要的环节，它直接并本质上决定了城市化的进程。在以人为本、构建和谐社会的背景下，农民工的城市融入已经成为各级政府和社会高度重视的问题。从城市农民工到市民的职业和身份转变，依然步履维艰。农民工进入城市后，至少需要两代人以上的时间才能实现真正的市民化，融入城市社会。

农村外出务工的劳动力往往是年纪较轻、身体较强壮、经济活动能力较高的人，他们离开自己的家庭，独自到城市务工挣钱。受限于城乡分治的户籍制度，他们的职业与身份相分离，从事着"亦工亦农、亦城亦乡"的就业和生活方式。由于家中还有亲人和孩子，他们不得不过着候鸟式的迁移生活，这种迁移方式表现为两种主要特征：一是"钟摆式"，即以年为周期在城乡和地区之间流动；二是"兼业式"，即以农业生产季节为周期，"农闲时务工，农忙时务农"。

户籍制度、与户籍相关的政策"壁垒"以及农民自身素质的限制，致使城乡流动者很难进入城市的正规劳动力市场。农民工融入城市社会的障碍不仅在户籍制度上，较低的个人综合素质也使农民工在城市激烈的市场竞争中处于劣势，即使是将农民进入城市的制度性障碍完全破除，他们要真正进入城市也是相当困难的。

长期以来中国的农民工处于一种"半城市化"状态，并没有在三个层面（系统层面、社会层面、心理层面）上实现完全的"嵌入"。虽然进入城市，也找到了工作，但是没有融入城市的社会、制度和文化系统，在城市的生活、行动得不到有效的支持，在心理上产生一种疏远乃至不认同的感受，这是没有彻底融入城市社会的状态，或者说是城市化的不彻底状态①。这一概念大致描述了目前农村迁移劳动力存在的基本情况。以"年轻力壮时进城打工，年老体弱又回到农村"为表征的农村劳动力进城不是真正意义上的人口迁移概念②。它表明，迁移劳动力群体在经过三十多年发展后，其基本情况仍然没有改变，他们的迁移预期仍然是暂时性的或流动性的，进城谋生依然是他们的主要目标，至于他们能否融入城市社会或"嵌入"城市社会系统之中，在实践进程中我们仍然没有寻找到清晰可循的路径。

二 第二代农民工：回不去的农村、融不进的城市

进入21世纪，特别是2005年以来，20世纪80年代和90年代出生的农民工开始登上社会舞台，数量逐年增加。中国青少年研究中心发布的研究报告显示，1980年以后出生的新生代农民工逐渐成为农民工群体的主体，数量超过1亿人。新生代农民工问题已经得到学术界和政府的高度重视，2010年中央一号文件《关于加大统筹城乡发展力度进一步夯实农业农村发展基础的若干意见》明确要

---

① 王春光：《对中国农村流动人口"半城市化"的实证分析》，《学习与探索》2009年第5期。

② 程名望、史清华、徐剑侠：《中国农村劳动力转移动因与障碍的一种解释》，《经济研究》2006年第4期。

求，采取有针对性的措施，着力解决新生代农民工问题。

新生代农民工成长的社会环境和家庭环境与其长辈发生了很大的变化，他们在文化程度、人格特征、打工的主要目的、城市认同感、生活方式、工作期望、与农村家庭的经济联系等方面与第一代农民工也迥然不同。新生代农民工女性占55.6%，而第一代农民工女性只有37.2%[1]；新生代农民工受正规教育的平均年限为9.75年，第一代农民工受正规教育的平均年限为8.03年；新生代农民工未婚人数比例为63.9%，第一代农民工未婚比例只有2.8%；新生代农民工家庭年收入均值为24657.33元，第一代农民工家庭年收入均值为21202.74元[2]。另外，不同代际农民工进城的主要动因已经发生了根本性的转变，"农村推力"是第一代农民工外出的首要动因，而"城镇拉力"则是新生代农民工进城的第一动因。

新生代农民工在城市和农村都找不到自己的社会位置，他们处于双重边缘化的境地。新生代农民工出生于20世纪80年代以后，他们户口在农村但又生活在城市，对农业生产并不熟悉，对农村生活也渐趋陌生，他们成年后的生活历程和就业经历更多地与城市联系在一起，然而由于种种原因又无法完全融入城市生活之中，这就将这一群体置于"既回不了农村，也融不进城市"的尴尬境地。一方面，新生代农民工一出校门就迈进城市打工，从来没有种过地也不会种地，不像他们的父辈，在城市待不下去时可以回乡务农养家，新生代农民工即便遇到金融危机在城里找不到工作，临时回乡，但不会选择长久待在农村务农。另一方面，新生代农民工对融入城市的渴望较高，但是在落户、保险、医疗、子女上学等诸多方面却享受不到城里人的待遇，甚至被完全排斥在城里人之外。客观

---

[1] 蔡禾、刘林平等：《城市化进程中的农民工：来自珠江三角洲的研究》，社会科学文献出版社2009年版，第387页。

[2] 刘传江、程建林：《第二代农民工市民化：现状分析与进程测度》，《人口研究》2008年第5期。

条件上，城市生活成本太高，即使给予他们市民身份和市民待遇，大部分农民工也无法在城市立足。他们工作不稳定、收入微薄且没有任何保障。如果真要留在城市生活，何以支付城市中高昂的房价？如果是家庭化迁移，老婆孩子一起进城，孩子要在城市读书上学，在现行体制下，孩子要想上好一点的学校就要交高昂的借读费，平时开销也很大，所有的一切开支都是一个农民工家庭所负担不起的，他们的收入水平决定了他们只是城市的匆匆过客。城市确实让生活更美好，可这美好生活的享受是建立在坚实的经济基础之上的。

"新生代农民工"几乎没有务农经历，对城市的认同超过了对农村的认同。许多从小随父母来到城镇的第二代流动人口及出生于城市的第二代流动人口，基本不认为自己是农村人，而认为自己是城里人，他们的参照群体是流入地的市民，而非流出地的农民。第一代农村流动人口关注更多的是找到像样的工作、赚更多的钱、给子女提供良好的教育环境、改善家庭经济地位，然后落叶归根，回到农村老家，过祖祖辈辈过的日子。新生代农民工则不然：他们倾向于落地生根，以融入城市为目标，适应流入地社会，定居过日子，大多不愿回归农村[①]。一方面，他们长时间远离农村生活，有的还出生于城市，在目的地生活多年，年幼时获得的、从父母和祖父母的教育中接纳的农村生活经历也随时间的流逝而逐渐淡化，对家乡文化的了解远不如对流入地文化的了解，对家乡的认同远不及对流入地的认同[②]，与家乡的心理距离日渐拉大。另一方面，他们却往往被排斥在城市的主流社会之外，依旧是无根的漂泊者和"二等公民"。因此，他们对自己身份的总体认知和评价往往呈现出模

---

① 许传新、许若兰：《新生代农民工与城市居民社会距离实证研究》，《人口与经济》2007年第5期。

② 王春光：《新生代农村流动人口的社会认同与城乡融合的关系》，《社会学研究》2001年第3期。

糊性、不确定性和内心自我矛盾性，是心灵上漂泊的一代。

第二节　三种有影响的市民化思路

　　城市化发展需要大量的农民转变为市民，工业化的发展也需要稳定的工人，而进城务工的迁移者为了自我发展也积极融入城市，迁移者的市民化本应是社会经济发展规律作用下的必然结果，在中国，为什么农民工市民化的进展却如此困难？学者们对此展开了广泛研究，各种障碍问题均被提了出来，诸如户籍、就业、社会保障、住房提供、教育公平、政治参与、公共服务、歧视、土地流转、自身素质等。对这些因素进行归纳和梳理，不难发现学术界主要从三个视角来解读农民工市民化的困境：①人力资本因素，如文化程度低下、缺乏技能等；②社会资本因素，如城市中的社会网络、社会信任等社会资本的缺乏；③制度层面的障碍，如户籍、基本公共服务等制度建设没有跟进。

一　农民工人力资本投资

　　人力资本理论起源于经济学的研究。首次将人力视为资本的经济学家是亚当·斯密。他在其经济学说中主张，"经济效益要在人们为了自身利益的服务当中显示出来"，并明确提出"劳动技巧的熟练程度与判断能力的强弱必然制约人的劳动能力与水平"。他认为"学习一种才能，须受教育，须进学校，须做学徒，所费不少。工人增进的熟练程度，可和便利劳动、节省劳动的机器和工具同样看作社会上的固定资本。学习的时候，固然要花一笔费用，但这种费用，可以得到偿还，赚取利润"。但是在亚当·斯密之后，直到20世纪60年代，人力资本的思想一直没有得到学术界的重视。第一次正式提出"人力资本"这个概念,是美国经济学家沃尔什。他于1935年出版了《人力资本观》一书,在该书中,他把个人教育费用和个人收益相比较来计算教育的经济效益。但真正形成比较完善的人力资本理论是20世纪60年代,其代表人物主要是舒尔茨、贝克尔和阿罗。"人力资本之父"舒尔茨为人力资本理论的最终形成奠定了重要基础,他明确了"人力资本"的概念,认为体现在人身上的技能和生产知识的存量,就是人力资本。并把劳动力的流动能力概括为:"能够获得较好工作机会的能力、将个人的能力优势与难得的工作机会相结合的能力、处理和规避风险的能力以及估算迁移成本的能力。"[1] 结合农民工群体的特征,我们认为农民工人力资本是指通过接受教育、参加培训、投资健康与迁移流动等方式而积累,体现于人体自身的知识、能力和健康的总和。现有研究中,多以受教育水平、职业培训作为衡量农民工人力资本存量大小的依据。

但是关于人力资本对于农民工市民化的实际意义,在学术界一直存有争议。部分学者认为,农民工个体的人力资本对其流向城市就业、生存、发展甚至定居有着决定性意义。农民工市民化的意愿和需求十分强烈,但现实社会中其市民化的步伐却步履维艰,这种现象是由农民工自身受教育水平比较低、缺乏职业培训、技术能力不高造成的人力资本存量和积累不高所导致的[2]。其一,人力资本投资和积累可显著提升农民工在城市生存和生活的能力。教育可以决定农民工在劳动力市场中的收入分配,教育水平的高低直接影响农民工在次要劳动力市场上的就业选择。那些拥有丰富人力资本的农民工可以在城市职业选择、收入增加上具有更大优势[3]。农民工

---

[1] [美]西奥多·W.舒尔茨:《论人力资本投资》,吴珠华译,经济学院出版社,1990年版。
[2] 林娣:《新生代农民工市民化的人力资本困境》,《东北师大学报》2014年第2期。
[3] 罗锋、黄丽:《人力资本因素对新生代农民工非农收入水平的影响——来自珠江三角洲的经验证据》,《中国农村观察》2011年第1期。

通过接受教育和参加培训等形式进行人力资本投资，可以使其工作经验和劳动技能得到提升的同时创造出较高的劳动生产率，这不仅提高了农民工收入的数量和质量，而且保障了农民工收入的持续性获得。其二，农民工人力资本的存量和投资状况会显著影响其职业心理适应能力。教育和培训机遇可以提升农民工人力资本存量和人力资本积累，这是实现农民工市民化的重要前提[①]。农民工通过人力资本投资拥有人力资本能力，进而提高非农就业决策水平和择业能力，形成良好的再投资心理预期，促进非农就业持续发展。其三，人力资本的投资与积累有助于提升农民工城市社会融入能力。农民工受教育程度越高，其所能够触及和掌控的业缘、学缘资源就越多，在社会交往中的选择性和契约性就越强，也就更容易积累异质性社会资本，进而提升自身的社会地位[②]。农民工由于自身文化素质不高、职业技能缺乏，而在城市社会竞争中特别是就业市场竞争中处于弱势地位，只能从事高强度、低报酬的"三D"工作（dirty, dangerous, demeaning，即脏、险、累的工作），市民化的自我发展能力严重不足。同时，人力资本较为丰富的农民工对市民化的需求也更为强烈。李强的实证结果显示，越是教育程度高的，越倾向于不回家乡，并形成以定居为生活目标的人群[③]。

但是也有学者认为农民工文化程度和专业技能的缺乏是农民工的属性特征，并不是市民化问题的症结所在[④]。有一部分人力资本较为丰富的农民工，找到一份稳定的工作，随着工作年限的延长，工作经验和工资逐渐增长，自然而然获得了城市户籍，这部分人也走出了"农民工"的群体。但是就我们的研究对象而言，农民工就

[①] 肖日奎：《人力资本—社会资本对农民工市民化的影响》，《西北人口》2008年第4期。
[②] 季文：《社会资本视角的农民工城市融合研究》，经济科学出版社2009年版，第130—135页。
[③] 李强：《农民工留城与返乡意愿的影响因素分析》，《中国农村经济》2009年第2期。
[④] 蔡昉、都阳、王美艳：《城市排斥外地劳动力的政治经济学：北京案例》，载张曙光《中国制度变迁的案例研究》，中国财经出版社2005年版，第285—314页。

是这部分文化程度低、缺乏技能，并且短时期内难以改善人力资本状况的人。

二 农民工社会资本培育

农民工市民化是近年来政府和学术界关注的热点问题，学者从不同的角度进行了广泛深入的研究，而社会资本就是一个当前探讨的重要视角。关于社会资本对农民工市民化的影响效应，学术界尚未达成一致的意见。

一种观点认为社会资本是影响农民工市民化的关键因素。针对国外的移民研究发现，社会资本有利于移民"自雇"地位的获得[1]，嵌入移民网络中的社会资本可以有效降低移民在迁移过程中的经济成本、心理成本和各种风险，有助于移民在迁入地社会的适应、就业和融合[2]。在美国，那些拥有良好社会网络的移民往往比社会网络不佳的移民能更顺利融入流入地社区[3]。反之，Celia通过对澳大利亚的索马里女性移民社会网络和社会资本的研究发现，社会关系缺失和社会网络缺乏不仅限制了这些女性移民创造新的社会资本，也限制了她们融入当地社会[4]。社会资本对移民群体的社会融入具有积极作用，在特别强调"关系资源"的华人社会表现更加突出。周敏和林闽钢通过对纽约唐人街早期移民的研究后发现，在移民早期人力资本和金融资本都较为薄弱时，社会资本能够带动并

---

[1] Jimy M. Sanders, "Victor Nee. Immigrant Self-Employment: The Family as Social Capital and the Value of Human Capital" *American Sociological Review*, Vol. 2, No. 61, 1996.

[2] Catalina Amuedo-Dorantes, Kusum Mundra, "Social Networks and Their Impact on the Earnings of Mexican Migrants" *Demography*, Vol. 4, No. 44, 2007.

[3] Elisabeth Gidengil and Dietlind Stolle, "The Role of Social Networks in Immigrant Women's Political Incorporation" *International Migration Review*. Vol. 4, No. 43, 2009.

[4] Celia McMichael and Lenore Manderson, "Somali Women and Well Being: Social Networks and Social Capital amongImmigrant Women in Australia" *Human Organization*, No. 4, 2004.

促进他们与当地主流社会的融合①。赵定东、许洪波在对中哈移民的研究中也发现，在移民初期缺乏进入主流社会的渠道时，社会关系能够促进或者加快移民在"异国"的适应进程②。王春光等对巴黎"温州城"的研究也证明了，作为非精英移民的流动人口，温州人凭借其乡土性社会关系资源，能够在流入地最边缘的经济层面，确立他们的生存和发展战略，以获得最有效的融入效果③。很显然，社会资本在促进移民适应和融入移入地社会方面起着关键作用。

针对国内农民工的研究，也发现社会资本是农民工市民化过程中的主要资源④，社会资本是影响农民工市民化的关键因素，宏观层面的制度型社会资本、中观层面的组织型社会资本和微观层面的私人型社会资本存量的增加是实现农民工市民化的必要条件⑤，必须改变农民工社会资本缺乏和质量低下的状况，才能促使农民工更快地完成市民化⑥。悦中山等基于2009年X市农民工调查数据的研究发现，市民非亲属关系对农民工的文化融合和心理融合均有显著的、不可替代的正向影响⑦。周密、张广胜、黄利对新生代的农民工市民化抑制程度进行了测度，研究发现在市民抑制程度较高的时候，社会资本对新生代农民工市民化具有重要的促进作用，但后者的受限反过来又影响农民工社会资本的建立和扩张，延缓了农民工

---

① 周敏、林闽钢：《族裔资本与美国华人移民社区的转型》，《社会学研究》2004年第3期。
② 赵定东、许洪波：《"关系"的魅力与移民的"社会适应"：中哈移民的一个考察》，《人口与发展》2004第4期。
③ 王春光等：《温州人在巴黎：一种独特的社会融入模式》，《中国社会科学》1999年第6期。
④ 肖日葵：《人力资本、社会资本对农民工市民化的影响》，《西北人口》2008年第4期。
⑤ 王傲蕾：《社会资本：农民工市民化的重要影响因素》，《许昌学院学报》2009年第3期。
⑥ 刘传江、周玲：《社会资本与农民工社会融合》，《人口研究》2004年第5期。
⑦ 悦中山等：《从先赋到后致：农民工的社会网络与社会融合》，《社会》2011年第6期。

的市民化[1]。针对新生代农民工，李练军的实证研究发现，社会资本对这一群体的市民化能力也具有显著影响[2]。

农民工市民化一个重要的方面是收入，以往文献关于社会资本对农民工收入影响的研究结论具有争议。有的研究认为，社会资本对农民工收入没有影响。章元、陆铭基于10个省份3000个农户的2002年调查数据，分别考察了农户家庭层面社会资本和社区层面的社会资本对农民工工资水平的影响，研究发现无论是利用社区层面的社会资本还是家庭层面的社会资本外出就业，都不能提高农民工的工资水平[3]。还有的研究认为，社会资本对农民工收入有显著的影响。王春超、周先波把社会资本分为"整合型"和"跨越型"展开分析，研究表明，"跨越型"和"整合型"社会资本对农民工收入都具有显著的正向影响[4]。这一结果也支撑了部分学者之前的研究结论（李树茁等，2007[5]；Knight and Yueh，2008[6]；叶静怡、衣光春，2010[7]）。

关于社会资本对农民工市民化的影响效应，还有一种观点认为不同类型的社会资本对农民工市民化的作用存在差异。相对农民工进城前的初始社会资本，新型社会资本在农民工社会地位提高和城

---

[1] 周密、张广胜、黄利：《人力资本、社会资本与市民化抑制》，《中国人口·资源与环境》2012年第7期。

[2] 李练军：《新生代农民工融入中小城镇的市民化能力研究》，《农业经济问题》2015年第9期。

[3] 章元、陆铭：《社会资本有利于提高农民工的工资水平吗？》，《管理世界》2009年第3期。

[4] 王春超、周先波：《社会资本能影响农民工收入吗？》，《管理世界》2013年第9期。

[5] 李树茁等：《农民工的社会网络与职业阶层和收入：来自深圳调查的发现》，《当代经济科学》2007年第1期。

[6] Knight, J. and L. Yueh, "The Role of Social Capital in the Labour Market in China" *Economics of Transition*, Vol. 3, No. 16, 2008.

[7] 叶静怡、衣光春：《农民工社会资本与经济地位之获得——基于北京市农民工样本的研究》，《学习与探索》2010年第1期。

市融入中作用更大[①]。童雪敏等研究发现，与城市居民建立起来的新型异质社会资本对农民工城市融入可以产生正向影响，以老乡交往为代表的同质社会资本却对农民工城市融入起阻碍作用[②]。牛喜霞的研究也发现，随着农民工在城市中居留时间的延长，建立在地缘和血缘关系基础之上的原始社会资本不仅会阻碍农民工与城市人的交往和接触，而且还会阻碍农民工对城市社会的认同感和归属感[③]。同样的结论在范丽娟对城市打工妹的研究中也得到证实。初级社会网络一方面有利于打工妹尽快适应环境，另一方面又阻碍了其对城市的认同和归属，强化了其生存的亚环境[④]。因此，农民工要想进一步实现与本地城市的融合，就要突破在"乡土社会"中形成的"原始社会资本"的束缚，需要建立新型的社会资本。社会资本的异质性对农民工收入的影响也是如此，农民工原始社会资本的大小对其增加城市收入没有显著影响，新获得的异质性社会资本即新型社会资本对收入有显著影响[⑤]。

另外，进城的农民工由于受到城市社会的歧视性对待，而产生自卑心理及对城市的"文化抗拒"，并因而形成自我封闭的"亚文化"（sub-culture）圈，自觉选择与城市文化、价值观念、行为规范等方面的隔离，缺乏对城市生活的认同感与归属感。农民工由于自身观念陈旧，"小农意识"浓厚，与现代城市社会的思想观念、社会规范等方面也会产生脱节。

[①] 赵延东、王奋宇：《城乡流动人口的经济地位获得及决定因素》，《中国人口科学》2002年第4期。
[②] 童雪敏等：《农民工城市融入：人力资本和社会资本视角的实证研究》，《经济经纬》2012年第5期。
[③] 牛喜霞：《社会资本在农民工流动中的负面作用探析》，《求实》2007年第8期。
[④] 范丽娟：《社会支持和打工妹的城市融合》，《安徽广播电视大学学报》2005年第4期。
[⑤] 叶静怡等：《社会资本转换与农民工收入》，《管理世界》2010年第10期。

三 户籍制度改革与基本公共服务提供

将基本公共服务均等化与农民工市民化结合起来，专门从城市基本公共服务均等化的角度研究农民工市民化还比较少见。随着农民工大量涌入城市，不可避免地对城市有限的基本公共服务资源造成冲击，同时农民工是城市基本公共服务覆盖缺失的一个群体。影响农民工市民身份转变的原因表面上来看是户籍制度，但是真正让农民工觉得自己是否拥有城市身份的，是城市户籍背后所代表的市民待遇，也就是可以得到的城市基本公共服务。唯有公共服务均等化，才能让农民工体会到同等的市民待遇，接受城市文化和市民习性融入城市。所以研究基本公共服务均等化对农民工的影响，对于促进农民工市民化有着十分重要的意义。

（一）就业服务对农民工市民化的影响

农民工要实现市民化，首先职业要实现向非农正规工作转变。非正规就业的不稳定性使农民工经常面临失业的风险，在城市中赖以生存的经济基础也难以得到保障，只有在城市中拥有稳定的工作和收入，身份、思想以及意识行为的转化才能成为可能。对于到城市中工作的农民工来说，在城市中拥有稳定满意的工作和高收入，将极大地提高他们的市民化能力[1]。一旦农民工对城市中的工作不满意，以土地等为代表的农村社会保护将会对农民工产生明显的拉力，促使农民工返乡[2]。如果农民工在城市中的长期生存因为稳定的工作而有了保障，那么就不会再依赖农村社会保护进而从农村退出。所以稳定的就业是促进农民工留在城市并最终融入城市的主要影响因素。

---

[1] 刘传江、程建林：《双重"户籍墙"对农民工市民化的影响》，《经济学家》2009 年第10 期。

[2] 石智雷：《城乡预期、长期保障和迁移劳动力的城市融入》，《公共管理学报》2013 年第4 期。

（二）子女教育服务对农民工市民化的影响

流动农民工随迁子女教育问题是农民工融入城镇的难点问题。目前关于外来务工子女教育对市民化的影响研究还很少见，大多是从随迁子女的孤独隔离感来进行研究。徐建成、梁竹青发现外来务工子女幸福感显著低于非务工子女，在城市中生活的外来务工子女更容易适应城市生活[1]。而那些远离自小生存的农村环境来到城市中的随迁子女，一般很难处理和适应城市中的陌生人际关系，继而出现各种人际适应不良现象，很容易产生寂寞感，并由此导致不适应城市，无法融入城市。总而言之，外来务工子女不愿意与他人交往，性格孤僻。这种孤独感从长期来看不利于外来务工子女融入城市，所以应该提高外来务工子女与当地学生的交流，打破这种隔阂。

（三）医疗卫生服务对农民工市民化的影响

医疗卫生服务是基本公共服务中一项重要的服务，也是当前农民工面临的亟须解决的问题。当前学者普遍认为农民工存在着较大的疾病风险，这一方面是由农民工的工作性质和工作环境决定的；另一方面在于农民工的卫生服务购买能力低，医疗保障需求没有得到满足[2]。这主要有两个原因：首先，农民工的健康意识不强。农民工对健康知识的了解度与当地居民存在很大差距，且70%的新生代农民工对自身健康状况持乐观态度，并不注重健康问题[3]。其次，农民工的就医选择受到经济因素影响。农民工患病时的就医选择由于个人经济的原因，更倾向于非正规医疗机构[4]，医疗机构的不正

---

[1] 徐建成、梁竹青：《外来务工子女孤独感的调查研究》，《中国校外教育》2009年第4期。

[2] 梁维萍、郑建中、贺鹭等：《太原市农民工卫生服务需要与利用的研究》，《中国卫生资源》2010年第2期。

[3] 和红、智欣：《新生代农民工健康知识与健康行为调查》，《中国健康教育》2011年第10期。

[4] 张瑶：《农民工选择私人诊所就医的深层原因及对策研究》，《理论界》2011年第6期。

规造成农民工就医时也存在着一定的医疗风险，而经济困难、医疗费用过高等经济因素是影响农民工就医选择的主要原因之一。当地居民有城镇居民医保、城镇职工医保等医疗保障，所以实际上他们医疗费用的支出大部分是由政府和企业分摊了，个人负担部分很少，医疗保健费用支出占其收入比例很低。农民工虽然在户籍地有新农合等保障，但是由于各地医保政策不统一，且新农合当前施行的报销办法复杂[1]，导致农民工医疗费用异地报销很难实现，返乡报销又增加了时间成本。昂贵的医疗成本显然已成为农民工市民化的隐性负担。

（四）住房保障对农民工市民化的影响

农民工长期背井离乡，在务工城市拥有温馨舒适的住房是他们一直以来的期望。住房不仅仅是农民工在城市躲避风雨的港湾、心灵精神的归宿，也为农民工在城市的生活提供了稳定可靠的社会保护。受到户籍的限制，流动人口被排除在主流的住房分配体制之外，唯一的可能是租用或购买商品房。商品房的价格超出了大多数农民工的经济承受能力，给农民工造成了很大的经济压力。所以流动人口的居住状况总体都不如本地市民，他们主要是以寄居模式生活在城市，居住融合成为目前城市融入最难突破的一个制度瓶颈，也是流动人口融入城市的最大障碍[2]。此外为了减少生活成本，农民工多以聚居的形式居住在城乡接合部[3]，这种同一群体的聚居方式不利于农民工与当地居民的交流，更加不利于打破城乡隔阂，实现社会融入。可以认为住房的可获得性和住房质量直接关系到外来

---

[1] 张国英、吴少龙：《流动人口医疗保障参保条件研究——广州市的案例分析》，《华南师范大学学报》（社会科学版）2011年第3期。

[2] 何炤华、杨菊华：《安居还是寄居？不同户籍身份流动人口居住状况研究》，《人口研究》2013年第6期。

[3] 张子珩：《中国流动人口居住问题研究》，《人口学刊》2005年第2期。

人口是否能迅速融入城市，也是衡量社会排斥和市民化的重要指标[①]。

(五) 社会保障对农民工市民化的影响

社会保障服务在各项基本公共服务项目中显得尤为重要。社会保障是一种在今后面对年老、失业等情况下能够获得的远期收益，只有当城市社会保障收益大于农村社会保障收益，才能激发农民融入城市的意愿。国务院发展研究课题组 2011 年在杭州的调查显示，在杭州的农民工认为融入城市的第一项标准是有福利、劳保等社会保障收益[②]。由此可见，社会保障收益对农民工市民化的意愿有着重要的引导作用，社会保障收益也逐渐成为测度农民工市民化的关键指标之一。郑功成指出由于社会保障制度的残缺与城乡分割、群体分割以及制度安排的歧视现象的影响，农民工很难分享国家经济发展的成果，融入城市[③]。宋雅松认为社会保障在城市能促进劳动者合理流动及有效配置，降低农民工低人力资本所造成的市场竞争风险[④]。石智雷通过对比 1998 年和 2005 年武汉市迁移劳动力调查数据，建立模型验证了迁移劳动力城市融入的关键因素和主要障碍是能否获得有效的长期社会保障[⑤]。然而当前各地针对农民工的社会保障政策碎片化问题严重，缺乏统一的农民工社会保障制度，已经施行的社会保障措施也难以有效地执行。农民工的社会保障权益受到侵害，严重阻碍了农民工的市民化进程，所以有效地解决农民

[①] Walker A, Wigfield A, "The Social Inclusion Component of Sociality" *Working paper of European on Social Quality*, 2004.

[②] 国务院发展研究征信课题组：《农民工市民化制度创新与顶层政策设计》，中国发展出版社 2011 年版。

[③] 郑功成：《中国社会公平状况分析——价值判断、权益失衡与制度保障》，《中国人民大学学报》2009 年第 2 期。

[④] 宋雅松：《半城市化背景下农民工市民化的社会保障问题探讨》，《安徽农业科学》2011 年第 29 期。

[⑤] 石智雷：《城乡预期、长期保障和迁移劳动力的城市融入》，《公共管理学报》，2013 年第 4 期。

工的社会保障问题是实现农民工市民化的重要举措。

第三节 当前的政策方案

一 户籍制度改革

我国户籍政策的产生源于20世纪50年代初。我国开始工业化发展，但由于工业化基础薄弱，缺乏充分的原始资本积累，需要农业补给工业；同时为了稳定政治局势，采取了优先发展重工业的战略方针，双重背景下政府出台了户籍制度这一政策。从1958年开始，我国开始实行限制农村人口向城市迁移的户籍政策。一方面是为了避免农村人口向城市大规模的迁移会影响农业产出进而影响工业化的基础；另一方面是重工业发展战略是资本密集型发展战略，其吸纳劳动力有限，农村人口如若没有限制地向城市转移可能会带来城市的就业压力并引发一系列的社会稳定问题。户籍制度把人口分为城镇人口和农村人口，城镇人口从事非农产业，农村人口主要从事农业。

随着我国由计划经济向市场经济的转型，流动人口的规模日益扩大，特别是改革开放以来，出现了由乡村到城市，由西部到东南部的人口流动大潮。为了适应潮流，我国户籍管理制度也开始了逐步改革。户籍制度改革首先启动于小城镇，1984年10月，国务院发布《关于农民进集镇落户问题的通知》规定，只要在集镇有固定的住所、有经营能力或在乡镇企事业单位长期务工的农民及家属都可申请在集镇落户，公安部门应准予其落常住户口，发给《自理口粮户口簿》，统计为非农业人口，这标志着户籍政策的松动，也拉开了户籍政策改革的序幕。2001年国务院批转公安部《关于推进小城镇户籍管理制度改革的意见》（以下简称《意见》），小城镇户籍制度改革开始全面启动，《意见》明确规定在县级市市区、县人民政府驻地镇及其建制镇，只要有"合法固定的住所、稳定的职业或生活来源的人员及与其共同居住生活的直系亲属，均可根据本人意愿办理城镇常住户口"。对经批准在小城镇落户的人，可根据本人意愿，保留其承包土地的经营权，也允许依法有偿转让。《意见》还要求，切实保障在小城镇落户人员"在入学、参军、就业等方面与当地原有城镇居民享有同等权利，履行同等义务"。2003—2006年户籍制度改革逐渐在大中城市展开。

户籍制度改革的力度逐级递进，最初的改革只是针对高端人才（调动、录用、聘用、办事机构人员）的户籍变更，后来改革对象扩大，实行条件准入制。基本条件都是要求有固定住所、稳定职业和生活来源，并结合个人的年龄、婚姻、受教育程度、职业能力（专业技术资格）、投资、就业、养老保险等方面作为准入条件来确定其转为城市户口的依据。近年来，许多城市改革力度进一步加大，实行统一的户口登记管理制度。

回顾我国户籍制度的建立及改革历程，户籍制度是特定历史条件的产物，又随着我国体制转型和经济转轨不断发展演变。不可否认，户籍制度的确立曾经对工业体系的确立和社会稳定做出了巨大贡献，但也存在一些弊端。它阻碍了资源的优化配置，限制了农村剩余劳动力向城市转移，导致农民收入增长缓慢。由于户籍制度形成的城乡二元经济社会结构，也阻碍了城市文化向农村的扩散传播。户籍制度后续的改革取得了一些巨大进步，但是对于适应市场经济的要求，实现更高水平的城市化仍然存在一些短期内难以解决的难题。按照国际惯例，户籍制度只是为了统计人口信息的便利而设立，而在我国，户籍制度却与诸多就业制度、社会福利制度、住房制度相挂钩。城镇户口和农业户口固化了户口差别背后社会权利和利益的差异分配，形成了城市人和农村人事实上的社会身份的不平等，农业户口的烙印使迁移人口不能享受和城镇人口同等的就业、医疗保险、最低生活保障、子女受教育待遇。因此，它导致了从农村迁移出来的非农就业人员成了未能完全融入城市的边缘群体。大部分的农村迁移人口缺乏对迁入城市的归属感和认同感，户籍政策长期积淀的社会鸿沟制约了迁移人口的城市化。

户籍制度改革也并不意味着户籍制度的全面放开，若农村劳动力无限制地涌入城市，会给城市的发展带来压力。典型的例子是郑州市2003年取消现行"农业户口""暂住户口""小城镇户口""非农业户口"的二元制户口，实行"一元制"户口管理模式，大量的新增市民涌入城市给郑州市的交通、人事、劳动、社会保险等都造成了无形的压力，最终使郑州市户籍改革因城市公共资源有限而在2003年8月20日被迫"叫停"。

户籍制度改革与人口城市化是相互促进的。户籍制度改革的最主要障碍是城乡经济发展差距的逐渐拉大所导致的城乡价值观念、生活方式等二元社会经济结构的深化。因此，继续推动城市化，加快城市化进程，对发展农村经济、培育新的经济增长点有积极的影响。城市人口规模的增加将扩大对农产品的需求，对提高农产品附加值，实现农业产业化都有积极影响。高质量的城市化是城市功能的不断完善，其产生的产业的集聚效应有助于解决农村剩余劳动力的就业，同时基础设施不断完善也为吸纳农村迁移人口提供后盾。城市化发展为户籍制度改革创造了良好的外部条件，户籍制度改革对于实现城乡社会经济结构一体化从而实现更高水平的城市化也是一项必要举措，但寻求适用于我国国情的改革路径仍然是需要不断探索和实践的。

人口城市化和农村土地制度之间相互制约的关系决定了我国户籍制度改革与农村土地制度之间关系的复杂性。正是由于我国户籍制度的历史沿革所造成的农村劳动力在城市务工无法享受和城市居民的同等待遇，他们同工不同酬，被排除在社会住房保障体系之外，很难以合理的价格获得住房，等等。他们选择"往复式循环流动"这种不完全的迁移方式，为了规避在城市生活的不确定性和失业风险，他们不愿意隔断和土地的关系，把土地当作最后的保障，在土地配置决策上采取"离乡不放土"策略，将土地低价或者无偿转让给亲戚朋友，甚至抛荒。土地转让在很大程度上表现为非市场化交易，表现出非正规性、短期性和不确定性。这种不完全迁移，阻碍了土地使用权的流转。另外，现行的农村土地制度中，土地承担着社会保障功能，转让方式和转让范围都受到严格限制，土地制度规定承包方在获得城市户口后，须在无经济补偿的条件下自动放弃所承包的土地。土地流转制度不畅使农村劳动力作为一个理性经济人选择在城市和农村之间循环流动，不利于他们真正融入城市，因此，现行土地制度反过来影响了户籍制度改革的进一步推进。

二 市民化的成本

目前，学术界关于农民工市民化成本的核算主要是以"农民工市民化成本"展开研究的。农民工市民化成本是指使现有农民工在身份、地位、价值观、社会权利以及生产、生活方式等方面向城市市民转化并顺利融入城市社会所必须投入的最低资金量[1]。就成本核算而言，不同年份、不同地区、不同群体的市民化成本不同，但资金量始终都很浩大。以2005年价格水平估算，农民工转变为城镇居民的人均成本约为2.5万元，2亿农民工及其子女市民化需要的总成本约为5万亿[2]。以2011年价格水平计算，将现有15863万已在城市居住的农民工市民化，财政将新增支出18091.58亿元；

---

[1] 张国盛：《基于社会成本考虑的农民工市民化：一个转轨中发展大国的视角与政策选择》，《中国软科学》2009年第4期。

[2] 中国科学院可持续发展战略研究组：《2005中国可持续发展战略报告》，科学出版社2005年版。

如果将计算范围扩大到现有的2.6亿农民工，财政新增支出将增加到29651.76亿元①。还有学者把农民工市民化成本进行归类划分：辜胜阻把农民工市民化支出归为随迁子女教育成本、医疗保障成本、养老保险成本、民政部门的其他社会保障支出、社会管理费用、保障性住房支出，计算得出市民化人均成本约为10万元②。此外，按地区和类型划分，东部沿海地区第一代农民工、第二代农民工市民化人均成本分别为10万元和9万元；内陆地区第一代农民工、第二代农民工市民化人均成本分别为6万元和5万元③。从农村转移人口的现实分布上看，如果中央不做调整，推动农民工市民化，东部地区政府可能承担9115.94亿元，中部地区政府可能承担2453.22亿元，西部地区政府可能承担2327.77亿元；直辖市可能承担1435.69亿元，省会城市可能承担2857.44亿元，地级市可能承担4725.24亿元，地级以下城市（镇）可能承担4920.38亿元④。

根据上述的研究可以看出，我国农民工市民化成本巨大⑤，这造成了农民工市民化财政短缺的困难；同时地方政府在官员晋升竞标赛下，偏好政绩工程，更愿意把有限的财政资源投入到经济增长绩效较快的领域，进一步恶化了基本公共服务建设资金短缺的困境。

三　财政转移支付忽视了农民工基本公共服务

财政转移支付是以各级政府之间所存在的财政能力差异为基

---

① 张占斌、冯俏彬、黄锟：《我国农村转移人口市民化的财政支出测算与时空分布研究》，《中央财经大学学报》2013年第10期。
② 数据来源于辜胜阻：《农民工市民化人均成本约10万元》，人民网，2014年3月3日。
③ 张国盛：《基于社会成本考虑的农民工市民化：一个转轨中发展大国的视角与政策选择》，《中国软科学》2009年第4期。
④ 张占斌、冯俏彬、黄锟：《我国农村转移人口市民化的财政支出测算与时空分布研究》，《中央财经大学学报》2013年第10期。
⑤ 辜胜阻、易善策、郑凌云：《基于农民工特征的工业化与城镇化协调发展》，《人口研究》2006年第5期。

础，以实现各地公共服务水平的均等化为主旨而实行的一种财政资金转移或财政平衡制度。我国政府转移支付是在1994年分税制改革后逐步建立起来的，目前主要包括税收返还、专项转移支付和一般性转移支付。税收返还主要有中央对地方政府的增值税和消费税返还、所得税返还；专项转移支付是中央为实现特定的宏观政策和事业发展目标以及委托地方政府代理行政事务进行补偿而设立的资金，目前覆盖了一般公共服务、国防、教育、科学技术、文化体育与传媒、社会保障等领域的支出；一般性转移支付主要有均衡性转移支付、民族地区转移支付、调整工资转移支付等10多个项目。

近年来，我国实施的转移支付主要有：1998年，为了应对亚洲金融危机，调整社会不同群体之间的公共服务不均等，中央出台了"调整工资转移支付"；2000年，为了支持民族地区的经济发展，中央设立了"民族地区转移支付"；2000年、2003年和2004年，为了推进农村税费改革，中央设立了"农村税费改革转移支付"；2005年，为了缓解县级财政困难，中央设立了"缓解县级财政困难转移支付"；2007年，为了促进资源枯竭型城市转型，设立了"资源枯竭转移支付"；2008年，为了提高国家重点生态功能区所在地政府基本公共服务保障能力，设立了"国家重点生态功能区转移支付"；同年，由于个体工商户管理费和集贸市场管理费的停征，中央设立了"工商部门停征两费转移支付"；2009年，在成品油税费改革中，中央取消公路养路费等收费，为了弥补地方政府因此带来的收支缺口，设立了"成品油税费改革转移支付"；2010年，中央又新增了村级公益事业"一事一议"奖励资金支出、一般公共服务转移支付支出、公共安全转移支付支出、社会保障和就业转移支付支出。此外，针对地方政府教育、医疗卫生、农林水等投入不足的情况，中央还设立了"教育转移支付""医疗卫生转移支付"和"农林水转移支付"。从当前我国财政转移支付实施情况来看，虽然中央财政转移支付覆盖领域较广，但农民工一直是个盲点，中央转移支付忽视了农民工市民化成本，造成了当前中央财政转移支付和转移人口市民化相脱节的现状。

四 现有财政转移支付阻碍了农民工市民化

当前我国财政转移支付存在的诸多问题阻碍了农民工市民化的进程。除了上文论述的财政转移支付忽视了农民工市民化成本的问题之外，还存在以下主要问题：

第一，财政转移支付法制不健全。在国外，西方发达国家对财政转移支付制度都有明确的法律依据。例如，日本的《地方财政法》明确规定了各类转移支付的主要测算依据和具体补助标准；德国的《基本法》细致规定了财政转移支付的实施过程。而我国目前的财政转移支付相关规定一般都来自不同时期的部门规章，立法层次较低，权威性差，缺乏对转移支付立项、分配、审批、拨付、监管等环节的法定制约，不利于财政转移支付的统一管理。这些法律的缺失造成了当前转移支付资金分配随意性较大、使用效率低、监督不严等问题，严重影响了转移支付制度效应的发挥，不利于农民工市民化资金保障和目标的实现。

第二，财政转移支付结构不合理。当前我国一般性转移支付规模过小，专项转移支付和税收返还规模过大[1]。首先，真正起到公共服务均等化作用的一般性转移支付占中央转移支付比重过小。从2000年到2010年，财力性转移支付中一般性转移支付占中央对地方转移支付总额的比重都在20%以下，虽然这些年一般性转移支付的比重有所上升，但整体上依然很低。其次，税收返还基数的问题，导致欠发达地区返还额度较少，发达地区返还额度较多，造成

---

[1] 王鹏、杜婕等：《以基尼系数为视角的财政转移支付均等化效果研究》，《财政研究》2012年第4期。

了穷者越穷、富者越富的马太效应，不具有调节地区间财政不平衡的功能。此外，专项补助范围太宽，几乎覆盖了所有的预算支出科目，且缺乏严格的制度约束，资金使用分散、低效，不仅不能促进基本公共服务均等化，反而加剧了基本公共服务的不均等。因此，当前的财政转移支付结构不利于基本公共服务均等化和农民工的市民化。

第三，省对省以下政府转移支付制度建设滞后。省以下转移支付制度是解决基本公共服务横向与纵向失衡问题的主要手段，也是增加基本公共服务的主要手段。现行的转移支付制度只规定了中央与省级政府之间的转移支付方法，对于省对县、市以及县、市对乡、镇的转移支付缺少统一安排，没有建立一套科学而严谨的计算公式和测算方法，具体的指标体系和实施程序也不够规范。而在实际执行中，基本公共服务供给的实施者还是地方政府，制度设计上的缺陷使省以下转移支付制度的作用并不大，影响了基本公共服务均衡的调节。

第四，地方政府事权与财力的不匹配。中国分税制改革后，中央财政收入占全国总财政收入的比例大幅度提高，而地方财政收入所占比例则大幅度下降。与此同时，很多事权仍然分配到各级地方政府，财力与事权的不匹配对基本公共服务供给造成了负面影响[①]。

第四节 挑战与解决方案

当前，中国正处于社会经济转型的关键时期。一方面，新型城镇化的推进需要更多的劳动力定居城市；另一方面，产业转型升级

---

① 傅勇：《财政分权、政府治理与非经济性公共物品供给》，《经济研究》2010年第8期。

需要大量高素质的产业工人,农民工无疑是其中的主力军。当前,9亿中国农民"站在工业文明的入口处"[1],2.7亿农民工在城乡间就业迁移[2]。大部分农民工长期处在城市的边缘,不被城市认同接纳甚至受到歧视,无法融入城市社会,只能在城乡之间候鸟式迁移[3]。农民工市民化进展缓慢带来的不仅仅是城乡收入差距扩大、社会不稳定、城市贫困等社会问题,更为重要的是,不利于企业的人力资本积累和产业升级,使企业不能形成稳定的、不断积累经验和技术的产业大军,阻碍了新型工业化的发展。

如何在户籍制度改革的同时,建立起相应的社会保护体系,防止城市病,防止出现新移民的贫困和边缘化现象,是中央政府和输入地政府更加关心的问题[4]。目前学术界热议的城乡户籍制度的取消,不可能从根本上解决农民工市民化问题[5]。全面的户籍制度改革的着力点[6],应该是对与户籍相联系的福利体系、公共服务的全面改革[7]。但是由于市民化成本的巨大压力,户籍制度改革不可能满足农民工市民化的所有需求[8],社会保护是亟待解决的首要问题。户籍制度改革的全面、有序推进,亟须明晰农民工对社会支持的核

---

[1] 孟德拉斯:《农民的终结》,社会科学文献出版社2010年版,第3—4页。
[2] 数据来源于国家统计局网站公布的《2014年国民经济和社会发展统计公报》。
[3] 王春光:《农村流动人口的"半城市化"问题研究》,《社会学研究》2006年第5期。2014年3月16日,中共中央、国务院正式发布的《国家新型城镇化规划2014—2020年》也明确指出,大量农业转移人口难以融入城市社会,市民化进程滞后。
[4] 蔡昉:《户籍制度改革与城乡社会福利制度统筹》,《经济学动态》2010年第12期。
[5] 彭希哲、赵德余、郭秀云:《户籍制度改革的政治经济学思考》,《复旦学报》(社会科学版)2009年第3期。
[6] 2014年6月30日,中共中央政治局审议通过的《关于进一步推进户籍制度改革的意见》,提出了"积极推进城镇基本公共服务由主要对本地户籍人口提供向对常住人口提供转变"的工作思路。
[7] 都阳、蔡昉、屈小博等:《延续中国奇迹:从户籍制度改革中收获红利》,《经济研究》2014年第8期。
[8] 张国胜、陈瑛:《社会成本、分摊机制与我国农民工市民化——基于政治经济学的分析框架》,《经济学家》2013年第1期。

心需求是什么？目前政府、企业或家庭为农民工提供了哪些应对生计风险的保障因素？在多大程度上为农民工提供了社会保护？哪些保障因素有助于农民工在城市"落地生根"，实现真正的市民化？

国外的市民化研究主要关注跨国迁移人口的社会融合。比如，Dustmann 利用德国的调查数据发现种族和家庭规模是影响移民社会融合的主要因素，而受教育年限、培训、职业等因素的影响并不显著[1]；Meng 和 Gregory 以澳大利亚的外来移民为研究对象，发现移民通过与当地居民通婚有助于他们融入当地主流社会[2]。Husted, Heinesen 和 Andersen 利用丹麦调查数据，研究发现当地和新移民劳动力市场的整合对移民的城市融入进程有积极影响[3]。但是 Bisin 和 Patacchiniet 等利用欧洲大样本调查数据，研究认为更灵活的劳动力市场能够帮助移民进入正规部门就业并不能促进他们实现身份认同[4]。Vang 以从非洲迁往美国和爱尔兰的移民为研究对象，研究认为与当地居民的社会空间整合对外来移民实现社会融合有重要影响[5]。另外，嵌入移民网络中的社会资本可以有效降低跨国移民因迁移而产生的经济成本、心理成本和各种风险，有利于移民融入流

---

[1] C. Dustmann, "The Social Assimilation of Immigrants" *Journal of Population Economics*, Vol. 9, No. 1, 1996.

[2] X. Meng, and R. G. Gregory, "Intermarriage and the Economic Assimilation of Immigrants" *Journal of Labor economics*, Vol. 23, No. 1, 2005.

[3] L. Husted, E. Heinesen, S. H. Andersen, "Labour Market Integration of Immigrants: Estimating Local Authority Effects" *Journal of Population Economics*, Vol. 22, No. 4, 2009.

[4] A. Bisin, E. Patacchini and T. Verdier, et al., "Ethnic Identity and Labour Market Outcomes of Immigrants in Europe" *Economic Policy*, Vol. 26, No. 65, 2011.

[5] Z. M. Vang, "The Limits of Spatial Assimilation for Immigrants Full Integration Emerging Evidence from African Immigrants in Boston and Dublin" *The annals of the American Academy of Political and Social Science*, Vol. 641, No. 1, 2012.

入地①。在美国，那些拥有良好社会网络的移民往往比社会网络不佳的移民能更顺利融入流入地社区②。可见国外关于市民化的相关研究主要是关于跨国移民的社会融合。由于跨国迁移制度环境、迁移者自身素质较国内迁移有较大的差别，并且劳动力迁移制度在特定的国家具有各自独特的特点，不能完全照搬国外的移民社会融合结论来解释农民工市民化问题。另外，鉴于我国传统文化、家庭观念、经济结构变迁和城乡户籍制度等因素，与其他国家或地区存在较大差异，有必要对我国农民工市民化问题提出新的理论解释。

由于农民工本身的异质性、行为主体所处的社会经济环境的动态性、市民化需求以及市民化进程中面临的资源约束条件的差异，关于农民工市民化决定因素的研究结论也不相同。国内已有文献多关注人力资本、社会资本和户籍制度等因素对农民工市民化的影响，但是农民工文化程度和专业技能的缺乏短时期内难以改善；农民工社会网络规模小、结构单一、同质性高，反而阻碍农民工的城市融入③；从部分地区制度改革试点来看，即使城乡户籍制度改革后给予农民工市民身份，大部分农民工也很难在城市生存下来④。对于到城市谋生的农民工来说，他们不仅要面对自身人力资本和社会资本等内生性变量的约束，还有制度性的歧视政策等外生变量的

---

① M. J. Lubbers, J. L. Molina, and C. Mccarty, "Persoal Networks and Ethnic Identifications: The Case of Migrants in Spain" *International Sociology*, No. 6, 2007. D. S. Massey, J. Arango, G. Hugo, A. Kouaouci, A. Pellegrino, and J. E. Taylor, "Theoties of International Migration: A Review and Appraisal." *Population and Development Review*, No. 3, 1993.

② E. Gidengil, and D. Stolle, "The Role of Social Networks in Immigrant Women's Political Incorporation" *International Migration Review*, Vol. 43, No. 4, 2009.

③ 刘传江、周玲：《社会资本与农民工的城市融合》，《人口研究》2004年第5期。王春光：《农村流动人口的"半城市化"问题研究》，《社会学研究》2006年第5期。

④ 刘小年：《农民工市民化与户籍改革：对广东积分入户政策的分析》，《农业经济问题》2011年第3期。谢小玉、叶静怡、王小佳：《农民在户籍制度改革中的意愿及原因分析——以重庆市荣昌县昌元街道办事处方家坝村为例》，《西南农业大学学报》（社会科学版）2012年第10期。刘俊博、李晓阳：《市民化角度下农民工社会保障机制研究：基于重庆市统筹城乡户籍改革的思考》，《西南农业大学学报》（社会科学版）2013年第11期。

限制①,尤其是经济转型中劳动力市场的不完善性②,这些都会增强农民工的生计风险,进而降低市民化意愿。而在社会转型期,个人能力之外构建的保障体系对于弱势群体实现社会融合的作用更为明显。农民工难以走出"年轻时外出务工,年老时回流农村"的怪圈,表面上看是由于户籍制度的限制,农民工未能实现市民身份转变,而实质上其根本症结在于随着年龄的增长农民工在城市的生计风险逐渐堆积和增加,而在城市中保障因素的缺乏,使他们不得不返回农村。

对农民工市民化的研究需要进一步拓宽思维和转换视角。农民工在城市"落地生根"很大程度上取决于他能否应对城市生计风险,而社会保护是降低生计风险的关键。

从现有研究来看,已有学者发现保障因素对农民工市民化有重要影响,只是没有提炼出社会保护的理念。从农村的保障来看,叶静怡、李晨乐通过实证研究发现农村家中土地数量对农民工市民化有显著的负向影响③。石智雷和杨云彦研究发现农村家庭禀赋的保障性功能是导致农民工回流的重要因素④,然后进一步研究了新生代和户主子女农民工的回流决策,研究发现农村家庭禀赋对年轻一代农民工的回流决策影响效应较第一代农民工有所减弱⑤。从城市的保障来看,张红的研究肯定了职业教育、技能培训、创业扶持等

---

① 章元、王昊:《城市劳动力市场上的户籍歧视与地域歧视:基于人口普查数据的研究》,《管理世界》2011 年第 7 期。

② 王美艳:《城市劳动力市场上的就业机会与工资差异——外来劳动力就业与报酬研究》,《中国社会科学》2005 年第 5 期。

③ 叶静怡、李晨乐:《人力资本、非农产业与农民工返乡意愿:基于北京市农民工样本的研究》,《经济学动态》2011 年第 9 期。

④ 石智雷、杨云彦:《家庭禀赋、家庭决策与农村迁移劳动力回流》,《社会学研究》2012 年第 3 期。

⑤ 杨云彦、石智雷:《中国农村地区的家庭禀赋与外出务工劳动力回流》,《人口研究》2012 年第 36(4)期。

就业保障对农民工市民化的重要作用[1]。韩俊强研究发现对那些遭遇过工伤事故的农民工，工伤保险对其城市融入有显著的正向影响[2]；孙国峰、张旭晨发现基本住房保障对解决农民工的市民化问题至关重要[3]。秦立建和陈波研究发现医疗保险促进了农民工的城市融入；并且随着分位点的提高，医疗保险对农民工城市融入影响的正向效应显著增强[4]。可以看出，学术界已有社会保险、住房保障和就业保障等因素对农民工市民化影响的探讨，但这些研究只是将社会保护的某一个因素引入模型，甚至是作为控制变量，并没有给予社会保护足够的重视，缺乏对农民工应对生计风险的保障因素进行系统的梳理，缺乏构建统一勾勒影响农民工生计可持续性和市民化进程的保障理论分析框架。此外，随着经济发展和社会转型，市场化程度在逐步深化，无论城市社会还是农村社会，都变得更加开放和自由，也面临更多的不确定性。社会保护作为农民工应对城市中生计风险的重要方式，对农民工市民化到底有多大的作用？农民工群体内部存在异质性，对于那些文化程度、收入水平和职业地位更低的农民工，社会保护的市民化作用是否更为明显？这些都需要我们进一步的经验论证来解答。从研究方法上来看，社会保护在理论上是非常宽泛的概念，实证上根据研究对象的不同，对保障因素的选择差别较大。除少数以外，主要用农村土地和城市社会保障指标对社会保护进行度量，文献中提到的有工伤保险、住房保障、就业保障等。这些指标难免会产生内生性问题。例如，农民工拥有

---

[1] 张红：《职业教育与农民工市民化——一种生命历程理论的分析视角》，《湖北社会科学》2008 年第 8 期。

[2] 韩俊强：《农民工工伤保险参保行为与城市融合——基于武汉市的调查》，《社会保障研究》2013 年第 4 期。

[3] 孙国峰、张旭晨：《新生代农民工社会保障问题实证分析——以甘肃省为例》，《调研世界》2013 年第 12 期。

[4] 秦立建、陈波：《医疗保险对农民工城市融入的影响分析》，《管理世界》2014 年第 10 期。

工伤保险往往依赖于自身的风险偏好或者自身的工作性质，比如，建筑行业可能更倾向于为农民工购买工伤保险，并不一定能真实反映农民工在城市的保障水平。另外，市民化意愿强或者市民化程度较高的农民工，可能更倾向于放弃农村的保障资源（如土地）去购买城市社会保险。本书利用受访农民工流入地同一社区内的其他农民工对社会保护各变量的平均拥有比重作为工具变量处理了农民工社会保护的内生性问题。

本书作者近些年对农村保障因素和农民工回流问题进行了追踪研究，认为农民工难以融入城市实现市民化转变，一个主要原因是农村劳动力进入城市后个人发展能力的损失和贫困[1]，主要表现在城市就业能力的贫困、家庭保障能力的贫困和城市生存能力的贫困[2]。石智雷、杨云彦于2012年发表在《社会学研究》上的一篇论文，利用湖北和河南两省农户调查数据，论述了农村家庭禀赋对农民工回流决策的影响效应，研究发现农村家庭禀赋对农民工回流有着显著的正向影响[3]。然后研究了新生代和户主子女农民工的回流决策，研究发现农村家庭禀赋对年轻一代农民工的回流决策影响效应较第一代农民工有所减弱[4]。从个体利益最大化的角度出发，石智雷、易成栋尝试建立一个解释劳动力回流决策的数理模型，推导结果显示，如果没有获得城市部门的社会保护，劳动力很容易选择回流，或者在城乡间往复式迁移以获得城市部门的高收益并维持农

---

[1] 石智雷：《乡城迁移过程中劳动力个人发展能力的损失与重建》，《哈尔滨工业大学学报》（社会科学版）2012年第6期。

[2] 石智雷：《城乡预期、长期保障和迁移劳动力的城市融入》，《公共管理学报》2013年第2期。

[3] 石智雷、杨云彦：《家庭禀赋、家庭决策与农村迁移劳动力回流》，《社会学研究》2012年第3期。

[4] 杨云彦、石智雷：《中国农村地区的家庭禀赋与外出务工劳动力回流》，《人口研究》2012年第4期。

村家庭为其提供的社会保护[①]。

关于农民工保障因素的研究已有很多，但多是从社会保障角度进行独立分析，缺乏对农民工应对生计风险的保障因素进行系统的梳理，缺乏构建统一勾勒影响农民工生计可持续性和市民化进程的保障理论分析框架。即使在农民工社会保障这一领域的研究内容也不全面：对社会保险研究较多，对社会保障其他项目的研究较少；从影响农民工参加社会保险的因素来看，研究农民工个人因素的较多，研究企业因素的较少。如果农民工在城市中只能获得贫困救济或者失业保险，他们宁愿选择回流农村。我们需要从社会保护的视角重新审视农民工的保障状况。

新型城镇化建设的本质是人的城镇化，其关键是农民工的市民化。基于农民工市民化的目标，我们必须重新审视农民工市民化过程中面临的生计风险，以及外部政策如何调整来帮助农民工市民化。而户籍制度改革的全面推进，基本公共服务成本的巨大压力，亟须明晰农民工对社会支持的核心需求是什么？目前政府、企业或家庭为农民工提供了哪些保障因素，在多大程度上为农民工提供了社会保护？哪些保障因素有助于农民工在城市"落地生根"，实现真正的市民化？为提高农民工市民化政策的针对性和效果，本书研究的问题在理论上具有重大意义，在劳动力迁移、社会保障、家庭发展政策等公共政策的制定方面也具有相当的前瞻性。研究成果不仅可以为农民工福利制度完善和户籍制度改革提供基础依据，而且有助于加深对微观家庭支持的认知，有助于家庭经济学和社会保障学科的发展。

[①] 石智雷、易成栋：《长期保障、投资回报与迁移劳动力回流决策》，《经济评论》2013年第3期。

第二章

基于可持续生计的农民工社会保护：一个分析框架

第一节 可持续生计理论

生计是以追求创造生存、谋求以家庭为单位的发展所需要的以创造收入为核心的行动。一方面它高度关注生计的实现基础和在生计实践中所拥有的选择之间的联系，把关注的重心放在了生计所需要的手段和基础上。另一方面，生计对居民家庭生产生活活动的解释力远远超过了收入、就业、职业和工作等概念，因为它不仅仅是以获得收入或者实现消费的均衡来衡量一个居民家庭的净产出。对贫困人口来说，生计更能完整描绘出其窘迫的生存状态和脆弱性。

可持续生计（sustainable livelihoods，SL）作为个人和家庭为改善长远生产生活状况所获得的谋生能力、所拥有的资产、可借助的外部支撑条件以及以收入创造为核心的行动，其基本思想来源于20

世纪 80 年代到 90 年代早期对于贫困问题的深化理解[①]。当人们能够应对胁迫和冲击，并从中恢复、维持和增加资产，保持和提高能力，并且为下一代生存提供机会；在长期和短期内，在当地和全球范围内，为他人的生计带来了净收益，那么，该生计具有可持续性。可持续生计明确了发展干预的目标，特别是对贫困人口来说，可持续生计既是一种生计发展目标，又是一种生计发展结果[②]。

生计资产、生计能力和生计策略是可持续生计分析体系中三个核心范畴。一般认为，生计资产表征个体或家庭拥有的物质基础和社会资本；生计能力反映生计活动中人的能动性和潜力；生计策略是对机会的把握和具体的生计实践技巧。生计资产既会累积，也会损耗，还可以在生计实践中通过人们的生计活动实现生计资产的结构转型和优化。人们要取得积极的生计成果，必须有不同类型的资产。单一的资产无法实现生计成果的多样化，当然也无法实现生计的可持续。生计策略是人们为了实现他们的生计可持续目标而进行的活动和选择的范围与组合。生计策略是通过一系列的生计活动来实现的。生计的选择适应取决于许多因素，特别是人们的资产状况以及政策、体制和过程所设置的制约或提供的机会。在不同的资产状况下，生计活动呈现出多样性，并且生计策略也会有很大的不同。在现代社会经济呈现开放式发展的格局下，人口迁移和人口流动对于创新生计方式、谋求更好的发展生计空间显得尤为重要。

可持续生计是一种寻找生计脆弱性诸多原因并给予多种解决方案的集成分析框架和建设性工具。目前，国际上比较成熟且被广泛应用的可持续生计分析框架主要有：DFID——以脆弱性人群为基础

[①] 这一概念最早在 20 世纪 80 年代末世界环境与发展委员会的报告中使用，主要强调维系或提高资源的生产力，保证对财产、资源及收入的拥有和获得，而且要储备并消耗足够的食品和现金，以满足基本的需求。

[②] Chambers, R. and Conway, G., 1992, "Sustainable Rural Livelihoods: Practical Concepts for the 21st Century" IDS Discussion Paper 296, Brighton: IDS.

基于生计资产结构和过程转变的可持续生计分析方法；UNDP——以政策、技术和投资为驱动因子的可持续生计分析方法和CARE——以基本需要和权利为基础相结合的可持续生计分析方法[①]。

DFID的可持续生计分析重点强调了减少生计脆弱性和增强恢复能力的重要性，并认为可持续生计的实现必须依赖于人们所拥有的资产、能力和生计活动而不仅仅是人们的就业机会。可持续生计是在风险环境中，通过生计资本结构、生计过程和生计目标之间的交互变化和相互作用来实现的。DFID把生计资产划分为自然资本、社会资本、物质资本、人力资本和金融资本5种类型。对于贫困人口来说，改善他们的资产可得性有助于奠定他们开展生计的坚实基础。DFID将可持续生计实现的行动策略分为可行策略、内在策略和关键策略三种类型。DFID认为，生计结构和过程的转变是实现可持续生计的重要途径。政策、制度、法律和文化等的地位决定着贫困人口对生计资本运用的机会和权利，同时也间接地影响着他们的社会关系，从整个社会来说，改进穷人在政治、市场、社会以及公共和私人机构方面的关系有助于他们积极参与到生计的发展中。政府也要采取措施，完善管理制度，提升治理水平，确立并保证私人财产不受侵犯。

UNDP的可持续生计分析是可持续人文发展（SHD）项目的重要组成部分。可持续生计是UNDP通过可持续方式缩减贫困的概念和可操作性分析框架。该分析框架主要强调解决以下问题：通过调整和应对策略增强人们应对并从冲击和压力（例如干旱、国内战争、政策失败）中恢复的能力；提升经济效率；形成正确的生态观，减少因为人们的生计活动而造成生态系统中自然资源的衰减；实现社会公平和正义，无论是在现在还是未来，个人生计机会的获

---

① 本部分关于可持续生计理论的介绍，详见石智雷、赵锋、程广帅《计生政策、生育选择与农村家庭发展——基于可持续分析框架》，湖北人民出版社2014年版。

取不能损害第三方的生计权利。

　　CARE是国际上著名的救援组织，其宗旨就是帮助最贫困人口和最脆弱人群。CARE生计分析框架将家庭作为分析单元，强调满足家庭生计安全的基本需要，认为生计包括能力、资产和某种生活方式所需要的活动。该分析框架强调了不同年龄、性别和健康状况的家庭成员在生计资源的控制力上的差别。其生计框架强调以下问题的解决：一是用整体的观点来看待生计发展问题。CARE主张通过储蓄和信贷、农业生产多样化和市场化、重塑健康、发展组织机构、提升个人能力、提供社区服务等方式实现生计的提升。二是注重生计保护，降解生计脆弱性。政府和非政府组织都要提供力所能及的帮助，防止家庭生计安全性的降低。比如，建立生计安全预警系统，提供资金和食物、籽种和工具，进行健康教育以及防止洪涝灾害等。生计支持活动应重点关注个人能力的塑造、赋权以及为贫困人口提供基本服务。

第二节　基于可持续生计的农民工社会保护分析框架

一　农民工的社会保护及对其市民化的影响

　　需要说明的是，和学术界以及政府使用的社会保障概念不同，本书基于可持续生计理论，从家庭、企业和政府三个维度来研究农民工的社会保护。生计是谋生的方式，该谋生方式建立在能力、资产以及活动基础之上[1]。可行能力理论隐含结构主义和福利主义话语，认为社会结构不平等与制度排斥性是贫困生产的动因，强调公

---

[1] Chambers, R. and Conway, G., 1992, "Sustainable Rural Livelihoods: Practical Concepts for the 21st Century" IDS Discussion Paper 296, Brighton: IDS.

民权利的建设以及国家福利制度的完善。农民工的社会保护分析框架延续可行能力分析理念,以农民工生计策略选择及其影响因素为基本骨架,强调结构性因素和制度性因素在生计策略选择中的重要作用,致力于阐释社会保护与农民工市民化之间的内在关联。本书所述的社会保护是在石智雷[①]基础概念上的扩展,指居民在个人能力之外拥有的、用以维持生计可持续性的资源或者权利,具体而言就是在具备劳动能力时有一份稳定的收入来源,在退休或者失去劳动能力后有维持基本生活水平的策略或保障。社会保护着眼于未来生计的可持续,是以未来的保障来实现对当前生计的支持和激励。

(一) 基于可持续生计的社会保护

可持续生计作为个人和家庭为改善长远生产生活状况所获得的谋生能力、所拥有的资产、可借助的外部支撑条件以及以收入创造为核心的行动[②],起源于对贫困人口生计多样性与复杂性的关注。一般认为,生计资产和生计策略是可持续生计的核心范畴。生计策略是人们为了实现他们的生计可持续目标而进行的活动和选择的范围与组合,包括生产活动、消费平滑、家庭投资策略和迁移选择等。理性的生计策略是根据家庭、个人当前的处境、短期与长期前景而采取的,其目标不仅是维持当前的生产、消费模式,而且也是为了回避未来的生计风险。SL 理论认为,生计资本决定生计策略选择,而不同生计策略的选择又会影响生计资本的积累,循环累积走向某种生计结果[③]。按照这一逻辑那么资源贫乏者将永远陷于贫困,边缘群体将永远进入不了发展的核心。打破这一循环的关键有两个:一是富有冒险精神的人主动承担风险,突破现有资源和环境

[①] 石智雷:《城乡预期、长期保障与迁移劳动力城市融入》,《公共管理学报》2013 年第 2 期。

[②] 纳列什·辛格、乔纳森·吉尔曼:《让生计可持续》,《国际社会科学杂志(中文版)》2000 年第 4 期。

[③] Scoones, "Sustainable livelihood: A Framework for Analysis", IDS Working Paper. 1998.

的束缚；二是可借助外部支撑条件的提供。社会保护可以在某种程度上替代或实现这两种效应。SL 理论并没有着重强调保障的作用，但是在开放的社会和制度环境下，影响生计策略选择的因素不局限于家庭生计资本，还包括能够维持生计可持续的保障性资源和可获得性权利。而森的可行能力理论深化了这一功能，他认为增进人的可行能力和实质自由的公共政策一般可以通过促进工具性自由来消除发展的限制和打破恶性的循环，这些工具性自由包括政治自由、经济条件、社会机会、透明性保证和防护性保障[1]。社会保护是一种社会机会与防护性保障，通过一系列的社会政策和福利保证贫困人口或弱势群体能够享有实质性自由、扩展他们的基本可行能力。从可行能力的视角来看，社会保护作为工具性自由，通过一系列的社会支持政策促进弱势群体能够享有实质性自由。而自由的工具性作用的特点是特定类型的自由能够相互补充，相互增强。比如，就业这样的社会机会促进了市民身份获得和政治参与等个人发展机会，同时也有助于培育他们自己的能动性来排除和抵御所面临的各种社会剥夺。在如何把个人能力或资产转化为可行能力，或者从拥有的功能转向行使这些功能的能力，存在着明显的个体差异。例如，在城市劳动力市场上一个文盲或许和一个本科毕业生有着一样的就业机会和权利，但是文盲在把个人能力转化为可行能力方面会比本科毕业生困难得多。因此政府或企业提供的社会保护就是这样一种作用，帮助那些弱势群体发展他们的可行能力。社会保护的政策目的不是福利的均等化，而是使每个人实现可行能力的能力一样，所以社会保护效应对于弱势群体的作用会更为明显。

在当前快速城市化的背景下，农民工作为一个跨越城乡的特殊群体，他们受教育水平普遍较低，社会资本缺乏，就业流动性高。

---

[1] A. Sen, Development as Freedom. Oxford: Oxford University Press, 1999, pp. 77 – 96.

基于可持续性生计理论,可以把农民工看作在一个脆弱性的背景中生存或谋生的对象,这种环境也影响着农民工的生计策略以及资本配置与使用的方式。脆弱性是系统质量重建发生的状况,包括结构变化、行为变化以及自身发展的变化[1]。就农民工群体来说,由于从农村迁入城市,缺乏对城市生产、生活方式的适应,导致农民工家庭人均收入偏低、生计资本积累能力较差,缺乏应对各种风险的能力和基础,形成了累积性(结构性)的生计脆弱。在 SL 理论中,生计的选择适应取决于许多因素,特别是人们的资产状况以及政策、体制和过程所设置的制约或提供的机会。在制度和政策等因素造就的脆弱性环境中,在资本与政策和制度相互影响下,作为生计核心的资本的性质和状况,决定了采用生计策略的类型[2]。拥有较多生计资本的人们往往拥有更多的选择权并有能力运用一些政策措施确保他们的生计安全[3]。农民工的生计资本一般集中在农村家庭,但是由于外出务工,农村生计资本的分离以及城市中生计资本的匮乏,农民工在城市中仅仅通过已有的生计资本转换不足以应对生计风险;或者生计资本转换行动受到结构性制度条件的制约,无法实现农民工在农村中的生计资本向城市生计资本的转换,不能对在城市中的生计策略(比如市民化策略)发挥有效的支撑作用。由于制度在经济发展和生计资本转换中的重要作用,国家制度输入常常作为发展干预的重要手段,促进社会融合或制造社会排斥;而利用制度手段,在家庭、企业或社会保障三个维度构建的社会保护体系下,可直接影响农民工生计策略选择和生计结果(如市民化水平)。

---

[1] S. L. Cutter, "Social Science Perspectives on Hazards and Vulnerability Science" *Geophysical Hazard*, Vol. 10, No. 1, 2010.
[2] Scoones, " Sustainable livelihood: A Framework for Analysis", IDS Working Paper, 1998.
[3] C. Ashley, and D. Carney, Sustainable Livelihoods: Lessons from Early Experience, London: Department for International Development UK, 1999.

（二）社会保护对农民工市民化的影响路径

社会保护对农民工市民化的作用可以划分为城市保障效应和农村保障效应。农村保障效应主要体现为对农民工回流的拉力。第一，家庭自然资本可以为农民工回流农村后提供基本的生计保障和生活来源，如土地不仅具有生产功能，还具有失业保障、养老保障功能[1]。外出务工的农民工对其预期收入是不稳定的，他们可能找不到工作，也可能工作不稳定，在丧失非农就业机会的情况下，土地可以作为一种失业保险，农民工可以回流到农村继续从事农业生产。第二，家庭人力资本和社会资本可以为回流劳动力提供人力支持和生活照料。第三，新农保可以弥补家庭、土地、储蓄等传统养老方式的不足，是政府提供的一种稳定性较强的制度性养老保障。新农合也可以帮助农民工应对疾病风险，尤其在目前农村医疗保障体系尚不完善的情况下，它可以改善参合者"有病不医"的状况，降低了参合者的自付比例，提高了参合者的健康水平[2]。农村社会保护也是导致农民工在城乡间往复式循环流动的一个重要原因。中国农民工是收入和消费与社会保护或者养老保障相分离的特殊群体，他们在城市里做工赚取工资并在城市消费，但还是需要农村家庭为其提供保障支持系统。这种支持系统往往还是建立在迁移者与农村家庭保持不断联系的基础之上，包括迁移者往家乡汇款、节假日或者亲人庆典时返回等。

接下来，我们将进一步从影响路径上梳理和探讨城市社会保护影响农民工市民化的机制。根据刘传江和程建林构建的市民化衡量方法[3]，农民工市民化程度是农民工的市民化意愿和市民化能力的

---

[1] 石智雷、薛文玲：《中国农民工的长期保障与回流决策》，《中国人口资源与环境》2015年第1期。

[2] 程令国、张晔：《"新农合"：经济绩效还是健康绩效？》，《经济研究》2012年第1期。

[3] 刘传江、程建林：《第二代农民工市民化：现状分析与进程测度》，《人口研究》2008年第5期。

函数。城市社会保护可通过以下几种机制影响市民化程度。

首先,城市社会保护通过帮助农民工抵御在城市中的生计风险,增强农民工的城市认同感,进而影响其市民化意愿。农民工享有的部分社会保护能够帮助他们应对可能发生的风险冲击,增强他们的心理安全感。比如,城镇职工医疗保险可以帮助他们应对疾病风险,一方面提高在罹患疾病时的医疗支付能力,一方面可在一定程度上促进参保人的健康水平①,这无形之中可以提高农民工在务工城市的生活质量,提高其留城意愿。

其次,城市社会保护通过提高农民工在城市就业、生活的稳定性,进而影响其市民化意愿。农民工市民化的关键在于解决其"安居"与"乐业"两大问题②。农民工在城市频繁更换工作,不利于他们融入企业;而劳动合同的签订可以提高农民工的就业稳定性,稳定就业则意味着不需要在当下工作结束后被迫更换到另一份工作甚至另一座城市,有助于减少农民工的漂泊感,增强其对务工城市的归属感。与此同时,在城市拥有保障性住房也能帮助农民工增强稳定感。当农民工以租住房或工棚来解决城市居住问题时,其住房往往会受到出租者或工作地变动的影响,居住状态不稳定;而居住的边缘化,容易产生颠沛流离感,导致其城市融入程度低③。

再次,社会保护通过激励农民工在城市进行长期投资,以提高就业能力与挣得能力,进而影响了农民工的市民化能力。如果没有获得社会保护,可能会使农民工预期自己很难在城市中永久居住,待到年老或失去劳动能力时,还是要返回农村养老。所以,农民工在城市中进行长期投资的预期回报就无法获得,从而削弱了农民工进行长期投资的积极性。相反,获得了社会保护的农民工,则有动

---

① 潘杰、雷晓燕、刘国恩:《医疗保险促进健康吗?》,《经济研究》2013年第3期。
② 韩俊:《解决好农民工问题的整体性政策框架》,《中国党政干部论坛》2006年第7期。
③ 韩俊强:《农民工住房与城市融合》,《中国人口科学》2013年第2期。郑思齐、廖俊平、任荣荣等:《农民工的住房政策与经济增长》,《经济研究》2011年第2期。

力增加对自身的投资，提高就业能力和挣得能力。比如参加职业培训，不仅可以获得新的人力资本投资，而且还是对原有人力资本的补充和转化①，提高劳动力的就业能力②。就业稳定性作为社会保护的重要组成部分，对于激励农民工在城市进行长期投资发挥着重要的作用。在发达国家，就业稳定性的改善能提升城市劳动力市场中弱势群体的挣得能力③；针对我国的经验研究也发现，稳定的就业有助于提高农民工的就业能力和工资水平④。

最后，社会保护通过影响农民工的政府信任和社会信任，增强农民工与当地居民的互动，进而影响其市民化水平。流入地政府为农民工提供基本公共服务有助于增强农民工对流入地政府的信任，而这种信任会增强对务工城市的融入程度。与此同时，农民工参与政府提供的基本公共服务会加强其与城市当地居民之间的互动，无形之中会促进对当地居民的了解，提高对当地居民信任水平，而这种社会信任程度越高，则越容易融入当地社会⑤。在对美国移民的社会信任研究也发现，与社会信任水平较低的移民相比，拥有更高社会信任水平的移民往往能够更加顺利地适应和融入美国社区⑥。

---

① 赵延东、王奋宇：《城乡流动人口的经济地位获得及决定因素》，《中国人口科学》2002年第4期。

② J. Kettunen., "Education and Unemployment Duration" *Economics and Education Review*. Vol 16, No. 2, 1997.

③ H. David, Greenberg, Charles Michalopoulos and Philip K. Robins, "What Happens to the Effects of Government—Funded Training Programs over Time?" *The Journal of Human Resources*, Vol. 39, No. 1, 2004. L. David , "Training, Wages, and Sample Selection: Estimating Sharp Bounds on Treatment Effects " *The Review of Economic Studies*, Vol. 76, No. 3, 2009.

④ 寇恩惠、刘柏惠：《城镇化进程中农民工就业稳定性及工资差距——基于分位数回归的分析》，《数量经济技术经济研究》2013年第7期。

⑤ 任远、陶力：《本地化的社会资本与促进流动人口的社会融合》，《人口研究》2012年第5期。

⑥ U. Sen., Social Capital and Trust: The Relationship between Social Capital Factors and Trust in the Police in the United States, Proquest, Umi Dissertation Publishing, 2001.

为了研究的科学性，本书基于文献回顾和理论分析，提出以下五个研究假说：

假说1：在城市生计风险持续、客观存在的情况下，社会保护是影响农民工市民化的关键因素。

假说2：社会保护对弱势群体的市民化作用更为明显；在农民工群体内部，文化程度或者收入水平越低，社会保护对其市民化的作用越明显。

假说3：以家庭禀赋为代表的农村社会保护是导致农民工回流的主要因素。

假说4：家庭、企业和政府提供的不同维度社会保护对农民工市民化的影响存在明显差异，并且随着农民工市民化程度的演化也会发生变化。

假说5：对于已经实现市民身份转变的农民工，社会保护对其生计可持续依然发挥着重要影响。

具体的理论分析框架如图2—1所示：

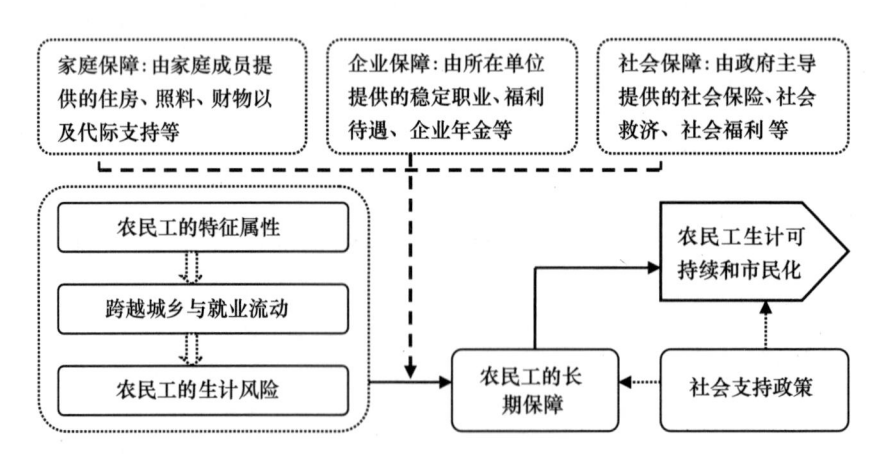

图2—1 理论分析框架图

二 农民工社会保护的内在维度

（一）社会保护的划分

农民工作为理性经济人，他们会从整个生命周期来权衡是否迁移。也就是说，他们不仅考虑短期内的预期收益和成本，而且要考虑今后更长时间内的预期收益和成本，只有当在城市生活的长期收益能够弥补短期成本时，他们才会做出流向城市或在城市长期居留的决定。

本书所述的社会保护是基于农民工自身人力资本较低、社会网络并不发达的前提进行阐述的，具体是指农民工在失去劳动能力和收入来源后，赖以维持生计的资源或权利。能否获得有效的社会保护是农民工市民化的关键所在。节假日期间或农村发生重要事情时农民工会回流农村，因此，农村家庭禀赋资源可以看作一种为外出务工者或回流者提供社会保护的财富。

农民工来到城市社会后，一般情况下与农村原有社会关系网络的联系会逐渐减少，而由于时间成本和资金成本的制约，以业缘关系为纽带的城市社会网络也并不发达或者尚未构建。此外，农民工自身受教育水平较低，也很少受到政府或企业提供的专业技能培训，人力资本十分有限，只能从事低技能性的工作。此外，农民工的工作具有很大的流动性，许多农民工缺乏维权意识，再加上部分企业社会责任意识淡化、用工制度不规范、运作资金压力较大等因素的制约，往往不与农民工签订劳动合同，也不为其提供住房和购买社会保险。在这种背景下，只有依靠政府或企业的力量，才能完善农民工在城市的生活保障。

因此，本书关于社会保护的研究将从农村和城市两个层面来展开，农村社会保护是指以家庭为单位为农民工个人提供的各种家庭禀赋资源，包括家中耕地、靠汇款维持的农村社会网络资源、子女对父母履行赡养义务、农村医疗保险和养老保险等。城市社会保护是在假设农民工自身就业能力较差、城市社会网络尚未完全构建的情况下，政府和企业为其提供的较为正式的长期性生活保障，主要表现为城市社会网络[①]以及城市部门提供的各类社会保险。

(二) 农村社会保护

当前，农民工群体在我国具有特殊性。与城市居民相比，他们虽然生活在城市并且为城市经济发展做出巨大贡献，但却无法获得与城市居民同等的公共服务和社会保障；与其他进城务工人员相比，在农村拥有耕地，可以通过往家乡汇款、为家乡亲戚朋友介绍工作等方式维持着农村社会网络。当年老、疾病、失业或在农村能获得更好发展机会时，作为理性经济人的农民工会选择回流农村。因为农村的家庭禀赋资源可以为其回流后的生活提供稳定的生活来源，而且一旦回流，其在外出务工期间人力资本的提升、资金和技术的积累以及社会网络的完善等有利因素会使农村家庭禀赋资源发挥出更大的价值。在农民工的迁移或返乡行为中，本书只考虑社会保护对农民工决策的影响。因此，城市不完善的社会保护作为推力，农村相对完善的社会保护作为拉力，两种力量共同作用之下，农民工必然会做出回流农村的理性选择[②]。

一直以来，养老问题都备受中国农民工的关注。目前，我国农民工的传统养老方式有三种：一是依靠多年的个人资本积累来养老，二是依靠农村承包土地养老，三是依靠子女实行家庭养老。首先，由于大多数农民工人力资本和社会资本较低，无法获得较为可

[①] 靠亲戚朋友介绍是农民工获取工作的主要途径，这部分亲戚朋友之所以有能力为其介绍工作，是因为他们有过城市务工经历，将自己了解的工作岗位信息传递给了农民工。所以，我们在处理中将通过亲戚朋友介绍工作视为通过城市社会网络途径获得工作，并将其纳入城市长期保障体系之内。

[②] 农民工在迁移或返乡决策中，会受到来自农村和城市各方力量的影响，除了城市部门的推力和农村部门的拉力之外，还会受到农村部门的拉力、城市部门的推力等因素的影响，但本书只考虑城市部门的推力和农村部门的拉力两种力量的影响。

观的劳动报酬，养老储蓄并不充足，依靠自身积累来实现养老对大部分农民工来说并不十分可行。其次，随着城市化进程的加快和国际农产品对我国市场的严重冲击，农业用地不断减少，农民工年老返乡后依靠土地获得的生活保障已经越来越难以维持生计。再次，在计划生育政策的影响下，我国农民工家庭结构日趋小型化和核心化，农民工子女养老压力增大，传统家庭养老模式逐步走向衰落。因此，当前我国的农民工比以往任何时候，比其他任何群体都更加需要来自政府或企业社会保护的支持。以家庭禀赋资源为基础的农村社会保护会削弱农民工市民化。家庭耕地、对农村社会网络资源的投资和农村社会保险对农民工市民化有负向影响。

（三）城市社会保护

首先，农民工社会网络的同质性较强，即农民工的社会网络仍然以亲缘关系和地缘关系为主，大部分都是与自身社会经济背景相似的农民或农民工。这种先赋性的社会关系网络在农民工市民化过程中发挥的作用微乎其微。而农民工在城市长期生活之后，会逐渐与当地市民建立起异质性社会网络，这种社会网络有利于其获取新知识和新技术，增加职业选择机会和职业上升空间，从而提升其人力资本，继而推进其市民化进程。

其次，劳动合同作为用人单位与劳动者之间存在劳动关系的直接证据，是劳动者维护自身权益的有力工具。然而，大多数农民工进城务工是依靠社会关系网络获得工作，缺乏正规的招聘渠道，且季节流动性强，这在一定程度上影响了他们就业的规范化和合同化。失去劳动合同的约束，企业就很有可能不会为劳动者缴纳社会保险，从而切断社会保护的社会化来源。

此外，大部分农民工的城市居住条件十分恶劣，他们非常渴望能够在城市拥有住房，但是我国城镇持续上涨的房价远远超出了农民工的承受范围，因此，政府是否采取相关政策措施调控经济结构,为农民工提供保障性住房,解决其基本生活起居问题,对农民工的生存发展和城市适应极为关键。农民工在城市的异质性社会网络越发达,参与的城市社会保险越完善,越有利于加快其市民化进程。

三 从社会保障、社会福利到社会保护

社会保护无论在国外还是国内都是一个较年轻的概念,但绝不是一个新生的事物。作为应对风险、剥夺和贫困的屏障和手段,在人类发展历程中社会保护是一直存在的。随着社会经济的发展,人类面临的社会风险也变得多元化。尤其是近代以来,随着人类成为风险的主要生产者,风险的结构和特征发生了根本性的变化,人类通过个体或者有组织的公共行动为自身应对风险所构建的社会保护也在不断地发生变化[1]。

社会保护概念最早是由匈牙利政治经济学家波兰尼提出的,在其《巨变:当代政治与经济的起源》一书中他认为,现代社会为两个方向完全相反的作用力所支配:市场的不断扩张以及它所遭遇的反向运动——社会保护运动。自由市场促成社会经济进步的同时也促成了贫困化和社会混乱,而社会保护秉持"去商品化"理念,在市场之外为人类、自然和生产组织提供干预性保护[2]。该论述为社会保护政策提供了重要的理论支撑。20世纪90年代以后,在国际劳工组织、世界银行等国际组织推动下,国际上"社会保护"逐渐成为与社会经济发展相联系的一个重要议题。

20世纪80年代以前,社会福利和社会保障概念在国际上被普遍接受和使用。在发达国家,与收入安全相比,非收入性福利以及

---

[1] Beck, U., *World Risk Society*, Cambridge: Polity Press, 1999.
[2] [匈牙利]卡尔·波兰尼:《巨变:当代政治与经济的起源》,黄树民译,社会科学文献出版社2013年版。

与其相关的社会问题越来越重要。从社会福利制度的发展趋势来看，社会福利的6项主要服务安排都在面临挑战。国家通过大规模的官僚体制直接对公民提供"从摇篮到坟墓"的保障已经成为历史。但这并不意味着人类对社会福利目的的追求降低了。国际劳工局（1984）对社会保障的界定是，社会通过一系列的公共措施对其成员提供保护，以防止他们由于疾病、妊娠、工伤、失业、残疾、老年及死亡而导致的收入大大降低或中断而遭受经济和社会困窘。社会保障还包括对社会成员提供的医疗照顾，及对有儿童的家庭提供的补贴。国际劳工局主要致力于维护发达国家的劳工利益。由于这一历史的原因，在实践中，其推行的制度蓝本是美国的社会保险制度。这种制度强调将社会保险作为主要的保障手段，它非常依赖正式的雇佣关系。然而，对所有人提供的收入保障超出了绝大部分发展中国家的经济承受能力。这些国家由于只有很小的现代部门，非正式的雇佣关系非常普遍，很难被包括进正式的社会保险制度[①]。20世纪90年代以后，社会保护概念和政策逐步成为新的国际共识。

社会保护是一个比社会保障更为宽泛的概念，具有很强的开放性和包容性，在学界和政府都有不同的界定。一般有两种理解，一种是将其界定为人类社会共同体应对所不能接受的贫困、脆弱性或风险所采取的有组织的公共行动和干预。世界银行给出的定义与此类似，认为社会保护是协助个人、家庭和社区更好地规避风险，为贫困群体提供的公共干预性支持。在这里，狭义的社会保护等同于传统的社会保险项目和其他社会保障政策，只是范围有所扩大。另一种理解是，社会保护是一个人用以规避风险和不确定、实现生存与发展的基本要素。在供给主体上，不再局限于国家，而是同时考虑家庭、社区、企业和其他民间社会团体提供的正式和非正式社会

[①] 发展中国家推行高成本的社会保险制度实际上会削弱这些国家在全球经济竞争中劳动力成本的比较优势。

保护[①]。在供给内容和策略上,开始重视风险预防和能力培育,除了传统的社会保障应对贫困风险的物质性手段,还包括其他社会救助形式的财产转移支付,以及各种免费教育和培训、支持服务穷人的金融机构等治疗型和机会型福利(Midgley,1999)。本研究所使用的社会保护概念是第二种。

作为一种保障水平的评价,社会保护区别于发达国家的社会福利,又不限于一些发展中国家的社会保障。

第一,在政策工具上,突破了传统的社会保险和社会救济以及劳动力市场政策,将家庭照顾、社区保护以及相关社会服务等政策工具纳入了社会保护框架内。

第二,在供给主体上,不再局限于国家,开始重视家庭、社区和民间社会及他们提供的非正式保障。另外,私人部门提供的干预也得到重视。

第三,在供给内容上,除了传统的社会保障等权利型保障外,还包括农村土地、资产和家庭劳动力等物质型保障,以及稳定性就业、参加社会组织等机会型保障。

因此,社会保护在一定程度上弥补了上文提到的社会保障的局限性,而又不同于社会福利,可以作为一种对劳动者保障状况更全面衡量的尝试。评估一个劳动者的保障能力和水平,不仅需要考察其获得保障的能力,而且还要看个人的实际需求。比如,一个购买了工伤保险的建筑工人,和一个没有购买医疗保险的个体户老板,我们不能简单地认为前者的医疗保障能力比后者强。

[①] Holzmann, R. and Jørgensen, S., 2001, "Social Risk Management: A New Conceptual Framework for Social Protection, and Beyond", *International Tax and Public Finance*, 8 (4), pp. 529–556.

第三节 样本选择与数据说明

本书使用的是 2010—2014 年全国流动人口动态监测数据。该数据是由国家人口计生委从 2010 年 4 月开始采取多阶段与规模成比例抽样方法,每年对全国 106 个城市 16—59 岁之间男女人口的调查而得到的。被调查对象包括全国 31 个省(市)、106 个城市、2456 个街道、4912 个居委会或行政村、122548 个流动人口个案。为避免在同一户中出现 2 名或以上个人调查对象的情况,要求采用"分组法"后的按户排列的合格个人名单不得少于 100 人。被调查的 106 个城市包含了省会城市、计划单列市、地级市和县级市,东中西三大区域在城市数量上分别占比 45.2%、27.4%、27.4%。调查对象为在流入地居住一个月以上、16—59 周岁的跨县(市、区)流动人口。问卷内容包括被访者基础信息、子女状况、就业状况、社会保障状况和生活情况等信息。

一 研究对象及调查内容

抽样总体为在调查前一个月前来本地居住、非本区(县、市)户口且在调查时点年龄介于 15—59 岁的流动人口。抽样总体中不包括调查时在车站、码头、机场、旅馆、医院等地点的流入人口。对符合抽样总体要求但在非正规场所(临时工地、废弃厂房、路边等)居住的流入人口,依然列为调查对象。

调查方式分别为全国 31 个省份流动人口动态监测和社会融合专题调查。

全国范围内动态监测按照随机原则在全国 31 个省(区、市)和新疆生产建设兵团城市地区抽取样本点,使调查结果对全国和各省有较好代表性。每年样本量在13万左右。

社会融合专题调查样本量分布为上海市松江区、苏州市、无锡市、武汉市、长沙市、西安市、泉州市7市，各抽取2000名流动人口，1000名当地户籍人口；陕西省咸阳市抽取1000名流动人口，600名当地户籍人口。

调查内容采取个人问卷和社区问卷。个人问卷主要包括基本情况、就业居住和社会保障、婚育情况、计生和卫生等基本公共服务、社会融合等；社区问卷主要包括人口基本状况、社区管理与服务、计生和卫生基本公共服务均等化服务落实情况等。

二 抽样方法

本书所使用数据的抽样方法为分层、多阶段与规模成比例的PPS抽样。

（一）分层方法

1. 按31个省、自治区、直辖市和新疆生产建设兵团（以下简称32个省级单位）分层。为确保对各省级单位的代表性，首先对32个省级单位进行分层。

在保持对全国、各省有代表性的基础上，增强对主要城市群、经济带的代表性。

2. 省内对城市带及重点城市进行二级分层。二级分层内为等比例抽样，其样本为自动加权样本。各二级分层之间为不等比例抽样；在计算全国指标时，需要根据各二级分层单位的抽样比进行加权。

3. 对二级分层单位内按乡镇街道属性排序，进行"潜在"分层。

4. 在抽中的乡镇街道内，按村居委会及流动人口的居住形态，即"分散居住""集中居住""工棚、临时住所居住"排序，进行"潜在"分层。

(二) 多阶段

1. 第一阶段：按 PPS 法抽选乡镇街道。

2. 第二阶段：在抽中的乡镇街道内按 PPS 法抽选村居委会。乡镇街道、村居委会的抽选由国家统一进行。

3. 第三阶段：在抽中的居委会/村委会内抽取个人调查对象。

(1) 每个村居委会要求调查的个人对象为 20 人。调查对象的抽选采取上、下结合的方法：由国家根据所抽选村居委会中符合条件的流动人口数量统一确定"调查分组数"并随机给出具体的"调查组别"；各地调查人员负责编制该"调查组别"内 100 名合格个人对象名单，在对合格对象按性别、年龄、来本地时间、进入信息系统时间排序后从中抽选出 20 人进行调查。

(2) 在村居委会内，以个人作为抽样单位。在任何情况下，一个家庭内只能调查 1 名 15—59 岁的流动人口。

三 样本量及其分配

简单随机情况下的样本量计算公式如下：

$$n = \frac{t^2 S^2}{\Delta^2}$$

根据比例指标对样本量进行测算时，采用：

$$n = \frac{t^2 P(1-P)}{\Delta^2}$$

根据以往历年的调查结果测算，设计效应（DEFF）取 2-3，概率度为 2，相对误差率为 5%—10% 计算出整群抽样时所需要的样本量 4000。

对流动人口动态监测调查主要指标的精度进行测算，省级单位的指标精度均低于 15%。为加强对全国 19 个城市群以及部分重点城市（直辖市、省会城市和计划单列市）流动人口情况的监测，在

▶ 中国农民工的社会保护与市民化研究

分配样本量时,对这些城市进行重点关注,如图 2—2 所示。

本书在数据选取上采用的几点标准:扣除城镇户籍的流动人口,只保留农村户籍的流动人口,即农民工样本;扣除流入地为"兵团"的样本,以保证样本之间的类型可比性;样本的个人信息、职业信息等存在缺失的不予保留。

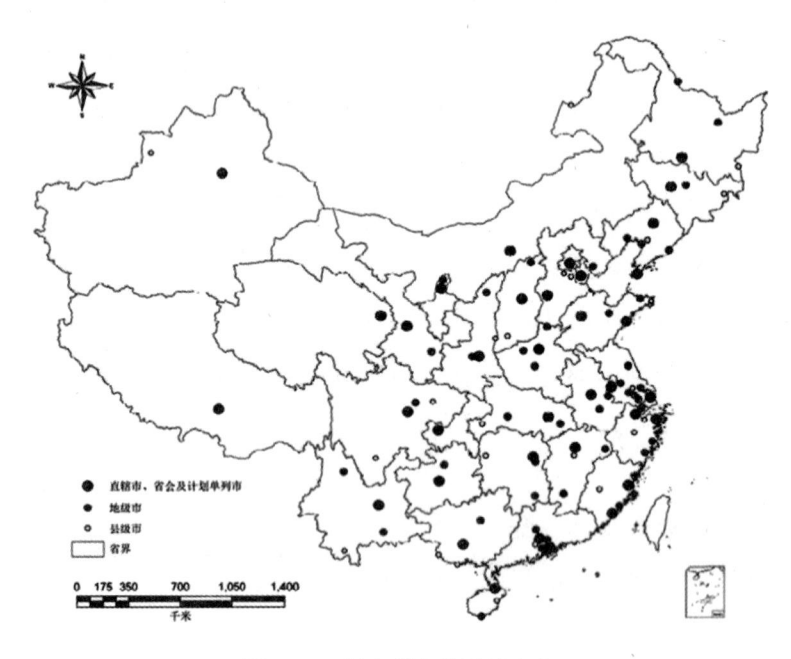

图 2—2 调查样本的地域分布

第三章

市民化进程中农民工生计状况与生计风险

通过对市民化程度进行频数分布的正态拟合检验,农民工市民化呈现标准的正态分布,市民化进程态势良好。农民工已经处于中等市民化阶段。整个农民工群体的市民化水平达到了73.05%,其中有78.8%的农民工市民化程度超过了60%,处于中等市民化阶段。中小城市的农民工市民化程度则明显低于大城市。

本章以湖北省为例,分析市民化进程中农民工生计状况和生计风险。

第一节 农民工在城市生计行为的阶段性特征

(一)产业转移背景下湖北省流出劳动力回流特征明显,并在2013年形成拐点

近年来,跨省流入湖北省内的农业转移人口所占比重基本稳定,保持在24%左右。从2011年到2013年,省内跨市的农业转移人口所占比重一直呈现上升趋势,在2013年形成拐点,开始转为下降,2015年下降至25.9%。2014年,市内跨县农业转移人口首度超过省

内跨市，比重上升至39.2%，成为湖北省农业转移人口最主要的流动方式，2015年这一趋势进一步加强（见图3—1）。市内跨县农业转移人口比重的增加，是湖北省流到省外的农业转移人口返回到家乡就业的结果，有利于推动湖北省产业化和就近城镇化的发展。

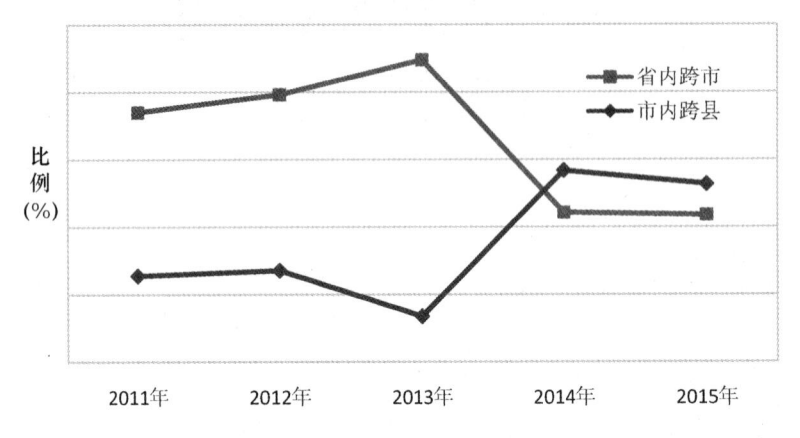

图3—1　2011—2015年湖北省农业转移人口流动范围

（二）湖北省对流动人口的用工模式呈现年轻化趋势，26—30岁流动人口比重增加

由图3—2知，2015年，湖北省30岁以下流入人口比重更多些，表明流入人口呈现年轻化趋势。而31—45岁流入人口比重较2010年更少些。从2015年湖北省流入与流出人口对比来看，各年龄段流动人口所占比重基本一致，这说明近几年来，湖北省的人口流动结构趋于平衡，并从人力流失向人口红利转变。

（三）特大城市农业转移人口以省内跨市流动为主，中小城市则以市内跨县为主

2015年，湖北省不同城市规模农业转移人口的流动范围差异较大。其中，武汉市60.5%的农业转移人口是省内跨市流动，仅有13.3%市内跨县流动。而对于非武汉市的一些中小城市而言，市内跨县是其最主要的流动方式（见图3—3）。同时，我们也看到，省

内跨市和市内跨县流动的比重越来越高，说明湖北省就地城镇化的条件已基本具备，正逐步进入"中小城市"加速发展阶段。

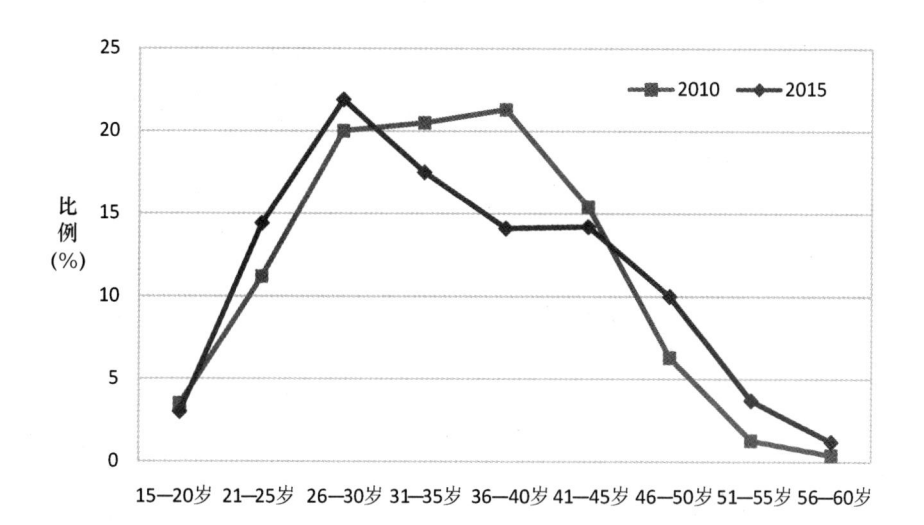

图3—2 2010年和2015年流入人口年龄结构对比

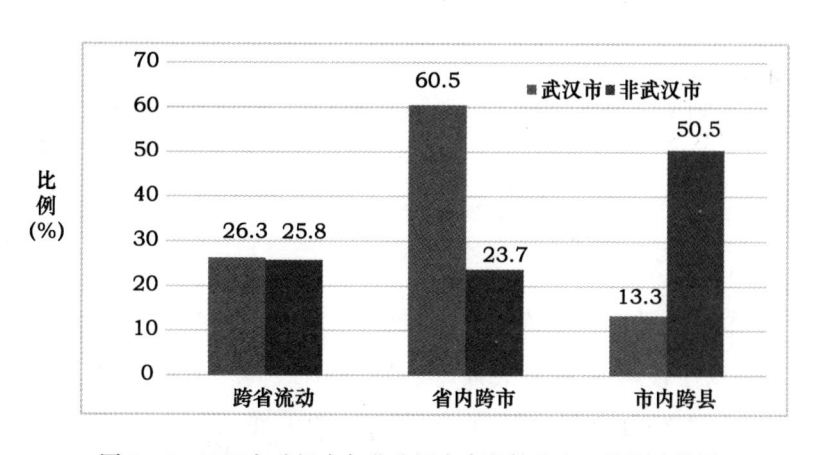

图3—3 2015年武汉市与非武汉市农业转移人口的流动范围

（四）农民工的生计活动主要聚集于基础服务业，高端服务业就业比重上升明显

根据2011—2015年动态监测数据，湖北省农业转移人口就业

行业主要分布在第三产业，约70%流入人口就业于服务业，其中又以基础服务业①为主，占到50%以上。2014年，高端服务业②就业的农业转移人口较2013年增加了近10个百分点，2015年依然保持着这一比重。相比较而言，第二产业就业人数却在2015年有所减少（见图3—4）。部分农业转移人口主要从基础服务业和第二产业分流到高端服务业。

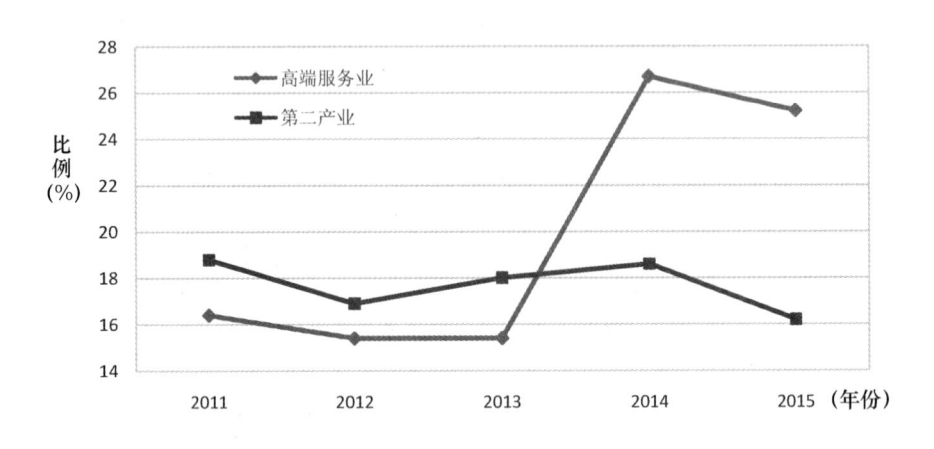

图3—4　2011—2015年湖北省农业转移人口就业行业分布

（五）人口流动逐步由单个劳动力流动向家庭化流动转变，3人及以上迁移比重上升

2015年流动人口动态监测数据显示，在家庭化迁移的人口中，3人共同流迁移动和4人共同迁移的比例最高，分别为49.10%和25.60%。与2011年相比，单独迁移和2人迁移的比重下降，3人及以上迁移的比重上升（见图3—5）。由此可见，家庭化迁移已成为湖北省农业转移人口的重要特征。湖北省农业转移人口越来越多

---

①　基础服务业包括批发零售、住宿餐饮、交通运输、仓储通信。
②　高端服务业包括社会服务、金融保险房地产、卫生体育和社会福利、教育文化及广播电影电视、科研和技术服务、党政机关和社会团体。

地和配偶、子女等家庭成员一起流入或逐步流入，即从非家庭化迁移、半家庭化迁移向家庭化迁移方式转变。

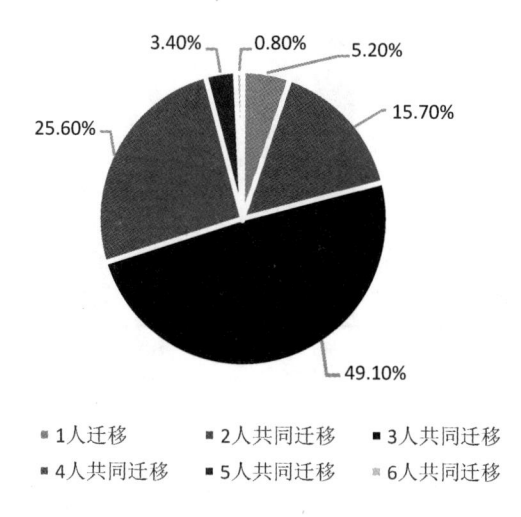

图3—5 2015年湖北省农业转移人口家庭化模式分布

（六）农民工的人力资本整体呈上升趋势

从受教育程度看，2011年到2015年，湖北省流入人口学历以初中学历为主，比重超过50%，高中学历保持在20%左右，高等学历者比重较低。从流动人口的年际变化来看，2015年，流动人口的人力资本较2011年均有了较大幅度提高，其中高等学历流动人口比重的增加十分值得关注，流入人口增加了4.1个百分点（见图3—6），流出人口增加了5个百分点。流入省流入和流出人口的人力资本均呈现上升趋势，但流出人口的整体受教育程度更高些。

（七）农民工在城市购买商品房的比重逐年增加

从表3—1可以看出，2014年流入湖北的农民工以租住私房为主，其次是已购商品房和租住单位或雇主房，且租住私房比例逐年下降，而自购商品房、自建房的比例逐年上升，从有房率和住房质量两方面可以看出农民工的房屋购买能力有所升高，其住房环境正逐步改善。

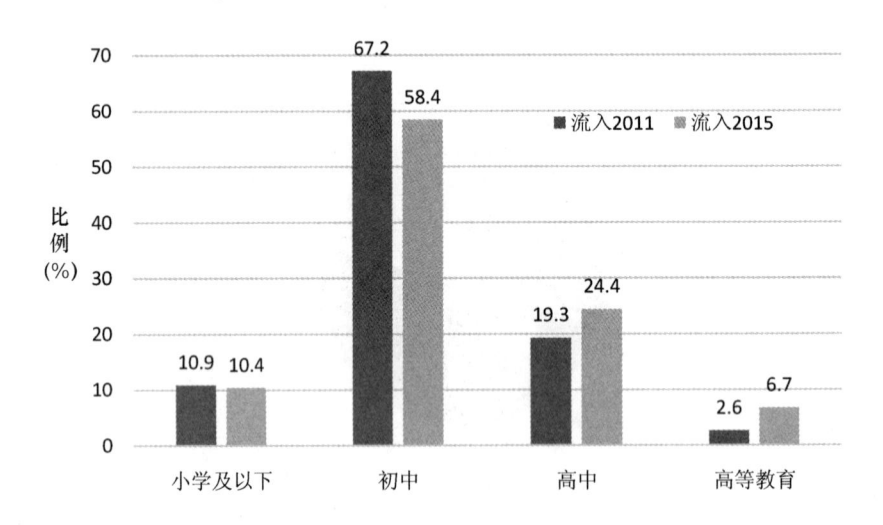

图3—6　2011年和2015年湖北省流入人口的受教育程度

表3—1　　　　　　　　农民工住房性质频率表　　　　　　　　（%）

现住房性质	2011年	2012年	2013年	2014年
租住私房	80.6	77.5	73.9	70.9
已购商品房	7.0	7.5	9.3	14.3
租住单位/雇主房	7.5	4.7	7.0	5.5

第二节　农民工在城市中的生计风险

个人或家庭所处的环境中始终存在着各种生计风险，自然灾害、经济危机、健康打击、家庭结构变化、失业等风险因素都会使个人或家庭福利水平降低，使非贫困人口陷入贫困，使贫困人口陷入永久贫困[1][2]。在中国，农民工作为跨越城乡的流动人口，承受着自然、市场、政策等多重生计风险。本部分基于湖北省2010—2015年流动人口调查数据，分析农民工在城市适应和城市融入过程中面临的生计风险。

（一）农民工在城市中的消费以生存型消费为主，平均恩格尔系数呈现上升趋势

据2014年监测数据显示，农民工家庭在本地平均月总收入为5676.28元，平均月总支出为3078.84元。其中每月食品支出1338.66元，房租支出727.90元，分别占月总支出的43.5%和23.6%，两项合计支出占总支出的67.1%，而2013年两者比重分别为39.6%和25.4%，两项合计支出占总支出的65%。可以看出房租支出和食品支出在农业转移流入人口消费中占很大的比重，且呈上升趋势。可以看出农民工在城市的消费依旧停留在对生活必需品的满足层次，而用于娱乐、发展性消费等其他方面的支出比例不高，这种维系生存的消费方式不利于农民工适应城市生活。

近年来，农民工的恩格尔系数呈现上升趋势，2011年农民工的平均恩格尔系数为0.426，2013年上升为0.428，2014年又进一步上升到0.473。与此同时，农民工在本地的家庭月收入呈上升趋势，但是幅度不大。2014年，农民工在城市的家庭月总收入均值为5734.84元，相对于2013年增加了274.32元。在住房方面，2014年流入湖北省的农民工仍以租住私房为主，其中月房租1000元以上的农民工比重达19.1%，高于2013年的14.3%以及2012年的9.4%。

---

[1] Sherbinin A D, Vanwey L K, Mcsweeney K, et al. , "Rural household demographics, livelihoods and the environment." *Global Environmental Change*, No.18, 2008.

[2] Tsegaye D, Vedeld P, Moe S R. *Pastoralists and livelihoods: A case study from northern Afar, Ethiopia*: Journal of AridEnvironments, 2013, (91): 138–146.

（二）农民工医疗卫生支出占家庭月总支出比重总体较高，抗风险能力不足

由 2014 年流动人口动态监测调查数据可知，随着湖北省农民工的自费医疗家庭月均支出比①水平的上升，其比重也是上升的，自费医疗家庭月均支出比为在 50% 水平以下的，湖北省农民工占比在 20% 左右；自费医疗家庭月均支出比为 50%—100% 水平间的，湖北省农民工占比在 23% 左右；自费医疗家庭月均支出比在 100% 水平以上的，湖北省农民工占比超过 52%。农民工医疗卫生支出占家庭月总支出比重总体过高，农民工在城市生计风险大。

（三）农民工劳动合同签约率低，就业稳定性差

根据 2013 年湖北省流动人口动态监测数据显示，当地居民的就业稳定性明显高于农民工。农民工就业区域稳定率②在 0—0.3、0.3—0.7 的人数比例分别为 45.7% 和 29.0%，而在 0.7—1.0 的比例为 25.3%，显然就业区域相对稳定的转移人口比例较低。统计结果还表明，就业职业稳定率在 0.5—1.0 的农民工数量比例为 65.9%，高于职业稳定率在 0—0.5 的相应比例为 31.8%。从签订劳动合同情况来看，未签订合同的占 49.4%，接近 50%。总体来看，我国农民工就业稳定性差，劳动合同签约率低。

新生代农民工同第一代农民工相比面临着更为严重的就业困境。新生代农民工的就业率只有 76.8%，远低于第一代农民工。这种失业率的升高趋势不仅不利于农民工自身的生存发展，也不利于城乡融合与社会稳定。从对未工作原因的分析来看，影响新生代农民工就业的最主要阻力并非此前学术界所通常认为的新生代农民工

---

① 自费医疗家庭月均支出比，即最近一次住院自费部分医疗支出占家庭平均月总支出比重。

② 本部分中就业稳定性用就业区域稳定率和就业职业稳定率两个指标反映。就业区域稳定率是农民工在本地就业时间和外出务工时间的比值；就业职业稳定率是农民工从事当前工作的时间和外出务工时间的比值。

自身的高预期与低耐受力，而是沉重的家庭负担。一方面，在新生代农民工群体中女性占了很大比重，然而女性的低平均年龄与高新婚率共同导致了有相当多的女性面临怀孕、哺乳以及抚养儿童等家庭生活负担，因而难以外出就业并可能连带影响到家庭中男性的就业。

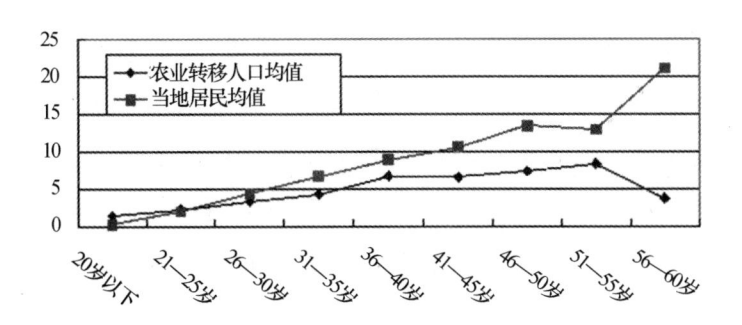

图 3—7 农民工与当地居民就业稳定性对比图

注：图中横轴为受访者年龄，纵轴为就业稳定性系数。

（四）城市生活的高成本使农民工对自身人力资本投资不足

以武汉市为例，农民工人均家庭月收入为 6002 元，人均家庭月支出 3172.3 元，支出占家庭总收入一半以上。较高的生活成本使农民工极少有闲暇资金用于开拓当地的社交网络，因此，农民工的社会网络依旧处于血缘、亲缘、地缘阶段，与本地人有较大的社会隔离；经医生诊断需要住院而未住院的农民工中，有超过 30% 的是由于经济困难未住院，有超过 20% 的是因工作没有时间而未住院。同时较高的生活压力也使农民工没有多余精力去参加政府提供的职业培训，最近三年农民工参加政府免费培训的比例仅为 16.5%，没有参加培训使农民工的职业能力无法得到提高，因此工作稳定性无法得到保障，进而会影响其收入，这是导致农民工无法实现职业提升的一个恶性循环。

(五)农民工子女学龄期不在学问题突出,面临着贫困代际传递和社会阶层固化的双重风险

农民工子女获得同等受教育机会是落实基本公共服务均等化的重要内容,也是农民工在城市中实现向上流动的主要通道。但是目前湖北省内农民工子女学龄期不在学问题严重。调查结果显示,湖北省农民工随迁子女中,6—18岁的不在学率达到7%,其中6岁适龄随迁儿童的不在学率达到12.7%,且到2013年5月还未上小学。在6—12岁的随迁子女中,有15.2%在上幼儿园。无论是随迁子女还是留守子女,第一个孩子的不在学率均低于第二、第三个孩子,多子女的流动人口家庭面临两难选择:孩子都带到流入地入学,经济压力大;留在老家上学,由于监护督促不足,容易造成孩子失学。

(六)中小城市发育尚不充分,满足农民工市民化所需要的公共产品及公共服务能力较弱

由于城市的发展建设尚不完善,城市的公共产品和公共服务仍是属于相对稀缺的资源。城市居民与农民工因此处于一个相互竞争的位置,58.4%的当地居民认为农民工对本地社会治安没有好处;52.3%的当地居民认为农民工对本地的公共交通没有好处;53.5%的当地居民认为农民工对本地居住环境没有好处;58.4%的当地居民认为农民工对本地的社区卫生没有好处。以社会保险为例,除了城镇职工养老保险外,特大城市(8.0%)比其他规模城市高(大城市的为7.2%和中小城市的为3.9%);大城市在失业保险、城镇居民养老保险、医疗保险、工伤保险和生育保险的服务供给方面分别高于特大城市0.9%、0.4%、1.1%、1.8%和0.9%;而中小城市在城镇居民养老保险及城镇居民基本医疗保险等公共服务的供给方面又明显高于大城市和特大城市。

据2014年监测数据显示,农民工在户籍地的新农保覆盖率较

高，达62.3%，较2013年监测数据显示的农村养老保险覆盖率（25.3%）有很大幅度的提升，其他各类社会保障的参与率则较低。农民工在城市中享有的社会保障类型按参与率排名依次为城镇居民养老保险（6.9%）、城镇职工养老保险（6.4%）、失业保险（3.7%）、住房公积金（1.5%）。而2013年这几项社会保障类型的参与率排名为城镇养老保险（7.9%）、失业保险（3.9%）、住房公积金（0.8%）。对比这两年的数据可以发现，农民工在本地各类社会保障参与率有所提升，但总体上仍处于较低的水平。

第三节 农民工在城市中的生计资本

本部分主要研究农民工的住房选择以及影响其做出选择的因素。而农民工的住房选择主要体现为住房性质及住房租金。因此，对农民工住房选择的分类分为两个层面：其一，农民工的住房性质，即住房来源。这种划分方式可以反映农民工在流入地的住房消费模式。根据湖北省农民工住房来源的现状，分为租住房、免费房和自有住房。其二，农民工的房租。这种划分方式能反映农民工的住房质量，主要分为无房租、低房租和高房租。而无房租主要对应于免费房和自有住房，因此，房租主要反映租住房的质量。

一 农民工在城市中的住房状况

表3—2报告了农民工住房性质和住房租金的统计结果。表3—2表明，在被调查的湖北省流入人口中，有2982人选择了租住私房，比重高达74.8%，接近被调查总人数的4/5。而其余各种住房性质的人数比例均不超过10%。因此，在三类住房中，租住房的比重最高。同时，在被调查的湖北省流入人口中有798人未选择租

房,占总人数的20%。房租在1000元以下的比例为70.3%,超过了总人数的2/3。并且随着房租的升高,比重逐渐减小。

表3—2　　　　　　　　农民工的住房性质和住房租金

住房性质		百分比（%）	住房租金	百分比（%）
租住房	租住单位雇主房	80.2	无房租	20.0
	租住私房			
	政府提供廉租房			
免费房	单位雇主提供免费住房	10.9	低房租 （1000元及以下）	70.3
	借住房			
	就业场所			
	其他非正规居所			
自有住房	自购房	8.9	高房租 （1000元以上）	9.7
	自建房			

此外,在所有被调查的城市中,武汉市作为湖北省第一大城市,农民工的住房选择与其他小城市有明显差异。一方面,武汉市农民工选择免费房的比例高于其他城市,而租住房和自有住房比例相对较低;另一方面,武汉市农民工选择高房租的比例相对较高,而其他城市农民工选择低房租的比例高达73%。

综上所述,目前农民工的住房选择行为可以表述为:选择租住低价房成为多数农民工的选择,在小城市尤其明显。在选择租住房的农民工中,比重随着房租的升高而下降。

二　影响农民工住房选择因素的实证分析

（一）模型选择

农民工对住房性质和房租的选择不存在优劣次序。例如,农民工对住房租买之间的选择不仅受经济方面的影响,而且很大程度上取决于他们在流入地居住和发展的预期,这主要通过农民工的受教育程度、职业、收入等变量反映，这种选择不存在优先次序。而对于租住房和免费房之间的选择，除了职业和收入因素外，还受迁移的家庭特征影响，因此二者也不存在优先次序。在房租方面，虽然低房租与高房租存在优劣之分，但与无房租相比又不存在优先次序。因为无房租既可能是自有住房也可能是免费房，无法直接以房租高低排序。

因此，本书的被解释变量是名义变量（多项无序分类变量），故可采用多元非排序 logistic 回归模型进行分析。模型形式如下：

$$\ln\left(\frac{P_i}{P_j}\right) = a_i \sum_{k=1}^{n} \beta_{ik} x_k;$$

其中，$\ln\left(\frac{P_i}{P_j}\right)$ 表示第 i 种住房性质（租金）与第 j 种住房性质（租金）发生比的自然对数形式，x_k（$k = 1, 2, \cdots, n$）表示自变量（解释变量），a_i 和 β_{ik} 分别表示第 i 类的常数项和解释变量参数。

（二）变量设定

我们将构建两个多项 Logistic 模型，分别以住房性质和住房租金为被解释变量。在农民工住房性质选择模型中，本书设定三个住房性质因变量，即租住房 = 1、免费房 = 2、自有住房 = 3。在农民工住房租金选择模型中，本书设定三个因变量，即无房租 = 0、低房租 = 1、高房租 = 2。

经过长时期居住地的生活，农民工融入了个体和家庭相互作用的特质，这必然会作用于住房选择的决策过程。因此，本书选择个体特征变量和家庭特征变量作为两个影响农民工住房选择的解释变量。具体而言，以下几方面因素对农民工的住房选择有影响。

稳定性特征。农民工的流动性越弱，稳定性越强，则越倾向于选择高质量住房，改善住房条件。稳定性一方面表现为工作稳定性，主要通过职业和来流入地工作时间体现；另一方面表现为心理稳定性，本书以农民工长期留居本地意愿和随迁家人人数代表心理稳定性。一般而言，愿意长期留居本地及随迁家人数越多的农民工稳定性越高。

收入。收入是住房选择的物质基础，对农民工的住房选择有显著影响。而这种收入主要指永久性收入，通过农民工的年龄、受教育程度和当前收入体现。由于家庭特征的影响，家庭收入及平均受教育程度更可能对农民工的住房选择产生显著影响。

迁移距离。迁移距离一方面影响流动的经济成本，另一方面影响农民工的心理稳定性，从而影响住房选择。本书以流动范围代表迁移距离的长短。

家庭特征。我们认为，家庭成员的随迁情况会影响农民工的住房选择。除此以外，家庭收入和平均受教育水平的影响也不可忽视。

据此，本书将个体特征变量进一步细分为性别、年龄、户籍性质、职业、来流入地工作时间、流动范围、长期留居本地的意愿，家庭特征变量进一步细分为家庭收入、家人随迁情况、平均受教育程度，共10个二级变量。具体变量的特征如表3—3所示。

表3—3　　　　　　　　　变量的描述性统计

变量	样本数	平均值	标准差
性别（男=1，女=2）	3986	1.48	0.500
年龄（岁）	3986	33.94	8.534
户口性质（农业=1，非农业=2）	3985	1.11	0.316
职业（单位负责人及办事人员=1，专业技术人员=2，商业服务业人员=3，生产运输人员=4，其他=5）	3303	3.16	0.572
来本地工作时间（年）	3986	4.06	4.160
流动范围（跨省流动=1，省内跨市=2，市内跨县=3）	3986	2.08	0.736
长期居住本地意愿（打算=1，不打算=2，没想好=3）	3986	1.60	0.867

续表

变量	样本数	平均值	标准差
家庭收入（元/月）	3986	4785.24	4502.114
随迁人数（人）	3986	1.90	0.981
平均受教育程度（小学及以下=1，初中=2，高中=3，中专=4，大学本科及以上=5）	3986	1.99	0.902

假设农民工的性别、年龄、户籍性质、职业、来本地工作时间、流动范围、长期居住本地的意愿、家庭收入、随迁人数、家庭平均受教育程度都与住房选择有相关关系，对此进行多维列联表分析，测算上述因素与住房选择之间的相关关系见表3—4。

表3—4　　　　住房选择与影响因素的列联表分析结果

指标 \ 影响因素		性别	年龄	户口性质	职业	来本地工作时间	流动范围	长期居住本地意愿	家庭收入	随迁人数	平均教育程度
住房性质	Pearson Chi-Square	5.28	1072.48	43.65	36.80	124.63	41.34	110.04	326.28	100.51	82.28
	Sig.(P值)	0.07	0.00	0.00	0.00	0.00	0.00	0.00	0.00	0.00	0.00
住房租金	Pearson Chi-Square	0.61	967.13	38.54	99.21	82.10	109.42	80.96	567.30	57.41	68.14
	Sig.(P值)	0.74	0.16	0.00	0.00	0.01	0.00	0.00	0.00	0.00	0.00

从表3—4的数据可以得出，性别与农民工选择住房性质的相关性较差，在1%的水平下未通过假设检验。性别、年龄、来本地工作时间与农民工选择住房租金的相关性较差，在1%的水平下未通过假设检验。

据此，在住房性质选择模型中将剔除性别变量，选择剩余的9个变量为自变量。在住房租金选择模型中将剔除性别、年龄、来本地工作时间3个变量，选择剩余的7个变量作为自变量。

(三) 估计结果

根据上述分析模型，本书利用 SPSS 对相关数据进行了多项分类 Logistic 回归分析，住房性质和住房租金选择模型结果如表 3—5 和表 3—6 所示。

1. 住房性质选择模型

分析结果显示，在 0.05 的显著性水平下，除了家庭收入，其余变量对广义 Logit P 的线性贡献都是显著的。因此，根据模型回归结果可以得出以下结论。

第一，流动范围、来本地工作时间与长期居住本地意愿对农民工住房性质的选择有显著影响。从表 3—5 可以看出，流动范围和来本地工作时间对农民工住房性质的选择在 1% 的统计检验水平下有显著影响。跨省流动和省内跨市的农民工选择租住房和免费房的系数均为正，表明流动范围越大的农民工越倾向于选择租住房或免费房。来本地工作时间对租住房和免费房的系数分别为 -0.065 和 -0.086，表明来本地工作时间越长，农民工越倾向于选择自有住房。以没想好是否要长期居住本地的农民工为参照，打算长期居住本地的农民工选择租住房和免费房的系数均为负，不打算长期居住本地的农民工选择租住房和免费房的系数均为正，表明打算长期居住本地的农民工倾向于选择自有住房，不打算长期居住本地的农民工倾向于选择租住房和免费房。流动范围、来本地工作时间与长期居住本地意愿可能存在一定的相关关系。

第二，年龄对农民工选择租住房有显著影响，但对选择免费房没有显著影响。从表 3—5 可以看出，以自有住房为参照物，年龄对选择租住房在 1% 的统计检验水平下有显著影响，系数为 0.025，表明年龄越大的农民工越倾向于选择租住房。这主要是由于青壮年正处于打拼阶段，倾向于拥有自有住房，为家庭营造一种稳定的居住环境。随着年龄的增长，这种动力逐渐减退。而年龄对选择免费房没有显著影响，因为选择免费房主要是由于工作的需要而居住在就业场所或者由雇主提供免费房。

第三，家庭收入对农民工住房性质的选择没有显著影响，而家人随迁情况对农民工住房性质的选择有显著影响。从表3—5可以看出，家庭收入的高低并不对农民工住房性质的选择产生明显作用，而家人随迁情况对农民工住房性质选择在1%的统计检验水平下有显著影响，且选择租住房和免费房的系数均为负，表明家人随迁数越多，对应选择租住房和免费房的优势比越小，越倾向于选择自有住房。因为家人随迁数越多，农民工越愿意改善住房条件和有稳定的住所。

第四，职业与家庭平均受教育程度对农民工住房性质的选择部分有显著影响。从表3—5可以看出，家庭平均受教育程度越高的农民工越倾向于选择自有住房，这与家庭对住房的负担能力有一定的关系。另外，相比于自有住房，只有职业为单位负责人及办事人员的农民工对选择租住房在5%的统计检验水平下有显著影响，系数为-1.508，表明单位负责人及办事人员倾向于选择自有住房。

第五，户籍性质对农民工住房性质的选择有显著影响。从表3—5可以看出，农业户籍的农民工选择租住房和免费房的系数均为正，表明农业户籍的农民工更倾向于选择租住房或免费房。

表3—5　　　　　农民工住房性质选择模型的参数估计

列表（对照组为自有住房）

变量	租住房 β	租住房 Exp（β）	免费房 β	免费房 Exp（β）
年龄	0.025**	1.025	0.012	1.012
流入时间	-0.065***	0.937	-0.086**	0.918
家庭收入	0.000	1.000	0.000	1.000
随迁人数	-0.276***	0.759	-0.570***	0.565

续表

变量	租住房 β	租住房 Exp（β）	免费房 β	免费房 Exp（β）
流动范围（市内跨县）				
跨省流动	0.606***	1.834	0.977***	2.657
省内跨市	0.742***	2.100	0.877***	2.403
居留意愿（没想好）				
打算	-1.125***	0.325	-0.985***	0.374
不打算	0.439	1.551	0.852*	2.345
家庭平均受教育程度（大学本科及以上）				
小学及以下	-0.371	0.690	-1.214	0.297
初中	-1.114	0.328	-1.828**	0.161
高中	-1.349*	0.260	-1.760**	0.172
中专	-1.555**	0.211	-2.445***	0.087
职业（其他）				
单位负责人及办事人员	-1.508**	0.221	-0.729	0.482
专业技术人员	-0.303	0.738	-0.112	0.894
商业服务业人员	0.140	1.150	0.775	2.171
生产运输人员	-0.255	0.775	-0.279	0.757
户籍性质（非农业）				
农业	0.727***	2.068	0.563**	1.755
对数似然比	3911.200			
似然比卡方值	297.848			
Cox and Snell R^2	0.086			
Nagelkerke R^2	0.120			

注：*、**、***分别表示在10%、5%和1%显著性水平下显著；括号内为参照组。（下同）

2. 住房租金选择模型

分析结果显示，在0.05的显著性水平下，所有变量对广义Logit P 的线性贡献都是显著的。因此，根据模型回归结果可以得出以下结论。

第一，流动范围与长期居住本地意愿对农民工住房租金的选择有显著影响。从表3—6可以看出，流动范围对农民工住房租金的选择在1%的统计检验水平下都有显著影响。选择无房租和低房租的因子流动范围的系数均为负，表明流动范围大的农民工更倾向于选择高房租。另外，打算长期居住本地的农民工选择低房租的系数为 -0.291，表明打算长期居住本地的农民工倾向于选择高房租。这主要因为打算长期居住本地的农民工更有动力改善住房条件。

第二，家庭收入对农民工住房租金的选择没有显著影响，而家人随迁情况对农民工住房租金的选择有显著影响。从表3—6可以看出，家庭收入的高低并不对农民工住房租金的选择产生明显作用，而家人随迁情况对农民工住房租金选择在5%的统计检验水平下有显著影响，且选择无房租和低房租的系数均为负，表明家人随迁数越多，对应选择无房租和低房租的优势比越小，越倾向于选择高房租。因为家人随迁数越多，农民工越愿意选择条件好的住房。

第三，职业与家庭平均受教育程度对农民工住房租金的选择部分有显著影响。从表3—6可以看出，只有家庭平均受教育程度为小学及以下和初中的农民工对选择无房租在5%的统计检验水平下有显著影响，系数均为负，表明相比于无房租，家庭平均受教育程度低的农民工倾向于选择租房住，但是对住房租金的高低影响不明显。而平均受教育水平高的家庭倾向于选择自有住房，不用支付房租。另外，相比于高房租，只有职业为生产运输人员的农民工对选择无房租和低房租在5%的统计检验水平下有显著影响。系数为正，表明生产运输人员倾向于选择无房租或低房租。

第四，户籍性质对农民工住房租金的选择没有显著影响。从表3—6可以看出，户籍性质在回归模型中未对农民工住房租金的选择产生影响。

表 3—6　　农民工住房租金选择模型的参数估计列表（对照组为高房租）

变量	租住房 β	租住房 Exp(β)	免费房 β	免费房 Exp(β)
家庭收入	0.000	1.000	0.000***	1.000
随迁人数	-0.126**	0.881	-0.130***	0.878
流动范围（市内跨县）				
跨省流动	-0.551***	0.576	-0.704***	0.494
省内跨市	-0.855***	0.425	-0.868***	0.420
居留意愿（没想好）				
打算	0.224	1.252	-0.291***	0.747
不打算	0.575**	1.777	0.283	1.327
家庭平均受教育程度（大学本科及以上）				
小学及以下	-1.001**	0.367	-0.221	0.801
初中	-0.817**	0.442	-0.349	0.705
高中	-0.516	0.597	-0.333	0.717
中专	-0.263	0.769	0.111	1.117
职业（其他）				
单位负责人及办事人员	1.233*	3.431	0.056	1.058
专业技术人员	0.058	1.059	-0.145	0.865
商业服务业人员	-0.013	0.988	-0.412*	0.662
生产运输人员	0.823**	2.277	0.835***	2.305
户籍性质（非农业）				
农业	-0.163	0.849	0.282*	1.325
对数似然比	4468.219			
似然比卡方值	337.286			
Cox and Snell R^2	0.098			
Nagelkerke R^2	0.114			

农民工住房性质多样化，整体住房水平较低。农民工在流入地采取多种方式解决住房问题，但更倾向于选择租住房且这一比重超

过了80%，具有绝对优势。其次是免费房，再次是自有住房。在房租方面，超过70%的农民工选择了低房租。因此，农民工主要的住房选择是租住低价房。影响农民工住房选择的因素多样，受流动范围、长期居住本地意愿以及家人随迁数三个因素影响显著。流动范围越大，农民工越倾向于选择租住高价房；打算长期居住本地和家人随迁数越多的农民工选择自有住房或租住高价房的倾向更大。家庭收入对农民工的住房选择没有影响。这一结论不同于以往认为收入等经济因素是农民工住房状况的主要影响因素的观点，可能因为目前房租占家庭收入比重比较低，且有部分农民工受工作性质影响可以享受免费房。

第四节 农民工在城市中的生计支持：就业与社会保障

生计支持活动应重点关注个人能力的塑造、赋权以及为贫困人口提供基本服务。政府和非政府组织所提供的防护性支持，防止农民工在城市中生计安全性的降低。比如，建立生计安全预警系统，提供失业保险、医疗保险和救济性资源，进行健康教育以及防止歧视性权利侵害等。

农民工是一个以青壮年为主体的变动群体，随着时间的推移，新生代逐步成为农民工的主体。本部分通过2013年湖北省流动人口动态监测数据，重点研究城市新生代农民工的就业结构和就业质量问题，以及对城市新生代农民工就业状况形成更为深入的认识，并为新形势下有效解决城市农民工就业问题提供参考。

一 农民工在城市的就业现状

（一）就业结构

1. 职业结构

表3—7　　　　　不同代际农民工职业结构比重　　　　　（%）

主要职业 \ 代际	第一代农民工	新生代农民工	总计
国家机关、党群组织、企事业单位负责人	0	0.1	0.1
专业技术人员	3	4.6	3.7
公务员、办事人员和有关人员	0.4	0.6	0.5
经商	28.9	25.7	27.5
商贩	17.3	11.1	14.5
餐饮	13.8	11.7	12.8
家政	0.2	0.9	0.5
保洁	2.4	0.4	1.5
保安	0.7	0.9	0.8
装修	3.8	2.9	3.3
其他商业、服务业人员	10.8	19	14.5
农、林、牧、副、渔、水利业生产人员	0.8	0.7	0.8
生产	2.1	3.9	2.9
运输	1.8	3	2.4
建筑	4.8	4	4.5
其他生产、运输设备操作人员及有关人员	4	5.7	4.8
无固定职业	2.5	2.6	2.6
其他	2.7	2.8	2.3
总计	100	100	100

由表3—7可知，在两代农民工中经商都是其最为主要的职业。第一代农民工最主要的三个职业分别为经商、商贩和餐饮，其从业人数分别占到28.9%、17.3%和13.8%；而对于新生代农

民工来说最主要的三大职业分别为经商、其他商业服务业人员以及餐饮，其从业人数分别占到25.7%、19%和11.7%。新生代农民工中直接从事经商、商贩和餐饮的人员有大幅度减少（减幅分别为3.2%、6.2%和2.1%），但从事其他商业服务业的人员增加显著（增幅为8.2%），其就业呈现更加多样化的态势。除主要职业外，相对于第一代农民工，新生代农民工从事生产运输和专业技术的人员有较大幅度增加（增幅分别为4.7%和1.6%），而从事保洁、装修和建筑等职业的人员则有所减少（减幅分别为2%、0.9%和0.8%）。

2. 行业结构

表3—8　　　　　　不同代际农民工行业结构比重　　　　　　（%）

所属行业 \ 代际	第一代农民工	新生代农民工	总计
制造业	7.1	10.9	8.8
农林牧渔	1.2	0.7	1
建筑	7.5	6.1	6.9
电煤水生产供应	0.6	0.6	0.6
批发零售	36.9	31.4	34.4
住宿餐饮	16.7	16.6	16.6
社会服务	12.3	14	13.1
金融、保险、房地产	0.5	0.6	0.5
交通运输、仓储通信	2.1	4.9	3.3
卫生、体育和社会福利	0.4	0.4	0.4
教育、文化及广播电影电视	1.3	1.1	1.2
科研和技术服务	0.4	1.4	0.9
党政机关和社会团体	0	0.1	0.1
其他	13	11.2	12.2
总计	100	100	100

由表3—8可知，从行业结构来看，批发零售、住宿餐饮和社会服务是两代农民工最主要的三大行业。但新生代农民工从事批发零售行业的人员有较大幅度减少（减幅为5.5%），而从事社会服务行业的人员则有较大幅度增加（增幅为1.7%）。此外，新生代农民工在制造和交通运输业，以及仓储通信行业的人员也均有较大幅度增加（增幅分别为3.8%和2.8%），而在建筑行业的从业人员则有较大幅度减少（减幅为1.4%）。

3. 单位性质结构

表3—9　　　　不同代际农民工就业单位性质结构比重　　　　（%）

就业单位性质　　　代际	第一代农民工	新生代农民工	总计
土地承包者	0.6	0.1	0.4
机关、事业单位	2.9	2.3	2.6
国有及国有控股企业	2.7	2	2.4
集体企业	3.3	2.9	3.1
个体工商户	69.1	59.6	64.7
私营企业	13.1	26.1	19.1
港澳台企业	0.2	0.9	0.5
日、韩企业	0.1	0	0.1
中外合资企业	1.3	1.6	1.4
其他	1.5	1.1	1.3
无单位	5.2	3.4	4.4
总计	100	100	100

由表3—9可知，在两代农民工中个体工商户始终是最为主要的就业性质，在第一代农民工中有69.1%的就业人员为个体工商户，但在新生代农民工中这一比重已下降到59.6%，相应地，新生代农民工进入私营企业工作的人数占到了26.1%，较之第一代农民工提高了13%，至于其他就业单位性质则相差甚

微。这表明新生代农民工更倾向于进入企业就业，这可能部分由于相比较于个体户经营，进入企业工作风险更低、待遇更稳定、福利保障更完善；部分由于一些职业技术学校会为其毕业生直接分配工作单位。

4. 就业身份结构

自营劳动者依然是两代农民工最主要的就业身份。然而，同第一代农民工61.1%的自营劳动者比重相比，新生代农民工中只有44.4%的人员属于自营劳动者，减幅高达16.7%；而在新生代农民工中有37.6%的人员为雇员，较之第一代农民工24.7%的雇员比重增长了12.9%，同时作为雇主和家庭帮工的人员也有了一定增加。

(二) 就业质量

1. 新生代农民工失业率更高

在此次调查的1795名农民工中，有85%的人至少目前拥有能够作为收入来源的工作。其中第一代农民工的就业率为93.4%，高于平均水平；而新生代农民工的就业率只有76.8%，远低于第一代农民工。由于两代农民工中均会存在一部分"主动失业"者，因此其真实就业率会略高于上述比率，但这依然不能否认与第一代农民工相比，新生代农民工面临着更为严峻的就业困境。

2. 本地连续工作时间较短

尽管农民工在本地的连续工作时间均呈递减态势，但第一代农民工在城市中的平均连续工作时间要远远超过新生代农民工。经统计可知新生代农民工在本地的平均连续工作时间为3.07年，且有约37%的人在本地工作不超过1年，仅有45.5%的人在本地连续工作了3年以上；而第一代农民工在本地的平均连续工作时间为6.39年，且有72.4%的人在本地已连续工作3年以上。

3. 日工作时数与周工作天数较短

农民工整体的工作时间长,工作强度大。经统计,农民工中有54.7%的人日工作时数在 10 小时以上,89.6%的人周工作天数在 6 天以上,平均闲暇时间较为短暂。但从代际角度来看,新生代农民工的工作时长要明显短于第一代农民工。在日工作时数方面,第一代农民工中仅有 32.5%的人日工作时数在 8 小时以下,59.6%的人日工作时数在 10 小时以上,而新生代农民工有 42.9%的人日工作时数在 8 小时以下,48.5%的人日工作时数在 10 小时以上;在周工作天数方面,第一代农民工中仅有 9.1%的人每周工作 5 天以内,甚至有 65.4%的人全周 7 天都在工作,工作强度极大,而新生代农民工中则有 12%的人每周工作 5 天以内,每周工作 7 天的人数占比也下降到了 49.7%,虽然其工作强度依然较大,但较之第一代农民工已经有了相当大的改善。

4. 个人月收入水平与家庭生活水平低于第一代农民工

第一代农民工的平均月收入为 3491.48 元,有 64.41%的人月收入超过了 3000 元;而新生代农民工的平均月收入为 3322.07 元,略低于第一代农民工,同时月收入在 3000 元以上的人数比重下降到 59.44%。这种结果同一般的社会认知相反:社会通常认为由于新生代农民工拥有较高的学历,应当拥有更高的收入水平。然而数据表明,新生代农民工的教育优势在收入方面的产出效益并不明显。

从恩格尔系数来看,第一代农民工也普遍拥有着高于新生代农民工的生活水平(更低的恩格尔系数),有 54.3%的第一代农民工为富裕以上水准,而新生代农民工中这一比重下降到 48.96%。

5. 新生代农民工社会保障有待提高

表3—10　　　　不同代际农民工劳动与社会保障参与比重　　　　（%）

参保类型 代际	城镇养老保险	城镇职工医疗保险	工伤保险	失业保险	生育保险	住房公积金
第一代农民工	24.5	25	23.5	18.6	6.9	2.9
新生代农民工	10.3	9.5	15.6	6.8	4.9	4.2

第一代农民工签订固定期限和无固定期限合同的人数比重为48%，略高于新生代农民工的比重（47.6%）。从"五险一金"情况来看，农民工的参与比重普遍较低，没有任何一项保险的参与度超过25%，且除在住房公积金方面新生代农民工的参与度略高于第一代农民工之外，在养老保险、医疗保险、工伤保险、失业保险和生育保险方面新生代农民工的参与比重均低于第一代农民工。

社会保障是民生之基，已成为政府提供的重要公共品之一。然而，随着人口流动规模的扩大，农民工的社会保障建设将成为公共服务供给上的一大难题。本部分依据2013年湖北省农民工动态监测数据的5999个农民工个案样本，从就业、流动范围、参保类别等不同角度分析湖北省农民工的参保问题，并进一步探讨农民工参保差异的原因。

二　农民工参加社会保险的现状

（一）农民工参加社会保险的比例有较大提高，但整体水平仍然较低，且医疗保险和养老保险呈现出户籍地与流入地差异

2013年动态监测调查数据显示，79.3%的农民工在户籍地享有医疗保险，其中新型农村合作医疗保险的比例最高，为76.2%，享有农村养老保险和城镇养老保险的分别占23.2%和1.3%，商业保险参保率较低，为2.5%，其他各类社会保障（工伤保险、失业保

险、生育保险、住房公积金、农村低保等)的参与率均低于3.0%。2010年农民工在本地医疗保险参与率仅为8.5%，而2013年这一比率提高至17.3%，增加了8.8个百分点。与同年在户籍地享有的保险相比，医疗保险的覆盖面略广，城镇职工医保、城镇居民医保参保率分别高了6.0和4.5个百分点，商业医保参保率高了2.9个百分点，城镇养老保险参与率为9.7%，比户籍地高出8.4个百分点。

(二)农民工参加社会保险受就业状态影响，社会服务、住宿餐饮、批发零售和建筑行业参保率低

按照就业行业类型分类，以城镇职工医疗保险为例，参保率从高到低依次为党政机关和社会团体、教育/文化/广播电影电视、金融/保险/房地产、科研和技术服务和制造业。党政机关和社会团体参保率为62.5%，教育/文化/广播电影电视为51.79%，金融/保险/房地产为35.14%，而社会服务、住宿餐饮、批发零售业、建筑业等农民工就业较集中的行业参保率均低于10%。

从职业来看，公务员/办事人员、国家机关单位负责人及专业技术人员等稳定性较强的农民工参保率较高，其中公务员、办事人员参保率高达60%，而农民工比较集中的建筑、餐饮、商贩、经商、装修的从业人员以及无固定职业者参保率较低，均低于10%。职业稳定性较差的人员工资水平有限，同时又缺乏必要的社会保障，不利于其在城市的稳定生活和长远发展。

(三)农民工参加社会保险受流动范围影响，省内跨市和市内跨县农民工参保率较高

农民工的参保情况依据流动的远近存在差异(见表3—11)。整体上看，跨省农民工在流入地参加社会保险的比例偏低，而省内跨市农民工参保率均高于40%，其中城镇养老保险、城镇职工医保、工伤保险和生育保险均超过半数(见表3—11)。2013年动态监测调

查数据显示,跨省农民工占到了四分之一,摆在他们面前的一大现实问题就是异地就医能否医保报销。然而现实中,由于各地医保政策不统一,导致异地医保报销很难实现,农民工参保积极性不高。

表3—11　　不同流动范围的的农民工社会保险参与情况比较　　　　（%）

	城镇养老保险	城镇职工医保	城镇居民医保	商业医保	工伤保险	失业保险	生育保险	住房公积金
跨省流动	15.3	13.7	17.9	28.4	13.8	15.1	11.1	24.7
省内跨市	52.7	53.0	42.6	44.4	52.2	48.3	56.3	44.7
市内跨县	32.0	33.3	39.5	27.2	34.0	36.6	32.5	30.6

（四）农民工参与社会保险的区域差异显著,宜昌市和咸宁市参保率较高,鄂州市和潜江市参保率低

湖北省不同城市的农民工在流入地的社会保险参保率存在差别。从城镇养老保险参与情况来看,咸宁市和宜昌市参保率较高,分别为23.5%和22.6%,而鄂州和潜江的农民工却无人参保。咸宁、荆门和宜昌农民工参与城镇职工医保的比例最高,依次为15.9%、13%和12.9%,参与工伤保险的比例也最高,依次为20.3%、18.8%和17.3%,而宜昌、十堰和荆门农民工的城镇居民医保参与率位居前三,依次为14.3%、14.2%和13.2%。整体而言,湖北省各城市农民工的生育保险和住房公积金参与率不高,均低于5%。武汉市农民工参与商业医保的比例最高,为6.3%,其次为襄阳市,为5.6%（见表3—12）。

表3—12　　　2013年分城市的农民工享有社会保险基本情况　　　（%）

	城镇养老保险	城镇职工医保	城镇居民医保	商业医保	工伤保险	失业保险	生育保险	住房公积金
黄石市	7.7	7.7	2.2	4.4	3.3	2.2	0	1.1

续表

	城镇养老保险	城镇职工医保	城镇居民医保	商业医保	工伤保险	失业保险	生育保险	住房公积金
十堰市	9.1	5.3	14.2	4.2	7.9	4.9	1.9	0.9
宜昌市	22.6	12.9	14.3	3.5	17.3	16.1	4.4	2.1
襄阳市	4.8	4.4	10	5.6	3.8	2.9	1.3	0.6
鄂州市	0	0	0	4.3	0	0	0	0
荆门市	14.7	13	13.2	4.3	18.8	2.9	0	0
孝感市	2.2	2.2	2.2	4.3	2.2	2.2	2.2	2.2
荆州市	5.1	4	10.2	1.8	4	2.2	0.7	1.1
黄冈市	6.1	5.3	5.3	3.5	5.3	2.6	0.9	1.8
咸宁市	23.5	15.9	7.4	2.9	20.3	14.7	4.4	2.9
随州市	13	4.3	4.3	4.3	0	0	0	0
恩施州	8.8	3.6	2.9	2.2	4.4	3.6	1.5	3.6
潜江市	0	4.3	0	0	0	0	0	0
神农架	4.3	0	4.3	0	4.3	4.3	4.3	0
武汉市	9.6	7.5	3.8	6.3	7.1	4.6	2.3	1.6

（五）农民工就医报销比例较低，折射出农民工参加医疗保险比例较低和报销难的问题

在2013年湖北省农民工动态监测的5999个样本中，针对"最近一次看病如何报销"这个问题，在5999个样本中共有571人回答此问题。其中没有报销的有470人，占82.3%，在城镇职工医疗保险中心和商业医疗保险公司报销的分别为22人和5人，在新型农村合作医疗办公室报销的为51人，占8.9%，与农民工76.2%的新型农村合作医疗参与率相去甚远。尽管农民工在农村的新型农村合作医疗参与率较高，但是却面临就医报销难的问题。

三　农民工参加社会保险比例较低的原因分析

（一）流入地政府在农民工参保方面出于自身利益考虑，未采取有效的监管措施

流入地政府侧重保护本地居民的利益，政策措施通常不利于具有高度流动性的非本地户籍劳动者参保，如不鼓励企业缴纳的养老统筹资金向外地转移，有些地方政府为发展地方经济，甚至不惜以牺牲职工医疗保险为代价来吸引企业投资。另外，完善的社会保障体系对于地方财政来说无疑是一笔巨大开支，由于社会保障存在道德风险，流入地政府不会倾向于接纳健康风险较高的人群。特别是在大城市，医疗卫生条件好，医保待遇高，流入地政府为了避免大量外来人口进入社会保障体系，往往出台一些政策提高社会保险的门槛，因此，外来农民工被排斥在社会保险体系之外。

（二）农民工非正规就业比例高，流动性较强，企业为其办理社会保险的动力不足，因而参保权益难以得到维护

城镇社会保险大多建立在正规就业、稳定劳动关系的基础上，没有劳动关系和劳动合同这一前提，社会保险工作无从推动。农民工流动性较强，大多都集中在批发零售、住宿餐饮、社会服务、制造业等行业，且多为个体工商户或就职于私营企业，规模较小，组织结构简单，稳定性较差，因而劳动关系不稳定，参加社会保险的比例较低。此外，一部分企业漠视国家有关法律法规，侵犯农民工的合法权益，拒不为农民工办理社会保险。再加上地方政府侧重本地居民的利益，政策措施通常不利于具有高度流动性的非本地户籍劳动者参保，如不鼓励企业缴纳的养老统筹资金向外地转移，这也是农民工参保率偏低的原因之一。

（三）农民工医疗保险转移续接和异地报销面临多重瓶颈

农民工最大的特征就是高流动性。他们利用农闲时间进城打工，频繁往返于农村和城市之间，变换于不同的工种或职位之间。而我国的城镇职工医疗保险和新型农村合作医疗实行市、县级统筹管理，由于各地区间经济发展水平不平衡，政策不统一，使农村和城市在医疗保障体系的衔接上出现不一致的情况，这导致医疗费用不能及时或不能报销，由此导致的农民工"因病致贫""因病返贫"现象时有发生。去年湖北省建立起省级医疗保险异地就医结算管理信息交换平台，14个市（州）参保人员在协和医院等9家医院可异地就医，并实现联网及时结算医疗费用，同时开始着手建立主要针对新型农村合作医疗的9省份跨省就医即时报销体系。但由于新政尚处于试点阶段，因而医保异地报销仍然是农民工面临的一大难题。

（四）农民工目前健康状况良好，养老观念发生改变，参保意识不强

在2009年以前，跨统筹区域流动只可携带个人账户资金，这样无法实现养老保险的转移接续，因此农民工参加养老保险面临着参保权益中断、受损的风险。而在2011年新《社会保险法》颁布后，参加基本养老保险的个人，达到法定退休年龄时累计缴费不足十五年的，可以缴费至满十五年，按月领取基本养老金，也可以转入新型农村社会养老保险或者城镇居民社会养老保险，按照规定享受相应的养老保险待遇。但即便如此，也有被调查者认为自己身体状况良好，希望能够在年轻时积累更多的经济资本，每月拿出一部分钱来买养老保险，会导致即期收入减少。农民工由于自身收入及文化水平的限制对未来生活缺少合理的规划，对养老保险的重要性缺少认识，一定程度上也影响了其参保情况。

第四章

应对生计风险的农民工社会保护状况

目前已有研究多关注农民工在城市的福利水平，而对农民工保障状况的评估和分析相对较少，并且相关研究多是从社会保障角度进行独立分析，缺乏对农民工应对生计风险的保障因素进行系统的梳理，缺乏构建统一勾勒影响农民工生计可持续性和市民化进程的保障理论分析框架。即使在农民工社会保障这一领域的研究内容也不全面：对社会保险研究较多，对社会保障其他项目的研究较少；从影响农民工参加社会保险的因素来看，研究农民工个人因素的较多，研究企业因素的较少。

在本书中，我们基于可行能力理论提出的农民工社会保护的分析框架，结合2013年中国流动人口社会融合专题调查数据，使用模糊评价法和因子分析法对农民工的城市和农村的社会保护分别进行了评价。为了使农民工社会保护状况的评价更具可比性，我们也对外来市民和本地市民的城市社会保护状况进行了对比评价。同时以武汉市为例，对农民工在城市中社会保护的动态变化进行了分析。

第一节　农民工社会保护的衡量方法

一　中国农民工的保障因素

在城乡二元经济体制的影响下，我国社会保障体系也呈现出明显的二元化特征：城市部门建立起以社会保险为核心的，包括养老、就业、医疗、住房、员工福利、最低生活保障等在内的社会保障体系，而农村部门建立起以家庭保障和土地保障为主、社会救济为辅的保障模式。

从农村来到城市务工、就业的农村劳动力，因在就业机会、社会保障、收入待遇等方面无法享受与城市居民同等的待遇，一直被视为我国社会中的"弱势群体"。为了使农民工进城后像城市居民一样获得公平的待遇，流入地政府逐渐为部分农民工提供社会保险、就业培训、住房保障等基本公共服务[1]。尽管近年来国家屡次提及"把解决符合条件的农业转移人口逐步在城镇就业落户作为推进城镇化的首要任务"，并相继出台政策将农民工逐步纳入社会保障体系范围之内。2010年我国新型城镇化水平已达47.5%，愿意转为非农户口的农民工人数却不足25%[2]。2014年6月30日，中共中央政治局审议通过的《关于进一步推进户籍制度改革的意见》，提出了"积极推进城镇基本公共服务由主要对本地户籍人口提供向对常住人口提供转变"的工作思路。城市政府对农民工基本公共服务的财政供给能力，会是户籍制度全面改革的核心阻力。目前农民工在城市中的总体保障水平及其发挥的作用，还需要进一步的总结

---

[1]　刘翠霄：《中国农民的社会保障问题》，《法学研究》2001年第6期。
[2]　张翼：《农民工"进城落户"意愿与中国近期城镇化道路的选择》，《中国人口科学》2011年第2期。

和评估。

农村家庭保障，是以家庭为单位对家庭成员提供的生活保障，主要包括经济保障、生活照料和精神慰藉等内容。农民工外出务工后的主要生活来源是非农业生产活动而不是农业生产，但他们中的一部分依然保留着承包耕地以规避城市风险，这既满足了绝大多数农民的基本生产需求，还可以提供养老保障，起失业保险的作用[1]。在社会救济层面，新农合和新农保政策的推出为农民提供制度层面的社会保障。新农合可以提高医疗服务的利用率，改善参合者的健康状况，增强其抵抗大病风险的能力[2]，新农保则可以弥补家庭、土地、储蓄等传统养老方式的不足，是政府提供的一种稳定性较强的制度性保障[3]。在家庭层面，通过家庭资源的代际和代内转移，农民工可以依靠家庭成员获得照料或从亲属和村内获得经济援助[4]。

现有研究显然忽视了企业为农民工所提供的保障。企业保障主要是由所在单位提供的稳定职业、企业退休金制度等。用人单位为雇员提供保障也是由来已久；特别是在我国传统的社会保障体系中，在城市，企业是社会保障和社会福利的主要实施主体，承担着职工以及家属从生老病死伤残保障到衣食住行的种种福利项目[5]。尽管随着经济体制改革和企业改革的推进，企业的部分社会保障和社会福利功能转移了出去，但目前企业依然为职工提供了一定的保障资源。比如，为职工提供稳定的就业岗位本身就是一种重要的生计保障。

---

[1] 姚洋:《中国农地制度：一个分析框架》,《中国社会科学》2000年第2期。
[2] 程令国、张晔:《"新农合"：经济绩效还是健康绩效?》,《经济研究》2012年第1期。
[3] 聂建亮、钟涨宝:《新农保养老保障能力的可持续研究——基于农民参保缴费档次选择的视角》,《公共管理学报》2014年第11期。
[4] 王跃生:《婚事操办中的代际关系：家庭财产积累与转移》,《中国农村观察》2010年第3期。
[5] 中国经济体制改革总体设计课题组:《企业社会保障职能的独立化》,《经济研究》1993年第11期。

二 农民工社会保护的衡量

可行能力理论是一个超越基本物质需求、贫困和剥夺而形成的经济学分析框架，其核心在于人们可以追求生活的自由，即根据个人拥有实现各种功能的潜力以及在不同生活方式中做出选择的自由，以此达到生命中有价值的状态。根据森的观点，能力贫困才是弱势群体之所以"弱势"的根源。因此，使用可行能力方法进行福利评价时，不仅要考虑人们值得去做的事情和达到的状态，即功能性活动，还要考虑人们想要做到的事情和达到的状态的自由，即可行能力。森认为可以通过促进工具性自由来增进可行能力，有五种类型的工具性自由，分别为政治自由、经济条件、社会机会、透明性保证、防护性保障。可行能力方法为我们提供了一套改善贫困人口"脆弱性"现状的思路。但是，对于农民工而言，解决这种脆弱性困境仅靠农民工个体能力的积累是不够的，更重要的是在开放的社会和制度环境中，如何借以外力获得维持生计工具性自由，并且这种工具性自由必须是能够保证实现其可持续性发展的。这正是社会保护理论在可行能力方法上的进一步发展。

不同于社会保障单纯地对社会弱势群体"输血式"的救济和补贴，社会保护指的是一种工具性自由，强调的是如何提升农民工的可行能力，帮助他们抵御生计风险和摆脱生计困境，并实现可持续性发展。本书的社会保护是在石智雷所提出的长期保障概念基础上的扩展[1]，指居民个人能力之外的、用以维持生计和增强发展能力的可持续性资源或权利。具体而言包括两方面的内容，一方面是农民工在具备劳动能力时拥有稳定的职业和收入来源，当失业、大病或年老时可以凭借完善的保障体系降低其生存风险；另一方面是当

---

[1] 石智雷：《城乡预期、长期保障和迁移劳动力的城市融入》，《公共管理学报》2013年第4期。

第四章 应对生计风险的农民工社会保护状况

农民工在失去劳动能力或面临内外力冲击不得不返乡时，仍能获得维持当前生活以及长远发展的保障性资源。

家庭、企业和政府为农民工提供了不同维度、不同层次的社会保护。家庭可以为农民工提供物质资本、自然资本以及情感慰藉等[1]，在农民工返乡后，这些资源仍然能为其个人发展提供非制度性的社会保护。政府和企业为农民工在城市社会的沟通交流搭建了平台，为其构建全新的社会网络提供了发展型的社会保护；政府和企业给予的医疗、养老等社会保险将农民工的社会保障以法律形式确定下来，其是一种稳定的制度性社会保护。

社会保护是一个新的概念，目前部分学者的研究已开始涉及社会保护领域，且多集中于社会保护对农民工市民化的影响。从自然资本的角度看，有学者研究发现农民工在农村的承包土地可以作为其返乡后的主要收入来源，并且家庭耕地数量较多的农民工会更加倾向于返乡务农，因此农村耕地可以为返乡农民工提供基础性的家庭保障[2]。从社会资本的角度看，农民工外出务工后，与农村社会网络的联系会越来越少，与此同时农民工会在城市建立起新的社会网络。这两种社会网络对农民工市民化起到的作用截然相反[3]。从社会保障角度出发的研究多认为社会保障为农民工的生存发展提供了保障性资源，具体表现在社会保障不仅可以提高农民工市民化的需求和能力，也有利于农民工更好地融入城市[4]，特别是购买城市

---

[1] 石智雷、杨云彦：《家庭禀赋、家庭决策与农村迁移劳动力回流》，《社会学研究》2012年第3期。

[2] 石智雷、易成栋：《长期保障、投资回报与迁移劳动力回流决策》，《经济评论》2013年第3期。

[3] 童雪敏、晋洪涛、史清华：《农民工城市融入：人力资本和社会资本视角的实证研究》，《经济经纬》2012年第5期。

[4] 石智雷、施念：《农民工的社会保障与城市融入分析》，《人口与发展》2014年第2期。

社会保险，会显著影响农民工的市民化意愿[1]。以上关于社会保护的研究尽管涉及农民工个人能力之外的家庭资源禀赋、社会资本、制度保障等方面的内容，但没有对社会保护进行系统梳理，或者将社会保护看作一个单一因素，没有对社会保护的指标体系进行分解。石智雷最先从承包耕地数量、养老方式、是否往家乡汇款、是否希望获得城市户口等方面提出了农民工社会保护的指标[2]，在其后续研究中又尝试从在城市获得工作的途径、与家乡联系频度等[3]社会资本的角度扩展社会保护的内容，并根据农民工的双重身份和特征将社会保护区分为农村部门的社会保护和城市部门的社会保护[4]。农民工的社会保护不仅可以由农村家庭提供，还可以由农村政府、城市政府和就业单位来提供，所以农村新农保与新农合的参与情况、劳动合同签订情况和住房性质等由政府和就业单位提供的保障也被纳入社会保护的范畴[5]。尽管学者们对社会保护的指标体系有了一定的看法，但不够系统和全面，因此需要对农民工社会保护的指标体系进行归纳和总结。

目前学术界少有对农民工社会保护整体水平评价的研究，原因在于实证应用中可行能力的测度较为困难[6]，对可行能力的评价依据个人获得的实质自由的水平高低即功能性活动的大小更具合理

---

[1] 张丽艳、陈余婷：《新生代农民工市民化意愿的影响因素分析——基于广东省三市的调查》，《西北人口》2012年第4期。

[2] 石智雷：《迁移劳动力城乡收入预期的动态变迁及影响因素分析》，《经济评论》2012年第4期。

[3] 石智雷：《城乡预期、长期保障和迁移劳动力的城市融入》，《公共管理学报》2013年第4期。

[4] 石智雷、易成栋：《长期保障、投资回报与迁移劳动力回流决策》，《经济评论》2013年第3期。

[5] 石智雷、薛文玲：《中国农民工的长期保障与回流决策》，《中国人口·资源与环境》2015年第3期。

[6] Martinetti, E. C., "A Mulitidimensional Assessment of Well‐being based on Sen's Functioning Approach" *Rivista Internazionale di Scienze Sociali*, No. 2, 2000.

性。大多数学者在使用可行能力方法时都依据研究主题和群体特征来进行功能性活动指标的选取[①②]。森虽然提出了五种类型的工具性自由，但是他构建的可行能力是一个一般的、弹性的框架，并不是阐述权威性的能力清单。

第二节　农民工社会保护的理论体系构建及指标选取

农民工的社会保护分析框架是基于可行能力理论提出来的，可行能力则是对可持续生计内涵的外延和发展。可持续生计包含两个方面的内容：一是生计资本的延续性。它不仅指农民工的现有生存条件能够得到保障，更重要的是在外力冲击导致生计贫困时，当前的生计状态仍能得以维持及延续。二是生计策略的一致性。农民工未外出时，以土地为基础的生计资本可以实现基本生活保障功能，流入城市之后，原有的生计资本与生计方式改变，因此也必然做出相应的生计策略调整以适应环境变化。农民工进城后要想能够更快地融入城市社会并实现市民化，仅仅依赖于已形成的生计资本是不够的，还需要获得能帮助农民工实现可持续性发展的资源或权利，也就是本书所说的社会保护。

农民工的社会保护是一个系统的理论，涉及家庭保障、企业保障和社会保障等多个维度的内容，过往研究中虽有关于社会保护的研究，但没有对农民工的社会保护体系予以评价。本书基于森的可行能力理论，根据社会保护的不同层次从农民工的权利保障、家

---

① Laderchi, C. R., "Poverty and its many dimensions: the role of income as an indicator" *Oxford Development Studies*, Vol. 15, No. 25, 1997.

② Nussbaum, M., "Capabilities as fundamental entitlements: Sen and social justice" *Feminist economics*. Vol. 2 - 3, No. 9, 2003.

庭支持、资源获取和政治参与四个方面的功能性指标评估农民工的社会保护状况。

（1）权利保障。权利保障是指农民工进城务工后，在就业、医疗保健、社会教育及其他方面享受的自由，是其更好地获取外部资源、享受政治自由的前提。权利保障是一种制度性规范，多以法律法规的形式保障农民工的基本生活权利及自由。农民工从农村流入城市后，与农村原有的资源禀赋相脱节。过去在农村，新农合在为农民提供就医保障和缓解就医压力发挥着积极作用[①]，但是进入城市后，由于数据信息不畅、报销过程缓慢、补偿范围有限等因素的限制，新农合对农民工的保障能力十分有限。农民工子女在农村入学可以享受学费减免，但是一旦随父母迁入城市，则会在入学时遭遇各种困难。谢建社等研究珠三角地区农民工随迁子女的教育问题时发现，受访农民工中超过85%的人为子女教育缴纳了一定数额的借读费或赞助费，缴纳金额从200元到12000元不等，65.6%的农民工子女有遭受歧视的经历，53.3%的流动农民工随迁适龄子女因为负担不起高学费而失学[②]。另外，农民工自身受教育水平偏低，也很少参与政府或用人单位组织的技能培训，在城市就业具有极大的不稳定性，具体表现在不同区域、不同职业之间的频繁流动[③]。近年来国家逐步放开城镇落户政策，但这对于大部分非稳定就业、无合法稳定住所的农民工而言仍然门槛较高。整体而言，农民工的就业能力和获得权利保障的能力并不高，当面临经济波动和市场风险时，农民工的生活将面临更大的脆弱性，十分不利于农民工在城

---

① 魏凤、金华旺：《农民视角下新农合保障能力及影响因素评估——基于宝鸡市421户参合农民的调研》，《人口与经济》2012年第4期。

② 谢建社、牛喜霞、谢宇：《流动农民工随迁子女教育问题研究——以珠三角城镇地区为例》，《中国人口科学》2011年第1期。

③ 许传新：《农民工的进城方式与职业流动——两代农民工的比较分析》，《青年研究》2010年第3期。

市的可持续性发展。

（2）家庭支持。在我国传统社会中，人们具有极强的家庭观念，以血缘关系为基础的家庭结构有着很好的稳定性，家庭中个人的发展路径往往与家庭联系紧密。农民工要想获得保障其城市生活的永续性资源，除了依托个人素质及能力之外，还必须借助家庭的禀赋资源以提供社会保护和实现长远发展。家庭禀赋是个体禀赋的拓展，是家庭或所有家庭成员为农民工提供的各种自然资源、社会资源、经济资源等。首先，家庭的经济资源和社会资源能够帮助农民工更快地在城市谋得一份工作，从而获得赖以生存的物质基础和发展机会；其次，农村家庭所拥有的土地、山林等自然资源以及家庭财富积累是农民先天性的自然资本，可以为返乡后的农民工提供基础性和资源性的生活保障；再次，除了提高物质帮助外，家庭成员还为农民工给予精神支持和情感交换。例如，当农民工面临重大决策时，农民工能够迅速与本城市中的家庭成员进行商量，而受过良好教育的家庭成员往往眼界更为开阔，能为他们提出合理化的建议。由于家庭禀赋可以为农民工提供社会保护，所以回流农村成为农民工城市生活失意后的理性选择。为了实现对家庭禀赋资源的维持，农民工会进行一定的经济投资和人情投资。例如，往家乡汇款、为亲朋邻里介绍工作等。

（3）资源获取。为了获得更系统更完善的社会保护，农民工需要各种不同的资源，而其自身和家庭一般并不拥有足够数量或质量的资源，因此，农民工需要从外部获取所需的资源。具有社会资本是农民工获取发展资源的最重要途径。社会资本可以将其他形式的资本或资源转化为经济资本，其有再造性和保障性功能，因而可以看作社会保护的一部分。政府给予的社会保障对于农民工而言是一种相对被动的保障，而社会资本则是农民工自身可以发挥主动能动性的保障。社会资本具有个人取向和社会取向两个维度[①]。个人取向的社会资本是农民工个人基于血缘、地缘和业缘关系或通过社会交往获得的支持。在政府给予农民工的社会保障不充分或市场不公时,农民工可以直接动用这一形式的社会资本获取社会资源和机会,弥补政府运作的不足。社会取向的社会资本是农民工个人通过参与正式的公民社团和集体活动,从而提高自身生活机会。这一层次的社会资本是公共物品,其主要任务是为农民工争取合法性权利和应当获得的保障。Ports 将移民的社会资本定义为移民利用自身在社会网络和更广泛的社会结构中的成员身份,获得工作机会、廉价劳动力及低息贷款等各种资源,从而提高自身的经济地位的过程[②]。李培林对山东省济南市 1504 位农民工的调查发现 75% 的流动农民工通过亲戚朋友介绍进入城市部门,进城后继续维持这层社会关系网以获取社会资源和发展机遇。[③]

(4) 政治参与。政治参与是指人们拥有投票与选举、参与社区工作、接触政府工作人员、参加政治活动和抗议活动的自由。农民工可以通过有序的政治参与,及时、充分地表达自身利益诉求,直接或间接地影响政府决策和政治生活的行为。首先,农民工参与投票选举充分行使了话语权,参加社区管理工作可以使农民工与城市居民处于一个同等的平台,加强双方的沟通与了解,另外,农民工政治意识与政治参与的强化可以增强其主人翁意识,加强对城市的归属感和认同感。总之,政治参与是农民工获得权利保障、家庭支持以及发展资源的基础和关键所在,是一种较高层次的社会保护。

---

① 陈为智:《社会资本:弱势群体社会保障的一个视角》,《江南社会学院学报》2008 年第 2 期。

② Ports, Alejiandro, "Economic Sociology and the Sociology of Immigration: A conceptual Overview" In the Economic Sociology of Immigration, Edited by Ports Alejandro, New York: Russell Sage Foundation, 1995.

③ 李培林:《流动民工的社会网络和社会地位》,《社会学研究》1996 年第 4 期。

第四章 应对生计风险的农民工社会保护状况

表 4—1　　　　　　　　农民工社会保护的指标体系

目标层		指标选取	变量取值	变量类型
社会保护	城市	参加社保种类	取实际参加社保的种类数目	D
		是否参加住房公积金	是=1；否=0	D
		是否签订劳动合同	是=1；否=0	D
		医疗费用是否报销	医保报销1；未报销0	D
		家庭受教育程度	家庭成员平均教育程度与家庭劳动力人数之积	C
		人均家庭总收入	取人均家庭总收入①的对数	C
		本地家庭成员的比重	在本地的家庭成员数量除以家庭总人数	C
		是否参加选举活动	是=1；否=0	D
		是否参加评优活动	是=1；否=0	D
		是否参加居委会活动	是=1；否=0	D
		休闲方式	看电视/读书/上网=1；聊天/打牌/家务/逛街/睡觉=0	D
	农村	主要邻居类型	本地市民=2；外地人=1；其他=0	Q
		是否参加新农合	是=1；否=0	D
		是否参加新农保	是=1；否=0	D
		家乡住房面积	取实际家庭住房面积的对数	C
		家乡耕地亩数	取实际家庭耕地面积的对数	C
		寄回老家钱物	取寄回老家钱物的对数	C
		是否参加老乡会	是=1；否=0	D
		是否参加家乡商会组织	是=1；否=0	D
		找工作途径	熟人网络=2；中介/网络/招聘会=1；自谋职业=0	Q

注：C 连续变量；Q 虚拟定性变量；D 虚拟二分类变量。

---

① 问卷中无家庭人均总收入的数据，我们使用以下公式计算：家庭人均总收入=（老家总收入+农民工家庭在本地每月的总收入×12）/家庭人口数。

研究发现，农民工在城市的政治参与度低于在农村的政治参与度，政治融入水平偏低[①]。农民工由于长期在城市工作，政治参与总体上呈现出"边缘化"特征。一方面，为了避免参加原籍的选举而产生的高成本，农民工往往放弃了在农村参与选举的权利，在城市，超过一半的农民工虽然渴望在城市实现政治参与，但由于程序设计、选举利益等因素的制约，仅有5.7%的人参加了事实上的城市居委会选举，农民工的政治参与权被架空[②]。农民工作为一个无法忽视的庞大群体，如果其利益诉求得不到回应，那么他们也将难以获得维系生计的社会保护，因而会不可避免地导致一系列社会问题的发生。表4—1中是农民工社会保护的指标体系。

第三节　农民工社会保护水平的评价

本部分采用的数据来源于国家卫生与计划生育委员会组织的2013年全国流动人口社会融合专项调查，调查采取分层、多阶段、与规模成比例的PPS方法进行抽样，调查对象是在流入地居住一个月以上，非本区（县、市）户口的15—59周岁的流动人口。调查样本涉及全国6个省份8个城市，该数据调查范围广，涉及东部沿海、中部地区和西部地区人口流入密集的城市，能够很好地代表全国农民工的社会保护状况，包括上海松江区、江苏无锡市、江苏苏州市、福建泉州市、湖北武汉市、湖南长沙市、陕西西安市和陕西咸阳市。调查对象中，8个城市调查的总样本为16878个，排除掉城镇户籍和流入原因为非务工经商的样本，得到有效样本13864

---

① 刘建娥：《从农村参与走向城市参与：农民工政治融入实证研究——基于昆明市2084份样本的问卷调查》，《人口与发展》2014年第1期。

② 邓秀华：《社会转型期农民工的政治参与渠道探析》，《东南学术》2013年第3期。

个。其中，男性农民工占52.4%，女性农民工占47.6%，未婚占19.4%，初婚占79.0%，再婚、离婚和丧偶的依次占0.7%、0.7%和0.2%；小学及以下文化程度的占14.7%，初中文化程度的占57.1%，高中文化程度的占22.1%，大学专科及以上文化程度的占6.1%。

一 评价方法

由于可行能力指标的主观性和模糊性，研究人员常采用模糊集理论和因子分析法估计基于农民工社会保护的模糊评价结果。

1. 因子分析

因子分析方法主要用于从众多变量中提取隐藏的具有代表性的因子，将相同本质的变量归入一个因子，以达到减少变量数目和检验变量间关系的目的。农民工社会保护体系涉及的内容广泛，将所有指标纳入其中是不可行的。本书采用因子分析方法，识别出农民工社会保护的各功能性活动，建立起农民工社会保护状况的评价体系，为下文的综合评价打下基础。

2. 模糊综合评价法

由于影响农民工社会保护因素的复杂性以及所选指标的主观性和模糊性，所以难以精确地衡量社会保护，因此本书采用美国数控专家L. A. Zadeh提出的模糊综合评价法进行社会保护的测量，这一方法近年来也被广泛地应用于福利分析、贫困测量及公平性研究。

（1）模糊函数设定。将农民工社会保护状况表示为模糊集X，设农民工社会保护的内容为X的子集W，则第n个农民工的社会保护函数可表示为：$W^{(n)} = \{x, \mu(x)\}$，其中，$x \in X$，$\mu(x)$则是x对W的隶属度，$\mu(x) \in [0, 1]$。一般设定；隶属度为0时，社会保护状况最差；隶属度等于0.5时，社会保护状况处于中间状态；隶属度等于1时，社会保护状况处于最好状态。隶属度越大，表明农民工的社会保护状况越好。

（2）选择合适的隶属函数是运用模糊评价法的关键，隶属函数的选择根据变量类型而定。一般情况下，指标分为三种类型，虚拟二分类变量、连续变量和虚拟定性变量。设 x_i 是由初级指标 x_{ij} 决定的农民工社会保护的第 i 个功能子集，农民工社会保护的初级指标为：

$x_i = [x_{i1}, \cdots\cdots, x_{ij}\cdots\cdots]$。i 为功能子集个数，j 为第 i 个功能子集下的指标个数。

虚拟二分类变量的隶属函数为：

$$\mu(x_{ij}) = \begin{cases} 0, x_{ij} = 0 \\ 1, x_{ij} = 1 \end{cases} \tag{1}$$

（1）式表示当农民工拥有某项保障时，x_{ij} 为 1，该指标对于第 i 个功能子集的隶属度 $\mu_w(x)$ 等于 1，当农民工不拥有此项保障时，隶属度为 0。

连续变量隶属函数的确定根据变量之间的正负向关系分为两种类型，如（2）（3）式：

$$\mu(x_{ij}) = \begin{cases} 0, 0 \leqslant x_{ij} \leqslant x_{ij}^{\min} \\ \dfrac{x_{ij} - x_{ij}^{\min}}{x^{\max} - x_{ij}^{\min}} \\ 1, x_{ij} \geqslant x_{ij}^{\max} \end{cases} \tag{2}$$

$$\mu(x_{ij}) = \begin{cases} 0, 0 \leqslant x_{ij} x_{ij}^{\min} \\ \dfrac{x_{ij}^{\max} - x_{ij}}{x_{ij}^{\max} - x_{ij}^{\min}}, x_{ij}^{\min} < x_{ij} < x_{ij}^{\max} \\ 1, x_{ij} \geqslant x_{ij}^{\max} \end{cases} \tag{3}$$

式中 $x_{ij}^{\max}$ 是设定的极大值，x_{ij} 大于或等于这个数，其状况是最好的，$x_{ij}^{\min}$ 是设定的极小值，x_{ij} 小于或等于这个数，其状况是最差的。$\mu(x_{ij})$ 越大，农民工社会保护状况越好。

虚拟定性变量由于不能直接量化，只能通过语言定性描述。假设某一指标有 m 种状态，对着 m 种状态依次赋值：$x_{ij} = \{x_{ij}^{(1)} < \cdots < x_{ij}^{(l)} < \cdots < x_{ij}^{(m)}\}$，且 $x_{ij}^{(l)} = l(l = 1,\cdots,m)$（参见 Miceli, 1998）[①]。

虚拟定性变量的隶属函数为：

$$\mu(x_{ij}) = \begin{cases} 0, 0 \leqslant x_{ij} \leqslant x_{ij}^{\min} \\ \dfrac{x_{ij} - x_{ij}^{\min}}{x_{ij}^{\max} - x_{ij}^{\min}}, x_{ij}^{\min} < x_{ij} < x_{ij}^{\max} \\ 1, x_{ij} \geqslant x_{ij}^{\max} \end{cases} \quad (4)$$

（3）在获取初级指标隶属度的基础上，需要根据因子分析结果将隶属度加总成一个综合指标，根据 Cheli 和 Lemmi（1995）[②] 的方法，将权重结果定义为：

$$\omega_{ij} = \text{Ln}\left[\frac{1}{\overline{\mu(x_{ij})}}\right]$$

其中 $\overline{\mu(x_{ij})} = \dfrac{1}{n}\sum_{p=1}^{n}\mu(x_{ij})^{(p)}$ 反映 n 个农民工第 i 个功能子集中第 j 项指标的均值。

获得了初级指标隶属度和权重后，我们采用 Cerioli 和 Zani（1990）提出的加总公式计算出各功能的隶属度：

$$\mu(x_i) = \sum_{j=1}^{k}\left[\overline{\mu(x_{ij})} \times \omega_{ij}\right] / \sum_{j=1}^{k}\omega_{ij}$$

其中，k 表示在第 i 个功能子集中包含 k 个初级指标。

农民工总体社会保护隶属度的计算公式为：

$$W = \sum_{i=1}^{I}\left[\overline{\mu(x_i)} \times \omega_i\right] / \sum_{i=1}^{I}\omega_i$$

---

① Miceli, David: Measuring Poverty Using Fuzzy Sets, discussion paper, http://www.natsem.canberra.edu.au, 1998.

② Cheli, B., Lemmi, A., "A 'Totally' Fuzzy and Relative Approach to the Multidimensional Analysis of Poverty" *Economic Notes*, Vol. 24, No. 1, 1995.

其中，ω_i 为各功能的权重，$\omega_i = \text{Ln}\left[\dfrac{1}{\mu(x_i)}\right]$。

二 样本数据的处理

首先，将指标中的"家庭总收入（元）""家庭成员所给钱物（元）""寄回老家钱物（元）""家乡住房面积（平方米）"和"家乡耕地面积（亩）"进行取对数处理，解决异方差问题，减少数据的波动。

其次，在计算指标隶属度时对最大值、最小值的选取遵循以下标准：

（1）家乡住房面积。根据建设部颁布的2020年全面建设小康社会居住的指标，农村人均住房建筑面积为40平方米，本书将该标准设为家乡住房面积的最大值，认为等于或超过该标准，农民工在农村的住房保障状况较好。最低标准采用武汉市房产管理局发布的对住房困难户的界定标准，即人均住房面积不足6平方米，低于这个水平，其住房保障状况较差。

（2）家乡耕地面积。计算家乡耕地面积的隶属度时，取联合国粮农组织规定的人均0.8亩的警戒线为最低标准，以2013年我国人均耕地面积1.34亩作为中间状态[①]，由此确定最大的人均耕地面积为1.88亩。考虑到家庭户的人口数量，经计算得出家乡耕地亩数的最小值为2.42亩、最大值为5.68亩。

（3）寄回老家钱物。根据人力资源社会保障部的数据，2013年我国农民工月均收入是2609元，假定农民工一年的工作时间按10个月计算，将农民工年收入的20%寄回老家界定为最小值，即5218元，低于这个值则认为农村的家庭支持力度较弱。将年收入的80%寄回老家界定为最大值，即20872元，高于这个值则认为农村

---

① 根据《中国统计年鉴2014》中全国耕地面积和全国人口数量计算得出。

的家庭支持力度较强。

（4）家庭平均受教育年限。家庭平均受教育年限与每个家庭成员的受教育年限有关，我们用每位家庭成员的受教育年限①除以家庭总人数来表示。家庭平均受教育年限越长，说明农民工家庭人力资本越雄厚。

（5）人均家庭总收入。根据国家统计局公布的数据，2013年我国城镇居民人均可支配收入26955元，代表了人均家庭总收入的最大值。城镇家庭总收入的最小值同样以湖北省武汉市的城市低保标准为依据，2012年武汉市中心城区低保标准为518元/月，远城区低保标准为440元/月，取其平均值，并计算出家庭人均总收入的最小值为5748元。对城市居民和城市流动人口进行模糊评价时也采用这一标准。

（6）本地家庭成员的比重。这里的本地一般是指务工所在的城市。通过分析样本数据可知，全国农民工本地家庭成员的比重最低为0.17，即家庭成员总人数的17%随迁至本地，最高为1，即举家迁移至本地。本地家庭成员的比重越高，说明农民工的家庭功能完整性越好。

三 农民工在城市和农村的社会保护水平

文章选择前文社会保护体系中的各指标参与因子分析。首先，我们运用KMO检验和Bartlett球形检验②，验证结果表明前文提出的社会保护各评价指标存在相关性，适合做因子分析。由于指标间

---

① 针对问卷中的每个家庭成员的受教育程度问题项，按照以下方式换算成受教育年限，"未上过学"记为0，"小学"记为6，"初中"记为9，"高中"和"中专"记为12，"大学专科"记为15，"大学本科"记为16，"研究生"记为19。

② 农民工城市长期保障的模型检验中KMO值为0.503，Bartlett球形检验的观测值为662.190，对应的概率P值为0.000；农民工农村长期保障的模型检验中KMO值为0.591，Bartlett球形检验的观测值为480.356，对应的概率P值为0.000，说明变量之间具有一定的相关性，适合做因子分析。

量纲不同,我们对原指标实际值进行标准化处理,然后应用因子分析法识别社会保护的功能性活动并选择其构成指标。通过观测因子碎石图,保留特征值大于1的4个因子,代表社会保护的4个维度,为了更合理地解释各因子的含义,使用方差极大化的正交旋转,得到旋转后的因子载荷矩阵(见表4—2)。

表4—2　　　　旋转后的因子载荷矩阵(农民工:农村社会保护)

	因子1	因子2	因子3	因子4
是否参加老乡会	0.767*	-0.049	0.003	0.073
是否参加家乡商会	0.740*	0.062	0.025	-0.064
户籍地住房面积的对数	0.026	0.744*	0.100	-0.131
家庭耕地亩数的对数	0.066	0.622*	-0.154	0.052
寄回老家钱物的对数	-0.176	0.422*	0.074	0.326
是否参加新农合	-0.038	-0.015	0.736*	0.036
是否参加新农保	0.062	-0.004	0.725*	0.001
找工作途径	0.058	-0.026	0.015	0.939*

注:表中*表示在四个因子中因子载荷最高的几个指标。

为了区分农民工城乡社会保护状况的差异,我们分别对农村和城市社会保护的各因子进行了旋转。表4—2中给出了农民工农村社会保护的各因子旋转后的因子载荷矩阵。因子1中是否参加老乡会和是否参加家乡商会组织在第1个因子上有较大的载荷。农民工辞别农村进城务工,从某种程度上切断了与农村社会的联系,而老家会和家乡商会作为联系同乡情谊、实现资源互享的纽带,可以加强他们与当地的联系和交流,发挥参与、监督和表达的权利。因此,将因子1命名为"政治参与"。

因子2中家乡住房面积的对数、家乡耕地亩数的对数和寄回老家钱物的对数有较大的载荷,我们将其命名为"家庭支持"。耕地是农民赖以生存的物质基础,是以家庭为单位给农民工提供的物质资本①,反映的是农地对农民的失业保险作用②。当前,我国城市地区的高房价远远超出农民工的经济承受范围,而他们大多数在户籍地都拥有住房,这正好可以为返乡后的农民工提供居住、栖息的场所。由于农民工的收入和消费在城市,而社会保护却主要在农村,所以,农民工需要家庭支持来获得维系发展的保障资源,这种家庭支持往往建立在与农村家庭联系的基础上③,往老家寄钱就是一种最典型的方式。

因子3中是否参加新农合和是否参加新农保两个变量有较高的因子载荷。新农合可以增强农民工抵御大病风险的能力,新农保可以减轻传统家庭养老、土地养老及储蓄养老模式的负担,这两个变量是农民工获得医疗保障和养老保障的重要方式,因此,将因子3命名为"权利保障"。

因子4中找工作途径的因子载荷最高,通过对农民工获取工作途径的考察可以衡量其社会资本状况。例如,如果农民工通过熟人介绍获得当前工作,表明他拥有较为丰富的人脉资源;如果通过中介机构、网络或参加招聘会获得工作,说明农民工已经掌握了以互联网技术为代表的获取信息资源的途径,这些都可以视为获取资源的方式,因此将因子4命名为"资源获取"。四个因子共同揭示了总量达55.413%的方差变异。权利保障因子解释的方差最多,占14.749%,家庭支持因子解释的方差其次,占14.090%,政治参与解释的方差占13.841%,资源获取因子解释的方差最小,

---

① 杨云彦、石智雷:《家庭禀赋对农民工外出务工行为的影响》,《中国人口科学》2008年第5期。

② 贾燕:《农民集中居住前后福利状况变化研究——基于森的"可行能力"视角》,《农业经济问题》2009年第2期。

③ 石智雷:《农村家庭禀赋、劳动力回流与能力建设》,《重庆社会科学》2013年第5期。

占 12.733%。

表 4—3 显示了农民工的城市社会保护中各因子旋转后的成分矩阵。因子 1 中参加社保种类、是否参加住房公积金、是否签订劳动合同、医疗费用是否报销具有较高的因子载荷，将其命名为"权利保障"。农民工进城务工后，面临的最主要问题是如何在城市稳定地生活下去。给予农民工社会保险和住房公积金、与农民工签订劳动合同、由医疗保险机构或就业单位报销医疗费用等都是保障农民工基本生活权利的有力举措。因子 2 中本地家庭成员的比重、家庭受教育程度、人均家庭总收入的对数因子载荷较高，命名为"家庭支持"。因子 3 中是否参加选举活动、是否参加居委会活动、是否参加评优活动因子载荷较高，命名为"政治参与"。农民工积极参加选举、评优及居委会活动，才有机会发挥其在公共事务中的话语权，督促政府及企业完善农民工在城市的社会保护，改善其享有的基本公共服务、医疗、住房及就业保障的现状。因子 4 中休闲方式和主要邻居类型有较高的因子载荷，命名为"资源获取"。休闲方式可以反映农民工获取资源的能力，以看电视、读书和上网为主要休闲方式的农民工，可以迅速搜寻和获取各类信息资源，具备较强的资源获取能力。农民工的邻居若以本地市民为主，他们与本地市民进行互动后建立起的开放式社会网络有利于新知识和新技术的获取，甚至起到增加其职业选择机会和职业上升空间的作用。农民工的城市社会保护由四个因子构成：权利保障因子、家庭支持因子、政治参与因子、资源获取因子。四个因子共同揭示了总量达 47.240% 的方差变异。权利保障因子解释的方差最多，占 16.739%，家庭支持因子解释的方差其次，占 10.904%，政治参与解释的方差占 10.772%，资源获取因子解释的方差最小，占 8.790%。

表 4—3　　　　　　　　旋转后的因子载荷矩阵
（农民工：城市社会保护）

	因子 1	因子 2	因子 3	因子 4
参加社保种类	0.865*	0.076	0.027	-0.020
是否签订劳动合同	0.745*	-0.037	-0.046	0.096
是否参加住房公积金	0.730*	0.134	0.025	0.022
医疗费用是否报销	0.332*	-0.023	0.021	-0.181
本地家庭成员的比重	-0.111	0.747*	0.045	-0.024
家庭受教育程度	-0.154	-0.641*	-0.061	0.064
人均家庭总收入的对数	0.049	0.546*	-0.080	0.083
是否参加选举活动	-0.020	-0.002	0.699*	0.043
是否参加居委会活动	-0.061	0.019	0.638*	-0.206
是否参加评优活动	0.105	-0.009	0.617*	0.147
休闲方式	0.035	0.092	-0.015	0.709*
主要邻居类型	-0.081	-0.080	0.034	0.656*

注：表中 * 表示在四个因子中因子载荷最高的几个指标。

农民工农村和城市的社会保护状况的模糊评价结果见表 4—4。分析时，本书参照 Sen（1987）[①] 给出的评价标准：隶属度在 0.4 和 0.6 之间表示社会保护状况居于中间水平，低于 0.4 和高于 0.6 表示低水平和高水平。可以看出，农民工的农村和城市社会保护模糊评价值分别为 0.189 和 0.118，离 0.5 这一中间状态的模糊仍有很大差距，说明农民工社会保护状况的整体水平是较差的，但也可以看出，其在农村的社会保护状况优于城市社会保护，这与前文分析的农民工的保障与收入和消费相分离是一致的。

[①] Sen, A., The Standard of Living: Lecture Ii, Lives and Capabilities, The standard of living, 1987, 20-38.

表 4—4　　　　　　农民工社会保护状况的模糊评价

农村社会保护			城市社会保护		
指标变量	隶属度	权重	指标变量	隶属度	权重
政治参与	0.036	3.315	政治参与	0.039	3.235
是否参加老乡会	0.082	2.501	是否参加选举活动	0.038	3.270
是否参加家乡商会组织	0.011	4.510	是否参加评优活动	0.033	3.411
			是否参加居委会活动	0.048	3.037
家庭支持	0.372	0.990	家庭支持	0.270	1.309
家庭住房面积的对数	0.979	0.021	本地家庭成员的比重	0.818	0.201
家庭耕地亩数的对数	0.435	0.832	家庭受教育程度	0.167	1.790
寄回老家钱物的对数	0.315	1.155	人均家庭总收入	0.886	0.121
权利保障	0.279	1.275	权利保障	0.079	2.539
是否参加新农合	0.666	0.406	参加社保种类	0.259	1.351
是否参加新农保	0.243	1.415	是否参加住房公积金	0.093	2.375
			是否签订劳动合同	0.045	3.101
			医疗费用是否报销	0.030	3.507
资源获取	0.469	0.757	资源获取	0.528	0.639
找工作途径	0.469	0.757	休闲方式	0.745	0.294
			主要邻居类型	0.448	0.803
总模糊指数	0.189	1.665	总模糊指数	0.118	2.135

注：计算过程中，为符合数学意义，将数值 1 和 0 分别改为 0.999 和 0.001。

在农民工社会保护的各项功能性活动指标中，农民工的资源获取状况具有较高的模糊评价值，在城市的资源获取状况（0.528）超过了 0.5 这一中间水平，特别是农民工城市社会保护中资源获取的休闲方式指标，高出平均水平 0.245，这表明农民工较好地掌握了获取资源的途径，拥有较强的获取资源的能力。找工作途径和主要邻居类型两项指标则居于 0.4—0.6 的水平。本书的数据也支持了这一点，2013 年，44.4% 的农民工通过熟人介绍获得工作，另有

50.6%的农民工自谋职业,这说明社会网络和个人能动性在农民工获得工作中扮演着十分重要的角色。46.3%的农民工的邻居以外地人为主,也就是说大多数邻居都是与他们经历类似的进城务工人员,同质性的群体致使他们难以提升在城市获取资源的能力,进而影响到其社会保护的获得。

农民工在城市的家庭支持状况要强于在农村的家庭支持状况。在农村社会保护的三项分指标中,家庭住房面积的隶属度为0.979,原因在于绝大部分农民工在农村拥有可供居住的住房,这是农民工返乡后必不可少的社会保护来源。农村家庭耕地可以为农民提供相对稳定的经济来源,返乡后的农民工依然可以继续享有这一保障。但模糊评价结果却显示农村家庭耕地亩数的隶属度为0.435,处于中间水平。可能的原因是近年来由于土地流转、征地等原因,部分外出务工的农民失去了对自家土地的使用权,致使土地对农民工的保障功能弱化。评价结果显示,农民工寄回老家的钱物这项指标的保障作用较差,可能的原因是农民工寄回家乡的钱物主要用于照料父母及子女教育费用,并没有起到投资农村家庭社会网络的功能。农村家庭总收入体现了家庭的经济资本存量,农村家庭成员所给钱物则反映家庭成员对农民工物质上的赠予或投资,由于农民工外出务工后与农村家庭在地理位置上相分离,我们用本地家庭成员比重、家庭受教育程度和人均家庭总收入来衡量家庭支持的作用。本地家庭成员比重的隶属度为0.818,处于较高的水平,说明农民工大多数为举家迁移,家庭功能较为完整。人均家庭总收入的隶属度都超过0.886,说明农民工家庭的财物支持能力较强。但是农民工整体的家庭受教育程度较低,其隶属度小于0.4。

农民工的政治参与情况远低于中间水平,在农村和城市并无明显差异。在被调查的14920个样本中,农民工在农村和城市的政治参与度都很低,从数据中我们也可以看出这一点:参加老乡会和家乡商会的比例分别为 8.1% 和 1.0%，参加选举活动、评优活动和居委会活动的比例依次为 3.7%、4.2% 和 4.7%，这表明农民工的政治参与受到了严重影响与制约。当前我国正处于社会转型期，政府及相关部门应深刻认识到传统政治参与渠道的局限性，充分发挥以现代科技为依托的网络政治参与的作用，改善农民工政治参与的途径，真正建立起畅通无阻的政治参与渠道[①]。

农民工的权利保障状况也低于中间水平，但农民工在农村的权利保障状况略优于城市权利保障状况。农民工农村权利保障的两项分指标中，是否参加新农合的隶属度较高，是否参加新农保的隶属度较低。根据我们的调查结果显示，66.6% 的农民工参加了新农合，参加新农保的农民工仅占 24.2%，这与国家相关部门公布的 2013 年农村人口新农合参合率[②]和新农保人数[③]仍有一定差距。城市权利保障的四项分指标中，参加社保种类的隶属度比是否参加住房公积金、是否签订劳动合同和医疗费用是否报销三项指标略高，但也低于中间水平。农民工签订劳动合同的隶属度仅为 0.045，这表明较少的就业单位与农民工签订了劳动合同。而一旦失去了劳动合同的保护，农民工的医疗、工伤和失业问题都得不到有效的保障。因此，只有政府加大农民工社会保险财政支出力度，解决农民工看病难、就医难、安居难的问题，同时用人单位积极地与农民工签订劳动合同，才能改善农民工的权利保障缺失的状况。图 4—1 显示了农民工城乡社会保护的雷达图。

[①] 邓秀华：《社会转型期农民工的政治参与渠道探析》，《东南学术》2013 年第 2 期。
[②] 国家卫生计生委流动人口计划生育服务管理司公布的数据显示，我国的农村人口新农合参合人数在 2013 年达到了 8.02 亿，参合率达 99%。
[③] 2014 年 2 月，国务院发布文件决定将新型农村社会养老保险和城镇居民社会养老保险制度合并实施，建立起统一的城乡居民基本养老保险制度。根据人社部的统计资料，2013 年年底，我国新农保、城居保参保人数已达 4.98 亿人。

第四章 应对生计风险的农民工社会保护状况 ◀

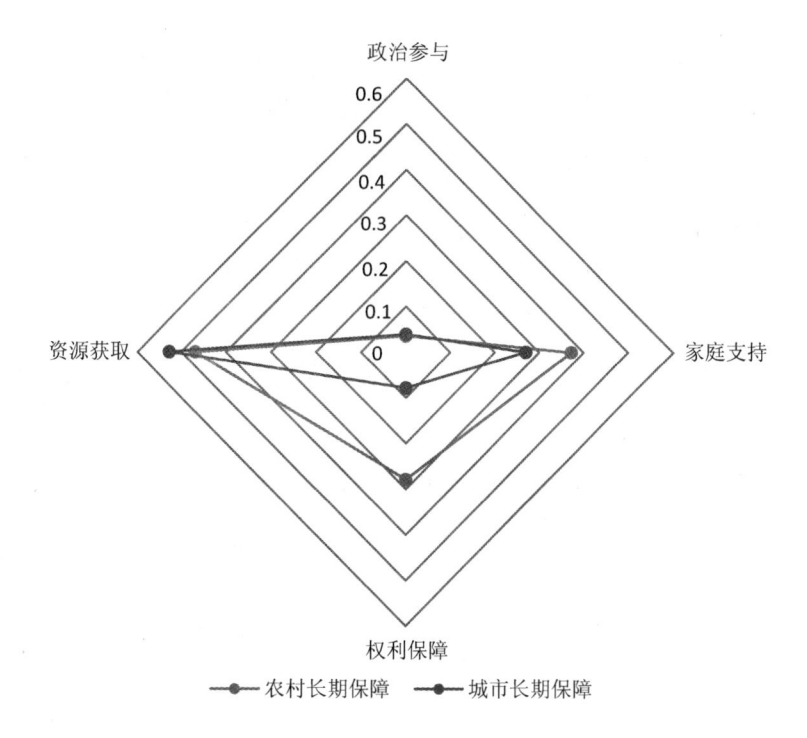

图4—1 农民工城乡社会保护雷达图

为了更清楚地衡量农民工的社会保护状况，考察"城乡分割"和"区域分割"（张展新等，2007）[1] 对获得社会保护造成的差异，本书将农民工与本地市民和外来市民的城市社会保护[2]进行对比分析。同样地，对本地市民和外来市民的城市社会保护各指标进行因子分析（见表4—5和表4—6）。本地市民和外来市民的城市社会保护同样由权利保障、政治参与、家庭支持、资源获取四个因子构成，但与农民工不同的是，医疗费用是否报销不再属于权利保障因子，而是归入资源获取因子。医疗费用报销解决的是农民工的医疗

---

[1] 张展新、高文书、侯慧丽：《城乡分割、区域分割与城市外来人口社会保障缺失——来自上海等五城市的证据》，《中国人口科学》2007年第6期。

[2] 由于本地市民和外来市民都是非农业户口，不享有农村家庭及社会提供的长期保障，所以此处仅比较分析城市长期保障。

保障问题，是一项基础性社会保护，而本地市民和外来市民关注的不仅是能否获得医疗费用报销，而是选择何种医疗费用报销方式的问题，并且，医疗费用报销方式可以从某种程度上反映其资源获取的能力。若本地市民和外来市民生病时能获得医院当场减免医疗费用，或者由就业单位和城镇职工医疗保险中心报销，表明用人单位为其提供了较为完善的医疗保障体系，这些工作单位往往稳定性高，福利待遇好。

表4—5　　　旋转后的因子载荷（外来市民：城市社会保护）[①]

	因子1	因子2	因子3	因子4
社保种类	0.858	0.023	0.060	0.014
是否参加住房公积金	0.821	0.052	0.074	-0.031
是否签订劳动合同	0.592	0.036	-0.046	0.094
是否参加居委会活动	-0.029	0.771	-0.041	-0.083
是否参加选举活动	0.077	0.728	0.016	-0.077
是否参加评优活动	0.042	0.437	0.032	0.323
家庭受教育程度	0.138	-0.013	-0.710	-0.127
本地家庭成员比重	0.093	0.082	0.708	-0.025
人均家庭总收入	0.097	-0.194	0.478	-0.333
主要邻居类型	-0.043	0.007	-0.081	0.727
医疗费用是否报销	0.305	-0.125	-0.087	0.397
休闲方式	0.057	-0.008	0.271	0.386

[①] KMO值为0.589，Bartlett球形检验统计量的Sig值为0.000，由此认为变量之间具有一定的相关性，适合做因子分析。外来市民的城市长期保障由四个因子构成：权利保障因子、政治参与因子、家庭支持因子、资源获取因子。四个因子共同解释了总量达47.573%的方差变异。权利保障因子解释的方差最多，占15.864%，政治参与因子解释的方差其次，占11.495%，家庭支持因子解释的方差占11.133%，资源获取因子解释的方差最小，占9.081%。

表4—6　　旋转后的因子载荷（本地市民：城市社会保护）①②

	因子1	因子2	因子3	因子4
社保种类	0.810	0.126	0.012	-0.075
是否参保住房公积金	0.804	0.019	-0.058	0.013
是否签订劳动合同	0.770	0.058	-0.044	0.042
是否参加居委会活动	-0.081	0.768	-0.053	0.012
是否参加选举活动	0.046	0.644	0.160	-0.053
是否参加评优活动	0.255	0.613	-0.068	0.028
家庭受教育程度	0.086	0.024	0.778	-0.071
人均家庭总收入	0.311	-0.008	-0.566	-0.113
休闲方式	0.079	0.016	0.180	0.861
医疗费用是否报销	0.108	0.041	0.358	-0.511

为了区分城市社会保护水平在不同群体之间的差异，本书对比评价了农民工、本地市民和外来市民的城市社会保护状况（见表4—7）。由表得知，农民工、外来市民和本地市民的城市社会保护水平呈现梯度递增。在权利保障因子中，农民工的隶属度是最低的，不到本地市民和外来市民隶属度的1/3，本地市民隶属度略高于外来市民。具体来讲，本地市民参加社保种类的隶属度是最高的，其次是外来市民，最低的是农民工。对于工作流动性极强的农民工而言，他们更加关注当前收益而不是未来风险，因而社保参与

---

① KMO值为0.691，Bartlett球形检验统计量的Sig值为0.000，由此认为变量之间具有一定的相关性，适合做因子分析。外来市民的城市长期保障由四个因子构成：权利保障因子、政治参与因子、家庭支持因子、资源获取因子。四个因子共同解释了总量达56.515%的方差变异。权利保障因子解释的方差最多，占20.918%，政治参与因子解释的方差其次，占14.028%，家庭支持因子解释的方差占11.245%，资源获取因子解释的方差最小，占10.324%。

② 考虑到本地市民的家庭成员一般都在本城市居住，我们在对本地市民的城市长期保障进行因子分析时不考虑本地家庭成员比重这一指标。

率较低。并且，即使完善后的社会保险制度可以实现对进城农民工的"应保则保"，也仍然无法将农民工中的"灵活就业者"[①]纳入进来。这也验证了张展新、高文书、候慧丽（2007）和杨菊华（2011）[②][③]的研究结论，即由户籍类型造成的城乡分割及由户籍地引起的区域分割共同作用于城市外来人口社会保障的可获得性，造成三类群体的社会保障水平呈现梯度差异。本地市民和外来市民参加住房公积金的隶属度都处于 0.2~0.3 之间，虽未达到平均水平，但也远远超过农民工的隶属度。说明我国的住房公积金制度有待进一步完善和成熟，应力争将缺乏住房保障的外来市民和农民工都纳入福利体系中来。外来市民签订劳动合同隶属度高达 0.862，说明用人单位与其签订劳动合同的比例较高，本地市民签订劳动合同的隶属度处于中间水平，农民工则仅占本地市民隶属度的 1/11。

在家庭支持因子中，本地市民的隶属度最高，其次为外来市民，农民工最低。尽管从家庭功能完整性来看，农民工和外来市民的本地家庭成员比重隶属度很高，原因在于农民工和外来市民的迁移模式多为举家迁移，但是农民工的家庭人力资本很弱，家庭平均受教育程度较低，家庭平均受教育年限的隶属度仅为 0.167，与外来市民和本地市民的差距甚远。

[①] "灵活就业"是具有中国特色的一个概念，即劳动时间、收入报酬、工作场地、社会保险、劳动关系等几方面不同于建立在工业化和现代工厂制度基础上的、传统的主流就业方式的各种就业形式的总称，主要包括从事有合法经济收入的自雇人员、无雇工个体工商户、非全日制从业人员及其他灵活就业人员。高文书、高梅（2015）的研究表明，进城农民工中约 30% 是灵活就业者。

[②] 张展新、高文书、候慧丽：《城乡分割、区域分割与城市外来人口社会保障缺失——来自上海等五城市的证据》，《中国人口科学》2007 年第 6 期。

[③] 杨菊华：《城乡差分与内外之别：流动人口社会保障研究》，《人口研究》，2011 年第 5 期。

表4—7　　　　三类群体城市社会保护状况的模糊评价结果①

指标变量	农民工 隶属度	农民工 权重	外来市民 隶属度	外来市民 权重	本地市民 隶属度	本地市民 权重
权利保障	0.104	2.263	0.358	1.028	0.371	0.992
参加社保种类	0.259	1.351	0.371	0.992	0.426	0.853
是否参保住房公积金	0.093	2.375	0.287	1.248	0.273	1.298
是否签订劳动合同	0.045	3.101	0.862	0.149	0.480	0.734
家庭支持	0.270	1.309	0.543	0.611	0.634	0.455
本地家庭成员的比重	0.818	0.201	0.866	0.144	0.980	0.020
家庭受教育年限	0.167	1.790	0.452	0.794	0.560	0.251
人均家庭总收入	0.886	0.121	0.937	0.065	0.778	0.251
政治参与	0.039	3.235	0.055	2.909	0.226	1.488
是否参加选举活动	0.038	3.270	0.066	2.718	0.533	0.629
是否参加评优活动	0.033	3.411	0.040	3.219	0.173	1.754
是否参加居委会活动	0.048	3.037	0.060	2.813	0.169	1.778
资源获取	0.528	0.639	0.530	0.635	0.760	0.274
休闲方式	0.745	0.294	0.781	0.247	0.756	0.280
主要邻居类型	0.448	0.803	0.452	0.794	0.765	0.268
总模糊指数	0.141	1.958	0.231	1.465	0.374	0.983

在政治参与因子中，三类群体的隶属度整体都不高，但本地市民的隶属度相对更高些，外来市民居中，农民工政治参与的隶属度最低。具体到各指标项，仅有本地市民参加选举活动的隶属度达到平均水平，农民工和外来市民都处于较低水平。三类群体参加评优活动和居委会活动的隶属度都未达到平均水平，但相比较而言，本地市民的隶属度更高些。由此可见，政治参与水平低不仅是农民工面临的问题，也是本地市民及外来市民共同面临的

---

① 在前文的因子分析结果中，医疗费用是否报销是农民工权利保障因子的指标，却是本地市民和外来市民资源获取因子的指标。由于不同群体的权利保障因子和资源获取因子的个数不一致，我们在对比三类群体城市长期保障状况评价结果时，不考虑医疗费用是否报销这一指标，使分析更具可比性。

问题。

在资源获取因子中，农民工群体的隶属度处于中间水平，本地市民和外来市民则处于较低水平。具体来讲，三类群体的休闲方式拥有较高的隶属度，处于0.7和0.8之间。这表明农民工大多以看电视、读书或者上网的方式来度过休闲时间，这可以拓宽农民工获取信息资源的渠道，提高其获取资源的效率。主要邻居类型指标中，本地市民的隶属度最高，为0.765，农民工和外来市民的隶属度略低些，但也处于中间水平。这一结论是显而易见的，本地市民的邻居大多也是本地市民，而外来农民工和外来市民多居住于农村社区、城乡接合部、未经改造的老城区和城中村或棚户区中，邻居中很少有本地市民。

图4—2显示了农民工、本地市民和外来市民城市社会保护的雷达图。

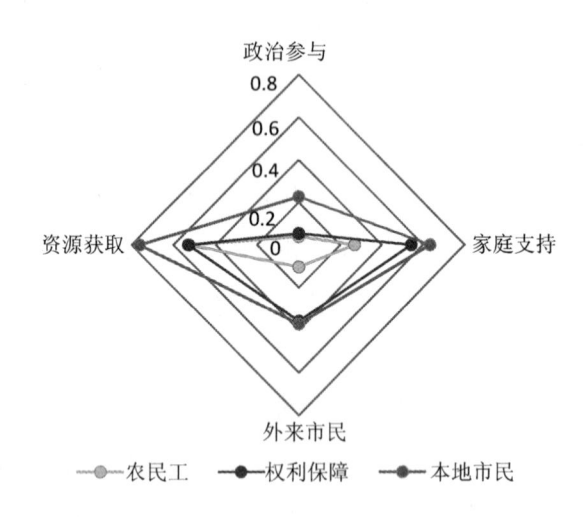

图4—2 农民工、本地市民和外来市民城市社会保护雷达图

第四节 农民工社会保护总体特征

本部分以 2013 年全国 8 个城市流动人口社会融合专项调查的数据为样本，结合使用模糊评价法和因子分析法，基于森的可行能力方法对农民工的社会保护水平进行评价，同时对外来市民和本地市民的城市社会保护状况进行了对比。研究结果显示，中国农民工社会保护总体特征：①农民工的整体社会保护水平处于低水平阶段，农村社会保护和城市社会保护的隶属度分别为 0.189 和 0.126，农村部门提供的社会保护强于城市部门所提供的。②家庭支持和资源获取是影响农民工城市社会保护水平的主要因素，影响农民工农村社会保护水平的功能性活动中，除了家庭支持和资源获取外，权利保障也是一个很重要的因素。③本地市民和外来市民的城市社会保护同样由权利保障、政治参与、家庭支持、资源获取四个因子构成，但与农民工不同的是，医疗费用是否报销不属于本地市民和外来市民的权利保障因子，而是归入资源获取因子。④农民工、本地市民和外来市民的各项城市社会保护水平存在差异：在三类群体中，本地市民的权利保障状况和资源获取状况优于外来市民和农民工；农民工对家庭禀赋的依赖性最强，因而其家庭支持状况是最好的；三类群体的政治参与水平都不高，但相比较而言，本地市民的政治参与状况更好些。

为了进一步讨论农民工社会保护水平可能存在的群体差异，本书按照不同区域、不同代际、不同职业地位和不同文化程度对社会保护状况进行横向比较分析。从区域来看，东部地区农民工的权利保障水平状况优于中部和西部，并呈现梯度递减差异。这种差异主要来自农民工参加社会保险的种类、参加住房公积金和签订劳动合同上的差别，东部地区在这几项指标上具有明显的优势，而医疗费用是否报销的隶属度在三大区域之间的差别却不大。东部地区农民工的家庭支持要高于中部和西部的农民工，东部地区经济发展水平较高，农民工的家庭总收入和家庭所给钱物也更多些。尽管如此，中部和西部地区的政治参与程度却比东部地区高，特别是中部地区政治参与的隶属度是东部地区的3.5倍，西部地区政治参与的隶属度是东部地区的近2倍。可能的原因是东部地区的农民工多从中西部流入，对政治参与的热情不是很高，而中西部地区的农民工多来自周边地区。资源获取方面，东中西部地区农民工的差异较小。

从代际角度来看，新生代农民工权利保障的隶属度略高于老一代农民工，而家庭支持、政治参与和资源获取略低于老一代农民工。具体来看，新生代农民工参加社会保险和住房公积金的情况比老一代要好，特别是参加住房公积金的隶属度是老一代的一倍多，新生代农民工的家庭总收入较老一代更高些，但家庭所给钱物要少些。新生代和老一代农民工的政治参与隶属度都比较低，并且差异较小，资源获取隶属度的差异也较小。

从职业地位来看，低职业地位农民工的权利保障水平略高些，这种差异主要来自参加社会保险种类和签订劳动合同。这说明流入地政府在政策上保障了农民工享有医疗、住房、养老的基本权利，这些基本权利正是低职业地位农民工迫切需要的保障。而高职业地位农民工由于获得了较高的职业地位和较好的经济收入，对基本权利保障的需求并没有那么旺盛。此外，高职业地位农民工的政治参与隶属度要高于低职业地位者，特别是涉及选举活动和居委会活动时，高职业地位农民工的参与程度要远远高于低职业地位者。不同职业地位农民工在家庭支持和资源获取上差异不大。

从文化程度来看，高中及以上文化程度农民工的权利保障水平和政治参与水平高于初中及以下农民工，但家庭支持和资源获取水平略低于初中及以下者。高中及以上文化程度农民工的权利保障水平是初中及以下文化程度农民工的近2倍，其参加社会保险和住房公积金以及医疗费用报销的情况都要好于初中及以下文化程度的农民工。政治参与上，文化程度是高中及以上的农民工，参与选举活动、评优活动和居委会活动的情况越好。

可见，在农民工群体内部，社会保护水平存在差异。流入地经济水平越发达，农民工年龄越小，职业地位越高，其社会保护状况越好。

随着国家新型城镇化的推进，越来越多的农民工流向大城市和中小城镇。农民工是在城市永久居住，还是在城乡之间进行"钟摆式"流动，取决于政府能否为农民工建立起抵御风险和增强可行能力的社会防护体系，也就是我们所说的社会保护。对于农民工而言，要想在城市立足，获得一份稳定的工作并满足基本生活需求是第一步，此外，还要保证其在未来相当长的时间内，不会因为失业、疾病或意外事故的发生等而丧失生活来源。所以，应对新型城镇化中农民工的市民化问题，解决其社会保护才是最关键因素。农民工流入城市之后，打破了原来依靠家庭禀赋维系生计的模式，因此必须在生计策略上做出调整以实现长远发展。由于他们在人力资本、社会资本等方面都处于弱势地位，仅凭后天个人能力的提升难以实现职业地位的提升和生活水平的提高。这给我们的启示是，新型城镇化过程中，需要打破以往单一的"输血式"的社会保障供给，要构建起农民工个人能力之外的，以政府、企业和家庭为主体的社会保护体系，为农民工的可持续性发展输入源源不断的动力，增强他们的可行能力，帮助其在城市"落地生根"。

第五章

相关保障性因素对农民工市民化的影响

第一节 职业发展与农民工市民化

本部分基于2010年流动人口动态监测数据,采用计量分析的方法,考察了农民工职业发展对其市民化意愿的影响。研究发现,农民工的城市融入意愿在很大程度上会受到其职业流动状况的影响。职业水平流动对农民工城市融入意愿有着显著的负向影响,职业垂直上升流动对农民工的城市融入意愿有着显著的正向影响;同时职业垂直上升流动的跨度以及最后进入的职业层次的高低都会对其城市融入意愿产生不同的影响。最初职业为一般劳动力,通过职业垂直上升进入管理精英阶层的农民工,他们的城市融入意愿就高于进入技术精英阶层的群体,而从技术精英转为管理精英的农民工群体的城市融入意愿更强。

一 职业发展的视角

改革开放以来,中国经济社会迅速发展。伴随工业化和城市化而来的是大量农村剩余劳动力向城市转移。据国家统计局网站数据显示，2012年全国农民工总量已达到2.6亿人，其中外出务工者1.6亿人。数以亿计的进城农民工为中国经济社会的发展做出了巨大的贡献，成为城市经济社会发展的结构性因素，但同时他们也面临着难以融入城市社会的突出问题。我国特有的社会体制结构对于农民工的城市融入具有根本性的影响。其中，最为重要和基本的是传统城乡二元的户籍制度对农民工的歧视。在二元的户籍制度下，农民工始终摆脱不了农民的身份地位，虽然在职业上是工人，但与城市居民之间还有很大差距。这种职业身份与户籍身份的分离使得农民工无法维护自身的合法权益，被隔离在城市社会之外，同时也被边缘化为弱势群体。此外，从农民工当前的流动情况来看，是一个既有流出又有回流的过程[①]。他们中的大部分都是处于候鸟式的迁移状态，从未隔断与农村的联系，也没能融入城市成为真正的市民。农民工这种在城市和农村之间游离的状态不仅影响城乡社会的稳定与和谐，也将影响我国工业化、城市化的进程。

就业是农村剩余劳动力进入城市后的第一步，农民工只有拥有了一份稳定的工作，获得了经济收入和生活保障，他们才会更有信心、更有能力与流入地居民进行深层次交往，也才能更好地被当地人接纳，从而促进其真正地融入城市。当前我国农民工的就业状况存在一定的特殊性。从工作稳定性角度看，我国农民工是一个职业流动[②]相当频繁的群体。Knight[③]，John，Linda Yueh 对我国劳动力的流动性进行了研究并与其他国家进行了比较，结果表明我国农民工的流动性明显高于城市劳动者，也数倍于发达的市场经济体制国家。从职业流动的方向来看，我国农民工的流动受到多种阻碍，流

---

① 蔡昉：《劳动力迁移的两个过程及其制度障碍》，《社会学研究》2001年第4期。

② 农民工的职业流动可分为初次职业流动和再次职业流动。初次职业流动主要表现为从农业劳动者向非农业劳动者的流动，本书中的职业流动特指的是农民工进城后的再次职业流动。

③ Knight, John, Linda Yueh, "Job Mobility of Residents and Migrants in Urban China." *Journal of Comparative Economics*, No. 32, 2004.

动空间呈现"压缩状态",大多表现为水平流动①。这种频繁的水平职业流动没有给农民工带来社会身份的转变。在这里,社会身份具有两重含义:首先是植根于国家制度之上的社会身份。我国一直以来都在遵循一套安排社会身份的制度,通过这样的制度把城市和农村分割为两个不同的社会体系——农民身份的社会体系和城市居民的社会体系。其次是公众认可的社会身份。由于在制度层面上,城市没有为农民工提供融入城市的社会空间,城市社会群体从观念到行为,都把农民工当作外来人,从而对他们构成一定的社会排斥②。因此,农民工的这种非市民身份是造成其在城市劳动力市场中处于劣势地位的关键因素。

传统户籍制度的阻隔导致农民工很难融入城市生活③。但是,不能否认的是农民工中仍然存在一些精英分子,虽然他们没有获得制度上的身份(拥有城镇户口),但通过自身不断努力,最终突破制度障碍和结构约束,获得高端职业实现向上流动。他们与城市居民得到很好的互动,在城市劳动力市场上具有较强的竞争力,寻找到适合自己的发展空间,从而获得较高的社会经济地位,同样也得到城市社会的认同和接纳,这种现象也是不能被忽视的。本书从职业流动的视角来研究农民工城市融入问题,以考察在就业层面对农民工城市融入的制约因素,以便更好地推进农民工市民化。

---

① 根据职业流动的方向性,可把职业流动分为水平流动和垂直流动。水平流动是指社会成员从一种职业转移到另一职业,但其收入、声望和社会地位却基本相同;垂直流动是指社会成员从下层地位和职业向上层地位和职业的流动,或从上层地位和职业向下层地位和职业的流动。

② 王春光:《农民工的社会流动和社会地位的变化》,《江苏行政学院学报》2003 年第 4 期。

③ Zhou Min and Cai Guoxuan, *Trapped in Neglected Corners of a Booming Metropolis: Residential Patterns and Marginalization of Migrant Workers in Guangzhou*, In John R. Logan (ed.) Urban China in Transition. Oxford : Blackwell Publishing Ltd, 2008.

二 农民工职业发展的理论分析与研究假说

农民工从农村流入城市，这一转变的重点不仅在于地理空间位置的转移，更重要的是与这种地理位置相关联的内在层次上的职业性质、社会地位的转换。农民工要实现这一层次的转换，最重要的是农民工身份地位的转换。其中职业身份与市民（户籍）身份的转换是最关键、最核心的。而职业身份的转变与市民身份的转变之间又存在着一定的联系。程为敏[1]提出农民工进入城市，想要被城市所接纳，必须具备三个方面的基本条件。首先，能够在城市拥有一份比较稳定的职业；其次，这个职业能够为其带来一定的经济收入和社会地位，使其能够适应当地人的生活方式，并有充足的条件与当地人进行必要的社会交往；最后，由于生活方式的改变，以及与当地社会群体的接触和互动，使其可能接受并形成新的、与当地人相同的价值观。由此可见，农民工融入城市的整个过程中都与其所从事的职业类型有着必然的联系，职业身份的转变会在很大程度上影响市民身份的转变。

从现代社会分层体系视角来看，一个人的社会地位往往由他所从事的职业来决定。一个农民工如果处于较高的职业阶层，那么，其城市交往的异质性和城市身份认同就会增加，因而其城市融入程度也会提高；如果处于较低的职业阶层，那么，其社会交往的网络结构就会呈现同质性的特征，不利于其城市融入[2]。因此，农民工要适应城市生活且为城市文化所接纳，最基本的就是其就业以及与其相联系的经济收入和社会地位[3]。根据社会学家提出的"空位竞争模型"，个体劳动者经济地位提升的主要途径是通过竞争进入那

---

[1] 程为敏：《社会流动中的边缘群体》，《农村与经济》1994年第3期。

[2] 何军：《代际差异视角下农民工城市融入的影响因素分析》，《中国农村经济》2011年第6期。

[3] 张新岭、俞宪忠：《农民工就业相关问题研究综述》，《价格月刊》2008年第4期。

些较高收入的职位。因为,就业质量直接影响着农民工的生存境遇和对主流社会的心理认同。因此,获取较高的职业地位有利于提高农民工的市民化意愿。也就是说当农民工的职业发生垂直向上流动时,会更容易加快其市民身份的转变。

由此提出假说1:职业上升流动有利于提高农民工的市民化意愿。

另外,已有的研究也表明农民工的职业稳定性与其市民化意愿呈显著的正相关。也就是说,农民工在城市就业以后,工作越稳定越有利于其真正融入这个城市[1]。这可以从人力资本理论的角度进行解释。新古典经济学的人力资本理论认为,工作经验尤其是特定职业工作经验与工资收入是成正比的。因此,在一个职业中工作时间越长,劳动者的收入水平越高,越不倾向于换工作,因为职业流动会中断特定人力资本积累。人力资本分为通用性人力资本和企业专用性人力资本,Gibbons,Robert 和 Miebael Waldman 又提出第三种人力资本——任务专用性人力资本,即人力资本的获得是针对特定工作任务的[2]。专用性人力资本是农民工在组织内具有生产能力和提高自己收入的重要因素[3]。农民工职业流动虽然可以增加市场体验,增长见识,并且有可能使得自己从多次工作变化中挑选一个更有生产力和长久的职业[4]。但更多的情况是,当农民工职业流动时,他的企业专用性人力资本和部分任务专用性人力资本发生损失和浪费,只能依靠其通用性的人力资本和不完全的任务专用性人力

---

[1] 戚迪明、张广胜:《农民工流动与城市定居意愿分析》,《农业技术经济》2012年第4期。

[2] Gibbons, Robert and Michael waldman, "Task – Specific Human Capital" *American Economic Review*, No. 94, 2004.

[3] Topel, "Specific Capital, Mobility and the Careers of Yong Men" *Quarterly Journal of Political Economy*, No. 1, 1999.

[4] Hall Robert E, "The Importance of Lifetime Jobs in the US Economy" *American Economic Review*, Vol. 9, No. 72, 1982.

资本进入新环境，削弱了农民工职业上升的基础。农民工这种频繁的职业水平流动会使其人力资本积累受到限制，不利于其实现户籍身份和社会地位的转换。

由此，提出假说2：频繁的职业水平流动阻碍了农民工群体的城市融入。

三 农民工的职业流动与市民化：描述性分析

(一) 使用的数据

使用的是2010年全国流动人口动态监测数据。该数据是由国家人口计生委于2010年4月采取多阶段与规模成比例抽样方法，对全国106个城市16—59岁之间男女人口的调查而得到的。被调查对象包括全国31个省（市）、106个城市、2456个街道、4912个居委会或行政村、122548个流动人口个案。为避免在同一户中出现2名或以上个人调查对象的情况，要求采用"分组法"后的按户排列的合格个人名单不得少于100人。被调查的106个城市包含了省会城市、计划单列市、地级市和县级市，东中西三大区域在城市数量上分别占比45.2%、27.4%、27.4%。调查对象为在流入地居住一个月以上、16—59周岁的跨县（市、区）流动人口。问卷内容包括被访者基础信息、子女状况、就业状况、社会保障状况和生活情况等信息。

通过剔除户籍为非农业流动人口，剔除核心变量缺失样本，最后获得有效样本46491个。其中，男性占53.9%，女性占46.1%；平均年龄为34.39岁，最小的18岁，最大的62岁；已婚的占75.5%，未婚的占23.7%，丧偶、离异的占0.8%；未上过学的占2.2%，具有小学文化水平的占17.5%，具有初中文化水平的占58.5%，具有高中及以上文化水平的占21.8%。

(二) 农民工的职业类型

在被调查的农民工群体中，初次流动的农民工占65.4%，经历过职业流动的农民工占34.6%，说明我国农民工流动性较强。就农民工职业类型来看，呈现出职业分布较为集中，就业层次[①]较低的特点。无论是否经历过职业流动，农民工中的大多数还是集中在个体工商户、产业工人和商业服务业员工这三种职业类型上，三者合计占76.7%。其中个体工商户所占比重最高，为34.5%；其次是产业工人，占23.8%；从事商业服务业员工的占18.4%。而职业声望、社会经济地位较高的国家与社会管理者、经理人员和私营企业主的比重之和仅占2.1%。这说明，一方面我国传统服务业和低端行业领域存在进一步膨胀的内在趋势；另一方面我国农民工进入城市之后，遭受到了明显的就业歧视。在城市就业市场中，由于二元劳动力市场结构的存在，农民工只能进入次属的劳动力市场，从事的工作只是一些低技术、劳动条件差、收入水平低、风险高的体力劳动。

对于未发生职业流动的农民工群体来说，他们的职业分布跟整个农民工群体的职业分布相类似。而对于经历过职业流动的农民工群体而言，其流动前后的职业分布情况的确发生了较明显的变化。在他们第一次流动时，产业工人的比重高达53.4%。可以看出，在初次流动时，由于缺乏必要的技术、能力和经验，他们中的绝大部分只能进入技术含量不高、劳动密集型的产业，成为最一般的产业工人。在经历过职业流动后，虽然产业工人仍然是农民工所从事的主要职业类型，但与初次流动时相比，农民工中产业工人的比例已下降为44.7%，下降了8.7%。同样地，从业人员比例有所下降的

---

① 对职业的分层本书采用陆学艺（2004）的职业分层法，即根据人们在劳动分工、权威等级、生产关系和制度分割这四组社会关系中的位置，以及其拥有的组织资源、经济资源和文化资源，将职业划分出十大社会阶层。分别是：（1）国家和社会管理者阶层；（2）经理人员阶层；（3）私营企业主阶层；（4）专业技术人员阶层；（5）办事人员阶层；（6）个体工商户阶层；（7）商业服务业员工阶层；（8）产业工人阶层；（9）农业劳动者阶层；（10）城乡无业、失业、半失业者阶层。

职业类型还有农业劳动者,下降了0.8%;从事无固定职业的农民工的比例也下降了约7%。总的来看,从事低层次的农业劳动者、产业工人以及没有固定职业的农民工所占的比例下降了约16.5%。然而,国家与社会管理者的从业人员却并没有增多,而经理人员、私营企业主、专业技术人员以及办事人员的比例总共仅上升了6.4%。从业人员上升比例最大的是个体工商户,由初次流动时的7.1%,上升到22.2%。将两者对比来看就会发现,虽然农民工发生职业流动的人数较多,但大都集中在职业声望比较低的职业之间,很难实现在劳动力市场、职位上的向上流动(见表5—1)。

表5—1　　　　　　农民工流动状况与职业类型统计表

职业类型	发生过职业流动的		未发生过职业流动	全部样本
	初次流动时	当前流动时	当前流动时	当前流动时
国家与社会管理者	0.1%	0.1%	0.1%	0.1%
经理人员	0.1%	1.1%	0.5%	0.6%
私营企业主	0.5%	1.1%	1.4%	1.4%
专业技术人员	5.6%	8.9%	7.2%	7.9%
办事人员	2.2%	3.4%	2.4%	2.7%
个体工商户	7.1%	22.2%	38.0%	34.5%
商业服务业员工	13.1%	14.8%	17.2%	18.4%
产业工人	53.4%	44.7%	24.1%	23.8%
农业劳动者	1.8%	1.0%	2.9%	2.4%
无固定职业	9.8%	2.7%	6.2%	8.1%
缺失	6.3%	0.0%	0.0%	0.1%
合计	100%	100%	100%	100%

(三)农民工的职业流动情况

虽然绝大多数的农民工在进城之初的确处于相似的阶层位置、面临相同的制度约束,进入的是次级劳动力市场,但不能排除一部分农民工在某些方面表现出较高素质和潜力,具备可利用资源和善于抓住市场机会的能力，从而能够通过自己的努力，进入初级劳动力市场从事中高端职业[1]。调查发现，农民工内部的职业已经出现明显的分化。在有职业流动经历的农民工群体中，实现职业上升的占 44.6%，这里的职业上升指的是农民工当前职业与其初始职业的比较，未实现职业上升的占 55.4%。实现职业上升的农民工所占比例相对较低，可以看出就业职位集中在低端劳动力市场的特点决定了农民工就业选择的空间不大，变换工作更多是同阶层的流动，上升渠道不畅通。农民工职业流动地位未能上升的主要原因可能在于，他们缺少地位积累、地位继承和社会资源[2]。

具体来看，实现职业上升的农民工群体中，由低层职业类型向上流动转换为个体工商户的比例最大。其中，初始职业为无固定职业、农业劳动者、产业工人和商业服务业员工通过职业转换为个体工商户从而实现职业上升的比例分别为：24.6%、22.3%、14.5%和 22.1%。这与林坚、葛晓巍[3]对农民初职、现职和未来职业预期变化的分析结果相似，结果发现个体工商劳动者成为农民工向高层流动的"中转"职业。尽管一些个体工商业仍属于小规模的行当，但它意味着农民工在城市有了自己的经营性资本和固定资产，不再受雇于人，收入水平普遍高于同业打工者，这是农民工融入城市社会的重大步骤[4]。其次，也有 10.6% 的农民工由缺乏技术含量的普通工人转为专业技术人员。最后，管理精英（国家与社会管理者和经理人员）和私营企业主是农民工中的精英分子，往往是农民工的奋斗目标。虽然通过努力实现职业上升，但是达到精英层次的农民工

---

[1] 符平、唐有财、江立华：《农民工的职业分割与向上流动》，《中国人口科学》2012 年第 6 期。

[2] 刘士杰：《人力资本、职业搜寻渠道、职业流动对农民工工资的影响》，《人口学刊》2011 年第 5 期。

[3] 林坚、葛晓巍：《我国农民的职业流动及择业期望》，《浙江大学学报》2007 年第 2 期。

[4] 朱明芬：《农民工职业转移特征与影响因素探讨》，《农业技术经济》2007 年第 6 期。

所占比例较小。其中上升为管理精英和私营企业主的农业劳动者、产业工人和商业服务业员工的比例分别为0.6%、1.6%和2.0%（见表5—2）。

表5—2　　　　　　　　　农民工职业流动情况统计表

初次流动时的职业类型	当前职业类型									
	国家与社会管理者	经理人员	私营企业主	专业技术人员	办事人员	个体工商户	商业服务业员工	产业工人	农业劳动者	无固定职业
国家与社会管理者	0.0%	0.0%	26.7%	23.3%	0.0%	20.0%	26.7%	3.3%	0.0%	0.0%
经理人员	0.0%	82.4%	0.0%	0.0%	5.9%	11.8%	0.0%	0.0%	0.0%	0.0%
私营企业主	0.0%	0.6%	34.2%	0.6%	0.0%	25.9%	6.3%	31.6%	0.0%	0.6%
专业技术人员	0.3%	3.0%	1.1%	61.9%	5.3%	12.4%	5.7%	8.8%	0.6%	0.8%
办事人员	0.0%	2.9%	1.3%	5.4%	43.4%	19.7%	7.1%	19.0%	0.9%	0.3%
个体工商户	0.0%	0.4%	0.4%	1.7%	0.7%	84.1%	6.8%	5.2%	0.1%	0.6%
商业服务业员工	0.2%	1.3%	0.5%	5.1%	3.0%	22.1%	50.6%	15.5%	0.2%	1.7%
产业工人	0.0%	0.7%	0.9%	5.5%	1.9%	14.5%	8.7%	66.2%	0.6%	1.1%
农业劳动者	0.0%	0.2%	0.4%	9.7%	2.3%	22.3%	8.3%	30.5%	23.4%	2.9%
无固定职业	0.2%	1.5%	1.4%	7.3%	2.8%	24.6%	11.1%	31.9%	1.4%	17.8%

（四）农民工职业流动与城市融入

根据前面的理论分析可知，农民工职业流动会在一定程度上影响其城市融入。我们按照农民工职业流动情况，将其分为职业垂直上升，职业水平流动和未发生职业流动三种情况。调查结果显示，实现职业垂直上升的农民工，他们融入城市的意愿最强烈，而职业水平流动的农民工的市民化意愿最低。从图5—1可以看出，实现职业垂直上升的农民工愿意留在所在城市的比例最高，为29.1%；其次是未发生过职业流动的农民工，其愿意留在所在城市的比例，为25.4%。市民化意愿最低的群体是职业水平流动的农民工，其愿意留在所在城市的比例只有21.0%，这一比例明显低于实现职业上升的农民工。对样本的描述性分析结果初步验证了前文的假说，即发生职业垂直上升流动有利于提高农民工的市民化意愿，而职业水平流动不利于农民工的城市融入。

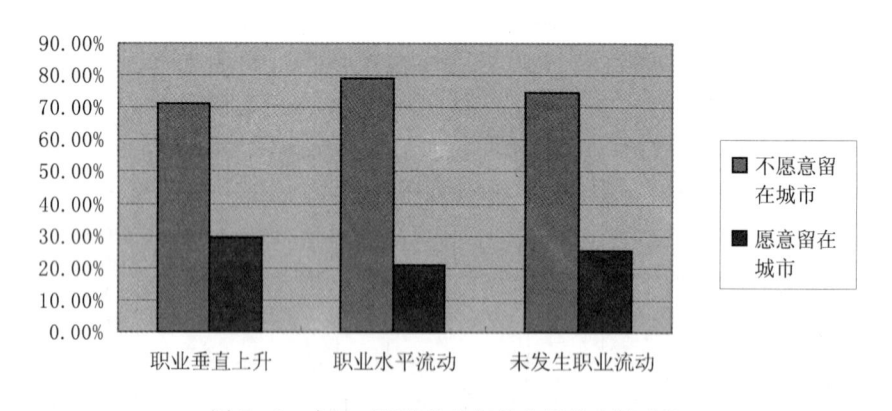

图5—1 农民工职业流动与其市民化意愿对比

四 职业发展对农民工市民化的影响

（一）模型构建与变量说明

从描述性分析的结果来看，农民工的职业流动与其市民化意愿有一定关联。基于前述的假说，本书建立如下农民工市民化意愿的计量模型，并以此实证分析职业流动类型与农民工市民化意愿之间的关系：

$$Y_i = f(X_i, M_i) + \varepsilon_i$$

上式中，Y_i 表示农民工 i 的市民化意愿。未来进城农民工的主要去向将是在城市定居进而融入城市成为真正的市民。衡量农民工市民化意愿的一个重要标准就是看他们是否愿意在城市定居，并且城市融入度对城市定居有显著的正向影响，即城市融入度越高，定居城市的意愿就越强烈[1]。因而是否打算在流入地建房或购房能够较好地反映农民工的市民化意愿，本书选取该变量为因变量。由于农民工市民化意愿（是否打算在本地建房，1 = 是，0 = 否）为 0/1 二分类变量，因此本书选用 SPSS17.0 进行二项 Logistic 回归分析。

X_i 表示农民工职业流动类型，本书将农民工职业流动类型按其流动方向分为职业垂直流动和职业水平流动两种类型。M_i 是控制变量，根据以往的研究，其他影响农民工市民化意愿的因素还包括以下几个方面：①个人特征：包括被调查者的性别、年龄、婚姻状况、受教育年限、是否接受过培训以及流动类型和流动时间。②家庭特征：主要包括在城市流动的户内总人数，是否有 15 岁以下的小孩在老家以及老家是否有土地。③政策制度：随着覆盖城乡的社会保障体系的逐步建立，农民工具有了更多获得社会保障的待遇的机会，这将有利于他们融入城市社会[2]。因此，在户籍制度没有根本改变的情况下，本书衡量政策因素影响所使用的指标是被调查者获得社会保障的情况，具体包括：是否有城镇养老保险、是否有住房公积金、是否有当地政府为农民工提供的保险、是否有农村合作医疗保险、是否有农村养老保险、是否有正式就业合同以及是否听说过中小城镇户籍放开制度。ε_i 是随机扰动项，其中各变量的统计值描述如 5—3 表所示。

---

[1] 刘建娥：《乡—城移民（农民工）社会融入的实证研究》，《人口研究》2010 年第 7 期。

[2] 李培林、田丰：《中国农民工社会融入的代际比较》，《社会》2012 年第 32 期。

表 5—3　　　　　　　　　各变量的统计描述

变量	变量含义	样本量	均值	标准差
职业是否垂直上升	1 = 是；0 = 否	46491	0.119	0.324
职业是否水平流动	1 = 是；0 = 否	46491	0.148	0.355
性别	1 = 男；0 = 女	46491	0.575	0.494
年龄	单位：岁	46491	35.791	8.823
婚姻状况	1 = 未婚	46491	0.194	0.395
受教育年限	单位：年	46491	8.903	2.489
是否接受培训	1 = 是	46491	0.115	0.320
流动类型	1 = 跨省；0 = 省内	46491	0.489	0.499
流动时间	单位：年	46491	5.902	5.014
户内总人数	在城市中的家庭人数	46491	2.355	1.487
是否有 15 岁以下小孩在老家	1 = 是；0 = 否	46491	0.023	0.150
老家是否有土地	1 = 是；0 = 否	46491	0.939	0.237
是否有城镇养老保险	1 = 是；0 = 否	46491	0.075	0.264
是否有住房公积金	1 = 是；0 = 否	46491	0.018	0.134
是否有正式就业合同	1 = 是；0 = 否	46491	0.270	0.444
是否有当地政府为农民工提供的保险	1 = 是；0 = 否	46491	0.036	0.186
是否听说过中小城镇户籍放开制度	1 = 是；0 = 否	46491	0.225	0.418
是否有农村合作医疗保险	1 = 是；0 = 否	46491	0.636	0.481
是否有农村养老保险	1 = 是；0 = 否	46491	0.066	0.249

（二）回归结果分析

1. 不同职业流动类型对农民工市民化意愿的影响

表 5—4 给出了农民工职业流动类型对其城市融入影响的估计结果。总体来看，农民工职业流动类型对其城市融入产生了重要的影响，且在 1% 的统计水平上显著。

从农民工职业流动类型来看，实现职业垂直上升的农民工城市融入状况更好。农民工职业垂直上升对其在本地买房意愿有显著的正向影响，并在 1% 的水平上显著。相对于那些没发生职业流动和职业水平流动的农民工来说,实现职业垂直上升流动的农民工愿意融入城市的发生比要增加14.5%。这很好地验证了我们的假说1。而职业水平流动的回归系数为负,并在1%的水平上显著。说明职业水平流动不利于农民工的城市融入。那些频繁变换工作的,并且前后从事的职业处于同一层次的农民工的市民化意愿要低一些。从发生比来看,职业水平流动的农民工的市民化意愿只有那些未发生职业流动以及职业垂直上升流动的农民工的86.6%。这也有力地证实了我们的假说2。

个人特征仍然是影响农民工城市融入的重要因素,列入模型中所有的农民工个人特征均对其市民化意愿有显著性影响,并且除性别以外,其他变量都在1%的统计水平上显著。其中受教育年限、培训经历以及流入城市时间对农民工市民化意愿有正向影响。性别、年龄、婚姻状况以及是否跨省流动对农民工的城市融入有负向的影响。从农民工家庭特征来看,整个家庭中在城市的总人数对农民工市民化意愿有正向影响也就是说家庭中在城市务工的人数越多,越有利于农民工的城市融入。老家中有15岁以下的小孩以及老家中有土地对农民工市民化意愿有负向影响。从社会政策制度来看,是否签订正式的就业合同、是否拥有住房公积金、是否享有城镇养老保险以及是否听说过中小城镇户籍放开制度这一系列社会保障制度都会对农民工的城市融入产生正向促进作用,并且十分显著。对于这一点,以往的研究也都给出了相同的结论。因此,制度上的接纳对农民工城市融入存在重要影响作用。而是否有当地政府为农民工提供的保险以及是否有农村养老保险这两个变量对农民工市民化意愿没有显著性影响作用。这可能是由于目前专门针对农民工提供的保险还处于试行阶段,只有少数城市例如广东、深圳、南京、重庆等专门为农民工提供各种医疗或养老保险,使得享受到此项保障的农民工占极少数。关于农村养老保险,我国农村养老金的标准较低（基础养老金标准为每人每月 55 元）并普遍认为农村养老保险对于改善农民工的生活影响并不大，因此是否享有农村养老保险不会对农民工的城市融入产生显著影响。

表 5—4　　职业流动类型对农民工城市融入的影响

	模型一 β	模型一 Exp（β）	模型二 β	模型二 Exp（β）
职业流动类型				
职业是否垂直上升	0.135*** (0.026)	1.145	—	—
职业是否水平流动	—	—	-0.144*** (0.026)	0.866
个人特征				
性别	-0.030* (0.017)	0.971	-0.024 (0.017)	0.976
年龄	-0.022*** (0.001)	0.978	-0.022*** (0.001)	0.979
婚姻状况	-0.227*** (0.029)	0.797	-0.237*** (0.029)	0.789
受教育年限	0.115*** (0.004)	1.122	0.115*** (0.004)	1.122
是否接受培训	0.090*** (0.026)	1.094	0.092*** (0.026)	1.096
流动类型	-0.862*** (0.017)	0.422	-0.854*** (0.018)	0.426
流动时间	0.073*** (0.002)	1.076	0.071*** (0.002)	1.073
家庭特征				
户内总人数	0.258*** (0.008)	1.295	0.257*** (0.008)	1.293

续表

	模型一		模型二	
	β	Exp(β)	β	Exp(β)
是否有15岁以下小孩在老家	-0.429*** (0.061)	0.651	-0.420*** (0.061)	0.657
老家是否有土地	-0.332*** (0.033)	0.718	-0.334*** (0.033)	0.716
政策制度				
是否有城镇养老保险	0.257*** (0.034)	1.293	0.265*** (0.034)	1.304
是否有住房公积金	0.368*** (0.059)	1.445	0.363*** (0.059)	1.438
是否有正式就业合同	-0.179*** (0.022)	0.836	-0.176*** (0.022)	0.839
是否有当地政府为农民工提供的保险	-0.032 (0.047)	0.969	-0.030 (0.047)	0.971
是否听说过中小城镇户籍放开制度	0.264*** (0.020)	1.302	0.265*** (0.020)	1.303
是否有农村合作医疗	-0.170*** (0.018)	0.844	-0.165*** (0.018)	0.848
是否有农村养老保险	0.039 (0.035)	1.040	0.043 (0.035)	1.044
常数项	-1.527***		-1.488***	
有效样本量	46491		46491	
卡方值	9069.205***		9074.845***	
Nagelkerke R^2	0.153		0.153	

注：括号内的数值表示估计系数的标准差，***、**、* 分别表示估计系数在1%、5%和10%的水平上显著。

2. 职业上升层次对农民工市民化意愿的影响估计

上述关于职业流动类型对农民工市民化意愿的分析验证了我们最初的假说，即职业垂直上升有利于提高农民工的市民化意愿，而职业水平流动会阻碍农民工城市融入的进程。那么不同的职业上升通道对农民工城市融入的影响是否存在区别？为了更深入地探讨农民工的职业上升通道对其市民化意愿的影响，我们在此选取那些具有职业垂直上升流动经历以及未发生职业流动的农民工群体做样本，来对上述问题做进一步探讨。

根据不同职业类型所代表的社会地位、可获得的经济收入以及所掌握的资源的不同，将所有的职业类型划分为不同的层级。在划分时，虽然专业技术人员和经理人员或者国家社会管理者在社会生活中都占有相对较多的资源，但考虑到在中国，技能和权力是十分不同的资源。拥有技能和社会声望的专业技术人员，在社会地位上要低于行政官员和企业经营管理者等精英集体。因为后者不但拥有社会声望，更重要的是他们还拥有政治、行政和管理的权力[1]。因此，本书将所有的职业类型划分为管理精英、技术精英和一般劳动力[2]三个层次。然后对有多次流动经历的农民工的初始职业所属层级与其当前所从事职业所属层级进行比较，来反映农民工职业流动中职业层次的转变。

表5—5给出了农民工职业层次转变对其市民化意愿影响的估计结果。可以发现无论农民工职业阶层上升通道的形式如何，对其市民化意愿均有正向影响，且都在1%水平上显著。同时也可以发现，职业上升层次的不同，对农民工市民化意愿的正向促进作用也存在着明显的差异。同样最初职业为一般劳动力的通过职业垂直上升进入管理精英阶层的农民工，他们的市民化意愿就高于进入技术精英阶层的群体。这说明职业垂直上升的跨度越大，越有利于提高

---

[1] Walder, Andrew G, "The Political Dimension of Social Moblity in China Communist States: China and Soviet Union" *Research in Political Sociology*, No. 1, 1985.

[2] 管理精英包括国家与社会管理者、经理人员、私营企业主；技术精英包括专业技术人员、办事人员、个体工商户；一般劳动力包括商业服务业员工、产业工人、农业劳动者、无固定职业者。

其市民化意愿。而由技术精英上升为管理精英的农民工群体，与由一般劳动力上升为技术精英的农民工群体相比较而言，虽然他们的职业层次都只上升一个层级，但明显地发现，从技术精英转为管理精英的农民工群体的市民化意愿更强。可见同样是进入管理阶层，由专业技术人员转为管理精英的层次会更高一些。总之，无论农民工职业上升通道如何，其最终进入的职业类别，获取的职业地位和职业声望将在很大程度上影响其市民化意愿。

表 5—5　　　　　　　农民工职业层次转变与市民化意愿

	模型一	
	β	Exp（β）
职业层次（未发生职业变换为参照组）		
由一般劳动力转为技术精英	0.201 *** (0.030)	1.223
由一般劳动力转为管理精英	0.376 *** (0.125)	1.457
由技术精英转为管理精英	0.618 *** (0.231)	1.855
个人特征		
性别	-0.064 *** (0.017)	0.938
年龄	-0.006 *** (0.001)	0.994
婚姻状况	-0.309 *** (0.027)	0.734
受教育年限	0.029 *** (0.004)	1.029
是否接受培训	0.149 *** (0.026)	1.161
流动类型	-0.248 *** (0.017)	0.780

续表

	模型一	
	β	Exp（β）
流动时间	0.095 *** (0.002)	1.100
家庭特征		
户内总人数	0.312 *** (0.009)	1.366
是否有15岁以下小孩在老家	-0.006 (0.056)	0.994
老家是否有土地	-0.270 *** (0.036)	0.764
政治制度		
是否有城镇养老保险	0.428 *** (0.038)	1.533
是否有住房公积金	0.378 *** (0.072)	1.459
是否有正式就业合同	-0.065 (0.021)	0.937
是否有当地政府为农民工提供的保险	0.121 ** (0.047)	1.129
是否听说过中小城镇户籍放开制度	0.187 *** (0.020)	1.205
是否有农村合作医疗	-0.010 (0.018)	0.990
是否有农村养老保险	0.103 *** (0.034)	1.108
常数项	-0.371 ***	
有效样本量	33605	
卡方值	8041.209 ***	
Nagelkerke R^2	0.141	

注：括号内的数值表示估计系数的标准差，***、**、*分别表示估计系数在1%、5%和10%的水平上显著。

五 职业发展的影响效应

本书利用全国流动人口动态监测数据,采取计量分析的方法,考察了农民工职业流动对其市民化意愿的影响。农民工的市民化意愿不但与其家庭因素以及宏观的政策制度相关,而且在很大程度上会受其职业流动状况的影响。实证研究发现,农民工的职业水平流动对农民工的城市融入有着显著的负向影响。由于农民工群体就业的临时性以及在择业过程中受到的歧视,从而导致其频繁发生水平的职业流动,不利于其融入城市社会。而职业垂直上升流动会明显提高农民工市民化意愿,并且职业垂直上升流动的层次越大,以及最后进入的职业阶层越高,农民工的市民化意愿越强。无论农民工职业上升通道如何,其最终进入的职业类别、获取的职业地位和职业声望将在很大程度上影响其市民化意愿。可见,在当前推动新型城镇化建设的过程中,应重点关注农民工的职业流动状况。

本书的分析具有以下政策含义:首先,要完善城市劳动力市场机制,赋予农民工公平参与市场竞争的机会和权利,降低农民工职业上升过程中非市场性因素的作用,并使农民工的职业发展与户籍制度及相关就业歧视性因素脱钩。其次,加强对农民工的职业培训,特别是专业技能的培训,提高农民工的个人素质从而增强他们的工作竞争力,使其有可能进入更加完善的初级劳动力市场,实现职业的垂直上升。最后,农民工的城市融入不仅需要政府改变现有的制度安排,加强职业培训,还需要企业改善管理制度,关注农民工的日常文娱生活。同时,在社会福利制度不健全的情况下,还要充分发挥企业的桥梁作用,使其在农民工和政府之间建立一个有效的互动平台,代表农民工向政府诉求其福利保障,维护其合法权益,从而实现政府、企业与劳动者三者之间的良性互动,使农民工从获得良好的城镇就业机会走向职业上升,最终进入城市融入的新境界。

第二节 就业稳定性与农民工市民化

本部分利用2013年武汉市流动人口动态监测数据，实证分析了农民工就业稳定性及其对社会融合的影响效应。研究发现，就业区域稳定性对增强农民工自身"城市人"的身份认同感和务工城市长居意愿具有显著的促进作用，而就业职业稳定率不具有此效应；同时，就业区域稳定性和就业职业稳定率能有效帮助农民工了解和掌握当地语言，但在增进与城里人的关系上则失去了作用；签订劳动合同对增强农民工长居意愿有显著的正向影响。此外，不管人力资本存量高还是存量低的农民工，就业区域稳定性对他们的社会融合都具有显著的促进作用，且对人力资本存量低的农民工影响程度更大；而就业职业稳定性对人力资本存量较低的农民工会产生显著的正向影响，对人力资本存量较高的农民工的影响效应则不显著。

一 就业稳定性的视角

改革开放40年后的今天，大规模农村劳动力迁入城市务工、经商[1]，但并未像其他国家人口城市化过程那样，实现市民化的真正转变。农民工长期处在城市的边缘，不被城市认同接纳甚至受到歧视，无法融入城市社会，只能在城乡之间候鸟式迁移。这种不彻底的转移方式，一方面起不到转移农民就业、使土地向务农劳动力稳定流转和集中的作用，不利于社会主义新农村建设；另一方面农民工不能在城市定居和融合，不利于中国人口城市化的进程。"将

---

[1] 国家统计局公布的数据显示，1983年我国农民工数量约200万人，而2012年这一数量已经增加到2.63亿人并在近几年一直保持高度稳定增长的势头。

流动人口管理服务纳入地方经济社会发展规划，促进流动人口融入城市生活"已经成为中国政府的重要工作。党的十八大报告更是明确指出，要"加快改革户籍制度，有序推进农业转移人口市民化"。

目前关于农民工市民化的研究主要有三条主线。其一是探究人力资本因素对农民工市民化的影响，一般认为年龄较大、文化程度较低的农民工越倾向于和家乡人交往，也越可能回家乡务农，而年龄较小、文化程度较高的农民工更可能与城里人交往，也更可能留在城市[1]，任远、乔楠基于绍兴市流动人口的调查也得到类似结论[2]；此外，进城农民工文化程度越高，其自我角色的认同更可能是"市民"，城市认同感与归属感也会相应增强[3]。其二是探讨社会支持因素对农民工市民化的影响，社会支持对进城迁移人口的社会融合是必不可少的[4]，经常来往朋友数量、遇到困难时的求助对象会对农民工市民化产生显著的影响，情感支持网规模越大，农民工越有可能与市民交往，也越容易融入城市社会，而社会网络的欠缺会限制他们与城市主流社会的融合[5]。但当前农民工的社会支持仍然以血缘、地缘等同质群体为主，要完全与城市社会融合，需要建立与城市本地人及因业缘和友缘而产生的异质群体关系。其三是关注社会制度性因素，户籍制度被认为是一种社会屏蔽制度，它将社会上一部分人屏蔽在分享城市的社会资源之外，是目前流动人口

---

[1] 李树茁、任义科、靳小怡、费尔德曼：《中国农民工的社会融合及其影响因素研究》，《人口与经济》2008年第2期。

[2] 任远、乔楠：《城市流动人口社会融合的过程、测量及影响因素》，《人口研究》2010年第2期。

[3] 邓大松、胡宏伟：《流动、剥夺、排斥与融合：社会融合与保障权获得》，《中国人口科学》2007年第6期。

[4] Agneessens, F., Waege, H., Lievens, J, "Diversity in Social Support by Role Relations: A Typology" *Social Networks*, No.28, 2006.

[5] 王春光：《新生代农村流动人口的社会认同与城乡融合的关系》，《社会学研究》2001年第3期。

实现社会融合的主要制度性障碍[①]。此外，包括基本社会保障权在内的基本公民权利的剥夺是造成当前进城农民工"流动但不定居，定居但不融合"现象的主要原因。其他学者也通过实证研究得出了类似结论。

已有研究为理解中国农民工的社会融合及其变迁提供了理论视角和丰富的经验依据，但大多数研究主要着眼于被调查的个人因素或讨论制度因素对其社会融合的影响，而对为他们提供就业岗位和工作环境的企业层面关注不够，而且对由此延伸出的农民工就业稳定性及其后果并未给予足够的重视。我国农民工是一个职业流动十分频繁的群体，无论是新生代农民工还是第一代农民工，进城之后，频繁"跳槽"[②]。农民工职业的频繁更换，将会导致他们在不同区域之间、不同职业岗位之间频繁流动，并表现出"候鸟式"迁移的现象，这不利于农民工人力资本的积累和稳定职业发展期望的形成，进而导致缺乏城市归属感，融入城市社会困难。可见，就业稳定性可能直接影响到农民工个体及其家庭人力资本投资或职业发展的决策过程，从而成为农民工群体难以实现社会融合的重要原因之一。那么，就业稳定性会对农民工市民化产生怎样的影响？不同人力资本存量的农民工群体，其影响又存在怎样的差异？本书尝试来回答这些问题。

二 就业稳定性与农民工市民化：理论分析与假说提出

本书中的就业稳定性包括就业区域稳定性与就业职业稳定性，下面从这两个方面分别加以分析。

（一）就业区域稳定性与农民工市民化

农民工是理性的，他们进城时总是带着自己的动机与愿望，其

[①] 李涛、任远：《城市户籍制度改革与流动人口社会融合》，《南方人口》2011年第3期。
[②] 许传新：《农民工的进城方式与职业流动——两代农民工的比较分析》，《青年研究》2010年第3期。

中城市生活方便、娱乐设施丰富就是一个重要原因[①]。他们在城市连续务工时间越长，就有越多的机会体验比如公园、交通、医院等基本公共设施带来的便利，享受农村无法提供的服务，感受务工地的优越感，进而有助于增强在务工地的长居意愿。另一方面，在一个城市务工时间越长，他们接触到城市当地人的机会也可能越多，通过日常的交流学习，有助于缩小和城市之间的心理距离，进而促进自身的社会融合。反之，农民工就业区域的不稳定意味着他们工作地点的频繁更换，这种"动荡"不仅会增加农民工的经济成本，而且还会给他们带来精神上的挫伤，增加其心理成本，造成对每一个务工城市都缺乏归属感，这种负作用不利于农民工的社会融合。已有的实证研究也表明，进城 1—2 年的农民工回农村的欲望最强烈，以后随着进城时间的延长，有回农村想法的人越来越少，农民工在城市生活越久，越能适应城市的生活规范，越能更好地融入城市生活[②]。

假说1：就业区域稳定性会影响农民工在务工地的社会融合，就业区域稳定性越高，社会融合程度越深。

(二) 就业职业稳定性[③]与农民工市民化

就业稳定性是影响农民工工资收入的重要因素[④]。一般而言，稳定就业的农民工，其工资收入要明显高于非稳定就业的农民工[③]，而收入越高的农民工获得的经济地位就可能越好，进而有更大的能

[①] 史清华、林坚、顾海英：《农民进镇意愿、动因及期望的调查与分析》，《中州学刊》2005 年第 1 期。

[②] 黄祖辉、钱文荣、毛迎春：《进城农民在城镇生活的稳定性及市民化意愿》，《中国人口科学》2004 年第 2 期。

[③] 一般来讲，职业稳定性是指社会成员在特定职业以及该职业所提供的工作岗位上继续就职的意愿或倾向性。而本书研究的职业稳定性是指社会成员从事某一份工作的持久性，如果从事某一份工作的持续时间越长，职业稳定性则越高；如果职业变换越频繁或者即使职业不变而工作变换越频繁，职业稳定性则越低。

[④] 黄乾：《城市农民工的就业稳定性及其工资收入效应》，《人口研究》2009 年第 3 期。

力参与城市的社交、娱乐等活动,促进其与城市的互动,这会对他们选择永久定居产生积极影响[1]。因此,就业职业稳定性越高,越有利于农民工的社会融合。其次,职业的稳定也说明了农民工从事当前职业时间相对较长,而同一工作持续时间越长,成长为用人单位的技术骨干或管理人员的可能性越大,自我价值能得到更好地实现,生活满意度提高,无形之中对城市生活的认同感也会增强[2]。

假说2:农民工同一工作持续时间相对越长,其在务工城市的社会融合程度越深。

劳动合同是影响就业职业稳定性的重要因素之一。劳动合同短期化会造成劳动者缺乏职业稳定感,极易引发企业与职工之间产生信任危机,造成劳动关系的不稳定[3]。但对长期合同而言,它会影响用人单位与劳动者的行为。一方面,处于弱势地位的农民工很难与用人单位讨价还价,也缺乏与企业讨价还价的资本[4][5],在当前用工制度不健全的情况下,长期劳动合同的签订制约了用人单位不合理的辞工违约行为,帮助农民工"以据力争"保护自己的劳动权利;另一方面,合同的签订也约束了农民工在培训成本收回之前的跳槽行为。这样,农民工减少了随时被解雇的顾虑,企业也减少了员工随时辞职的担忧,劳动关系的制度化,降低了劳资双方只考虑当前或短期利益的可能性[6]。在稳定的劳动关系下,农民工稳定的

---

[1] Reyes, B. I, "Immigrant Trip Duration: The Case of Immigrants from Western Mexico" *International Migration Review*, No.35, 2001.

[2] 戚迪明、张广胜:《农民工流动与城市定居意愿分析》,《农业技术经济》2012年第4期。

[3] 黎虹:《劳动合同短期化刍议》,《湖南第一师范学院学报》2007年第2期。

[4] 王涛:《农民工平等就业权的法律保护》,《兰州学刊》2006年第2期。

[5] 石莹:《搜寻匹配理论与中国劳动力市场》,《经济学动态》2010年12期。

[6] 蔡禾、李超海、冯建华:《利益受损农民工的利益抗争行为研究》,《社会学研究》2009年第1期。

就业预期会激励企业进行专用性人力资本投资[①],而企业的人力资本投资又会降低员工的离职率[②]。与此同时,稳定的就业预期也会增强农民工对所在单位的责任感与认同感,加之未来的晋升机会及福利待遇,他们的学习会更加积极热情,有助于其技能水平的提高和城市活动能力的增强。

假说3:签订劳动合同对农民工市民化有显著的促进作用。

(三)人力资本存量、就业稳定性与农民工市民化

基于前文分析可以发现就业稳定性会影响农民工市民化进程,但现实中农民工群体是异质的。农民工群体内部会由于受教育程度以及培训经历的不同而出现人力资本积累的差异,导致一些农民工人力资本较高,而一些农民工人力资本较低。就业稳定性对农民工市民化的影响效应可能会因为农民工人力资本存量的高低而不同。对于那些接受过较高层次教育或职业技能培训的农民工,由于他们可以通过正规或非正规教育方式掌握较多的文化知识或实用的技能,在劳动力市场中具有较大的选择权。职业流动或许是他们获得更好职业和更高收入的有效途径,因而就业是否稳定不会对其社会融合产生显著的影响。而对于那些没有接受过较长时间正规教育或职业技能培训的农民工,往往由于知识技能的缺乏,很多工作都难以胜任,可选择的就业机会相对较少,在城市能够拥有一份稳定工作已相当不易,如果有一份稳定的工作,该工作持续时间越长,他们就越有信心留在城市,对务工城市的归属感也会越强。因此,就业的稳定会对人力资本较低的农民工的社会融合产生影响。甚至可以说,恰恰是因为这类农民工人力资本存量较低,就业稳定性才成为影响他们市民化的重要因素。

---

① 官华平、谌新民:《流动人员就业稳定性与专用性人力资本投资研究》,《华东经济管理》2013年第8期。

② 翁杰:《企业的人力资本投资和员工流动》,《中国人口科学》2005年第6期。

假说4：对于人力资本较高的农民工，就业稳定性不会对其社会融合产生显著的影响；而对于人力资本较低的农民工，就业稳定性会对其社会融合产生显著的影响。

三 变量设置与模型构建

本部分使用的是2013年全国流动人口动态监测数据，它是通过原国家计生委于2013年5月在全国31个省（市）和新疆生产建设兵团对流入地居住一个月以上，非本区（县、市）户口15—59周岁流动人口的调查而得到的，采取了分层、多阶段、与规模成比例抽样调查相结合的方法。本书选择就业于湖北省武汉市的流动人口社会融合专题调查，为我们研究农民工市民化提供了可靠的数据支撑。调查问卷涉及流动人口基本特征、就业与收入支出、公共服务与社会保障、社会融合等信息，有效样本共计1999个。根据户籍为农业户口筛选出农民工样本1759个，其中男性占56.8%，女性占43.2%；小学及以下文化程度占6.3%，初中文化占68.2%，高中或中专文化占22.7%，大专及以上占2.8%；未婚占17.9%，已婚占80.9%，离婚或丧偶占1.2%；跨省流动占20.7%，省内跨市占61.4%，市内跨县占17.9%。

（一）因变量

因变量为社会融合程度，关于社会融合的测量，国内外学者进行了相关研究。西方关于社会融合理论的研究，可以分为三类：以Gordon为代表的"二维"模型，包括结构性融入和文化性融入；以杨格—塔斯为代表的"三维"模型，包括结构性融入、社会文化性融入以及法律面前人人平等的政治融入；以恩泽格尔等人为代表的"四维"模型，包括社会经济融入、政治融入、文化融入、主题

第五章 相关保障性因素对农民工市民化的影响

社会对移民的接纳或拒斥等①。在国内相关研究中,田凯从相对稳定职业、经济收入、社会地位、生活方式、社会交往等维度考察社会融合②;朱力从经济、社会、心理或文化层面进行考察③;此外,杨菊华从经济、文化、行为和身份四个角度提出了具体的测量指标④。综合上述研究,笔者认为社会融合是迁移人口进入城市社会后与当地居民的一种互动和融合,在农民工市民化进程中处于最高的层次。本书选择以下四个维度即身份认同、长居意愿、语言使用、与本地人的关系来综合反映社会融合程度。农民工进入城市,首要目的就是经济收入,他们即使有较强的自我"城市人"身份认同感,较好地掌握了本地语言、较好地和本地人相处,但当一份工作结束后,迫于经济压力,他们往往面临着职业转换甚至区域变换;或是基于理性选择,当有更合适的职位时,他们也愿意放弃当前工作选择本地或异地工作,不会仅因为身份认同感、对当地语言的熟悉、与当地人的人情关系而继续留在务工城市工作。所以就业稳定性会影响社会融合程度,而社会融合程度对农民工就业稳定性的影响效应并不会十分明显。

第一,身份认同。农民工认同自己属于"本地人"的社会身份是其融入居住地的重要标志。对于该指标,在研究中用"您认为您现在是哪里人"来衡量。根据被访者的回答,将回答为"本地人或新本地人"赋值为1,回答为"不清楚或老家人"赋值为0。

第二,长居意愿。它是指农民工在务工地长期居住的意愿程度,用"您是否打算在本地长期居住"来衡量。回答为"是"赋值为1,回答为"否"赋值为0。

---

① 梁波、王海英:《国外移民社会融入研究综述》,《甘肃行政学院学报》2010年第2期。
② 田凯:《关于农民工的城市适应性的调查分析与思考》,《社会科学研究》1995年第5期。
③ 朱力:《论农民工阶层的城市适应》,《江海学刊》2002年第6期。
④ 杨菊华:《流动人口在流入地社会融入的指标体系》,《人口与经济》2010年第2期。

第三，语言使用。当地方言通常被当作一种衡量外来人口市民化程度的标准[1]，农民工对务工地语言的熟悉程度及使用情况可以反映出其与当地人互动的难度与频度，掌握务工地方言较好的农民工，其社会融合程度也较深。本书中用"您对本地话的掌握程度如何？"来衡量。回答为"听得懂且会讲或者听得懂，也会讲一些"赋值为1，回答为"听得懂一些但不会讲或者不懂本地话"赋值为0。

第四，与本地人的关系。它是指农民工与当地人相处的融洽程度。研究中用"您觉得自己或家人与本地人相处得好不好？"来衡量。回答为"很融洽或比较融洽"赋值为1，回答为"一般、不融洽或来往很少"赋值为0。

然后，我们将反映各个维度的（0，1）变量等权相加，得出一个（0，1，2，3，4）的变量来测量社会融合程度。该变量如果取值越大，说明农民工市民化程度越深；反之，越浅。此外，我们借鉴已有的研究，把变量取值为0、1、2、3、4的融合情况分别定义为完全未融合，初步融合、一般性融合、较深融合和完全融合。

（二）核心自变量。核心自变量是就业区域稳定性和就业职业稳定性

第一，就业区域稳定性。它是广义上的就业稳定性。对于该因素，本书选取的指标是就业区域稳定率，用农民工本地就业时间和外出务工时间的比值来反映。其中，农民工本地就业时间用问卷中的"您在本地已经连续工作多少年呢？"来测量，外出务工时间用问卷中"您最早离开老家外出务工是哪一年？"来测量。选取该指标的合理性在于：农民工在一个城市连续务工时间可以反映其就业区域稳定性。在一个城市连续工作的时间越长，其就业区域稳定性就越高，而就业区域的稳定会增加其就业稳定的可能；反之，在一

---

[1] 张文宏、雷开春：《城市新移民社会融合的结构、现状与影响因素分析》，《社会学研究》2008年第5期。

个城市连续工作的时间短，则可能是由于就业地点的频繁更换造成的，而就业地点的频繁变动意味着较高的职业流动性。因此，就业区域稳定性可以反映就业稳定性。

第二，就业职业稳定性。它是狭义上的就业稳定性。对于该因素，本书选取的指标包括就业职业稳定率和与用人单位是否签订劳动合同。前者可以反映农民工已往工作经历体现的职业稳定性，后者可以反映农民工未来职业的稳定性。就业职业稳定率用从事本工作时间和外出务工时间的比值来反映。从事本工作时间用问卷中的"您何时从事当前工作的？"来测量，外出务工时间的测量方法和就业区域稳定率中的相同。签订劳动合同对农民工就业稳定具有较大的保障作用，对于该指标，问卷中的问题是："您当前与就业单位签订了何种劳动合同？1. 无固定期限；2. 有固定期限；3. 完成一次性工作任务或试用期；4. 未签订劳动合同；5. 不清楚；6. 其他"。将回答为签订"无固定期限或固定期限合同"赋值为1，回答为"未签订合同和其他情况"赋值为0。根据问卷，"就业身份"为"雇员"的才会被问到是否签订劳动合同，"就业身份"不是"雇员"的不需要问是否签订劳动。因而在模型回归中，把"就业身份"是"雇主"的样本剔除。

（三）控制变量

参考以往研究文献的分析结果，本书控制了农民工个体特征、外出务工状况等因素的影响效应。其中个体特征包括农民工的性别、年龄、婚姻状况、受教育年限、健康状况等信息；进城务工状况包括就业行业、流动范围、每天工作时间、是否接受过培训、是否享有保险等信息。其中，年龄、每天工作时间为数值型变量，直接来源于问卷数据。性别、婚姻、就业行业、培训和保险情况为定类变量，将男性赋值为1，女性赋值为0；已婚赋值为1，未婚赋值为0；就业行业中"住宿餐饮业"赋值为0，"批发零售业"赋值为1,"建筑业"赋值为2,"制造业"赋值为3,其他行业赋值为4;接受过培训的赋值为1,没有接受过培训的赋值为0;享有城市医疗保险或工伤保险的赋值为1,没有享有相应保险的设置为0。流动范围、受教育年限和健康状况为定序变量,流动范围中"市内跨县"赋值为1,"省内跨市"赋值为2,"跨省流动"赋值为3;受教育年限按照我国现行的学制,将小学以下设置为0,小学为6,初中为9,高中或中专为12,大专为15,本科为16;是否患病的健康状况,将回答为"是,最近一次发生在两周内"赋值为1,"是,最近一次发生在两周前"赋值为2,"否"赋值为3。

四 农民工的就业稳定性与市民化:描述性分析

(一)农民工就业稳定性总体状况

表5—6显示,农民工就业区域稳定率在0—0.3、0.3—0.7的人数比例分别为45.7%和29%,而在0.7—1.0的比例为25.3%,显然就业区域相对稳定的农民工比例较低。统计还表明,就业职业稳定率在0.5—1.0的农民工数量比例(65.9%)要高于0—0.5的相应比例(34.1%)31.8个百分点。但从签订劳动合同情况来看,未签订合同的占49.4%,几乎接近50%。总体来看,我国农民工就业稳定性不高。

(二)就业稳定性与农民工市民化状况

表5—6显示,就业区域稳定率在0—0.3的农民工完全未融合,初步融合和一般性融合的人数分别占10.6%、19.3%,较深融合和完全融合的分别占26.1%和21.7%。就业区域稳定率在0.3—0.7的农民工,前三者的比例分别下降至6.9%、15.7%和19.6%,而后两者的比例分别增至27.5%和30.4%。区域稳定率在0.7—1.0的农民工,完全未融合和初步融合的比例降到更低水平,而完全融合的比例上升至47.2%。因此,随着农民工就业区域稳定率增

第五章 相关保障性因素对农民工市民化的影响

表5—6 农民工就业稳定性与社会融合程度

单位:%

就业稳定性			社会融合程度				占总体比	
			完全未融合	初步融合	一般性融合	较深融合	完全融合	
就业区域稳定性	就业区域稳定率	0—0.3	10.6	19.3	26.1	21.7	22.4	45.7
		0.3—0.7	6.9	15.7	19.6	27.5	30.4	29
		0.7—1.0	0	4.5	22.5	25.8	47.2	25.3
就业职业稳定性	就业职业稳定率	0—0.5	10	15.9	22.8	23.3	28	34.1
		0.5—1.0	0.7	11.7	24.2	26.7	36.7	65.9
	是否签订合同	未签订	9.8	16.1	22.4	27.6	24.1	49.4
		签订	3.9	12.9	24.2	21.4	37.6	50.6

· 149 ·

加，完全未融合和初步融合的比例会逐渐降低，而完全融合的比例会上升。这表明，农民工就业区域稳定性的增强有助于其社会融合程度的加深。

职业稳定率在0—0.5的农民工，完全未融合和初步融合的比例（10.0%和15.9%）分别高于职业稳定率在0.5—1.0的农民工相应比例9.3和4.2个百分点，但一般性融合、较深融合和完全融合的比例（11.7%、24.2%和26.7%）分别低于后者1.4、3.4和8.7个百分点。此外，未签订合同的农民工完全未融合，初步融合和一般性融合的比例（9.8%、16.1%）要分别高于签订劳动合同的农民工相应比例5.9和3.2个百分点；而较深融合和完全融合的比例（22.4%、27.6%）要分别低于后者1.8和6.2个百分点。这表明，农民工就业职业稳定率的提高或者劳动合同的签订有利于其社会融合程度的加深。

五 就业稳定性对农民工市民化的影响

（一）就业稳定性对农民工市民化不同维度的影响效应

为了考察就业稳定性对农民工市民化各个维度的影响作用，同时考虑到就业区域稳定性和就业职业稳定性的共线性问题①，我们将这两个核心自变量分别引入各个维度的决定模型中，回归结果见表5—7。

---

① 为了避免多重共线性影响，我们对模型变量之间的相关性进行了分析。结果发现，就业区域稳定率和就业职业稳定率存在高度的相关性，Pearson 相关系数为0.670且在1%的水平上显著；而就业职业稳定率和是否签订合同之间 Pearson 相关系数为0.064且不显著。

第五章 相关保障性因素对农民工市民化的影响

表5—7 就业稳定性对社会融合不同维度的二元 Logistic 回归分析

因素	身份认同 β1	β2	长居意愿 β3	β4	语言使用 β5	β6	与本地人关系 β7	β8
就业区域稳定性								
就业区域稳定率	1.273***		1.235***		2.543***		0.744	
就业职业稳定性								
就业职业稳定率		0.142		0.631		1.039***		0.479
合同类型（以未签订劳动合同和其他为参照）								
签订劳动合同		0.220		0.762***		0.000		0.022
个体特征								
性别（以女性为参照）								
男	0.478*	0.441*	0.558**	0.535*	0.375	0.330	0.098	0.080
婚姻（以未婚为参照）								
已婚	0.795**	0.704**	0.131	0.094	−0.436	−0.637*	0.842**	0.772*
受教育年限	−0.015	−0.011	0.113	0.095	0.126*	0.116*	0.200**	0.200**
年龄	0.289**	0.254**	0.231*	0.194	0.167	0.125	−0.039	−0.046
年龄平方	−0.004**	−0.004**	−0.003	−0.002	−0.001	0.000	0.000	0.000
外出务工特征								
每天工作时间（小时）	−0.183**	−0.181**	−0.136	−0.150*	−0.116	−0.106	−0.048	−0.041
流动范围（以市内跨县为参考）								

· 151 ·

续表

因素	身份认同 β1	身份认同 β2	长居意愿 β3	长居意愿 β4	语言使用 β5	语言使用 β6	与本地人关系 β7	与本地人关系 β8
省内跨市	-1.023***	-1.018***	-0.315	-0.265	-0.442	-0.460	-1.090**	-1.100**
跨省流动	-0.606	-0.762*	0.202	0.127	-1.037**	-1.221***	-0.776	-0.838
是否培训（以未培训为参考）								
培训	0.308	0.446	0.873**	0.827**	0.610*	0.775**	-0.058	-0.008
就业行业（以住宿餐饮业为参考）								
批发零售业	1.507***	1.693***	0.476	0.647	1.350**	1.474**	0.458	0.478
建筑业	0.183	0.229	-1.314***	-1.113**	-0.476	-0.572	-0.216	-0.219
制造业	-0.651	-0.629	-1.079**	-1.129**	-0.428	-0.471	0.420	0.392
有效样本	352	352	352	352	352	352	352	352
Chi-square	77.278***	68.450***	65.788	68.940***	94.238***	70.452***	40.725***	39.46***
Nagelkerke R²	0.263	0.236	0.236	0.246	0.320	0.247	0.168	0.163

注：***、**、* 分别表示在1%、5%、10%的水平下显著。由于引入变量较多，且存在不同情况的缺失，直接引入模型会影响回归结果的最优线性无偏性（BLUE）。在模型回归中，软件分析模块将变量缺失的样本剔除，仅保留符合最小二乘法回归要求的有效样本。下表同。

第五章 相关保障性因素对农民工市民化的影响

在身份认同模型中,就业区域稳定率对农民工"城市人"的身份认同感具有显著的促进作用,这说明农民工在一个城市连续务工的时间越长,他们越有可能认为自己是城里人;而就业职业稳定率和签订劳动合同的影响效应虽然是正向的但都不显著。长居意愿模型中,就业区域稳定率和签订劳动合同的回归系数为正且都在1%的水平上通过了显著性检验,这说明就业区域的稳定和劳动合同的签订能有效增强农民工在务工城市长居的意愿;而就业职业稳定率没有对长居意愿产生显著影响。语言使用模型中,就业区域稳定率和就业职业稳定率的回归系数都显著为正,表明农民工在务工城市连续工作时间或同一工作持续时间越长,他们对当地语言的熟悉程度也会越深。这可能源于就业区域与就业职业的稳定增加了他们与城市当地人接触的机会,这一过程加深了其对当地语言的了解。但签订劳动合同并没有加强农民工对务工地语言的掌握。与本地人关系的决定模型中,就业区域稳定率、就业职业稳定率以及签订劳动合同的回归系数虽然为正,但都没有通过显著性检验,这说明农民工就业区域稳定性、就业职业稳定性不能有效帮助农民工加深和本地人之间的人情关系。一种合理的解释是虽然就业区域和就业职业的稳定有助于农民工接触更多的城里人,但这种交往仅停留在对当地语言认知的表面,并没有起到实质性促进与城里人关系的作用。

从各维度模型的对比来看,就业区域稳定性能有效增强农民工"城里人"的身份认同感、加强在务工地的长居意愿以及加深对务工地语言的熟悉程度,但在促进与当地人的关系上没有发挥作用。就业职业稳定率除了能有效促进农民工对当地语言的掌握外,对其身份认同、长居意愿以及与本地人的关系均没有产生显著影响;同时,劳动合同的签订除了能有效增强农民工在务工城市长居意愿外,对其他三者也都没有显著的促进作用。控制变量中,男性比女

· 153 ·

性更愿意认为自己是城里人，也更愿意在务工城市长期居住；已婚农民工对自我"城市人"的身份认同感更强，和本地人相处得也更融洽；教育程度的提高有利于农民工对当地语言的掌握和与当地人关系的增进。和市内跨县相比，省内跨市的农民工自我身份的认同感较低，与本地人相处也较差；与住宿餐饮业相比，批发零售业的农民工更有可能认为自己是城里人，对当地语言的使用也更熟悉，而建筑业和制造业的农民工在务工地长期居住的意愿会较弱。

（二）就业稳定性对社会融合的影响效应：基于人力资本的差异

人力资本会对农民工就业能力产生重要影响，进而影响到其就业稳定性。为了探讨就业稳定性对农民工市民化效应的人力资本差异，接下来着重从农民工受教育程度和培训经历的角度分别讨论不同类型的农民工就业稳定性对其社会融合效应的影响作用。

1. 就业稳定性对社会融合的影响效应：不同受教育程度的农民工比较

为了考察就业稳定性对不同受教育程度农民工市民化的影响，同样为了避免共线性问题可能产生的回归偏差，我们将就业区域稳定性和就业职业稳定性分别引入模型中。回归结果见表5—8。

从模型1、模型4分别与模型2、模型5的对比来看，无论是初中及以下还是高中及以上文化的农民工，就业区域稳定性都会对他们的社会融合产生显著的促进作用，并且对前者的促进作用更大。而同一工作持续时间对初中及以下文化水平的农民工市民化具有显著的促进作用，但对高中及以上文化水平的农民工则没有显著影响。同时，签订劳动合同也会因为农民工文化程度的高低产生相同的差异性影响。这可能是因为初中及以下文化程度的农民工人力资本存量较低，他们在劳动力市场竞争中处于弱势地位，对他们而言，城市中的一份工作来之不易，就业职业稳定性给他们带来很大的满足感，进而增强了其社会融合程度；而那些文化程度较高的农

表5—8 就业稳定性对社会融合的线性回归分析：不同受教育程度的农民工比较

	变量	模型1(初中及以下)	模型2(高中及以上)	模型3(总体)	模型4(初中及以下)	模型5(高中及以上)	模型6(总体)
就业区域稳定性	就业区域稳定率	1.223***	0.751**	1.093***	—	—	—
就业职业稳定性	就业职业稳定率	—	—	—	0.644***	-0.232	0.457**
	是否合同	—	—	—	0.345**	0.273	0.332**
个体特征	性别	0.239	-0.010	0.207*	0.258*	-0.005	0.189
	健康状况	-0.038	-0.055	-0.032	0.024	-0.408	0.040
	年龄	0.152**	0.268***	0.164***	0.119**	0.227**	0.131**
	年龄平方	-0.002**	-0.004**	-0.002***	-0.002	-0.003**	-0.002**
	流动范围	-0.256**	-0.066	-0.215**	-0.306**	-0.090	-0.255**
	每天工作时间(小时)	-0.102**	-0.114*	-0.101**	-0.101*	-0.097	-0.093**
外出务工状况	是否城市职工医保险	0.522**	1.137***	0.753***	0.640**	1.351***	0.890***
	是否工伤保险	-0.401*	-0.720**	-0.388**	-0.589**	-0.931***	-0.603***
	常量	0.556	-0.672	0.503	1.191	0.308	1.069
	有效样本	262	90	352	262	90	352
	F值	7.368	5.095	10.603	5.203	3.955	7.482
	调整后 R^2	0.180	0.293	0.198	0.139	0.249	0.156

注：加"—"表示未引入该变量。下同。

· 155 ·

民工，由于人力资本相对较高，参与城市劳动力市场的竞争力和适应力较强[①]，职业的更换反而有助于其更好地发展。因此，就业职业的稳定对他们社会融合程度影响不大。控制变量上，不管对文化程度较低的农民工还是文化程度较高的农民工，年龄对他们社会融合的影响都呈现先上升后下降的趋势；由于流动范围可以反映出农民工离家的远近，一般来说，市内跨县离家较近，跨省流动离家较远。因此结合回归结果可以看出，流动距离对文化程度较低的农民工具有显著的负面影响，但对文化程度较高的则不具有；此外，是否享有城市职工医保险和工伤保险对农民工整体的社会融合都具有显著影响。

2. 就业稳定性对社会融合的影响效应：不同培训情况的农民工比较

为了考察就业稳定性对不同培训情况的农民工市民化的影响，按照同样的方法将各变量引入模型中。回归结果见表5—9。

从模型7、模型9分别与模型8、模型10的对比来看，不管对接受过培训还是未接受过培训的农民工，就业区域稳定率对他们的社会融合都有显著的正向影响，且对后者的影响程度更大。就业职业稳定率和签订劳动合同仅对未接受过培训的农民工市民化有显著的正向影响，对接受过培训的农民工则没有显著作用。一种合理的解释是和参加过培训的农民工相比，未培训过的农民工技能相对匮乏，他们在寻找工作时缺乏竞争力，一份稳定的工作对他们在城市长久立足发挥着重要的作用；而那些具备一定技能水平的农民工，寻找工作并不难，即使失去一份工作，他们也能较快地找到下一份工作，甚至可以选择主动离职去寻找更好的工作。控制变量中，性别和健康水平只会对培训过的农民工市民化产生显著的积极影响，

[①] 蔡禾、王进:《"农民工"永久迁移意愿研究》,《社会学研究》2007年第6期。

第五章 相关保障性因素对农民工市民化的影响

表5—9 就业稳定性对社会融合效应的线性回归分析：不同培训情况的农民工比较

	变量	模型7（未培训）	模型8（培训）	模型3（总体）	模型9（未培训）	模型10（培训）	模型6（总体）
就业区域稳定性	就业区域稳定率	1.117***	0.650*	1.093***	—	—	—
就业职业稳定性	就业职业稳定率	—	—	—	0.475**	0.145	0.457**
	是否合同	—	—	—	0.293*	0.094	0.332**
个体特征	性别	0.133	0.468**	0.207*	0.122	0.454*	0.189
	健康状况	−0.177	0.763***	−0.032	−0.101	0.825***	0.040
	年龄	0.180***	0.043	0.164**	0.141**	0.030	0.131**
	年龄平方	−0.002***	0.000	−0.002***	−0.002**	0.000	−0.002**
	流动范围	−0.218*	−0.323	−0.215**	−0.248**	−0.357*	−0.255**
外出务工状况	每天工作时间（小时）	−0.093**	−0.151*	−0.101**	−0.089*	−0.142	−0.093**
	是否城市职工医保险	0.901***	0.256	0.753**	1.070***	0.304	0.890***
	是否工伤保险	−0.358*	−0.544*	−0.388**	−0.548**	−0.633*	−0.603**
	常量	0.509	1.664	0.503	1.211	1.886	1.069
	有效样本	285	67	352	285	67	352
	F值	8.475	3.410	10.603	6.010	2.582	7.482
	调整后 R^2	0.192	0.247	0.198	0.150	0.193	0.156

而年龄和是否享有城市职工医保险只会对未培训过的农民工市民化产生显著的积极影响；此外，不管对培训过还是未培训过的农民工，是否享有工伤险对其社会融合都具有显著的影响。

从表5—3和表5—4的对比来看，不管是人力资本存量高的还是存量低的农民工，就业区域稳定性对他们的社会融合都具有显著的促进作用，且对后者的影响程度更大；但就业职业稳定性对初中及以下和未接受培训的农民工市民化具有显著的促进作用，而对高中及以上和接受过培训的农民工的社会融合没有显著的促进作用。

六 就业稳定性的影响效应

本部分基于2013年武汉市流动人口社会融合调查数据，实证分析了就业稳定性对农民工市民化的影响效应，主要研究结论如下：第一，就业区域稳定性有助于增强农民工自我"城市人"的身份认同感，也有助于加强其在城市长期居住的意愿，但同一工作持续时间对这两者都没有显著影响；同时，就业区域稳定性和同一工作持续时间有利于农民工对当地语言的掌握和使用，但对增进农民工与当地居民的关系则失去作用；签订劳动合同有利于增强农民工在务工城市的长居意愿，但在促进农民工"城市人"的身份认同、当地语言的使用及加强与当地居民的关系上则没有显著作用。第二，就业区域稳定性对农民工市民化产生了显著的促进作用，并且这一显著效应不会因为农民工文化程度的高低、是否接受过培训而变化，但对文化程度偏低和未接受过培训的农民工影响程度更大。第三，就业职业稳定性对农民工市民化的影响存在群体差异，同一职业持续时间和劳动合同的签订对文化程度较低、未接受过培训的农民工的社会融合有显著正向影响，而对文化程度较高、接受过培训的农民工影响则不显著。我们也可以由此推论，恰恰是由于农民工群体人力资本存量较低，就业职业稳定性才会对他们的社会融合

第五章　相关保障性因素对农民工市民化的影响

产生重要影响。

背井离乡的农民工进入城市后,一方面受其人力资本的限制,大多只能从事一些低收入的工作;另一方面,在务工地所拥有的社会关系主要以亲缘、血缘为主,甚至可能是"孤军"奋战,其社会资本结构单一;同时,政府层面的基本保障与公共服务匮乏,加上城市当地人的歧视等因素导致农民工在城市面临着市场性与制度性的"双重边缘化"①,与城市社会之间存在着一种先天性和原生性壁垒。他们要缩小与城市社会之间的距离、提高社会融合程度,首先需要拥有一份稳定的工作,在此基础上才能重新积累人力资本,构建社会网络,跨越制度壁垒。甚至说,如果没有一份稳定的工作,即使给他们一个市民身份,也不能在城市立足,更难以和务工城市实现融合。

整体来看,就业稳定性对人力资本存量较低的农民工的社会融合影响效应更为明显。已有研究认为,职业流动是劳动者为了谋求更好职业时采取的理性决策②,但这应该是针对具有较高文化程度或处于首要劳动力市场的就业者。对于农民工群体来说,进入的职业门槛低,竞争压力较大,他们的职业选择能力有限,能够获得一份稳定、有保障的工作是非常不容易的。只有那些文化程度较高或接受过培训的农民工,他们的职业流动才有助于获得更好的工作,有利于他们的社会融合;对于那些文化程度较低也没接受过培训的农民工,他们的职业流动多是被迫失业后的选择,工作的变动多是水平的,甚至随着年龄的增长、健康状况的恶化,职业只能向下流动。由此也可以发现,就业稳定性在不同人力资本状况的农民工群体间具有明显的差异。人力资本状况较差的农民工更可能进入一个

---

①　国家发改委课题组:《边缘化生存:农民工的工作和生活状况》,《宏观经济研究》2011年第1期。

②　吴愈晓:《劳动力市场分割、职业流动与城市劳动者经济地位获得的二元路径模式》,《中国社会科学》2011年第1期。

恶性循环，人力资本较低导致就业的不稳定性，而就业的不稳定又不利于他们的社会融合，这样更不利于他们的人力资本再投资（比如参加培训和工作经验积累）。打破这个循环的关键在于企业能够为农民工群体提供一份稳定的工作，这无疑需要以利润为导向的企业调整用工模式和改变职工激励方式，以社会保护、稳定的职业发展预期和共容利益来激励职工。

第三节 社会保障与农民工市民化

本部分基于2010年湖北省3660个农民工样本，采用多元线性回归方法分析了农民工社会保障对其城市融入的影响。研究发现，参与医疗保险和失业保险对于农民工城市融入水平的提高有着显著的正向作用。签订无固定期限劳动合同对农民工的城市融入有积极影响。相比未缴纳者，缴纳过住房公积金的农民工城市融入水平更高；居住在廉租房对农民工的城市融入起正向作用，而居住在免费房或租住房则起着反向作用。

一 社会保障的视角

改革开放之后，特别是20世纪80年代末期以来，数以亿计的农村人涌入城市，形成了中国社会转型期特有的"民工潮"。据国家统计局公布的数据，2011年全国农民工总量达到25278万人，其中外出农民工15863万人，增长3.4%。以农民工为主体的"新市民"促进了城市的发展与繁荣，然而，由于受到户籍制度、用工制度及社会保险的制约，他们被隔离在社会保障制度之外，他们无法真正地融入城市生活。根据《2011年我国农民工调查监测报告》中对外出农民工权益保障的相关描述，2011年拖欠外出农民工工资的状况继续改善，农民工签订劳动合同的比例比上年提高1.8个百分点，农民工参与社会保险的水平有所提高，养老保险、医疗保险、失业保险和生育保险的比例分别比上年提高4.4、2.4、3.1和2.7个百分点。然而，仍有超过半数的农民工没有签订劳动合同，并且农民工整体参与社会保险的比例偏低。在就业权益保障方面，农民工面临着就业信息渠道狭窄、就业行业受限、就业待遇没有保障等问题，长此以往，农民工逐步"被边缘化"，不能真正地获得市民待遇，进而对其融入城市造成极大的阻碍。

近年来，众多学者对流动人口社会融合问题进行了比较深入的理论和实证分析，目前主要有四个研究领域。一是以社会资本与社会网络为视角，注重揭示农民工是否具备融入社会的关系资源，赵延东、王奋宇提出在农民工经济地位获得过程中，社会资本所扮演的角色比人力资本等因素更为显著，甚至连他们拥有的人力资本也可能要依靠其社会资本才能充分发挥作用[①]。二是以社会排斥与社会距离为视角，强调农民工在心理层面融入城市的困难，王春光认为，我国是根据社会身份来安排再分配资源以及社会流动机会的；农村流动人口进城务工经商，在一定程度上仍然是从一个边缘社会（指农村社会）进入另一个边缘社会（城市边缘），等于是水平流动[②]。三是以人力资本为视角，探究教育、培训等与城市融入的关系，如周敏考察唐人街的早期移民社区后认为，具有雄厚的人力资本的新移民，能够更好地融入美国主流社会[③]。四是以社会认同为视角，提出了农民工的归属感问题，指出农民工对城市存在地域上的强认同和群体上的弱认同，通过对社会距离的说明来解释农民工

---

① 赵延东、王奋宇：《城市流动人口的经济地位获得及决定因素》，《中国人口科学》2002年第4期。

② 王春光：《农民工的社会流动和社会地位的变量》，《江苏行政学院学报》2003年第4期。

③ 周敏：《族裔资本与美国华人移民社区的转型》，《社会性研究》2004年第3期。

的社会融入问题。农民工为社会发展作出巨大贡献,然而其社会保障仍游离于社会保障制度之外①,这一现象引起了国内学术界在以下几个方面的关注:一是农民工社会保障基本理论层面。如郑功成探讨了农民工社会保障中思想认识的误区,分析农民工的社会保障诉求,提出了强化政府责任的改革思路②。二是关于农民工社会保障的制度安排层面。如周亦乔分析了农民工社会保障问题形成的原因与障碍,提出了应健全农民工社会保障的法制③。三是关于农民工社会保障治理对策层面。高泉、尚坷、陈桂兰指出了政府在社会保障立法、创造公平的环境及强化援助职能等方面的职责④⑤。四是农民工社会保障地方实践模式研究,胡务、张伟对成都市综合社会保险的参保对象、参保意识、参保率及享受待遇等问题进行调查研究,并将上海市与成都市农民工社会保险政策进行综合比较⑥。

通过以上梳理,学术界关于农民工市民化及社会保障两方面的研究已取得了不少成果,但仍存在一些不足。关于农民工市民化的研究大多从社会资本、人力资本及社会认同(或社会排斥)角度切入,较少从社会保障角度研究对农民工市民化的影响;而关于农民工社会保障的研究多孤立地探讨其基本理论、制度安排及治理对策,对相关领域的研究不够深入。比如,缺乏与农民工社会保障密切相关的城市化与居民的市民化问题、城市融入问题的研究。基于以上认识,本部分的研究将主要回答以下两个问题:一是湖北省农民工的社会保障现状如何,二是社会保障是如何影响农民工的城市融入的。本部分以湖北省农民工为例,从社会保障的视角出发,采

---

① 米庆成:《进城农民工的城市归属感问题探析》,《青年研究》2004年第3期。
② 郑功成:《农民工的权益与社会保障》,《中国党政干部理论》2002年第8期。
③ 周亦乔:《关于解决农民工社会保障问题的探讨》,《湖南农业大学学报》(社会科学版)2004年第4期。
④ 高泉、尚柯:《农民工社会保障权的实现》,《中国发展》2004年第2期。
⑤ 陈桂兰:《城市农民工的权益保障与政府责任》,《前沿》2004年第3期。
⑥ 胡务、张伟:《成都农民工综合社会保险研究》,《农村经济》2005年第2期。

用多元线性回归方法探讨农民工社会保障各因素如何对农民工市民化产生影响,得出了社会保险、就业性保障和住房保障是农民工市民化水平的重要影响因素。这个问题的解答,有助于我们更清楚地认识到社会保障对农民工市民化的重要性,从而使政府及用人单位有针对性地加大社会保障的力度,使城市农民工更好地融入城市社会。

二 研究对象与研究策略

（一）研究对象基本特征

本部分采用湖北省流动人口动态监测2010年的数据。样本覆盖了31个省（区、市）和新疆生产建设兵团。此次调查选取的研究对象是湖北省的流动人口,具体是指拥有农业户口,在流入地居住一个月以上,非本地（县、市）户口的15—59岁的流动人口,采用分层、多阶段、与规模成比例的PPS方法进行抽样获得样本,调查数据的样本量为4200人。根据田凯对农民工的定义,农民工是指户口尚在农村,而来城市以从事各种"自由"职业为其主要经济来源的人[①]。因此,此次调研所确定的农民工的判断标准为:农村户口、进城务工、从事非农业工作。鉴于本书的调查对象已满足进城务工和从事非农业工作两个条件,本书筛选出户籍为农村的样本,得到有效样本量为3660人。由于本调研的调查对象为在湖北省各城市有固定职业的农民工,调查地点覆盖面广,因此,所获得的数据代表性较好。

统计显示,目前湖北省农民工的群体特征较为明显。在调查样本中,女性居多,共1846人,占50.7%,男性1792人,占49.3%。平均年龄为36.38岁,最小年龄18岁,最大年龄60岁,

---

① 田凯：《关于农民工的城市适应性的调查分析与思考》,《社会科学研究》1995年第5期。

标准差 7.98。其中 31—40 岁最多，占 40.2%，其次为 21—30 岁和 41—50 岁，分别占 23.9% 和 31.3%。在婚者 3375 人，占 92.7%，未婚者、离婚者和丧偶者分别占 6.6%、0.5% 和 0.2%。样本的受教育程度为，68.2% 为初中学历，11.0% 为小学及以下学历，高中及中专占 18.2%，大学专科及本科占 2.6%。大部分调查对象是省内跨市流动，占 59.2%，跨省流动和市内跨县流动分别占 24.2% 和 16.6%。在从业类型中，以服务业为主，其中批发零售业最多，占 44.4%，其次为住宿餐饮业，占 18.4%，社会服务业占总体的 12.1%。

（二）研究方法与变量设定

本部分研究的是农民工的城市融入状况及影响因素。城市融入是一个逐步推进的过程，是农民工的主观感知与城市市民的客观接纳的统一体。因此，在借鉴任远、乔楠对社会融合的界定和测量指标[①]的基础上，结合问卷内容，我们确定了以下四个衡量农民工市民化状况的维度。第一，城市生活的满意度，即农民工对自身生活水平的评价，与研究中"以 10 分为满分，您觉得自己目前生活水平打几分"相对应。第二，城市社区活动的参与度，即农民工对于城市社区的各项活动的参与情况，用研究中"是否参加社区文体活动"衡量。第三，对城市的主观认识，即对城市的态度与感情，用研究中"您是否喜欢现在居住的城市"来衡量。第四，城市的客观接纳，即农民工感知的城市市民对他们的态度，用研究中"您是否觉得本地人总是看不起外地人"来衡量。

为测量农民工的城市融入程度，我们参考刘建娥（2010）对移民"社会融入度"的测量方法[②]，也采用加总求和的方法计算城市

[①] 任远、乔楠：《城市流动人口社会融合的过程、测量及影响因素》，《人口研究》2010 年第 2 期。

[②] 刘建娥：《乡—城移民（农民工）社会融入的实证研究——基于五大城市的调查》，《人口研究》2010 年第 4 期。

融入程度。对于城市生活满意度、城市社区活动的参与度、对城市的主观认识及感知的社会态度四个维度，回答为"是"记为1，回答"否"记为0；而城市的客观接纳，则与其相反，回答"否"记为1，回答"是"记为0。通过对各维度得分求和，得出一个（0，1，2，3，4）的变量，和越大，反映城市融入程度越高。结果表明，0.7%的农民工完全无法融入城市（变量之和为0），7.4%的农民工初步融入（变量之和为1），28.4%的农民工融入程度一般（变量之和为2），46.9%的农民工正在融入城市（变量之和为3），16.6%的农民工已完全融入城市（变量之和为4）。农民工的城市融入是一个逐步同化和被接纳的过程，数据表明湖北省绝大多数农民工仍处于逐步融入城市的过程之中，仅有少数农民工已完全融入城市。

我们在调查农民工市民化程度时，主要选择农民工的社会保险、就业性保障、住房保障及个人特征等变量来考察，模型变量及其统计性描述见表5—10。

三 社会保障对农民工市民化的影响

（一）影响因素与市民化程度的交互分析

1. 社会保险对城市融入程度的影响

根据国际劳工局对社会保障的界定，社会保障即社会通过一系列的公共措施对其成员提供的保护，以防止他们由于疾病、妊娠、工伤、失业、残疾、老年及死亡而导致的收入中断或大大降低而遭受经济和社会困窘，及对社会成员提供的医疗照顾以及对有儿童的家庭提供的补贴。社会保险作为一种为丧失劳动能力、暂时失去劳动岗位或因健康原因造成损失的人口提供收入或补偿的一种社会和经济制度，是社会保障的核心内容，其主要项目包括：养老保险、医疗保险、工伤保险、失业保险和生育保险（见表5—11）。

表 5-10 模型变量说明及统计性描述

解释变量			变量定义及赋值	极小值	极大值	均值	标准差
社会保险	养老保险	是=1；否=0		0	1	0.10	0.303
	医疗保险	是=1；否=0		0	1	0.21	0.408
	工伤保险	是=1；否=0		0	1	0.06	0.232
	失业保险	是=1；否=0		0	1	0.02	0.135
	生育保险	是=1；否=0		0	1	0.01	0.110
就业保障	签订何种劳动合同	未签订=4；固定期限=3；无固定期限=2；其他=1		1	4	3.87	0.440
	是否接受技能培训	是=1；否=0		0	1	0.02	0.135
	技能培训提供者	单位=1；户籍地政府=2；户籍地以外政府=3；培训机构=4		01	14	0.081.97	0.2671.257
住房保障	是否有住房公积金	是=1；否=0		0	1	0.01	0.076
	住房类型	单位提供免费房=6；租住单位房或私房=5；政府提供廉租房=4；购买经济适用房=3；购买商品房=2；其他=1		1	6	4.84	0.775
个体特征	性别	男=1；女=0		0	1	0.49	0.500
	婚姻	已婚=1；未婚=0		0	1	0.93	0.248
	在鄂时间	年		1	30	4.60	4.750
	收入水平	千元		0	100	3.91	3.624
被解释变量	城市融入程度	无法融入=0；初步融入=1；一般融入=2；正在融入=3；完全融入=4		0	4	2.713	0.852

表 5—11　　　　　社会保险与城市融入程度交互分析

	无法融入	初步融入	一般融入	正在融入	完全融入	卡方值	概率度
养老保险							
是	0.8	6.4	24.1	47.2	21.4	9.21	0.056
否	0.7	7.5	28.9	46.8	16.1		
医疗保险							
是	0.3	5.7	23.3	48.6	22.1	33.811	0.000***
否	0.8	7.8	29.8	46.4	15.1		
工伤保险							
是	0	6.2	21.5	47.4	24.9	14.747	0.005***
否	0.7	7.5	28.9	46.8	16.1		
失业保险							
是	0	0	22.1	54.4	23.5	9.433	0.051*
否	0.7	7.5	28.6	46.7	16.5		
生育保险							
是	0	0	35.6	55.6	8.9	6.866	0.143
否	0.7	7.5	28.3	46.8	16.7		

注：*、**和***分别表示10%、5%和1%的水平上显著。下表同。

总体而言，参与社会保障的农民工市民化的程度会高于未参加的群体。具体而言，参加养老保险的农民工中，21.4%的已完全融入城市，比未参加的高5.3个百分点，一般性融入的占24.1%，比未参加的低4.8个百分点。这一描述同样地适合医疗保险、工伤保险和失业保险。而对于失业保险和生育保险，在参与这三类社会保障的群体中，没有出现无法融入城市或初步融入城市的农民工。结论表明，参与社会保险对农民工更好地融入城市有积极影响。

2. 就业性保障对城市融入程度的影响

从农民工签订的劳动合同类别来看，签订固定期限劳动合同的农民工能更好地融入城市，其完全融入城市的比例占19.6%，高于未签订劳动合同或签订无固定期限劳动合同近3个百分点。而签订无固定期限劳动合同的农民工中66.7%处于城市融入的过程中,高于其他类别的农民工。

农民工是否参加技能培训与城市融入水平的关联程度并不明显。未参加技能培训的农民工完全融入城市的比例高出参加技能培训的农民工4.8个百分点,而一般融入的比例却低4.8个百分点,正在融入城市的农民工占各类别的47.8%。从技能培训的提供者来看,由单位提供培训的农民工中,正在融入城市的农民工最多,占45.5%,仅有7.5%的农民工已初步融入城市。由户籍地政府提供技能培训的农民工中,63.6%的正在融入城市,这一比例仅次于户籍地以外政府。技能培训是由以上单位提供的农民工中,不存在无法融入城市的情况。相比较而言,由培训机构提供技能培训的农民工正在融入城市的比重为39.2%,明显低于其他类别,总体而言城市融入水平较低(见表5—12)。

表5—12　　　农民工就业保障与城市融入程度交互分析　　　(%)

	无法融入	初步融入	一般融入	正在融入	完全融入	卡方值	概率度
劳动合同未签订	1.0	6.5	28.6	44.2	19.6		
固定期限	0.0	2.1	14.6	66.7	0.0		
无固定期限	0.0	0.0	31.6	57.9	10.5	23.852	0.021**
其他	0.7	7.7	28.8	46.4	16.5		
是否技能培训							
是	0.8	7.9	28.5	47.8	15.0	5.023	0.285
否	0.9	7.8	23.7	47.8	19.8		
技能培训提供者							
单位	0.0	7.5	26.9	45.5	20.1		
户籍地政府	0.0	9.1	9.1	63.6	18.2		
户籍地以外政府	0.0	0.0	16.7	66.7	16.7		
培训机构	3.9	11.8	23.5	39.2	21.6	17.193	0.142

3. 住房保障对城市融入程度的影响

从农民工是否拥有住房公积金来看，拥有住房公积金，对农民工融入城市具有积极影响。交互分析结果表明，拥有住房公积金的农民工中没有无法融入城市的现象，都在不同程度上开始融入城市。与没有住房公积金的农民工相比，其正在融入城市的比例高了10.3个百分点，完全融入城市的比例高了7.2个百分点。

从农民工的住房类型来看，居住在政府提供的廉租房的农民工已完全融入城市，50%的居住在购买的经济适用房的农民工完全融入城市，其余50%处于一般融入水平。然而，这一结果并不能表明居住在廉租房和经济适用房对城市融入的影响，因为在3660名调查对象中，仅有2名农民工居住在政府提供的廉租房和自购的经济适用房，不具有代表性。而对于居住在免费房、租住房和自购商品房内的农民工来说，大部分农民工处于正在融入城市的过程中（见表5—13）。

表5—13　　　　农民工住房保障与城市融入程度交互分析　　　　（%）

	无法融入	初步融入	一般融入	正在融入	完全融入	卡方值	概率度
住房公积金							
有	0	0	19.0	57.1	23.8	3.498	0.478
无	0.7	7.4	28.5	46.8	16.6		
住房类型							
单位提供免费房	2.8	8.3	23.6	59.7	5.6	48.777	0.000***
租住单位房或私房	0.7	7.4	29.1	46.3	16.5		
政府提供廉租房	0	0	0	0	100		
购买经济适用房	0	0	50	0	50		
购买商品房	0	6.8	17.1	57.5	18.5		
其他	0	5.5	23.6	38.2	32.7		

4. 农民工个体特征对城市融入程度的影响

在被调查的3660名湖北省农民工中，1704名农民工正在融入城市，1034名农民工初步融入城市。可见，农民工的城市融入程度并不高。从性别来看，48.8%的男性农民工正在融入城市，45%的女性农民工正在融入城市，女性农民工完全融入城市比例比男性农民工高6.9个百分点。从婚姻状态来看，已婚农民工表现出比未婚农民工更高的城市融入水平，其完全融入城市的比重高出未婚农民工7.9个百分点，而正在融入的比重比未婚农民工低6.3个百分点。

从来鄂时间看，来鄂时间越短，农民工越能够融入城市。结果表明，来鄂时间不到3年的农民工中，50.3%的正在融入，18.1%的完全融入，均高于来鄂时间长于3年的农民工。来鄂工作4—10年的农民工中，42.0%的正在融入城市，30.9%的城市融入程度一般。然而，对于来鄂工作长达20年以上的农民工，正在融入城市占48.5%，完全融入的仅占6.1%，低于工作时间小于20年的农民工。但是，交互分析的结果与我们的预期相反，需要进一步论证。

从收入水平来看，相比较而言，收入在1500元以下的农民工，其无法融入城市的比重高于1.5%；收入越高，其无法融入城市的现象越少，收入在10000元以上的农民工中没有无法融入城市的情况。此外，收入水平越低，初步融入和一般融入的比重越高，而完全融入城市的比重越低（见表5—14）。

表5—14　　　　农民工个体特征与城市融入程度交互分析　　　　（%）

	无法融入	初步融入	一般融入	正在融入	完全融入	卡方值	概率度
性别							
男	0.7	7.4	30.1	48.8	13	34.04	0.000***
女	0.7	7.4	26.8	45	20.1		
婚姻状态							
未婚	1.7	6.7	34.3	48.1	9.2	15.42	0.004***
已婚	0.6	7.4	28	46.8	17.1		

第五章 相关保障性因素对农民工市民化的影响

续表

	无法融入	初步融入	一般融入	正在融入	完全融入	卡方值	概率度
来鄂时间							
<3年	0.8	4.9	26.0	50.3	18.1		
4—10年	0.5	10.5	30.9	42.0	16.1	74.01	0.000***
11—20年	1.0	9.4	33.2	44.9	11.5		
>20年	0.0	18.2	27.3	48.5	6.1		
收入水平（元）							
1500以下	1.5	12.9	39.4	35.6	10.6		
1501—2500	0.7	9.5	30.1	43.2	16.5		
2501—5000	0.7	6.6	27.1	47.9	17.9	75.71	0.000***
5001—10000	0.5	3.7	24.0	58.0	13.7		
10000以上	0.0	5.4	27.9	46.8	19.8		

（二）农民工市民化程度影响因素的实证分析

交互分类表分析结果表明，对农民工市民化程度有显著影响的解释变量包括性别、婚姻、来鄂时间、收入水平、劳动合同类别、住房类型、是否参与医疗保险、是否参与工伤保险、是否参与失业保险共9个变量。但为了避免遗漏重要解释变量，本书将可能影响农民工市民化的所有变量均纳入多元线性回归模型中，以考察对城市融入不同方面的影响（见表5—15）。

表5—15　　影响农民工市民化的不同方面的主要因素

	城市生活的满意度	社区活动的参与度	对城市的态度	感受到的社会态度
社会保险				
参加养老保险（参照组：否）	-0.008	0.042***	-0.006	-0.053***
参加医疗保险（参照组：否）	0.027**	0.053***	0.000	0.000
参加工伤保险（参照组：否）	-0.022	0.025	0.003	0.051***

续表

	城市生活的满意度	社区活动的参与度	对城市的态度	感受到的社会态度
参加失业保险（参照组：否）	0.039	0.042	0.005	0.116 ***
参加生育保险（参照组：否）	-0.018	-0.141 ***	-0.007	-0.033
就业保障				
劳动合同（参照组：未签订）				
固定期限	-0.060	-0.043	0.000	-0.048
无固定期限	-0.144 ***	0.049	-0.012	-0.028
其他	-0.053	-0.005	0.030	0.114
是否参加技能培训（参照组：否）				
是	0.032 *	0.011	0.010	0.007
技能培训提供者（参照组：培训机构）				
单位	-0.104 **	-0.046	0.000	0.089 *
户籍地政府	0.066	0.009	0.022	-0.054
户籍地以外政府	0.128 *	0.074	0.022	-0.030
住房保障				
是否拥有住房公积金（参照组：否）				
是	0.096 **	-0.048	0.010	0.025
住房类型（购买商品房）				
单位提供免费房	-0.066	-0.237 ***	-0.031	-0.076
租住单位房或私房	-0.077	-0.089	-0.016	-0.076
政府提供廉租房	0.183	0.476 *	0.029	0.225
购买经济适用房	0.000	-0.013	0.016	0.018
其他	-0.014	-0.058	0.012	-0.090
个体特征				
性别（参照组：女）				
男	0.007	-0.039 ***	0.000	-0.021 **
婚姻（参照组：未婚）				
已婚	0.010	0.050 ***	0.014 *	0.000
来鄂时间	-0.006 ***	-0.003 **	0.001	-0.006 ***
收入水平	0.015 ***	-0.003	0.001	-0.001
常数项	0.971 ***	0.272 ***	0.991 ***	0.972 ***

续表

	城市生活的满意度	社区活动的参与度	对城市的态度	感受到的社会态度
调整后 R^2	0.034	0.031	-0.002	0.015
F 检验值	5.763	5.315	0.736	3.050
样本量	3660			

注：*、** 和 *** 分别表示 10%、5% 和 1% 的水平上显著。

回归结果表明，大部分变量对城市融入某个方面或几个方面影响显著。为了进一步了解各自变量是如何影响农民工的城市融入水平的，本书将所有的变量纳入农民工市民化的多元回归模型。在模型 1 中，只考察社会保险对城市融入的影响，同理，模型 2 和模型 3 分别考虑就业保障和住房保障对城市融入的影响，而模型 4 中只考虑农民工个体特征对城市融入的影响。在综合模型中，我们将所有可能影响城市融入的变量都纳入其中（见表 5—16）。

表 5—16　　　　　　农民工市民化的多元回归模型

	模型 1	模型 2	模型 3	模型 4	综合模型
社会保险					
参加养老保险（参照组：否）	0.011				-0.026
参加医疗保险（参照组：否）	0.085***				0.080***
参加工伤保险（参照组：否）	0.040				0.057
参加失业保险（参照组：否）	0.162**				0.202***
参加生育保险（参照组：否）	-0.217***				-0.201**
就业保障					
劳动合同（参照组：未签订）					
固定期限		-0.062			-0.151*
无固定期限		0.184**			0.152*
其他		-0.011			0.087
是否参加技能培训（参照组：否）					

续表

	模型1	模型2	模型3	模型4	综合模型
是		0.067*			0.061
技能培训提供者（参照组：培训机构）					
单位		-0.079			-0.060
户籍地政府		0.117			0.044
户籍地以外政府		0.175			0.195
住房保障					
是否拥有住房公积金（参照组：否）					
是			0.173*		0.082
住房类型（购买商品房）					
单位提供免费房			-0.428**		-0.409**
租住单位房或私房			-0.300*		-0.257
政府提供廉租房			0.998*		0.913*
购买经济适用房			-0.097		0.022
其他			-0.053		-0.150
个体特征					
性别（参照组：女）					
男				-0.052***	-0.054***
婚姻（参照组：未婚）					
已婚				0.081***	0.075**
来鄂时间				-0.019***	-0.015***
收入水平				0.012***	0.012***
常数项	2.751***	2.852***	3.175***	2.682***	3.207***
调整后 R^2	0.010	0.004	0.004	0.018	0.028
F检验值	8.480	2.619	3.378	17.843	4.941
样本量	3660				

注：*、**和***分别表示10%、5%和1%的水平上显著。

在社会保险层面，是否参加医疗保险、失业保险和生育保险对农民工市民化有重要影响。从回归系数看，医疗保险和生育保险表现出更强的影响。农民工工作生活条件恶劣，尤其是一些高危行业的农民工，面临大病大灾的风险较大，由于缺乏完善的流动人口医疗保障机制，就医压力较大，医疗保险的存在无疑会大大缓解这一压力。对于大多数农民工而言，工作的稳定性差，而且新技术新工艺的更新换代周期越来越短，他们面临失业的风险较高，如果缺乏必要的失业保险，生活来源就会中断，其在城市生活困难重重，城市融入程度低。根据我国《劳动法》等法规规定，生育期的女职工产假最低标准是90天，在生育期间享有100%的产假工资。而根据本书的调查数据，生育保险的覆盖率仅为3.36%，大多女农民工在怀孕生育期间不能享受孕期保护、生育期的福利待遇，使她们在融入城市的过程中面临更多的困难。

在就业性保障层面，劳动合同类别、是否参加技能培训均对城市融入有影响，但影响程度却不同。从劳动合同类别来看，与未签订劳动合同的农民工相比，在5%的显著性水平下，签订无固定期限劳动合同的农民工对城市融入具有促进作用。签订劳动合同能够促进劳动关系合法化，促进农民工对产业工人属性的自我认同，为农民工进行充分的再社会化提供前提。与未参加技能培训的农民工相比，参加技能培训将提高他们在就业市场的"话语权"，提升就业竞争力和稳定性，从而在工作中寻找到自我成就感。农民工的技能培训由谁提供，对城市融入不具有显著影响。当前，农民工的技能培训，已成为许多政府和单位关注的问题。然而，当前农民工培训中存在培训内容与农民工的需求有差距、培训走过场、农民工对新知识新技术接受能力差等一些亟待解决的问题，极大地影响了培训的效果。如果这些问题无法解决，不管由何种单位或机构提供培训，都不会对农民工融入城市产生影响。

在住房保障方面，是否拥有住房公积金和住房类型对城市融入有一定的影响。拥有住房公积金的农民工，在10%的显著性水平下对城市融入具有显著的正向影响。住房公积金是单位及其在职职工缴纳的长期住房储金，住房公积金能够在资金方面为无房职工提供帮助，为职工较快、较好地解决住房问题提供了保障。缴纳住房公积金的农民工，一般就职于国家机关、国有企业、城镇集体企业、外商投资企业、城镇私营企业及其他城镇企事业单位等，有了稳定的住所之后，农民工才能够全身心地投入工作，从而产生对城市的归属感。从住房类型来看，与自购商品房相比，居住在单位提供的免费房和租住单位房或私房的农民工反而不易融入城市，而在10%的显著性水平下，居住在廉租房的农民工更容易融入城市。能够在城市自购商品房的多为农民工中的精英群体，他们具有很强的经济活动能力，教育水平也相对较高，通过多年的努力奋斗，再加上勤俭节约，他们已经积累了一定的经济财富，由此增强了城市居民对他们的认可，因而能够很好地融入城市生活。相比之下，居住在单位提供的免费房和租住单位房或私房的农民工，大多从事体力活动，收入水平较低，由于城市社会的种种壁垒设置，再加上自身适应能力有限，很难建立起广泛的生活圈，也难以形成对城市的认同感和归属感。

在个体特征层面，模型4的回归结果表明，性别、婚姻状况、来鄂时间及收入水平四个个体特征变量均对农民工市民化具有显著影响，但具体不同变量对其影响的方向不同。首先，由于男性和女性农民工在收入水平、从业状态、就业身份及单位性质等方面存在差异，例如，在本书中男性农民工中有1730人处于就业状态，而女性中就业的仅有1220人，31.7%的女性未就业或操持家务，其对城市生活的感知更多地来自日常生活而非工作，因而其城市融入程度相比男性而言更高。其次，已婚农民工因为拥有了稳定的家庭，其在城市生活的主要目的是维持家庭的生活，因而城市融入程度比未婚农民工高。而农民工进城务工时间越长，一方面他们对于城市对外来人口壁垒设置的感受更加强烈；另一方面，农民工在城市工作时间达到一定年限后,会因年老、疾病和人力资本削减等原因感到不再适合在城市生存,所以他们反而不容易融入城市。收入水平较高的农民工,从事的大多是技术性、管理性工作,而不是体力工作,农民工的生活满意度较高,能够更好地融入城市。

四 社会保障的影响效应

本节利用 2010 年 3660 名湖北籍农民工的样本数据,分析社会保障对农民工市民化的影响,构建了多元线性回归模型进行分析,研究结果表明,农民工个体特征、就业保障及制度性社会保障均能从不同程度上影响农民工市民化水平,具体来说有以下几点:

(一)参加社会保险制度,对农民工的城市融入有着极大的促进作用

具体而言,是否拥有医疗保险和失业保险对城市融入具有正向影响,而拥有生育保险则对其融入城市具有阻碍作用。养老保险和工伤保险对农民工市民化的影响并不显著。

(二)农民工在就业及劳动力市场方面的保障越健全,其城市融入程度越高

与工作单位签订无固定期限劳动合同的农民工,表现出更高的城市融入水平。参加技能培训,也在一定程度上促进农民工更好地融入城市。而农民工的技能培训由谁来提供,对其城市融入影响并不显著。

(三)农民工在城市获得的住房保障越完善,对城市融入的正向影响越大

拥有住房公积金的农民工,城市融入水平越高。与居住在自购商品房相比,居住在政府提供的廉租房对城市融入具有积极影响,而居住在单位提供的免费房或租住房对城市融入具有反向影响。

推动农民工的城市融入不仅仅是单纯的经济因素,制度性因素也对农民工的城市生活产生影响。研究结果表明,由于农民工在城

市的劳动力市场得不到应有的就业保障，更不能与城市市民同等地享有社会保障等一系列待遇，农民工一旦面临大病、大灾等突发情况时，极少能从就业单位和政府机构得到帮助，致使农民工融入城市困难重重。因此，要提高农民工融入城市的水平，需要从劳动力市场的就业保障和政府的社会保险及住房保障两方面抓起。因为只有通过系统性的制度改进，不断解决农民工的经济问题和制度保障问题，才能使他们更好地融入城市社会，这对推进农民工市民化进程、实现健康的人口城市化意义重大。

由于本调查不是关于社会保障与城市融入的专项调查，有关社会保障的变量和信息受到调查内容的限制，城市融入四个维度的界定是否科学也有待进一步考证，所以本书只在现有数据基础上进行了一个定量研究的尝试。此外，本书使用的多元线性回归模型采取一次性筛选的方法取舍变量，从而削弱了研究结论。这些问题需要在今后的研究中进一步深入探讨。

第四节　基本公共服务与农民工市民化

新型城镇化的核心是人的城镇化，让农民工真正享有城市基本公共服务，才是推动农民工市民化的关键。本部分利用2013年国家卫生计生委在上海、武汉等八个城市进行的社会融合专题调查数据，依据"十二五"公共服务体系规划，选取与农民工密切相关的基本公共教育、劳动就业服务、基本医疗卫生、基本住房保障和基本社会保障五项基本公共服务进行分析。

一　农民工在城市基本公共服务现状

（一）农民工享受城市基本公共服务现状

总体来看，农民工群体获得基本公共服务的比重相对较低，有

41%的农民工没有享受任何的基本公共服务项目,有42.6%的农民工仅享受到其中1项基本公共服务。从公共服务项目来看,只有2%的农民工享受到了基本公共卫生服务,11.4%的农民工享受到了劳动就业服务。

1. 雇员就业身份的农民工参加基本社会保障的比重相对较高

从不同就业身份来看,雇主、自营劳动者和家庭帮工等就业身份在城市中的经济状况较好,更加注重对子女的教育,更希望子女在城市公立学校就读,从而使子女更好地适应城市生活,因此享有城市基本公共教育的比例较高。但是雇员就业身份的农民工往往工作不稳定,因此对城市基本社会保障的需求更大,而且身为雇员,雇主往往会为其缴纳一些国家规定的社会保险,因此雇员身份的农民工享受到的基本社会保障的比例更高(见表5—17)。

表5—17　　　　不同就业身份农民工的基本公共服务差异　　　　（%）

基本公共服务类型		劳动就业服务	基本公共教育	基本医疗卫生	基本住房保障	基本社会保障
总体		11.4	22.6	2	0.8	36.1
就业身份	雇员	12.7	16.3	2.8	0.8	51
	雇主	11.3	39.4	0.7	1.2	18.4
	自营劳动者	10.8	37.1	0.4	0.7	8.9
	家庭帮工	7.8	31.1	0.5	0.4	6.2

2. 省内流动的农民工更容易获得劳动就业服务

农民进城务工,一方面扮演着城市工人的角色,另一方面又与农村保持着密切联系,因此流动范围的不同对于农民工获得的基本公共服务也不同。跨省流动的农民工在劳动就业服务方面比例仅有9.2%,而省内跨市和市内跨县获得劳动就业服务的比例分别为

15.8%和13.9%，均大于跨省流动，这说明省内流动的农民工更容易获得就业方面的扶持。与之形成反差的是市内跨县的农民工在流入地获得的基本社会保障最低，这说明近距离流动的农民工对基本社会保障的需求较低（见表5—18）。

表5—18　　　　　不同流动范围农民工的基本公共服务差异　　　　　（%）

基本公共服务类型		劳动就业服务	基本公共教育	基本医疗卫生	基本住房保障	基本社会保障
流动范围	跨省流动	9.2	20.6	2	0.9	39.6
	省内跨市	15.8	26.1	2.2	0.9	31.4
	市内跨县	13.9	26.7	1	0.3	19.2

3. 学历较低的农民工更期望子女受到良好的教育

受教育水平的高低对农民工基本公共服务的获得具有重要影响。一般来说，文化程度越低的人，对基本公共服务的认知和获取能力也就越低，但这些人反而是更为需要城市基本公共服务的群体。随着文化程度的提高，农民工享受基本公共教育的比重在明显降低。小学及以下学历农民工群体享受城市基本公共教育的比重最高，为27.8%；高中及以上学历农民工这一比重为16.4%。可见低学历的农民工更期待自己的子女受到良好的教育，不希望子女像自身一样受到学历的局限（见表5—19）。

但是随着文化程度的提高，农民工群体获得基本医疗卫生和基本社会保障的比重在增加，尤其是获得基本社会保障的比重增加更为明显。

表 5—19　　　　不同文化程度农民工的基本公共服务差异　　　　（%）

	基本公共服务类型	劳动就业服务	基本公共教育	基本医疗卫生	基本住房保障	基本社会保障
受教育程度	小学及以下	7.9	27.8	1.5	1	24.3
	初中	10.6	24.4	1.8	0.9	31.7
	高中及以上	15	16.4	2.6	0.6	50.8

4. 在国有、集体企业就职的农民工的基本公共服务状况相对较好

进入国企、集体企业和外资企业的农民工比例虽然低，但是其获得的基本社会保障比例却分别达到 72.6%、57.9% 和 83.4%，明显要优于就职于个体或者私营企业的农民工。但是不同就业单位性质对于其他基本公共服务的获得影响差距并不大，甚至就职于个体或私营企业的农民工获得的基本公共教育要高出就职于外资企业的农民工 13 个百分点（见表 5—20）。

表 5—20　　　　不同个人特征的农民工的基本公共服务差异　　　　（%）

	基本公共服务类型	劳动就业服务	基本公共教育	基本医疗卫生	基本住房保障	基本社会保障
就业单位性质	国企及党政机关	23.6	23.1	2.2	0	72.6
	集体企业	12.8	26	3.1	4	57.9
	个体或私营企业	11.4	24.1	1.7	0.5	29.9
	外资企业	14.9	11.1	4.7	0.9	83.4
	其他	6.4	26.3	0.5	1.8	9.2

（二）农民工与城市当地居民基本公共服务比较

1. 基本公共服务仍与户籍制度匹配，当地居民享受的基本公共服务远高于农民工

当地居民获得的各项基本公共服务比例均大于农民工，前者的

基本社会保障的覆盖率达到92.5%,基本做到全覆盖,而农民工的这一比例仅为36.1%;差距相对较小的基本公共服务为劳动就业服务和基本公共教育。

42.6%的农民工仅仅享受到一项城市基本公共服务,且享受到一项服务的项目主要为基本公共教育和基本社会保障。享受到两项基本公共服务的农民工只有13.8%,而当地居民占到39.2%。农民工人均享受公共服务项目数的均值为0.7804,还不到一项基本公共服务。当地居民均值为1.8288,基本上来说,城市居民大概每人会享受到两项基本公共服务。如图5—2所示,横轴代表享有几项基本公共服务,纵轴代表频率。

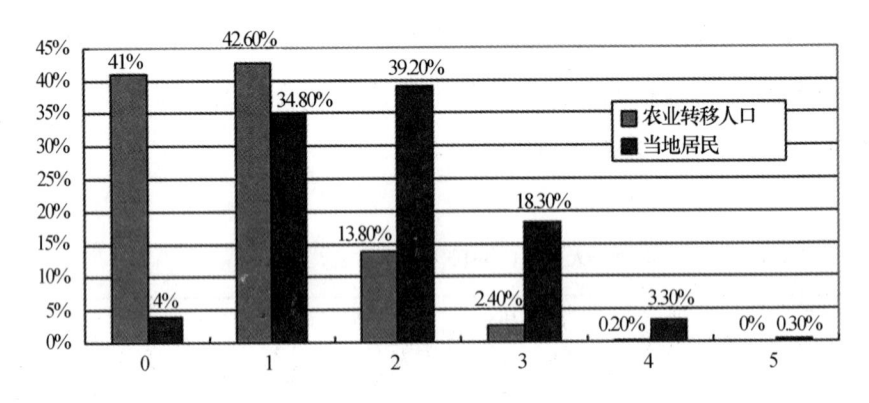

图5—2 农民工和当地居民享受到的基本公共服务项目数对比

2. 就业身份为雇员的农民工的基本公共服务与当地居民差距较大

从就业身份来看,雇员身份农民工的各项基本公共服务与当地居民差距更大,享受基本公共教育的比重比当地居民低24.3%,享受劳动就业服务的比重较当地居民低19.8%。虽然在基本社会保障方面差距达到44.5%,可是与其他就业身份相比较,这一差距是最低的。这一方面是因为雇员身份相对其他就业身份的社会保障率高；另一方面是因为当地居民社会保障已基本全覆盖，各个就业身份在该项基本公共服务中差距不大（见表5—21）。

表5—21　　　　不同就业身份的农民工与当地居民的
基本公共服务现状　　　　　　　　　　（%）

基本公共服务类型		劳动就业服务			基本公共教育			基本医疗卫生			基本住房保障			基本社会保障		
		农民工	当地居民	差值	农民工	当地居民	差值	农民工	当地居民	差值	农民工	当地居民	差值	农民工	当地居民	差值
总体		11.4	26.5	15.1	22.6	37.5	14.9	2	11.1	9.1	0.8	15.4	14.6	36.1	92.5	56.4
就业身份	雇员	12.7	32.5	19.8	16.3	40.6	24.3	2.8	10.7	7.9	0.8	16	15.2	51	95.5	44.5
	雇主	11.3	24	12.7	39.4	52.9	13.5	0.7	8.6	7.9	1.2	7.7	6.5	18.4	88.7	70.3
	自营劳动者	10.8	18.5	7.7	37.1	45.8	8.7	0.4	7.7	7.3	0.7	12.2	11.5	8.9	88.8	79.9
	家庭帮工	7.8	15.2	7.4	31.1	41.7	10.6	0.5	7.5	7	0.4	7.4	7	6.2	87.8	81.6

注：表中所示差值是指同一类别同一基本公共服务，当地居民减农民工得到的差值，该数值越大，代表农民工与当地居民在该项公共服务的差异越大。

3. 随着文化程度的提高，农民工获得劳动就业服务和基本住房保障的比重，明显少于当地居民

文化程度对农民工和当地居民获得基本公共服务的影响存在差异。文化程度越高，农民工与当地居民在就业服务和基本住房保障等项目上的差距越大，同样是初中文化程度，农民工享受基本住房保障的比重是0.9%，当地居民是13.4%；农民工享受劳动就业服务的比重是10.6%，当地居民是19.6%。

但是随着文化程度的提高，农民工享受基本医疗卫生和基本社会保障的比重，与当地居民的差距在缩小，尤其是基本社会保障的差距缩小最为明显。农民工和当地居民享受基本社会保障的差距降低了42.1个百分点（见表5—22）。

表5—22　　　　　　不同文化程度农民工与当地居民的

基本公共服务现状　　　　　　　（%）

基本公共服务类型		劳动就业服务			基本公共教育			基本医疗卫生			基本住房保障			基本社会保障		
^	^	农民工	当地居民	差值	农民工	当地居民	差值	农民工	当地居民	差值	农民工	当地居民	差值	农民工	当地居民	差值
总体		11.4	26.5	15.1	22.6	37.5	14.9	2	11.1	9.1	0.8	15.4	14.6	36.1	92.5	56.4
受教育程度	小学及以下	7.9	13.4	5.5	27.8	26.3	-1.5	1.5	16.6	15.1	1	9.1	8.1	24.3	92.7	68.4
^	初中	10.6	19.6	9	24.4	44.8	20.4	1.8	13.4	11.6	0.9	13.4	12.5	31.7	91.4	59.7
^	高中及以上	15	29.6	14.6	16.4	35.4	19	2.6	9.9	7.3	0.6	16.4	15.8	50.8	92.9	42.1

4. 在非国有企业，农民工的基本公共服务与当地居民差距相对较小

相对国有或集体企业，农民工和当地居民在私有企业获得基本公共服务的比重都要更低一些。比如，农民工在国有及党政机关获得劳动就业服务和基本社会保障的比重分别是23.6%和72.6%，而在个体或私营企业的比重分别是11.4%和29.9%。但是在外资企业，农民工获得基本公共服务的概率要高于个体或私营企业。

不同所有制类型的单位在对职工户籍身份的认识上存在差异。相对于国有或集体企业，在个体、私营或外资企业的农民工与当地居民的基本公共服务差距更小。在国有企业，农民工和当地居民在劳动就业服务和基本住房保障拥有比重上分别相差24.7%和18.8%，在个体或私营企业该差距分别是8.3%和12.3%；在外资企业分别为4.9%和11.2%（见表5—23）。

表 5—23 不同单位性质农民工与当地居民的基本公共服务现状（%）

基本公共服务类型		劳动就业服务			基本公共教育			基本医疗卫生			基本住房保障			基本社会保障		
		农民工	当地居民	差值	农民工	当地居民	差值	农民工	当地居民	差值	农民工	当地居民	差值	农民工	当地居民	差值
就业单位性质	国企及党政机关	23.6	48.3	24.7	23.1	42.8	19.7	2.2	12.1	9.9	0	18.8	18.8	72.6	99	26.4
	集体企业	12.8	38.5	25.7	26	41.2	15.2	3.1	8.4	5.3	4	15.3	11.3	57.9	95.9	38
	个体或私营企业	11.4	19.7	8.3	24.1	40.9	16.8	1.7	9.5	7.8	0.5	12.8	12.3	29.9	91.2	61.3
	外资企业	14.9	19.8	4.9	11.1	47.1	36	4.7	8.7	4	0.9	12.1	11.2	83.4	98.4	15

5. 农民工与非农户籍流动人口基本公共服务比较

城市中不仅有农民工，还有很多拥有城镇户籍的流动人口，这部分人与农民工同属于外来务工人员，但是由于户籍性质的不同，所获得的城市基本公共服务的可及性也不同。总体来看，农民工的各项基本公共服务都比非农户籍流动人口要差。农民工享受劳动就业服务的比重是 11.4%，非农户籍流动人口的比重是 15.6%；农民工享受基本医疗卫生服务的比重是 2%，非农户籍流动人口的比重是 9.8%；农民工享受基本社会保障的比重是 36.1%，非农户籍流动人口的比重是 61.9%（见图 5—3）。

二 城市基本公共服务对农民工市民化的影响

从描述性分析的结果来看，农民工基本公共服务与其市民化有很强关联性。基于前述的理论分析以及提出的假说，本书建立如下关于农民工市民化的计量模型，并在此基础上对农民工基本公共服务类型与市民化之间的关系进行实证分析：

$$Y_i = f(X_i, M_i) + \varepsilon_i$$

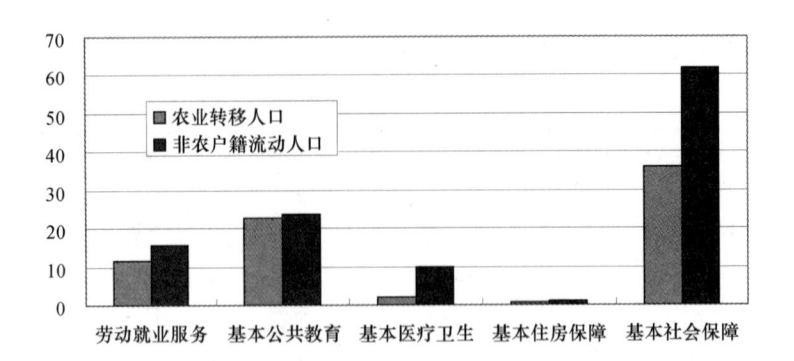

图 5—3　农民工和非农户籍流动人口的基本公共服务（%）

上式中，Y_i表示农民工 i 的市民化状况。虽然前文已经对农民工市民化程度进行了测算，但是基本公共服务本身也是衡量农民工市民化程度的一个方面，如果将市民化得分值作为因变量，那么计量分析很难避免内生性问题。为了解决这种问题，本书考虑用其他工具变量代替前文中的市民化程度结果。用农民工的市民化意愿作为因变量。农民工在城市生活的一个最好最稳定的状态就是在城市定居进而融入城市成为市民。因此衡量农民工城市融入状况的一个重要标准就是看他们是否愿意在城市定居。因而是否打算在流入地长期居住、是否愿意转变为流入地户籍、是否对流入地有归属感能够较好地反映农民工在城市的市民化状况，本书选取这三个变量为因变量。由于农民工市民化指标为 0/1 二分类变量，因此选用 SPSS19.0 进行二项 Logistic 回归分析，计量结果如下。

1. 劳动就业服务对农民工市民化的影响

城乡二元的劳动力市场和就业政策使农民工在城市工作的工作条件、工资收入与福利等方面遭遇不平等待遇，影响了农民工的市民化意愿，同时，不利于农民工市民化能力的提升。只有先进城就业，拥有相对稳定的工作和收入，具备在城市中长期生存的能力，才能进一步获得身份上的转变，以及思想、意识行为的转化。另一方面，农民工的就业质量不高是农民工低收入水平的直接原因，低微的工资使农民工没有足够的经济条件进行人力资本提升的投资，人力资本无法提升又会使他们长期处于非正规部门就业，这种恶性循环长此以往直接导致农民工市民化能力无法提高。因此，提高农民工的就业服务质量可以增加农民工对城市认同感和适应性。计量分析结果显示，获得劳动就业服务的农民工长期留城的概率会增加32.9%；获得城市户籍意愿强度也会增加16.6%。

2. 基本公共教育对农民工市民化的影响

实现对农民工子女的教育普及、受教育权利的一致，一方面可以减轻农民工对子女的教育投入，免除了借读费、择校费等费用，降低了其市民化的成本；另一方面子女留在城市入学，对父母形成一种羁绊，可以有效地减缓农民工的流动性。计量结果显示，相较于其他私立学校，子女在本地公立学校上学的农民工具有城市长期居留意愿的概率将增加58.8%，打算将户籍迁入城市的概率也会增加37.7%。并且子女在公立学校读书的农民工对城市的归属感也更强。农民工实现真正的市民化，将城市视为自己的故乡，往往需要几代人在城市的适应，农民工子女跟城市青少年一起受教育，可以增加农民工子女的适应性，减轻心理上的受排斥感，最终将城市视为自己的故乡，成为真正的市民。

3. 基本医疗卫生对农民工市民化的影响

农民工在城市大多从事脏、苦、累、险的工作，工作环境差劳动强度高，有一部分农民工身体健康状况不容乐观。然而，由于农民工不具有城市户籍，因此并不能享受城市的公共医疗卫生服务。看病难看病贵的问题在农民工群体中表现得尤为突出。农民工在生病以后，无法在城市负担高昂的医疗费用，如果城市政府能够为其报销部分医疗费用，他们留城的概率会增加28%。就是那些生病后经常在公立医院看病的农民工留城意愿也增强了34.5%。

4. 基本住房保障对农民工市民化的影响

面对攀升的房价，农民工微薄的工资收入显然不能实现他们的"城市梦"；伴随着房价的上升，城市的房租水平也是水涨船高，大多数农民工在支付住房租金后工资基本上所剩无几。住房已经成为农民工一个沉重的负担，没有在务工城市拥有自己的居所，农民工便谈不上真正的市民化。城市保障性住房体系为城市低收入人群提供了一个满足住房需求的平台。2013年农民工已购保障房、商品房和自建房的比例只有8.6%，而城市人口中这一比例达到73.3%，两相比较，城市住房已经成为建立城市归属感的一个重要因素，在城市中拥有产权房已经成为衡量是否是一个市民的重要属性。计量结果显示，如果能获得城市廉租房或公租房，那么该农民工户口迁入城市的意愿就会增加59.2%。

5. 基本社会保障[①]对农民工市民化的影响

在城市的农民工由于没有签订正式的劳动合同，他们的权益往往得不到保护，享受不到这些社会保险。部分农民工在户籍地参加了新农合、新农保等农村社会保障。但是，由于城乡二元的社会保障体系，二者很难实现良好的衔接，而且城市现行的社会保险制度对于农民工来说存在覆盖面窄、社保金额低、手续烦琐、机制不顺畅等问题。农民工一方面想融入城市，却无法获得在城市的社会保障，因此不敢放弃在农村的社会保障，担忧失去土地这一天然保障有可能带来生活水平的下降和不稳定，这使农民工市民身份转变的意愿不够坚定，农民工的市民化效果产生很大的折扣。但是农民工一旦获得城市社会保障，对其市民化意愿将有极大的促进作用，转入城市户籍的意愿将会增加33.5%，长期城市居留意愿将会增加12.3%，城市归宿感将会增加16.5%（见表5—24）。

---

① 这里的社会保障主要是指养老保险、工伤保险、失业保险、生育保险、城市最低生活保障和养老保障等满足维持居民生活的最低保障，用以保障人们的生存和发展权。

表 5—24　　　　基本公共服务对农民工市民化的影响效应

模型	二元 Logistic 回归					
	城市归属感		长期居留意愿		转变户籍意愿	
	β	exp（β）	β	exp（β）	β	exp（β）
劳动就业服务						
是否参加政府职业培训	0.505***	1.658	0.284***	1.329	0.154***	1.166
基本公共教育						
子女是否在本地公立学校上学	0.156*	1.169	0.463***	1.588	0.32***	1.377
基本医疗卫生						
生病时是否去公立医疗机构看病	-0.069	0.933	0.296***	1.345	0.103	1.108
生病费用是否有政府报销	-0.158	0.854	0.247*	1.28	0.087	1.091
基本住房保障						
居住房屋是否由政府提供	-0.134	0.875	0.13	1.139	0.465**	1.592
基本社会保障						
是否拥有城市社会保障	0.153**	1.165	0.116***	1.123	0.289***	1.335
控制变量及检验	略					

（1）注：模型中控制变量包括个人特征，年龄、性别、婚姻状况、受教育程度；家庭特征以及社会特征等；（2）*、**、***

三　基本公共服务对不同区域农民工市民化的影响

近年来，中国各项公共服务供给水平长足发展，居民可及的基本公共服务数量、质量及方便可及性程度都有了很大提高。然而有学者证明，除去小学教育以外，在初中、高中可及的医疗服务机构数、医疗保险、公共卫生状况、生活基础设施状况等各个方面，经济发展水平高的东部地区各项公共服务数量都更具优势，社会性公共服务区域差异与经济发展区域差异有一定的耦合性，但是社会公共服务总体水平相对于经济发展水平偏低[①]。因此从实质上讲，中国政府并没有为全体公民，尤其是弱势群体，提供平等地享受公共

---

① 李敏纳、覃成林、李润田：《中国社会性公共服务区域差异分析》，《经济地理》2009 年第 6 期。

服务的机会。同时作为农民工流入比较集中的东部地区，基本公共服务需求压力更严峻，所以有必要分析讨论区域空间差异下基本公共服务对农民工市民化的影响结果。

从城市归属感模型中，明显可以看到东部地区的显著性系数都要优于中部地区，同时可以看到，影响农民工城市心理归属感的主要基本公共服务依然是劳动就业服务和基本社会保障。基本医疗卫生服务对中部地区农民工城市归属感的负向影响效应，前面已经做了说明，这里就不再赘述。从长期居留意愿模型中，也可以明显看到东部地区的显著性系数要优于中部地区，也可以得出影响农民工长期居留意愿的主要基本公共服务是农民工子女的基本公共教育，这说明促进农民工子女在务工城市的教育，确实能增加农民工在务工城市的滞留时间，为农民工适应城市、实现市民化创造更长的磨合适应时间。从转变户籍意愿模型中，依然可以看出东部地区各项基本公共服务的影响系数要比中部地区显著，且对农民工转变户籍意愿比较强烈的基本公共服务为基本住房保障服务与基本公共教育服务。

进一步对各个城市进行回归分析发现，由于各个城市的产业基础、基本公共服务供给能力不同，各项基本公共服务对市民化意愿的影响性也不一样。将八个城市均纳入分析后发现，基本公共服务对东、中部城市市民化的影响效应呈逐渐削弱的形式，对于西部城市的影响效应显著性全部消失，模型不再适用。这从另一方面说明了随着基本公共服务供给能力出现差别，市民化对农民工的影响也会出现差别（见表5—25）。

表 5—25　空间差异下基本公共服务对市民化的影响结果

	城市归属感 东部	城市归属感 中部	长期居留意愿 东部	长期居留意愿 中部	转变户籍意愿 东部	转变户籍意愿 中部
劳动就业服务						
是否参加政府职业培训	0.511***	0.485**	0.326***	0.166	0.364***	-0.078
基本公共教育						
子女是否在本地公立学校上学	0.203*	-0.069	0.51***	0.427***	0.424***	0.079
基本医疗卫生						
生病时是否去公立医疗机构治疗	0.064	-0.811***	0.302***	0.14	0.039	0.242
医疗费用是否由政府机构报销	-0.358	19.145	0.264*	-0.056	0.126	-0.75
基本住房保障						
是否居住在政府提供房子	-0.18	18.25	0.084	20.48	0.43**	0.371
基本社会保障						
是否拥有城市社会保障	0.224***	-0.264	0.128***	0.132	0.226***	0.264**
控制变量						
个人特征						
年龄	0.01*	-0.02*	0.004	-0.014**	0.003	-0.012**
性别	-0.096	-0.071	-0.033	-0.062	-0.036	-0.083
婚姻状况	0.249***	0.213	0.463***	0.145	0.321***	0.009
受教育情况（以小学为参考）						
初中	0.17*	0.069	0.14**	0.089	0.297***	0.126
高中及以上	0.241**	-0.051	0.546***	0.022	0.813***	-0.001
家庭特征						
是否与家人同住	0.571***	0.239	0.85***	0.79**	0.538***	0.566***

续表

	城市归属感		长期居留意愿		转变户籍意愿	
	东部	中部	东部	中部	东部	中部
社会特征						
职业类型（以劳务型职业为参照）						
事务型职业	0.003	0.408	0.616***	0.577**	0.285***	0.197
服务型职业	0.373***	0.137	0.751***	0.184*	0.436***	-0.126
常数项	1.219***	3.033***	-1.331***	0.189	-1.084***	0.069
卡方值	181.564***	23.688**	1377.745***	139.318***	821.239***	72.778***
Cox & Snell R^2	0.015	0.009	0.11	0.054	0.067	0.029
Nagelkerke R^2	0.032	0.025	0.147	0.074	0.09	0.038

注：（1）*、**、***分别表示在10%、5%和1%的水平上统计显著；（2）没有注明的变量均以无为参照；（3）西部地区回归模型均不显著，且农民工大多从中西部往东部迁移，因此并没有将其纳入回归分析表格中。

四 基本公共服务的市民化效应

当前，随着中国城市化的推进以及农村生产力的提高，大量的农村剩余劳动力转移到城市工作，中国农民工的社会融合问题引起了广泛关注。由于社会制度、基本公共服务政策等原因，农民工并没有办法完全真正融入城市。本部分利用全国流动人口动态监测数据，采取描述统计和计量分析方法，考察了基本公共服务对农民工市民化的影响，得出了一些相对有价值的结论，为我们更好地帮助农民工真正实现市民化制定基本公共服务政策提供了客观依据。通过理论模型的深入研究和广泛的实证研究，我们发现，农民工的市民化不但与其家庭因素及宏观的政策制度相关，而且在很大程度上会受城市基本公共服务的影响。主要结论有：

第一，农民工整体市民化质量不高。随着经济的发展，大多数进城农民工在城市都能获得一份比在农村务农高的收入，对城市有了初步的适应，许多学者也建立了一些测算指标来对农民工市民化程度进行测算，但是这些测算指标都具有一定的主观性，并没有与当地居民进行比较。本书通过建立指标测算发现，中国农民工的市民化数量已经达到半数以上，但是这种市民化是低水平的市民化，99.5%农民工市民化水平在当地居民最小值之下。进一步分析发现，在城市内部、不同城市间的农民工市民化水平也存在一定的差异。

第二，不同基本公共服务对农民工市民化的影响不同。对城市归属感具有影响前两位的基本公共服务是劳动就业服务和基本公共教育；对长期居留意愿具有影响的前两位基本公共服务是基本公共教育和劳动就业服务；对转变户籍意愿具有影响的前两位基本公共服务是基本住房保障和基本公共教育。从回归结果中可以得出劳动就业服务、基本公共教育和基本社会保障对农民工市民化意愿的影响均非常明显。此外，除了住房保障服务，所有基本公共服务均会对农民工长期居留意愿产生正向影响。值得注意的是，基本医疗卫生服务与基本住房保障服务对市民化意愿的影响效应并没有影响机制分析中那么明显。

第三，基本公共服务对不同就业身份农民工的市民化影响存在差别。不同人力资本的农民工的经济状况、市民化能力不同，对基本公共服务的需求也不同。本书以雇员、雇主这两种不同就业身份的农民工为例，研究基本公共服务对农民工的市民化影响效应。由回归结果发现，基本医疗卫生服务对雇员这种相对低收入农民工群体的长期居留意愿和户籍转变意愿均产生正向的影响；同时，劳动就业服务、住房保障服务和社会保障服务对雇主身份的农民工市民化影响削弱，甚至产生负向影响。

第四，基本公共服务对不同区域农民工的市民化影响也存在差别。对比东部和中部的回归模型可以发现，基本公共服务对东部地区的农民工市民化影响作用更大。但是进一步将东部的上海松江区、江苏无锡市和苏州市纳入模型对比发现，上海市各项基本公共服务对农民工市民化的影响反而弱于无锡、苏州两市。

第五节　业余生活与农民工市民化

本部分基于2012年全国流动人口动态监测数据，利用二元Logistic模型，分析了工作时间、业余生活因素对农民工市民化意愿的影响。当选择制造业农民工样本来控制工作时间的外生性，并用同一社区内其他农民工的业余生活作为工具变量，处理了业余生活变量的内生性偏误之后，我们发现，在城市的精神感受是影响农民工市民化意愿的重要因素；每天工作加班时间越长，农民工市民化意愿越低，且相比于老一代农民工，新生代农民工对加班时间更加敏感；吸烟、玩麻将和电脑游戏等业余生活会降低农民工的市民化意愿，只有那些对个人发展有利、层次较高的业余生活才会促使农民工融入当地社会，主动实现市民化。

一　关注农民工业余生活

农民工市民化的过程是与城市居民的社会距离感不断缩小的过程，由于农民工先天制度地位的不足（短期内无法与城市居民获得制度上的平等待遇），所以通过提升农民工经济地位和社会地位来缩小农民工与城市居民之间的社会距离感是提升农民工城市归属感最直接、最现实的选择。其中，城市生活体验和社区活动参与是提升农民工社会地位和城市归属感的重要途径[1]。近年来，随着农民

---

[1] 许传新、许若兰：《新生代农民工与城市居民社会距离实证研究》，《人口与经济》2007年第5期。

工收入的快速增长,其经济地位有所提升,越来越多的农民工试图通过多元化的业余生活来丰富其精神世界、提升自我修养,他们对在城市精神生活的要求越来越高。但高强度、长时间的劳动以及企业对农民工业余生活的不重视造成了农民工"干活、吃饭、睡觉"的单调生活,农民工精神生活的匮乏不仅不利于农民工自身的生存发展,还会造成农民工在城市生活体验好感度降低,不利于农民工城市归属感的建立和市民化意愿的提升。

已有文献多从成本—收益的视角来研究农民工市民化问题,而从农民工就业环境、生活感受视角展开的研究并不多见。不少学者认为以户籍制度为基础的城乡二元社会体制是阻碍农民工融入城市的一项重要客观因素[1],是农民工形成以及农民转变为农民工之后停滞于市民化阶段的根本原因[2]。20世纪80年代以来,我国对二元户籍制度进行了渐进式改革,并实施了一系列促进农民工市民化的政策,但户籍制度逐步放开后依旧有大量农民工"农转非"意愿不强[3]。因此,农民工是否市民化,并不只受户籍制度影响,而是多种因素共同作用的结果。一种观点认为经济收入最大化是促使农民工市民化的主要驱动力。但近十年来农民工的收入快速增长,其市民化意愿并未显著增强。李晓阳、黄毅祥、彭思颖研究发现农民工收入的快速增长和城乡收入差距的拉大能强烈吸引农民进城就业,可这并不意味着户口也会随之一起迁移,城乡收入差距越大,农民工反而越不愿意将农村户口转为城镇户口实现市民化[4]。农民

---

[1] 冯奎:《农民工城市融入:实践分析与政策选择》,《首都经济贸易大学学报》2011年第2期。

[2] 王桂新、沈建法、刘建波:《中国城市农民工市民化研究——以上海为例》,《人口与发展》2008年第16期。

[3] 毛丹、王燕锋:《J市农民为什么不愿做市民——城郊农民的安全经济学》,《社会学研究》2006年第6期。

[4] 李晓阳、黄毅祥、彭思颖:《1989—2010年农民工市民化意愿》,《商业时代》2013年第13期。

工是否改变户籍性质实现永久性迁移,不仅是一个基于经济理性的选择,而且是一个基于社会理性的选择[1]。其市民化意愿还与就业环境、生活感受等一系列非经济因素密切相关[2],理性选择并不仅仅指经济收入最大化,还要求改善生存、变动生活时不降低既有的生活水平和安全感。

市民化意愿既然在本质上是一种心理活动,那么必然会受到主观心理机制的影响[3],且农民工市民化的实现不仅表现为其职业身份和居住地域的非农化,最终还表现为农民工的意识形态、生活方式和行为方式的城市化[4]。而休闲时间的利用是社会分层和生活质量的反映,是农民工心理活动、生活习惯、价值观念形成的重要影响因素,闲暇时间和业余生活会对农民工市民化意愿产生影响,农民工业余生活的现代化能促进人的现代化,能推动农民工身份的转换[5]。

通过与已有研究的比较,本书的贡献主要体现在以下两个方面:第一,从研究主题来看,我们尝试从农民工的工作时间、业余生活入手,考察就业环境和在城市生活感受对农民工市民化意愿的影响,从内部主观心理视角研究农民工市民化的驱动力。第二,从估计方法来看,我们对农民工业余生活选取了工具变量,处理了同类研究中可能存在的联立性内生问题。

---

[1] 蔡禾、王进:《"农民工"永久迁移意愿研究》,《社会学研究》2007年第6期。
[2] 朱宇:《户籍制度改革与流动人口在流入地的居留意愿及其制约机制》,《南方人口》2004年第19期。
[3] 钱文荣、李宝值:《初衷达成度、公平感知度对农民工留城意愿的影响及其代际差异——基于长江三角洲16城市的调研数据》,《管理世界》2013年第9期。
[4] 刘传江:《中国农民工市民化研究》,《理论月刊》2006年第10期。
[5] 殷娟:《新生代农民工身份认同与影响因素分析——基于长沙市农民工的抽样调查》,《湖南农业大学学报》(社会科学版)2009年第10期。

二 梅奥的"社会人"假说与农民工市民化

梅奥（George Elton Mayo）根据霍桑实验提出的人际关系理论指出，工人是"社会人"而不是"经济人"，他们的行为并不单纯地出自追求金钱的动机，还有社会方面、心理方面的需要，他们渴望安全感、归属感和受人尊敬，而且后者更为重要。提高工人工作满意度是提高劳动生产率的首要条件，而生产条件、工资薪酬是第二位，其中，高满意度来源于物质和精神两种需求。梅奥在此基础上还提出了一种新型的管理模式，这种模式通过提高职工的满足度，激励职工的"士气"，从而达到提高劳动生产率和对企业的认可度的目的。类似地，进城农民工也是"社会人"，他们的生活不仅涉及经济生活还涉及社会生活，影响其市民化意愿的驱动力同样包括物质和精神两部分，且精神部分对于农民工市民化意愿作用更为明显。李丹等认为农民工市民化的过程就是其在城市就业、定居进而构建并不断提高生活满意度的过程，提升生活满意度是农民工市民化的实质驱动力[1]。进城农民工对现有的生活满意度越高，回农村的欲望越小，市民化意愿越高[2]，而工作、闲暇生活是农民工生活满意度的重要构成部分和影响因素。因此，农民工的工作时间和业余生活会影响其市民化意愿。企业及社会各界应该努力提高农民工的工作、生活满意度，一方面，可以提高农民工的劳动生产率，为企业和社会创造更多的效益；另一方面，也能激励农民工自愿实现市民化，提高农民工市民化质量。但实际上，部分农民工由

---

[1] 李丹、李玉凤：《新生代农民工市民化问题探析——基于生活满意度视角》，《中国人口·资源与环境》2012年第22期。

[2] 黄祖辉、钱文荣、毛迎春：《进城农民工在城镇生活的稳定性及市民化意愿》，《中国人口科学》2004年第2期。

于人力资本和社会资本受限,只能从事一些低收入的工作[1],他们往往就职于生产车间,需要通过持续地投入来完成各项任务,工作强度较大,容易产生"职业倦怠症",对工作、生活丧失热情。为了防止疲劳积累对农民工身心的危害、提升农民工生活满意度及其市民化意愿,企业不仅要控制劳动强度和工作时间,还必须为农民工安排合理的休息时间并设计良好的业余休闲环境以减轻、缓解或消除农民工的疲劳[2]。

已有研究表明85%的农民工工作时间超过法定标准,1/3的农民工每周工作时间超过61小时,远超过法定标准的44小时[3]。农民工特别是老一代的农民工适应了日出而作、日落而息的生活方式,进城工作后过长的劳动时间对其意味着更少的休息时间和休闲生活以及更低的生活满意度。马秀颖、王志涛、杨雪娇认为在没有物质上或者精神上的补偿时,农民工普遍不会选择牺牲自己的休息时间。当农民工选择或者被迫超时工作时,往往意味着他们在物质上或精神上有更多的诉求[4]。王静、王欣的实证分析表明,一方面,较低的工资收入和工作的不稳定性会导致农民工群体超时工作;另一方面,农民工超时工作对其留城意愿和城市融入有很大程度的影响,其对城市归属感和认同感的要求越强烈,越希望通过超时工作换来城市生存的平等和社会的认同[5]。但程名望、史清华、潘烜的实证分析表明过长的工作时间,特别是超负荷的加班加点已经成为农民工对城

---

[1] 石智雷、朱明宝:《农民工的就业稳定性与社会融合》,《中南财经政法大学学报》2013年第3期。

[2] 赵小松、常陈英、张阳等:《考虑工人疲劳的工作排程研究工业》,《工程与管理》2012年第17期。

[3] 孙汝祥:《85%的农民工工作时间超过法定标准》,《经济研究参考》2006年第63期。

[4] 马秀颖、王志涛、杨雪娇:《农民工日均劳动时间及其影响因素研究——基于长春市382位外来农民工调查》,《调研世界》2013年第1期。

[5] 王静、王欣:《进城农民工超时工作的成因与特征研究》,《统计研究》2013年第30期。

镇就业不满的影响因素①。基于上述分析，我们提出研究假说1：

H1：工作时间越长，农民工市民化意愿越弱。

当消除政策或其他条件的束缚后，农民工是否愿意市民化的根本在于市民化能否在有限的条件下实现其生活满意度的最大化②。影响其生活满意度的因素除了物质因素，心理因素也具有重要的作用③。业余生活是每个人都需要的，它既是劳动所得，也是一种人生条件和人权，它虽然不被直接的生产劳动所吸收，却是劳动再生产和个体自由发展不可或缺的条件之一。虽然很多学者不同意业余生活的雅俗之分，但不同的业余活动对农民工个体发展的价值作用确实存在差异，我们可以按照一定的标准去评判业余生活价值的高低和层次的高下④。美国学者纳什提出的休闲层次理论便是从社会伦理价值角度对休闲生活做出等级排序。他按照人们在闲暇时间所从事活动的价值（包括社会价值和个人价值），把闲暇分为六个层次：最低层次是负价值的违法或不道德行为，如破坏公共财产等；第二层次是零价值的纯官能享受型活动，不直接对社会造成危害，但不利于自身的健康发展，如酗酒、沉溺于电视网络等；第三层次是价值为一的单纯寻求娱乐的活动，对社会个人无害，但也无多少正面意义；第四层次是价值为二的情感投入观看活动，观看者虽然不亲自参与，但能陶冶情操；第五层次是价值为三的积极活动参与，如各类文娱活动；第六层次是价值为四的创造性活动，如各项创造发明等⑤。农民工休闲生活的层次越高，对自身健康和社会发

---

① 程名望、史清华、潘烜：《劳动保护、工作福利、社会保障与农民工城镇就业》，《统计研究》2012年第29期。
② 李丹、李玉凤：《新生代农民工市民化问题探析——基于生活满意度视角》，《中国人口·资源与环境》2012年第22期。
③ 黄祖辉、钱文荣、毛迎春：《进城农民工在城镇生活的稳定性及市民化意愿》，《中国人口科学》2004年第2期。
④ 李庆峰：《大学生闲暇生活的现状》，《青年探索》2003年第1期。
⑤ [美] J.曼蒂：《闲暇教育理论与实践》，叶京等译，春秋出版社1989年版，第32页。

展的价值越大，越能提高自身素质以融入当地文化，实现农民工业余生活城市化，提升其城市生活适应度。相反，如果农民工群体业余生活长期处于低层次阶段，甚至没有业余生活，则其生活的封闭性和公共闲暇生活空间的缺乏会使其呈现"孤岛化倾向"，长年累月重复贫乏单调的生活，又缺乏健康文化生活的引导，会使得农民工业余习惯低俗化，使得他们与城市居民、城市文化不断疏远，难以融入城市的主流圈[1]。健康、文明的高层次业余生活不但能够使其身心得到放松，还能提高其自身素养；而消极甚至堕落的低层次业余生活可能会危害自身和社会[2]。据此，我们提出研究假说2：

H2：农民工业余生活层次越高，其市民化意愿越强。

三 研究数据与模型构建

（一）研究对象基本特征

本书使用的数据来源于2012年全国流动人口动态监测数据库中关于居民生活与感受部分的抽样调查数据。该数据库按照随机原则以31个省（区、市）和新疆生产建设兵团2011年全员人口年报数据为基本抽样框，以在流入地居住一个月以上的15—59周岁的流动人口为抽样总体，对流动人口的基本信息采取分层、多阶段和与规模成比例的PPS方式进行抽样，调查总样本量为159376万个家庭，每个家庭最大抽样人口数不超过10人，涉及流动人口约40万人。调查问卷分为个人问卷和社区问卷两大类，本书所用数据主要来自该数据库个人问卷部分，包括流动人口基本情况、就业居住和医保、婚育情况与计划生育服务、生活与感受四部分。农民工属于流动人口，但流动人口涵盖范围更广。本书借鉴以往文献和现实经验，剔除非农户籍的样本，仅限于农民群体；剔除文化程度为大

---

[1] 许东风：《农民工闲暇生活的分析与对策》，《农业经济》2012年第10期。
[2] 金华宝：《农民工闲暇生活的教育诉求——兼论新型农民工的培育》，《探索》2008年第5期。

专及以上的样本；剔除目前未进入劳动力市场的样本，以保证样本之间的可比性，最后进入模型的有效样本有112715个。农民工平均年龄为33.1岁，其中，男性（58.0%）和女性（42.0%）农民工样本大约各占一半，75.5%的农民工已婚；从文化程度来看，调查对象中具有初中文化学历的人最多，占60.5%，初中以上学历的农民工占22.3%；从就业身份来看，雇员（65.4%）和自营劳动力（24.2%）是农民工的主体，雇主和家庭帮工分别占9.5%和1.0%；从行业状况来看，农民工就业集中在低端产业，各行业从业比例由高到低依次为制造业（37.4%）、批发零售（18.9%）、住宿餐饮（11.1%）、社会服务（8.5%）、建筑（7.9%）、交通运输仓储通信（3.6%）、农林牧渔（1.6%），而卫生、教育文化、金融保险房地产、科研和技术服务等高端行业的从业率均不超过1%。

（二）农民工在城市工作生活状况

1. 农民工超时工作现象严重

根据我国《劳动法》相关规定，劳动者每日工作时间不超过8小时、平均每周工作时间不超过44小时，用人单位应当保证劳动者每周至少休息一日。而统计分析表明，2012年农民工平均每周工作6.27天，每周工作5天以内的农民工仅占总数的14.1%，连续工作7天的农民工占总数的44.0%，61.2%的农民工每天工作超过8小时，平均每天工作9.63小时，整体来看，农民工群体超时工作现象严重。为了比较不同类型农民工的工作时间状况，我们根据不同标准对农民工进行划分。其中，按照年龄将农民工分为新老两代农民工，本节研究的新生代农民工是指出生年月在1985年1月以后（2012年，年龄在27岁以内）的农民工群体；按照职业状态将农民工分为雇主群体和雇员群体[②]。具体分析结果表明（见表5—26），半数以上的农民工每天工作时间集中在9—12小时；按年龄和教育程度来看，较为年轻和教育程度较高的农民工群体相对日均工作时间较短；按职业状态来看，相对雇员来说，雇主需要投入更多的时间在工作上，75%左右的雇主工作时间超过8小时，13.3%的雇主每天需要工作13小时以上。

表5—26　　　　　　　　不同类型农民工工作时间分布表

分类标准	分组	平均每天工作时间 0—8h	平均每天工作时间 9—12h	平均每天工作时间 13—16h	合计
教育程度	小学及以下	35.6%	57.5%	6.9%	100%
教育程度	初中—高中	39.4%	55.6%	5.0%	100%
职业状态	雇员	46.1%	52.1%	1.8%	100%
职业状态	雇主	23.5%	63.2%	13.3%	100%
年龄	新生代农民工	40.6%	55.2%	4.2%	100%
年龄	老一代农民工	36.9%	56.7%	6.4%	100%

2. 农民工业余生活层次整体不高

可以根据美国学者纳什的休闲层次理论划分本次研究的各项休闲活动层次：吸烟属于第二层次，看电视电影录像、玩棋牌麻将和电脑游戏属于第三层次；上网浏览通讯、读书看报学习属于第四层次；参加文艺体育活动属于第五层次。数据分析表明，农民工业余生活习惯日益丰富化，且其休闲活动比较集中在第三、四层次。其中看电视电影录像（88.9%）仍是大多数农民工的主要休闲生活方式，有4成左右的农民工经常上网浏览通讯（38.4%），读书看报学习（39.7%）有助于农民工拓宽知识面，提升个人素质，仅14.1%的农民工业余会参加层次较高的文艺体育活动。分代际来看，新生代农民工业余生活相对更加丰富一些，新生代农民工（25.8%）除吸烟率低于老一代（33.4%）外，其他各类业余休闲活动的参与比例均高于老一代农民工。特别是上网浏览通讯一项，56.0%的新生代农民工业余经常上网浏览通讯，而老一代农民工参与率为 21.3%。但新、老两代农民工参加文艺体育活动的比例都较低（分别占总数的 16.9% 和 11.3%），其业余生活层次整体不高。

（三）研究方法和变量说明

本部分提出的总体研究假设是：农民工的工作时间和业余生活会影响其市民化意愿。市民化意愿受多种因素的影响，但最终结果只可能有两种：愿意和不愿意市民化。因此对于农民工市民化意愿影响因素的分析属于离散选择问题，采用概率模型比较适合。

1. 被解释变量

为了检验上述假说是否成立，我们通过对"如果没有任何限制，您是否愿意把户口迁到本地？"问题的回答，了解农民工的市民化意愿。农民工市民化涉及农民工的居住地由迁出地到迁入地的永久性或长期性的改变，在户籍制度彻底改革从而消除户口二元结构之前，进城农民工对当地户口的追求是其稳固自己市民角色愿望的最直接表现，已经将户口迁入当地的进城农民工在城镇具有相当大的稳定性，其回农村的可能性微乎其微[1]，因此户口迁移意愿可以衡量农民工的市民化意愿。虽然这个问题并不能说明被调查者必然会把户口迁入现居地，实现市民化，但能代表自选择理论中迁移的"动机"。所以，市民化倾向的数据可能会比实际市民化数据在实证过程中更具有说服力[2]。

2. 解释变量

在农民工市民化意愿的影响因素中，本书重点考查农民工业余生活和工作时间的影响，将农民工的工作时间和业余生活范畴的相关变量作为解释变量（如表 5—27 所示）。模型中引入的工作时间变量为：平均每周工作几天和平均每天工作几小时。为了凸显和评

---

[1] 黄祖辉、钱文荣、毛迎春：《进城农民工在城镇生活的稳定性及市民化意愿》，《中国人口科学》2004 年第 2 期。

[2] 颜品、汪卢俊、宗振利：《选择机制、技能溢价与人口迁移——基于全国流动人口动态监测数据的经验分析》，《南方人口》2014 年第 121 期。

估加班工作时间对农民工市民化的影响效应，本书根据问题"您上个月平均每天工作几小时？"将日均工作时间分成两个变量：正常工作时间和加班工作时间。模型中引入的业余生活变量为农民工在城市的生活习惯，即其在业余时间经常做的事情，包括看电视电影录像、玩棋牌麻将电脑游戏、上网浏览通讯、读书看报学习、参加文艺体育活动和吸烟六个方面。

表5—27　　　　　　　　　　变量设置及其赋值

变量类型	变量名	变量赋值
被解释变量	市民化意愿	该变量以"如果没有任何限制，你会将户口迁入本地吗"表示，"愿意"赋值为"1"，"不愿意""没想好"赋值为"0"
工作时间	每周工作天数	以问卷中"您上个月平均每周工作几天"表示
	正常工作时间	当日均工作时间≤8h时，赋值为"日均工作时间"；当日均工作时间>8h时，赋值为"8"
	加班工作时间	当日均工作时间≤8h时，赋值为"0"；当日均工作时间>8h时，赋值方法为"日均工作时间-8"
业余生活	是否看电视电影录像	"是"赋值为"1"，"否"赋值为"0"
	是否玩棋牌麻将打游戏	"是"赋值为"1"，"否"赋值为"0"
	是否上网浏览通讯	"是"赋值为"1"，"否"赋值为"0"
	是否读书看报学习	"是"赋值为"1"，"否"赋值为"0"
	是否参加文艺体育活动	"是"赋值为"1"，"否"赋值为"0"
	是否吸烟	"是"赋值为"1"，"否"赋值为"0"
控制变量	性别	"男"赋值为"1"，"女"赋值为"0"
	婚姻状况	"初婚""再婚"赋值为"1"，"未婚""离异""丧偶"赋值为"0"
	年龄	计算受访者"出生年月"对应的年龄
	年龄的平方	取上述"年龄"的平方
	月收入的对数	以"您上个月的收入是多少"表示，取对数
	教育年限	将"未上过学""小学""初中""高中""中专"分别赋值为"0""6""9""12""12"

3. 控制变量

参考以往研究文献的分析结果，农民工的个体特征会影响其市民化意愿，所以本书控制了农民工的性别、收入水平、年龄、婚姻状况和教育程度等因素的影响效应。同时考虑到通常年龄与收入、教育等因素呈"U"形或"倒U"形关系，本书又加入年龄的平方。

四 工作时间和业余生活对农民工市民化的影响

（一）总体样本结果及分析

表5—28给出了总体样本回归模型结果（模型1），模型的R^2和调整后的R^2较小，这说明农民工市民化意愿的影响因素比本书所考虑的因素更多、更加复杂。另外，数据来自实地调研，样本量较大，R^2值较小也很正常，本书仅仅验证工作时间和业余生活等相关变量统计上的显著性，因此R^2的值较小不影响研究（分组样本分析类似，不再赘述）。下面对总体样本的实证结果作一简要分析：

第一，全部样本回归模型结果表明，工作时间对农民工市民化意愿的影响显著。不论是8小时内的正常工作时间还是加班时间，都与农民工市民化意愿表现出显著的负相关性，即每天工作时间越长，农民工市民化意愿越低。同时，每周工作天数也与市民化意愿呈现出高度显著的负相关性，这证明了研究假说1。

第二，总体样本模型中，除玩棋牌麻将电脑游戏外，其余业余生活变量的系数均在1%的统计水平上显著。所得结论基本符合我们在研究假说2中对业余生活的分析：业余生活对农民工市民化意愿影响较大。具体来看，看电视电影录像、玩棋牌麻将电脑游戏、上网浏览通讯、读书看报学习和参加文艺体育活动这五类休闲活动对农民工市民化有正向影响。特别是参加文艺体育活动变量的系数为 0.280，且在 1% 水平上显著，因此参加文艺体育活动对农民工市民化意愿具有显著的正向促进作用。而农民工的吸烟习惯与市民化意愿呈现出高度显著的负相关性。可以看出，层次较高和有价值的业余生活习惯有利于强化农民工的市民化意愿，而相对不健康和层次较低的生活习惯对农民工市民化意愿具有负向影响。

表 5—28　　　　　　　　农民工市民化意愿的决定模型

影响因素		模型 1 总体样本 （二元 Logistic 回归）	模型 2 老一代样本 （二元 Logistic 回归）	模型 3 新生代样本 （二元 Logistic 回归）
工作时间	每周工作天数	-0.045*** (0.007)	-0.044*** (0.008)	-0.055*** (0.014)
	正常工作时间	-0.074*** (0.013)	-0.077*** (0.015)	-0.068** (0.030)
	加班时间	-0.009** (0.004)	-0.001 (0.004)	-0.031*** (0.007)
业余生活	看电视电影录像	0.143*** (0.020)	0.146*** (0.025)	0.147*** (0.033)
	玩棋牌麻将电脑游戏	0.036** (0.014)	0.027 (0.018)	0.040* (0.024)
	上网浏览通讯	0.110*** (0.015)	0.169*** (0.019)	0.010 (0.024)
	读书看报学习	0.224*** (0.013)	0.247*** (0.016)	0.178*** (0.024)
	参加文艺体育活动	0.284*** (0.018)	0.275*** (0.024)	0.295*** (0.029)
	吸烟	-0.096*** (0.016)	-0.088*** (0.019)	-0.102*** (0.029)

续表

影响因素		模型1 总体样本 （二元 Logistic 回归）	模型2 老一代样本 （二元 Logistic 回归）	模型3 新生代样本 （二元 Logistic 回归）
控制变量	性别	0.012 (0.015)	-0.023 (0.018)	0.078*** (0.026)
	婚姻状况	0.202*** (0.020)	0.127*** (0.032)	0.234*** (0.028)
	年龄	0.092*** (0.006)	0.076*** (0.011)	0.021 (0.056)
	年龄的平方	-0.001*** (0.000)	-0.001*** (0.000)	0.000 (0.001)
	月收入的对数	0.156*** (0.013)	0.156*** (0.015)	0.154*** (0.027)
	教育年限	0.034*** (0.003)	0.032*** (0.004)	0.043*** (0.007)
常量		-2.996*** (0.165)	-2.605*** (0.269)	-2.167*** (0.684)
R^2		0.026	0.019	0.024
调整后 R^2		0.035	0.025	0.032
样本数		112715	76449	36266

注：***、**、* 分别表示系数估计值在1%、5%、10%水平上显著，括号内是各系数的标准误差。

（二）分组样本结果及分析

作为与老一代农民工具有不同特征的社会群体，新生代农民工已逐渐成为城镇化建设的主要力量，因此，有必要在上述分析的基础上，进一步探讨工作时间和业余生活对新、老两代农民工市民化意愿影响效果的差异。表5—28中模型2、模型3分别是老一代样本和新生代样本的二元 Logistic 回归模型估计结果，下面作简要对比分析：

第一，工作时间对市民化意愿的影响在新老两代农民工间存在差异。加班工作时间对新生代农民工市民化意愿具有显著负影响，而在老一代组，这一变量的系数却不显著，原因可能是新生代农民工享受休闲的意识较强，特别是对于年轻未婚的农民工，自身经济负担不是很重，他们进城工作不仅仅是为了赚钱，也是为了享受城市文明和经济发展的成果，因此希望有更多的闲暇时间，而不愿意加班和延时工作。而老一代农民工进城的目的多为挣钱养家，其养家糊口的经济负担较重，但由于年龄、教育程度和技能等限制，其从事职业多是工资水平较低的制造业或低端服务业，这类劳动密集型行业普遍以计件工资制为主，因此为了获取更多的收入维系城市生活成本、改善家庭生活质量，老一代农民工往往不惜牺牲闲暇时间而自愿加班，当加班是一种自愿的行为后，加班时间的长短对其市民化意愿便不会存在显著影响。

第二，业余生活对市民化意愿的影响在新老两代农民工间的差异主要体现在电脑网络的使用上。一方面，玩棋牌麻将电脑游戏对老一代农民工市民化意愿影响不显著，但对新生代农民工具有显著正向影响。可能原因在于新生代农民工更多地将玩棋牌麻将电脑游戏视为一种交友手段，对个人发展具有正向影响；而老一代农民工往往视其为一种赌博形式，长期沉溺于这类消极娱乐方式往往对自身和社会不益，不利于其市民化。另一方面，上网浏览通讯对老一代农民工市民化意愿有显著正向影响，而对新生代农民工市民化意愿的影响并不显著。原因可能在于电脑网络兴起时间较晚，会使用网络并经常上网浏览通讯的老一代农民工多属于文化程度较高或工作需要使用网络的白领人士，这类人士相比同年龄阶段的农民工市民化能力或意愿往往越强；而网络在新生代农民工之间相对比较普及，所以相对老一代农民工，业余时间经常上网浏览通讯对新生代农民工市民化意愿的影响较小。

第三，控制变量方面，性别和年龄对农民工市民化意愿的影响存在代际差异。其中，性别变量的系数在模型3中显著为正，说明在新生代农民工中，较女性而言，男性农民工的市民化意愿更强烈；而性别变量的系数在模型2中不显著，原因可能在于新生代样本中，女性农民工中未婚的比例较高，由于她们的户籍状态会因婚姻等原因发生变化，所以未婚女性农民工往往缺乏市民化的动力，而老一代样本中，女性农民工已婚比例高，市民化往往以家庭为单位，性别对其市民化意愿的影响差异不大。年龄在老一代组中的系数显著为正，而在新生代组中的系数却不显著，这就意味着年龄的增长对老一代农民工市民化意愿的促进作用高于新生代农民工。可能原因在于：随着年龄的增长，老一代农民工在城市务工时间随之延长，其市民化能力不断提升，进城生活逐渐趋于稳定，在城市定居的愿望也会越强烈；而新生代农民工多处在城市生活适应阶段，城市生活积累相对不足。婚姻状况、教育年限和收入三个变量的系数在新、老农民工两组模型中均显著为正，说明婚姻状况、收入和受教育程度仍然是影响农民工市民化意愿的重要因素。

（三）模型的稳健性与变量内生性处理

1. 模型的稳健性检验

总体模型的回归验证了本书有关农民工市民化的两个基本假说，即高强度的工作时间会降低农民工的市民化意愿，而高层次的业余生活能增强农民工的市民化意愿。但考虑到就业身份对农民工工作时间和市民化意愿的可能影响，我们根据农民工的就业身份对总体样本进行分类，分为雇员样本和雇主样本，通过降低每组样本的就业身份差异，分组讨论工作时间、业余生活对农民工市民化的影响，我们得到与前文类似的结论③。其中，对雇员样本进行的检验发现，工作时间和业余生活各变量对其市民化意愿均有显著影响，每周工作天数、正常上班时间、加班时间和吸烟变量的系数均为负而且非常显著，其他业余生活变量系数均显著为正，除正常工作时间变量外，其他变量系数的正负和显著性与总体样本模型的结论一致。而对雇主样本进行的回归分析发现，业余生活各变量系数的正负和显著性、工作时间变量系数正负与总体样本模型结论没有明显差异，但工作时间变量对其市民化意愿的作用并不显著，这可能与雇主的工作状态有关，其工作时间相对自由，受约束较小，所以工作时间对其市民化意愿影响不大。分类回归结果与总体样本结论差异不大，且存在的部分差异在可解释范围内，因此我们认为模型具有较高的稳健性。

2. 核心变量的内生性及工具变量估计

从前文的回归结果可以发现，农民工超时工作对其市民化意愿有显著的负向影响，即超时工作和牺牲休闲生活会降低农民工对城市的归属感和认同感。但是也可能存在另一种因果关系：农民工市民化意愿越强，越倾向于主动延长工作时间，业余生活层次也越低。如果事实如此，那么由于工作时间、休闲生活与市民化意愿的相互影响而造成的联立型内生性可能导致估计偏误。为了控制内生性偏误，我们首先筛选出从事制造业的农民工样本（42180个）。一方面，农民工从事制造业的比例最高（37.4%），样本具有较好的代表性；另一方面，从事制造业的农民工为机械化生产的一部分，需要与机器设备和其他工作人员相协调，这种劳动者异化致使农民工的工作时间几乎由企业的生产特征和经营模式决定，企业在特定时间内需要特定数量和质量的产品，那么农民工就需要配合机器的效率在相应工作时间内完成，因此从事制造业的农民工，其工作时间是外生的，不是农民工自身能确定和把握的，因此制造业样本中农民工的工作时间变量具有外生性，可以降低模型因工作时间变量内生产生的干扰。其次，为了控制业余生活变量的内生性偏误，我们用同社区受访者以外其他农民工的业余生活作为受访者业余生活的工具变量。已有文献证实，在农民工群体中存在着"同群效益"，也就是说，同社区其他农民工的业余生活会影响到受访者，但社区其他农民工的业余生活并不会直接影响受访者本人的市民化意愿。因此，在理论上可以使用同社区其他农民工的业余生活变量作为受访者本人业余生活的工具变量。

为了使用两阶段最小二乘法（2SLS）进行工具变量估计，我们借鉴陈钊等人对估计模型的处理方法[①]，调整因变量的赋值方式：对"如果没有任何限制，你会将户口迁入本地吗"选择"愿意"赋值为"1"，"不愿意"赋值为"-1"，"没想好"赋值为"0"，自变量不变，进行总体样本的 OLS 模型（结果见模型4），可以得到同逻辑回归（模型1）类似的结论：工作时间和业余生活对农民工市民化影响显著，且各个变量的系数正负和显著性差异不大。另外，为了控制工作时间变量的外生性，本书会减少一部分非制造业的样本，为了证明这样的变化对结果影响不大，我们在表4中提供了全部样本和制造业样本的 OLS 回归结果（模型4和模型5），可以看到，样本的剔除仅对上网浏览通讯变量的系数和显著性略有影响。工具变量估计中运用工具变量显著性的 F 检验，看电视电影录像、玩棋牌麻将电脑游戏、上网浏览通讯、读书看报学习和参加文艺体育活动各变量的 Shea's Partial R^2 分别为 0.0971、0.0704、0.0635、0.0897、0.1014、0.0268，但是 F 统计量值分别为 187.001、356.455、441.497、676.355、395.943、108.194，远超

[①] 陈钊、陆铭、佐藤宏：《谁进入了高收入行业？——关系、户籍与生产率的作用》，《经济研究》2009年第10期。

过 10，P 值均为 0.000。而且第一阶段的回归结果显示，工具变量对内生变量具有显著的影响，即具备较好的解释力。可见，不存在弱工具变量问题。进一步对变量的内生性使用异方差稳健的 DWH 检验，P 值为 0.000，可认为在 1% 以下的显著水平上各业余生活变量属于内生解释变量。

进一步，我们引入工具变量对制造业农民工样本进行两阶段最小二乘估计，模型 6 是 2SLS 估计的结果。我们发现，看电视电影录像、读书看报学习和参加文艺体育活动的确会显著提升农民工的市民化意愿；玩棋牌麻将电脑游戏、上网浏览通讯和吸烟的效果则相反。对比之下，OLS 回归结果中的玩棋牌麻将电脑游戏和上网浏览通讯两类变量可能带有内生性的偏误，在 OLS 回归中，玩棋牌麻将电脑游戏和上网浏览通讯的系数是显著的正数，可能是因为市民化意愿较高的农民工往往具有较好的工作和较高的收入，从而有物质条件购买上网设备和打麻将，所以玩棋牌麻将电脑游戏和上网浏览通讯的参与率也更高，而不是因为农民工在业余时间玩棋牌麻将电脑游戏和上网浏览通讯有助于提升其市民化意愿。2SLS 回归结果表明，在玩棋牌麻将电脑游戏和上网浏览通讯影响农民工市民化意愿的正负两个机制中，农民工业余时间参与玩棋牌麻将电脑游戏、上网浏览通讯降低市民化意愿的机制占主导地位；同时，吸烟也会降低农民工市民化意愿；而读书看报学习、参加文艺体育活动等相对层次较高的业余生活会显著提高农民工的市民化意愿，这证明了我们在提出研究假说 2 时对业余生活的分析，即高层次的业余生活会有助于提高农民工的市民化意愿。另外，控制变量的内生性后，结果显示，正常工作时间的长短对农民工市民化意愿的影响不显著，即在 8 小时内，日均工作时间的长短对农民工市民化意愿的影响不大；而超过 8 小时的加班时间的延

第五章 相关保障性因素对农民工市民化的影响

长，会显著降低农民工的市民化意愿。

表5—29　　　　市民化意愿决定模型（工具变量分析）

	影响因素	模型4 总体样本（OLS）	模型5 制造业样本（OLS）	模型6 制造业样本（2SLS）
工作时间	平均每周工作几天	-0.025*** (0.003)	-0.052*** (0.005)	-0.034*** (0.004)
	正常工作时间	-0.015** (0.005)	-0.015*** (0.013)	-0.017 (0.011)
	加班时间	-0.014*** (0.001)	-0.042*** (0.003)	-0.012*** (0.002)
业余生活	看电视电影录像	0.026*** (0.008)	0.042*** (0.013)	0.195*** (0.037)
	玩棋牌麻将电脑游戏	0.011*** (0.006)	0.028*** (0.009)	-0.038 (0.031)
	上网浏览通讯	0.019*** (0.006)	0.007 (0.010)	-0.095** (0.033)
	读书看报学习	0.054*** (0.005)	0.031*** (0.009)	0.060*** (0.026)
	参加文艺体育活动	0.048*** (0.007)	0.058*** (0.012)	0.201*** (0.033)
	吸烟	-0.027*** (0.006)	-0.019*** (0.011)	-0.156*** (0.054)
控制变量	性别	0.011*** (0.006)	0.043*** (0.010)	0.093*** (0.025)
	婚姻状况	0.033*** (0.008)	0.047*** (0.013)	0.024** (0.012)
	年龄	0.404*** (0.002)	0.407*** (0.004)	0.019*** (0.003)

续表

影响因素		模型4 总体样本（OLS）	模型5 制造业样本（OLS）	模型6 制造业样本（2SLS）
控制变量	年龄的平方	-0.355 *** (0.000)	-0.353 *** (0.000)	-0.000 *** (0.000)
	月收入的对数	0.031 *** (0.005)	0.014 *** (0.011)	0.041 *** (0.009)
	教育年限	0.042 *** (0.001)	0.046 *** (0.002)	0.004 ** (0.002)
常量		-0.802 *** (0.066)	-0.141 *** (0.143)	-0.137 (0.120)
R^2		0.024	0.028	
调整后 R^2		0.024	0.027	
样本数		112715	21888	21888

注：*** 、** 、* 分别表示系数估计值在1%、5%、10%水平上显著，括号内是各系数的标准误差。

五 业余生活的影响效应

基于2012年全国流动人口动态监测数据，本书实证分析了工作时间和业余生活因素对农民工市民化意愿的影响效应，主要研究结论如下：

第一，工作时间对农民工市民化意愿的影响显著。不论是8小时内的正常工作时间还是8小时外的加班时间，都对农民工市民化意愿有显著的负向影响，即每天工作时间越长，农民工市民化意愿越低。但是当单独提出制造业农民工样本以控制工作时间变量的内生性后，两阶段最小二乘回归结果显示，在8小时内，日均工作时间的长短对农民工市民化意愿的影响不大；而8小时之外的加班时间对农民工市民化意愿有显著的负向影响。加班工作时间对新老两代农民工的市民化意愿的影响存在代际差异：新生代农民工对加班时间更为敏感，加班时间的增加会导致其市民化意愿显著降低，而加班时间对老一代农民工市民化意愿的影响并不显著。同时，每周工作天数的增加会显著降低新老两代农民工的市民化意愿。

第二，农民工业余生活对其市民化意愿影响显著。当选择同一社区内其他农民工的业余生活作为工具变量，处理了业余生活变量的内生性偏误之后，研究发现层次较高、对个体健康和社会发展有益的业余生活对农民工市民化意愿的促进作用更为明显；而吸烟、打麻将和玩电脑游戏等业余生活对农民工市民化意愿有着显著的负向影响。并且这些影响效应并不会因为农民工的代际差异而有明显变化。可见，在农民工群体中倡导和培育高层次业余生活对提高农民工市民化意愿，甚至是推动农民工市民化进程都具有非常重要的意义。

以上结论表明农民工不仅符合"经济人"假设，同样符合"社会人"假设，影响他们市民化进程的不仅仅是物质因素，还有工作时间和业余生活等精神感受。已有研究在进行农民工市民化的成本—收益分析时，显然忽视了农民工的精神感受层面的因素。农民工是否愿意改变户籍实现永久性迁移是在现有利益格局博弈中的理性选择，涉及物质和精神两个方面。收入增加或许是农民工进城工作生活的直接目的，可精神方面的归属感和满意度是农民工市民化意愿的主要驱动力。但现阶段农民工工作时间普遍较长，休闲层次整体不高，不利于农民工主动实现市民化。因此，社会各界应该为农民工从事积极的闲暇活动创造必要的条件，如建造必要的积极闲暇活动设施等，企业也应为农民工提供良好的业余生活环境，合理控制工作时间，让农民工有时间、有条件享受闲暇时光，让其接触当地文化，感受当地生活节奏，适应当地生活习惯，为农民工市民化打下良好的心理基础。

第六章

农村社会保护与农民工返乡

在城市化、工业化进程中，农村劳动力到外地务工就业一直伴随着大量的回流现象，这引起了经济学和社会学界的极大重视。无论是美国（Pottinger，1987）、加拿大（Vanderkamp，1972）和日本（Suzuki，1995）等发达国家，还是巴西、墨西哥（Orrenius，1999）、土耳其（Dustmann，2003）等发展中国家，劳动力的迁出总是和劳动力的回流相伴。进入21世纪，中国城乡收入差距持续扩大[①]，在"民工潮"未退，政府仍在为如何消化农村大量剩余劳动力而绞尽脑汁的同时，大批迁移劳动力开始离城返乡，部分地区还出现了"民工荒"现象。根据我国第六次人口普查数据对迁移人口的规模进行的估计，居住地与户口登记地所在的乡镇街道不一致且离开户口登记地半年以上的人口为2.61亿人，不包括市辖区内人户分离的人口2.21亿人（国家统计局，2011）。据国家人口计生委调查结果显示，截至2008年12月20日，全国返乡农民工1361.8万人，占农村外出务工人员总数的9%左右（国家人口计生委流动人口服务管理司，2009）。如果考虑暂时性回流或者往复式流动的农民工，那么回流劳动力的规模会更大。根据国家统计局

[①] 来自农业部的数据显示，中国农民收入连续多年较快增长，2009年农民人均纯收入达到5153元，但城乡居民收入绝对差距由2000年的4027元扩大到2009年的12022元。

2009年的调查，春节前返乡农民工数量是7000万人左右，约占外出农民工总量的50%。

"民工潮"和"民工回流""民工荒"并存的现象，一直是困扰国内外学术界的难题。在城乡收入差距持续扩大的情况下，大批迁移劳动力回流农村的行为，更是以往的劳动力迁移理论所不能解释的。已有文献多关注个人特征和外界环境对劳动力回流决策的影响，而缺乏对家庭层面相关因素的应有重视。西方国家的迁移更多的是迁移者个人决策，迁移的目的多是为了个人更好地发展；而在中国农村，家庭成员外出务工多是为了增加家庭收入和分散经营风险（杜鹰，1997）。另外，中国迁移劳动力是收入和消费与社会保护或者养老保障相分离的特殊群体，他们在城市里做工赚取工资并在城市消费，但还是需要农村家庭为其提供保障支持系统（Murphy，2002）。可见，以家庭决策为基础的社会保护理论可以为中国农村劳动力的乡城迁移和回流提供更好的解释和分析框架。本部分是关于农民工返乡的理论研究和实证分析，具体地说，是为描述和解释农民工返乡的内在机理、根本动因及其影响因素提供一个理论框架和分析方法，并运用湖北省和河南省的农户调查数据对理论模型进行检验和论证。

第一节　为什么返乡

在城乡收入差距持续扩大的情况下，中国"民工潮"和"民工回流""民工荒"并存的现象，一直是困扰国内外学术界的难题。本书根据湖北和河南两省的农户抽样调查数据，建立农村农民工回流决策的影响因素模型，从家庭决策的视角分析了家庭禀赋对农民工回流的影响及其作用机制。数据分析结果表明：家庭人力资本越丰富，劳动力越容易选择留在农村就业或者回流农村，但是当家庭人力资本值达到一定程度后，农村劳动力又倾向于外出就业。家庭社会资本有助于农民工外出务工，但是随着家庭社会资本值的增加，那些家庭社会资本更为丰富的家庭的劳动力则更愿意回流家乡就业。丰富的家庭经济资本同时可以产生收入效应和替代效应，家庭经济资本可以为外出务工提供物质支持，但是丰富的家庭经济资本，又会促使农民工回流农村，总体来说后者更为明显。

一　关于迁移者返乡的理论回顾与研究假说

（一）农民工回流研究：两种不同的视角

关于劳动力流动的行为选择，学术界有两种不同的认识。一种理论认为劳动力流动是从个人效用最大化的角度出发的个体行为选择的结果[1]；另一种理论认为劳动力流动是家庭决策的结果[2]，或者说劳动力外出务工是一种家庭生计策略[3]，即家庭成员谁进城务工、谁在家务农，是使家庭全体成员福利最大化的理性决策。前者是适合利己主义者的假设，后者适合把劳动力作为利他主义者。在现实生活中，不同的背景环境下，不同的个体对于个人和家庭利益的看重程度是有差异的，但是他们一般都是基于家庭禀赋状况做出的理性迁移决策。劳动者从个人利益最大化为出发点做出行为决策，是经济学研究的经典假设，以此为基础，学术界已经从成本—收益、生命周期、人力资本和社会网络等诸多角度对劳动力回流问题展开了研究。推拉理论从成本—收益的角度研究认为，人口流动

---

[1] Todaro, M. P., "A Model of Labor Migration and Urban Unemployment in Less Developed Countries." *The American Economic Review* Vol. 1, No. 59, 1969.

[2] Stark, O., "Research on Rural-to-Urban Migration in LessDeveloped Countries: The Confusion Frontier and Why We Should Pause to Rethink Afresh." *World Development*, No. 10, 1982.

[3] Chambers, R. & R. Conway 1992, "Sustainable Rural Livelihoods: Practical Concepts for the 21st Century." *IDS Discussion Paper*, p. 296.

的目的在于改善其自身的生活条件,当流入到城市的农村劳动力在城市中的生活条件并没有得到改善[1],或者迁移者家乡有更好的投资机会[2]时,他们往往就需要再次进行选择。当然,来自家乡的拉力,还包括原住地就业机会的增加和低技能耕作方式对劳动力的需求,等等[3]。生命周期理论将劳动力流动简化为两个阶段:年轻时候外出打工挣钱,年龄大了以后回家乡务农、务工或经商。在城市和农村推拉力都没有变动的情况下,那些"生命周期"到了的农民工,也会按预期回到农村[4]。结构主义理论认为,城乡劳动力的迁出和回流构成了中心和边缘地区资源交换的不平衡机制,农村—城市迁移者有规律地回到家乡,在农忙季节为农村家庭提供帮助,参加人生阶段性庆典;只有失败的打工者才会永久性返乡,他们是因为年迈、生病或者其他原因被淘汰出城市部门,回到农村形成一个农村社会劣势群体[5];也有可能是受到经济波动的影响而被迫回流[6]。另外还有劳动力流动的制度理论[7]、劳动力流动的人力资本理论[8]等理论对劳动力回流问题作了探讨。

---

[1] Murphy, R., *How Migrant Labor is Changing Rural China*, Cambridge: Cambridge University Press. 2002.

[2] Christiansen, R. E. & J. G. Kidd, "The Return of Malawian Labour from South Africa and Zimbabwe." *The Journal of Modern African Studies*, No. 21, 1983.

[3] Wang, W. W. & C. C. Fan, "Success or Failure: Selectivity and Reasons of Return Migration in Sichuan and Anhui, China." *Environment and Planning*, No. 38, 2006.

[4] Davies R. B. & A. R Pickles, "An Analysis of Housing Careers in Cardiff." *Environment and Planning*, No. 23, 1991.

[5] Sander, M., "Return Migration and the Healthy Immigrant Effect." *SOEP Papers on Multidisciplinary Panel Data Research at DIW Berlin*, 2007.

[6] Bastia, T. "Should I Stay or Should I Go? Return Migration in Times of Crises." *Journal of International Development*, Vol. 4, No. 23, 2011.

[7] Guilmoto, C. Z. & F. Sandron, "The Internal Dynamics of Migration Networks in Development Countries." *Population: an English Selection*, 13 (2), 2001.

[8] Thomas, K. J. A., "Return Migration in Africa and the Relationship between Educational Attainment and Labor Market Success: Evidence from Uganda." *International Migration Review*, 42 (3), 2008.

与传统理论假设个人为决策主体不同,20世纪80年代兴起的新迁移经济理论把家庭而不是个人看作追求收益最大化的主体。根据家庭预期收入最大化和风险最小化的原则,劳动力决定外出或回流[1]。外出劳动者与留在家里的劳动者在完全不同的工作环境下从事不同的生产活动,其收入具有极强的互补性和负相关性;血缘关系和家庭继承合约把他们紧紧地结合在一起,外出劳动者有义务将其收入寄回或带回,以补充家庭不时之需;当外出者没有挣得收入或受到挫折时,他可以从家庭得到支持,或者回流到迁出地[2]。在20世纪90年代末期,新迁移经济理论专门对劳动力回流进行了研究,认为回流更多的是出自以下原因:没有在城市找到体面的工作或者在城市相对贫困,以及在家乡的生活成本更低[3];在城市打工期间积累的人力资本和储蓄在家乡会带来更多的投资回报[4]。阿马萨利特别强调了外出积累的人力资本在家乡的回报率对劳动力回流的作用最为明显[5]。斯塔克又从相对购买力水平和家庭风险分散的角度分析了劳动力回流的动机:由于外出务工者在城市里很难进入正规劳动力就业市场,他们返乡后即使不能获得更高的收入,为了降低相对贫困感,农民工也会作出回流的决策[6]。沃代尔等进一步研究认为不仅家庭相对贫困状况会增加迁移者回流的概率,而且家

---

[1] Stark, O., "Research on Rural-to-Urban Migration in LessDeveloped Countries: The Confusion Frontier and Why We Should Pause to Rethink Afresh." *World Development*, No. 10, 1982.

[2] Stark, O. & J. E. Taylor, "Migration Incentives, Migration Types: the Role of Relative Deprivation." *The Economic Journal*, 101, 1991.

[3] Stark, O., "On the Microeconomics of Return Migration." *Occasional Paper* No. 1, 1996.

[4] Cassarino, J. P., "Theorising Return Migration: A Revisited Conceptual Approach to Return Migrants." *International Journal on Multicultural Societies*, 6 (2), 2004.

[5] Ammassari, S., "From Nation-building to Entrepreneurship: the Impact of Élite Return Migrants in Côte d'Ivoire and Ghana." *Population, Space and Place*, 10 (2), 2004.

[6] Stark, O., "Tales of Migration, without Wage Differentials: Individual, Family, and Community Contexts." *Paper prepared for Conference on African Migration in Comparative Perspective*, June 4-7, 2003.

庭规模和家庭结构也会影响迁移者的回流选择[1]。

(二) 家庭状况对农民工回流的影响

关于农民工回流决定因素的经验研究，已有研究所分析的自变量主要是迁移者年龄、性别、教育程度、婚姻状况、户籍性质、人均耕地、在外流动时间和相对收入水平等。此外，家庭特征对于农民工回流的作用也是社会学和经济学家的兴趣所在。

婚姻状况是影响迁移者是否选择回流的重要因素，尤其是对于女性劳动力。赵耀辉研究发现，有配偶的农民工其回流概率比单身外出者高出15.4个百分点，这一效应在5%显著水平上显著；如果配偶并未随之外出，那么该迁移者返乡的概率会增加16.1个百分点[2]。也有学者研究发现已婚状态迁移者的回流概率是未婚者的3.7倍。这主要是因为对于已婚的人，迁移成本（包括货币成本、生理成本和心理成本）更高一些[3]。沃代尔等进一步研究认为不仅结婚会增加迁移者回流的概率，而且家庭规模也会增加外出务工者的回流的概率，因为结婚会增加劳动力在外就业的物质资本和心理成本[4]。在扎卡然科的模型中，已婚者回流的概率明显小于单身迁移者，尤其是已婚女性[5]。

家庭结构如孩子数量、老年人数量等也是影响农民工回流的重

---

[1] Vadean, F. P. and M. Piracha, "Circular Migration or Permanent Return: What Determines Different Forms of Migration?" *Paper provided by Institute for the Study of Labor (IZA), Discussion Paper*, No. 4287, July, 2009.

[2] Zhao, Y. H., "Causes and Consequences of Return Migration: Recent Evidence from China." *Journal of Comparative Economics*, 30 (2), 2002.

[3] Wang, W. W. & C. C. Fan, "Success or Failure: Selectivity and Reasons of Return Migration in Sichuan and Anhui, China." *Environment and Planning*, No. 38, 2006.

[4] Vadean, F. P. and M. Piracha, "Circular Migration or Permanent Return: What Determines Different Forms of Migration?" *Paper provided by Institute for the Study of Labor (IZA), Discussion Paper*, No. 4287, July, 2009.

[5] Zakharenko, R., "Return Migration: an Empirical Investigation." *Paper Prepared for the Fifth Biennial Conference of Hong Kong Economic Association*, December 15 – 16, 2008.

要因素，但是现有的实证研究结论有较大的差异。达斯曼等人研究发现家庭中孩子的数量对农民工是否回流有着显著的负向影响，也就是说家庭中孩子越多迁移者越倾向于继续在外流动[1]。在赵耀辉构建的模型中，家庭里6岁以下、6—12岁孩子数量以及65岁以上老年人的数量对外出务工者是否回流有着负向的影响，但是在统计意义上并不显著[2]。而白南生和何宇鹏则研究发现，子女上学已经成为影响劳动力回流的一个重要事件，有近10%的回流劳动力把孩子上学作为回乡的原因[3]。在多元 Logistic 回归模型中，家庭中正在上学的孩子数量对农民工是否回流有着显著的正向影响，家庭中上学孩子的数量每增加1个，农民工回流的概率会增加1.1倍[4]。法比安和斯特拉卡也得出过类似的结论[5]。

布莱希特通过对从南欧前往德国务工的劳动力回流状况的研究，发现家庭社会网络对移民的回流发挥着重要作用，家庭成员都生活在迁出地农村的迁移者更倾向于回流[6]。汪三贵、刘湘琳、史识洁等[7]利用调查数据专门研究了社会资本对农民工返乡创业的影响，结果显示，同质性的社会网络的扩展更有利于农民工的返乡创

---

[1] Dustmann, C., "An Economic Analysis of Return Migration." *Discussion Papers of University College London*, *Department of Economic*, No. 96 - 102, ISSN 1350 - 6722, 1996.

[2] Zhao, Y. H., "Causes and Consequences of Return Migration: Recent Evidence from China." *Journal of Comparative Economics*, 30 (2), 2002.

[3] Bai, N. S. & Y. P. He, "Returning to the Countryside Versus Continuing to Work in the Cities: A Study on Rural Urban Migrants and Their Return to the Countryside of China." *Social Science in China*, 4, 2003.

[4] Wang, W. W. & C. C. Fan, "Success or Failure: Selectivity and Reasons of Return Migration in Sichuan and Anhui, China." *Environment and Planning*, 38, 2006.

[5] Fabian, T. &G. Straka, "Ältere türkische Migranten und Migrantinnen inder Spätphas des Erwerbslebens und im Ruhestand." *Zeitschrift für Gerontologie*, 2 (5), 1991.

[6] Brecht, B., "Analyse der Rickkehr von Gastarbeitern. Akademische Abhandlungen Zu den Wirtschaftswissenschaften", *Verlag fur Wissenschaft und Forschung*, 1994.

[7] 汪三贵、刘湘琳、史识洁等：《人力资本和社会资本对返乡农民工创业的影响》，《农业技术经济》2010年第12期。

业，如有作为个体或私营老板的亲友等。在农村，土地禀赋是决定一个农户家庭发展的根本，也是影响家庭成员迁移与否的重要因素。有研究认为，家庭中人均土地数量每增加1亩，农民工回流的概率就会增加1.1倍[1]。而在赵耀辉的模型中，家庭土地状况对农民工回流并无显著的影响；家庭劳动力数量对农民工回流有着显著的负向影响，如果家庭劳动力每低于劳动力平均数量一个，那么这家庭中农民工回流的概率就会增加5.2个百分点[2]。

还有学者从"风险厌恶"[3]和乡土情结[4][5]等角度对农民工回流原因作了分析。从研究方法上来看，研究中一般应用的是二元选择模型；还有一些研究者应用其他的计量经济学工具，如哈瑞应用了参数估计的威布尔模型（Weibull model）[6]，罗凯[7]采用了面板二元选择模型（panel logitmodel），葛晓巍和林坚[8]则利用事件史模型来分析劳动力回流。

（三）家庭禀赋、家庭决策与农民工回流：理论与假说

个人迁移行为受到诸多因素的影响，之所以从家庭禀赋的角度研究劳动力回流问题，是因为在中国农村，家庭对于劳动者个人行

---

[1] Wang, W. W. & C. C. Fan, "Success or Failure: Selectivity and Reasons of Return Migration in Sichuan and Anhui, China." *Environment and Planning*, No. 38, 2006.

[2] Zhao, Y. H., "Causes and Consequences of Return Migration: Recent Evidence from China." *Journal of Comparative Economics*, 30 (2), 2002.

[3] Co, Y. C., I. N. Gang & M. S. Yun, "Returns to Returning." *Journal of Population Economics*, 13, 2000.

[4] Lucas, E., "The Economic well-being of Movers and Stayers: Assimilation, Impacts, Links and Proximity." June 4-7, 2003.

[5] Dustmann, C., "An Economic Analysis of Return Migration." *Discussion Papers of University College London, Department of Economic*, No. 96-102, ISSN 1350-6722, 1996.

[6] Hare, D., "'Push' versus 'Pull' Factors in Migration Out flows and Returns: Determinants of Migration Status and Spell Duration among China's Rural Population." *Journal of Development Studies*, 35, 1999.

[7] 罗凯：《打工经历与职业转换和创业参与》，《世界经济》2009年第6期。

[8] 葛晓巍、林坚：《影响我国外出劳动力回流的因素浅析》，《西北农林科技大学学报》（社会科学版）2009年第1期。

为选择有着特殊的意义，并且家庭禀赋对于农户经济发展和家庭决策也有着重要的影响。新迁移经济理论只是强调迁移者以家庭总效益最大化为目标，个人迁移是家庭决策的结果，未对迁移者的家庭禀赋给予足够的重视，并没有深入分析家庭状况影响农民工回流的内在机理。家庭禀赋，是家庭成员及整个家庭共同享有的资源和能力，包括家庭人力资本、家庭社会资本、家庭自然资本和家庭经济资本[①]。家庭禀赋是个人发展能力的拓展，是个人禀赋的外延，是家庭成员可以共同利用的资源；但是与此同时，个人的行为选择还会受到家庭禀赋状况和家庭决策的约束。

1. 家庭决策与劳动力回流选择

在市场程度相对较低的农业社会中，家庭既是农村的基本生产和生活单位，也是农民的基本福利供给单位，承担着农业生产、生活保障、经济扶持和福利供给等多重功能。在中国农村家庭中，有着比较特殊的代际继承关系：父母养育子女，供其读书，还会为其盖房娶妻照顾子女，子女往往生活在父母的安排和影响下。中国城乡二元结构突出，农村经济发展落后，市场化程度较低，尤其是信贷和保险市场缺乏，农民在农村的收入来源比较单一。为了改变这种落后被动的局面，增加家庭收入，改善家庭经济地位，户主在与其他家庭成员商量后自然做出派人外出务工的决定[②]。而且一般来说，在农村家庭中存在着劳动力过剩，即存在家庭劳动力边际产出非常低或者接近于零的情况，所以从家庭总收益最大化的角度考虑，家庭决策者会安排成员外出务工。随着劳动力的外迁，家庭劳动力边际产出会逐渐提高。从这个角度考虑，农民外出务工是家庭决策的结果，那么当外出务工者在外地就业遇到困难或者生活状况

[①] 在本书中我们重点考察的是家庭禀赋对个人就业行为选择的影响，家庭的物质财产、现金收入及存款都是对家庭经济水平和家庭经济能力的衡量，我们将其统一划分为家庭经济资本。

[②] 杨云彦、石智雷：《家庭禀赋对农民外出务工行为的影响》，《中国人口科学》2008年第5期。

不满意时，或者在家乡有较好的发展机会时，就会选择返回农村。另外，在节假日尤其是在春节期间会有大量的农民工返回家乡，春节后还会继续外出。由此造成农村劳动力的城乡往复式循环流动（circular migrants）。由此可见，中国农村劳动力的家庭依附性[①]导致的结果是：随着城市生活成本的增加以及农村投资回报率的上升，农民工会选择返乡发展，这在一定程度上影响了中国人口城市化进程，至少会带来农村外出劳动力的城市融入动力不足。

2. 劳动力回流的家庭禀赋效应

劳动力回流的家庭禀赋效应主要是指家庭禀赋可以为劳动力提供社会保护和增加回流后的投资回报，而这两点正是当前部分农民工回流农村的主要动力。

基于家庭禀赋的农村投资回报率增加是影响农民工回流的重要原因。从家庭禀赋作为个人发展能力拓展的视角来看，家庭禀赋可以使迁移者在外积累的人力资本和经济资本在家乡得到更高的投资回报，并且家庭禀赋的经济效应只有在迁移者家乡才可以得到更好的发挥和实现。由于自身文化程度和制度条件的约束，农村劳动力进城后多是进入非正规部门就业，多年的外出务工经历使得他们的人力资本和物质资本都有所积累，虽然在城市部门向上发展的空间和进入正规部门就业的概率较小，但是他们这种积累在返乡后可以盘活家庭已有的资源禀赋，可以使这些积累得到更高的投资回报。外出务工者回流农村，会带回一定的技术和知识，或者是务工积累的资金，也可能建立起和外界的社会网络，这样不仅可以使原有能力在农村得到充分的发挥，而且可以使整个家庭的自然资本、经济资本、人力资本和社会资本得到更好地利用。

另外，家庭禀赋还为农村农民工提供了养老保障的作用。首

[①] 石智雷、杨云彦：《家庭依附、人力资本与女性青年的劳动参与》，《青年研究》2009年第5期。

先，在中国农村普遍实行的土地分配制度可以为每位农村劳动力提供足够维持生活的土地，并且从事农业生产的门槛较低，对于文化程度和技术水平没有太多要求，甚至身体状况较差和年龄较高的劳动力也可以借此维持生活。其次，家庭人力资本和社会资本还可以为其提供资金或者人力的帮助，以缓解伤、病冲击，平滑收入风险。所以，农民工在城市里做工赚取工资并在城市消费，但还是需要农村家庭为其提供保障支持系统。但是这种支持系统往往还是建立在迁移者与农村家庭保持不断联系的基础之上，包括迁移者往家乡汇款、节假日或者亲人庆典时返回等。这也是导致农村劳动力在城乡间往复式循环流动（circular migrants）的一个重要原因。

综上所陈，我们提出如下假说：

假说1：家庭人力资本越丰富，与外出务工相比，农民工越容易选择回流农村，但是家庭人力资本值达到一定程度后，农村劳动力又倾向于外出就业。

假说2：家庭社会资本有助于农民工外出务工，但是随着家庭社会资本值的增加，那些家庭社会资本更为丰富的家庭的劳动力则更愿意回流家乡就业。

假说3：丰富的家庭经济资本同时可以产生收入效应和替代效应，家庭经济资本可以为外出务工提供物质支持，但是丰富的家庭经济资本，又会促使劳动力在本地就业或者迁移者回流农村，总体来说后者更为明显。家庭自然资本也有类似的效应。

二 研究设计与模型构建

（一）研究设计

哪些因素影响着农户的家庭策略选择？哪些因素影响着农民工回流行为？从前面的理论分析出发，我们分别从家庭禀赋对家庭决策和个人行为影响的角度来估计家庭禀赋对农民工回流行为的影响。首先，从家庭决策的角度，我们将家庭作为分析研究的基本单位，把所有的家庭成员看作一个整体，家庭成员的就业和流动选择都是家庭统一决策的结果。家庭的就业流动策略可以划分为三种：一种是家庭有成员正在外务工但没有回流者，一种是家庭有外出务工回流劳动力[1]，另一种是家庭所有劳动力都无外出务工经历。在模型中，我们以家庭成员都无外出务工经历的家庭作为参照组。

然后，我们把农村劳动力就业流动纳入个人行为决策框架。和上一模型中将农户家庭作为决策的基本单位不同，在本部分我们把劳动力就业流动作为个人行为选择的结果。家庭禀赋是劳动者个人能力的扩展，是劳动者自身发展可以利用的资源，它会在多大程度上影响着农村劳动力的就业流动呢？根据就业流动状态的不同，我们将农村劳动力划分为三类：从未外出务工、正在外地务工和外出务工一段时间已经回流农村。也就是说，对于一个农村劳动力，他有这三种就业流动状态可供选择。利用 Multinomial Logistic 模型，我们可以估计家庭禀赋因素如何决定劳动力处于这三种状态中的哪一种。我们以正在外务工者为参照组，其系数标准化为零。若自变量系数为正，意味着相对于作为参照组的正在外务工者来说，劳动者更倾向处于此种状态；自变量系数为负则相反。

由于在研究中我们的解释变量选取的是劳动力当前的个人特征、家庭禀赋和社区环境，而有一部分被访者的就业流动选择已经发生一段时间，调查所获取的就业流动性是作为一种当前所处的状态，所以我们要考察的就是被访者为什么处于这么一种状态，而不是其他[2]。在计量模型中，我们所选取的解释变量也是一些有着较长时间持续性的因素，或者是时间的长期积累值，如家庭财富值，就是家

---

[1] 在这种分类方法下，回流劳动力家庭中可能包含有成员正在外地务工，由于本书主要是探讨劳动力回流问题，所以这一类型统一划为回流劳动力家庭。

[2] 比如，对于一个正在外出务工者，我们主要是考察他为什么现在在外务工，而还不选择回流。

庭长期经济状况和经济水平的积累结果。关于农村劳动力的就业流动状态研究，有两个对比分析，一个是回流后的劳动力和没有外出务工经历的劳动力的对比，另一个是回流劳动力和正在外务工的劳动力的对比，这个主要是探讨劳动力外出务工后为什么选择回流，或者说哪些劳动力选择了回流。我们2007年的农户数据可以满足这两个研究的需要，因为数据调研是采取的分层整群抽样，分层抽样可对所选样本县有足够的代表性，村级单位的整群抽样可以覆盖到村内不同农户，另外调研数据还包括了被访农户家庭所有成员的个人信息。所以，2007年农户调研数据对所选农户的家庭成员、所选村的农户、所选样本县以及中部地区农村都有较好的代表性。

为了更好地体现家庭禀赋对劳动力就业流动的影响，在建立第二个回归模型时，我们对被访者做了选择性处理：研究对象是15—64岁的农村劳动力，扣除了正在读书的学生样本以保持与同类研究的一致性，样本的个人信息如年龄、婚姻状态、性别和文化程度等存在数据缺失的不予保留。在家庭禀赋指标的设定和测量方面，由于家庭禀赋涉及面广，零碎而复杂，不仅包括各种经济资本（如存款、土地、财产或住房等），还包括个人的知识、技能、社交圈、社会关系和影响其生活相关的决策能力等。因此，在实地调查过程中，对于家庭禀赋的衡量通过界定可量化指标和主观评估指标来获得相关数据。

（二）变量设置与测量方法

被解释变量有两组，一组是以家庭为单位，将家庭成员的就业流动性进行综合考虑，划分为三类：一类是家庭成员中有回流劳动力（设置为1）；一类是家庭成员中有劳动力正在外务工，但现在无回流劳动力（设置为2）；一类是家中劳动力都无外出务工经历（设置为0）。另一组考察的是劳动力个人流动状态。根据当前就业流动状态的不同，划分为三类：一类是该劳动力无外出务工经历（设置为1）；一类是劳动力曾外出务工现在已经回流（设置为2）；一类是劳动力正在外务工（设置为0）。对于农民工回流的衡量有很多种方法。比如，回流的时间和回流的状态，在本书中我们利用劳动力的回流状态和将来迁移意愿来综合衡量。在调查问卷中，设计的问题是"是否有外出务工（工作流动）经历？①有，已经回来，近期没有外出打算；②有，现在在外务工，或者临时回来；③否，从未外出就业"。选择①的劳动力被设置为回流劳动力。

解释变量有两部分，一部分是本书的核心变量：家庭禀赋。家庭禀赋是影响劳动力回流的重要因素，它促使劳动力在做出流动决策时不再只根据迁入地和迁出地的工资差异。由于调查所取得的家庭禀赋数据具有不同的量纲、数量级和变化幅度，本书采用Z标准化的办法进行处理。通过各指标的相对影响值和各指标的标准化得分，就可以确定各指标的综合得分，从而求出迁移者家庭所拥有的四种家庭资本的数值。关于四种家庭资本的指标选取和测量方法，具体如下：

对人力资本的测量设定了三个指标：其一是家庭成员生产能力指标，以家庭劳动力总人数来体现。其二是家庭成员的知识资本存量指标，以家庭劳动力的平均文化程度来体现。测算方法以接受学历教育情况为准，按照受教育年限进行赋值[1]。其三是家庭成员综合素质指标，测量时首先将每个家庭成员的职业状况结合其年龄赋值[2]，然后将家庭所有成员的得分进行加总（见表6—1）。衡量人

---

[1] 具体的赋值方法为：大专、大学本科及以上赋值为15，高中及中专赋值为12，初中毕业赋值为9，小学毕业赋值为6，小学以下赋值为0。

[2] 基于职业和年龄的人力资本赋值采取的是专家评分法，评分表设计后分别提交给五位专家，专家在-10和10之间进行打分，然后整理汇总。邀请的专家的学科背景分别为人口资源环境经济学、农业经济学、人口学和经济学，都有丰富的实地调研经验。

力资本的三个指标分别赋予 0.3、0.3 和 0.4 的权重[1]，把各指标值算出后，先进行标准化，然后进行加权求和。

表 6—1　　以家庭成员职业和年龄为特征的人力资本赋值

家庭成员综合素质分类	类别标志	赋值
学龄前儿童	年纪太小，还需要成年人照料	-1
受教育阶段儿童、青少年	可以从事一定的辅助性生产劳作	1
待业或赋闲在家的劳动力	未从事生产性劳作，只是做些家务活	3
务农型劳动力	具有劳动能力，正从事农业劳动	5
非技能型非农务工劳动力	有劳动能力但无专业技能，正从事非农劳动	5
技能型非农务工劳动力	有一定生产技能型劳动力	7
自办企业者	生产技能或者创业能力较强的劳动力	8
政府部门工作者	文化程度较高或工作能力较强的劳动力	8
65 岁以上的老年人	年纪太大，不再从事劳动或只能干家务活	-1
丧失劳动能力者	因伤、因病丧失劳动能力，需要家人照料	-2

关于家庭社会资本，我们重点关注农户家庭社会网络的规模和质量。一般认为，一个人社会网络的规模越大，社会网络质量越高，其社会资本就越丰富；反之，其社会资本就越贫乏。家庭社会资本则由社会网络规模与质量的乘积来衡量[2]。具体指标选择中，社会资本的规模由关系种类来衡量，社会资本的质量由紧密度来衡量。本书依据农村家庭生产的特点，按照社会网络提供支持的功能不同，将农村家庭社会网分为"财务支持网""劳务支持网"和

---

[1]　家庭人力资本、家庭社会资本和家庭经济资本中各组成要素之间的权重分配是根据以往研究的回顾和理论分析之后的经验赋值。由于篇幅原因，并未在文中列出具体的讨论过程。

[2]　本书对数据的处理，首先利用了衡量社会资本的主要方法之一——主成分分析法来建立一个指标，但由于以下两个原因没有采用这种方法。第一，要把网络关系种类（社会资本的量）与关系紧密度（社会资本的质）结合成一个指标，用乘法比用加法更合适。第二，各维度之间的相关性不是特别高，KMO 统计量为 0.614，小于一般标准 0.7，提取公因子的方差累计贡献率只有 53%。因此，本书选择已有研究中一些学者采用的社会网络的数量和质量来衡量社会资本，如 Grootaer（1999），张爽等（2007）。

"情感支持网"三种类型①。家庭财务支持网、劳务支持网和情感支持网关系种类分别有0种、1种、2种和3种共四种情况。考虑到后面涉及的运算，这里将关系种类的这四种情况分别赋值为1，2，4和6。社会网络的紧密度是指各种网络关系成员与其本人关系的密切程度，本书着重考察被访者与邻里关系、村干部关系和直系亲属关系密切程度及交往频率。

对家庭经济资本的测量设定了三个指标：第一个指标是家庭住房状况，以农户住房类型、住房面积和住房使用年限为准进行测算，这一指标赋予0.3的权重。第二个指标是家庭的物质财富积累值。家庭物质财富积累值的获取方法为：直接询问被访者家庭中所拥有的生产性资产和消费性资产，将拥有某项资产的样本比例p标准化为数值Z，由Z的相对大小来决定权数W，然后与家庭中所拥有的各项资产的数量进行算术加权平均。这一指标赋权重0.4。第三个指标是农户的货币年总收入，包括农户通过农业生产、个体经营和外出务工等获得的收入，这一指标赋予0.3的权重。家庭经济资本总值为家庭经济资本三个指标标准化后，加权求和所得数值。

农户的自然资本主要是指农户拥有或可长期使用的土地。土地为农户提供了最基本的生存保障，也是农户最重要的自然资本。调查中我们将自然资本分别以农户家庭拥有耕地数量和耕地质量两个

---

① 财务支持网的问题设计是："平时生活中遇到困难和麻烦需要找人借钱时，您会找谁？""情感支持网"的问题设计是："当您家遇到生活或生产中的重大事情需要找人商量时，您会找谁？""劳务支持网"的问题设计是："在工作上或生产劳动方面需要别人帮忙时，您会找谁？"问卷中列举了社会网成员与调查对象之间13种可能的关系，即男方的父母、男方的兄弟姐妹、男方的其他亲戚、子女、女方的父母、女方的兄弟姐妹、女方的其他亲戚、邻居、干部或组织、同事、朋友、同学以及其他关系。调查中要求调查员记录被调查者首先提到的前三种关系类别。

指标来衡量①。

考虑到家庭禀赋变量可能存在的内生性问题，我们首先选入了一组反映家庭户主个人能力的变量，包括户主的文化程度、生产积极性、技术获取积极性、社会交际积极性、培训参与积极性和户主的最远足迹。户主的个人能力基本上可以代表家庭的决策和行为选择能力，它可在很大程度上影响家庭成员就业流动的行为选择，并且家庭禀赋对家庭成员流动决策的影响，往往是和家庭的行为选择能力一起发生作用。只有控制住家庭的行为选择能力，才能更好地估计家庭禀赋对家庭成员就业流动选择的影响。在这里，我们将户主个人能力作为家庭禀赋的一种扩展。

另一部分是模型所选入的控制变量，即在模型中所控制的个人特征、社区和制度环境因素对劳动力就业流动的影响。劳动者个人特征变量的引入主要是为了控制个人特征差异对劳动力就业选择的影响，包括劳动者与户主关系、劳动者的性别、年龄、文化程度、婚姻状况和政治面貌等。社区和制度环境也是影响农村劳动力就业流动决策的重要因素。阿玛蒂亚·森在探讨人的可行能力时，认为个人能力不仅仅是体现在人自身的各种素质性因素，还包括可供其使用的社区资源和政治权利②。在本模型中，我们引入的社区和制度性因素包括社区生产基础设施条件、农资和农产品经销渠道、政府财政补贴和政府管理环境等（见表6—2）。

---

① 由于耕地质量受地形、气候、灌溉条件、土壤习性、土地耕作技术和土地投入等多种因素的影响。因此，我们对耕地质量的测量由农户根据自身耕作实际经验来评价（分为非常好、比较好、一般、中下等和下等五个等级）。

② ［印度］阿玛蒂亚·森：《以自由看待发展》，任赜、于真译，中国人民大学出版社2002年版。

表6—2　　　家庭禀赋与农村劳动力就业流动：变量说明与描述统计

变量名称		变量说明	均值	标准差	最小值	最大值
被解释变量						
家庭成员就业流动		家庭成员：有成员正外出务工=2，有务工回流成员=1，家中无人外出务工=0	0.65	0.766	0.00	2.00
劳动力就业流动		农村劳动力：从未外出务工=1，回流劳动力=2，在外务工=0	0.79	0.92	0.00	2.00
解释变量						
家庭禀赋	家庭人力资本	家庭人力资本总值Z标准化值	0.34	0.75	-1.99	2.98
	家庭社会资本	家庭社会资本总值Z标准化值	0.03	1.00	-2.17	3.49
	家庭经济资本	家庭经济资本总值Z标准化值	0.09	0.73	-0.83	10.54
	家庭自然资本	家庭自然资本总值Z标准化值	-0.04	0.91	-0.59	9.01
被访者个人特征						
性别		受访者性别，男=1，女=2	1.50	0.50	1.00	2.00
年龄		受访者年龄	39.03	13.62	15.00	65.00
文化程度		受访者受教育年限	7.74	3.42	0.00	15.00
政治面貌		受访者是否中共党员，是=1，否=2	1.96	0.19	1.00	2.00
婚姻状况		未婚=1，已婚及离异=2	1.77	0.42	1.00	2.00
户口性质		非农业=1，农业户口=2	1.96	0.19	1.00	2.00
户主特征						
生产积极性		户主生产积极性	0.62	0.48	0.00	1.00
技能获取		户主新技能获得积极性	0.74	0.44	0.00	1.00
信息交流		户主与人信息交流积极性	0.68	0.47	0.00	1.00
技能培训		户主参加技能培训积极性	0.47	0.50	0.00	1.00
最远足迹		户主到过最远的距离	0.71	0.45	0.00	1.00
制度与环境						
生产设施		对目前生产条件（如耕地和灌溉设施等）的评价	3.32	1.03	1.00	5.00
医疗条件		对当地的医疗卫生设施与条件的评价	3.58	0.92	1.00	5.00
交通条件		对当地的道路交通状况的评价	3.58	1.16	1.00	5.00

续表

变量名称	变量说明	均值	标准差	最小值	最大值
银行信贷	对当地银行信贷服务（借贷金额、办手续等）的评价	3.15	0.97	1.00	5.00
政府补贴	对当地政府财政支持（救助、补贴等）的评价	3.61	0.99	1.00	5.00
政府管理	对当地政府管理和领导干部的评价	3.43	1.14	1.00	5.00

（三）数据来源与样本分析

本书所用资料来自中南财经政法大学人口与区域研究中心，在2007年8—9月对湖北省丹江口、郧县和河南省淅川县进行的农户入户调查。调查样本点为湖北、河南和山西三省交会处，区域内经济发展水平较低。2005年，丹江口市人均GDP是8361元，郧县人均GDP是3028元[1]，还不到湖北省人均GDP（11431元）的1/3，而2005年全国人均GDP是14040元；占样本量51.3%的河南省淅川县是国家级贫困县[2]。

本次调查按照概率比例抽样方法（Probabilities Proportional to Size，PPS）进行分层整群抽样。实际调查的农户包括了这3个县24乡镇、58村、118组、3144户，共13864人。2006年有成员外出务工的家庭是1904户，占总户数的60.6%，没有成员外出务工的家庭是1240户。本次调查共发放问卷3200份，有效问卷3144份，有效率为98.3%，实际抽样比为4.78%。抽取样本户的空间分布为郧县：552户；丹江口：898户；淅川：1695户。调查对象中男性占67.1%，女性占32.9%；已婚的占89.3%，未婚的占2.9%，丧偶离异的占7.8%；没有上过学的占18.2%，具有小学

---

[1] 十堰市统计局，《十堰市统计年鉴》，中国统计出版社2006年版。
[2] 南阳市统计局，《南阳市统计年鉴》，中国统计出版社2006年版。

文化水平的占 30.8%，具有初中文化水平的占 41.0%，具有高中及以上文化水平的占 10.0%；政治面貌为中共党员的占 7.6%。

农户调查内容包括三个部分：农户家庭[①]基本信息、农户家庭的经济社会信息、居民生活满意度及其对当地制度环境的评价。本书采用的资料涉及调查的所有部分，具体有家庭成员基本信息，如与户主关系、性别、年龄、婚姻状况、政治面貌和外出务工情况；家庭社会状况包括兄弟姊妹的情况、社会网络现况（由血缘关系、亲缘关系、工作学习关系、地缘（居住）关系、组织领导关系等构成）、获取信息的方式、地理生活足迹、获取新技术的主动性和农闲时间的活动安排等；家庭经济状况包括农户拥有的生产资产及其构成（经济地位），耕地数量与质量，耕地农作物产出量，现金收入来源及其构成和生活中的现金支出（含流动资金）等。

三 家庭禀赋、家庭决策与农民工返乡：计量分析

（一）家庭禀赋与农民工回流的家庭决策

1. 家庭禀赋的作用

表 6—3 的估计结果表明，整体来看，所引入的家庭禀赋因素对农户家庭劳动力的就业流动性都有着显著的影响，并且对外出务工家庭和劳动力回流家庭的影响有着较为明显的差异。相比较来看，家庭人力资本变量对家庭有成员外出务工和有劳动力回流的影响强度都是最大的，当家庭人力资本值每增加一个单位，家庭中有劳动力回流的概率就会增加 8.379 倍 [Exp（β）= 9.379]，而家庭有成员在外务工的概率就会增加 11.775 倍 [Exp（β）= 12.775]。也就是说，家庭人力资本越丰富的家庭，其家庭成员外出务工的概率越高，而劳动力回流则是劳动力外出务工后下一个阶

---

① 在本书中对一户或一家的定义是，有共同的经济预算，或者在一口锅中吃饭为一家。家庭是本书的基本单位，在个别变量中强调了户主的重要性。

段的再选择。家庭人力资本的平方值对家庭有回流劳动力有着负向的影响,但是影响系数并不显著。

家庭社会资本及其平方值对农户家庭有成员外出务工和回流有着截然相反的影响,但是在统计水平上并不显著。回归结果显示了一种可能的解释:家庭社会资本越丰富的家庭,其成员越倾向于外出就业,他们比较容易在外地找到合适的工作岗位;随着家庭社会资本值的增加,那些家庭社会资本更为丰富的家庭的劳动力则更愿意在自己家乡就业,回流农村成了他们的首选。该结果和我们的假说2基本相符,但是由于本模型中的变量没有通过显著性检验,所以,家庭社会资本的影响效应还有待进一步的检验。

家庭经济资本对家庭成员外出务工和有劳动力回流都有着显著的负向影响,家庭经济资本标准值每增加一个单位,农户家庭有成员在外务工的概率就减少了30%,农户家庭有回流劳动力的概率就减少了26.7%。相比较来看,家庭经济条件较好的家庭成员外出务工后更容易选择回流。家庭经济资本平方值对两者的影响系数都为正值,但都不显著。这里很难排除家庭成员外出务工对家庭经济资本的影响,因为一般来说,外出务工会增加家庭经济收入和提高生活水平。

家庭自然资本对家庭成员外出务工和劳动力回流都有着显著的负向影响,家庭自然资本标准化值每增加一单位,家庭有回流劳动力的概率会减少20.6%。但是家庭自然资本平方值对家庭劳动力回流有显著的正向影响,对家庭劳动力外出务工影响并不显著。随着家庭自然资本的增长,其农民工回流的概率会减小,当家庭自然资本达到一定数值后,大约在等于0.396时[①](家庭自然资本均值为-0.04),家庭外出成员开始倾向于回流农村。

---

① 计算方法为对包含家庭自然资本的方程求导数,建立一元一次方程 $0.292 \times 2 \times NC - 0.231 = 0$ 求解。

我们将户主个人能力作为家庭禀赋的一种扩展。从回归结果来看，户主个人能力诸变量对家庭劳动力回流基本上都有着显著的影响，而对家庭成员外出就业的影响只有两个变量显著。户主文化程度越高，其家庭成员外出务工的概率越低，户主受教育年限每增加一年，农户家庭成员外出就业的概率降低 11.8%，家庭成员回流农村的概率降低 10.3%。户主生产积极性和技术获得积极性对家庭劳动力回流有着显著的影响，户主生产积极性越高，技术获得积极性越低，家庭成员有回流者的概率越高；这两个变量对家庭成员外出就业影响并不显著。在这里，生产积极性主要是在农村农闲时期劳作的积极性，生产积极性越高，一般来说越适合于农村的农业生产，因为农业生产自主性更强一些。户主的最远足迹对家庭成员外出就业和回流都有着明显的促进作用，且在 0.01 的统计水平上显著。户主的最远足迹每增加一个单位，家庭中有成员外出务工的概率增加 0.628 倍，而家庭有回流劳动力的概率会增加 1.249 倍。

2. 其他因素的作用

研究结果表明，当前农村社区的生产性环境对农户家庭成员外出就业和回流都无显著的影响，可见当前对农村社区基础设施的改善并不能吸引外出务工者回乡发展。当地政府的农业政策，尤其是农粮补贴，对农户家庭有成员回流有着显著的负向影响，也就是说当前普遍实施的农业补贴政策对于农户家庭形成的收入效应更为明显，它使外出务工者可以更安心地在外地就业，而缺乏回流农村的动力。这一变量对农户家庭成员外出就业并无显著影响。政府管理环境对农户家庭成员外出和回流都有着显著的负向影响，也就是说政府管理环境的改善，整体上对农村劳动力就业流动行为有着阻碍作用。

表 6—3　　　　　　农户家庭成员的就业流动决定模型：
Multinomial Logistic 模型

模型	R1　Multinomial Logistic					
	有劳动力回流/都无外出务工			有在外务工/都无外出务工		
变量	β	Std. Error	Exp (β)	β	Std. Error	Exp (β)
家庭禀赋变量						
家庭人力资本	2.238***	0.300	9.379	2.548***	0.284	12.775
家庭人力资本平方	-0.002	0.003	0.998	-0.004	0.003	0.996
家庭社会资本	-0.070	0.077	0.932	0.011	0.071	1.011
家庭社会资本平方	0.011	0.046	1.011	-0.052	0.043	0.949
家庭经济资本	-0.311**	0.129	0.733	-0.357***	0.118	0.700
家庭经济资本平方	0.011	0.026	1.011	0.022	0.021	1.022
家庭自然资本	-0.231*	0.126	0.794	-0.227**	0.119	0.797
家庭自然资本平方	0.292*	0.169	1.339	0.258	0.166	1.294
户主变量						
受教育年限	-0.109***	0.021	0.897	-0.126***	0.020	0.882
生产积极性（以积极性高为参照）						
生产积极性低	-0.274**	0.127	0.760	-0.042	0.116	0.959
技术获得积极性（以积极性高为参照）						
技术获得积极性低	0.315**	0.142	1.370	0.052	0.133	1.053
社会交际积极性（以积极性高为参照）						
社会交际积极性低	-0.178	0.137	0.837	-0.168	0.125	0.846
最远足迹	0.810***	0.138	2.249	0.487***	0.122	1.628
社区环境变量						
生产基础设施	-0.040	0.064	0.960	-0.043	0.059	1.044
农资和农产品经销渠道	0.126	0.079	1.135	0.059	0.072	1.060
政府财政补贴	-0.183***	0.066	0.833	-0.066	0.061	0.936
政府管理环境	-0.110**	0.057	0.896	-0.151***	0.052	0.860
常数项	1.472	0.577		2.264***	0.540	
有效样本量	2609					
卡方值	816.44***					
Cox & Snell R^2	0.269					
Nagelkerke R^2	0.305					

注：(1) Multinomial Logistic 模型以家庭成员都无外出务工经历为参照；(2) * $p<0.1$，** $p<0.05$，*** $p<0.01$；(3) 在本表中家庭自然资本是用家庭土地数量来表示。

（二）家庭禀赋对农民工回流行为的影响

1. 家庭禀赋的作用

我们对回归结果进行多重共线性的检验，发现在所有回归方程中各自变量的多重共线性并不严重，模型非常稳定。模型估计结果详见表6—4。

表6—4　　　　　农村劳动力就业流动选择模型：
Multinomial Logistic 模型

变量	从未外出务工/在外务工 β	Std. Error	Exp (β)	回流农村/在外务工 β	Std. Error	Exp (β)
家庭禀赋变量						
家庭人力资本	0.648***	0.167	1.912	0.024	0.223	1.025
家庭人力资本值平方	-0.007***	0.001	0.993	-0.004**	0.002	0.996
家庭社会资本	-0.051	0.043	0.951	-0.063	0.055	0.939
家庭社会资本值平方	0.004	0.025	1.004	0.033*	0.031	1.033
家庭经济资本	0.000***	0.000	1.000	0.000**	0.000	1.000
家庭自然资本	0.217***	0.055	1.243	0.170**	0.075	1.185
家庭自然资本值平方	-0.130**	0.051	0.878	-0.117*	0.080	0.889
户主变量						
生产积极性（以积极性低为参照）						
生产积极性高	0.182***	0.069	1.199	0.277***	0.092	1.319
新技能积极性（以积极性低为参照）						
新技能积极性高	0.053	0.078	1.054	-0.169*	0.099	0.845
最远足迹	-0.621***	0.076	0.537	0.030	0.104	1.030
被访者个人特征变量						
性别（以女性为参照）						
男性	-0.802***	0.087	0.448	-0.253**	0.106	0.776
年龄	0.080***	0.005	1.084	0.007	0.006	1.007
文化程度	-0.097***	0.014	0.908	0.005	0.019	1.005
是否党员（以非党员为参照）						
是党员	0.940***	0.193	2.559	0.014	0.294	1.014

续表

变量	从未外出务工/在外务工			回流农村/在外务工		
	β	Std. Error	Exp (β)	β	Std. Error	Exp (β)
婚姻状况 (以已婚未参照)						
未婚	-0.371***	0.094	0.690	-0.342***	0.115	0.711
户口性质 (以农业户口为参照)						
非农业	0.944***	0.184	2.571	0.393	0.244	1.481
与户主关系						
户主的配偶	0.848***	0.134	2.335	0.196	0.182	1.217
户主的父母	1.533**	0.627	4.630	0.292	0.926	1.339
户主子女媳婿	-0.674***	0.122	0.509	-0.484***	0.161	0.617
其他直系亲属	-0.417	0.260	0.659	-0.197	0.346	0.821
社区和制度环境						
社区医疗条件	0.004	0.039	1.004	-0.053	0.051	0.949
交通条件	-0.071**	0.030	0.931	0.009	0.040	1.009
银行信贷环境	-0.070**	0.036	0.932	-0.048	0.046	0.954
政府财政补贴	0.016	0.036	1.016	-0.129***	0.046	0.879
政府管理环境	0.097***	0.032	1.102	0.044	0.041	1.045
常数项	-0.098	0.373		0.021	0.494	
有效样本量	7434					
卡方值	3680***					
Cox & Snell R^2	0.390					
Nagelkerke R^2	0.465					

注：(1) * $p<0.1$, ** $p<0.05$, *** $p<0.01$；(2) Multinomial Logistic 模型以劳动力正在外务工为参照；(3) 第三组控制变量为劳动力回流到农村，现居住所在地的社区和制度环境。

从表6—4中可以看出：

第一，家庭人力资本越丰富，与外出务工相比，劳动力越容易选择留在农村就业或者回流农村，但是家庭人力资本值达到一定程度后，农村劳动力又倾向于外出就业。家庭人力资本每增加一个单位，劳动力选择一直留在农村就业的概率就会增加0.912倍［Exp

(β) =1.912]。家庭人力资本对劳动力外出后回流行为的影响并不显著,但是其平方值的影响是显著的,也就是说,只有那些家庭人力资本值更为丰富的劳动力倾向于继续在外务工,而不会选择回流。这和张宗益、周勇、卢顺霞等的研究比较接近,张宗益、周勇、卢顺霞等[1]研究认为,留在家中的劳动力数量每增加1个,外出劳动力回流的概率就降低28.6%。在他们的研究中并未考虑劳动者个人素质因素。

第二,家庭社会资本对外出劳动力是否选择回流影响显著,对劳动力是否选择外出务工没有显著作用。从回归系数来看,家庭社会资本越丰富,劳动力外出务工后越倾向于选择继续在外务工,而不会回流;但是当家庭社会资本值增加到一定程度后,劳动者又倾向于回流农村就业。在转折点处,家庭社会资本值为0.455。调查数据显示,当前中国农村劳动力家庭社会资本均值为0.03,最大值为3.48,70.5%的中国农村家庭的社会资本未达到这一拐点值。也就是说,对于一般的农村劳动力,家庭社会资本可促进他们外出就业,但是家庭社会资本比较丰富的农户更倾向于在农村当地发展,所以外出一段时间后也会选择回流,但是当前农村绝大多数家庭社会资本未达到这一临界值。

第三,家庭经济资本对农村劳动力外出务工有着显著的负向影响,对劳动力外出后选择回流有着显著的正向影响,家庭经济资本每增加一个单位,外出劳动力选择回流的概率会提高一倍。但是对于那些从未外出务工过的农村劳动力,家庭经济资本值越高,越不倾向于外出务工。

第四,家庭自然资本与农村劳动力外出后回流呈倒U字型曲线关系:外出劳动力回流的概率起初随着家庭自然资本的增长而上

---

[1] 张宗益、周勇、卢顺霞等:《西部地区农村外出劳动力回流:动因及其对策》,《统计研究》2007年第12期。

升,达到一定程度后开始下降。由家庭自然资本的一次项和二次项系数值可以算出,家庭自然资本值在 0.726 左右时,为外出劳动力回流的转折点。2007 年调查数据显示,农村劳动力家庭自然资本的均值为 -0.04,中位数为 -0.29,最大值为 9.01,89.8% 的农村劳动力家庭自然资本未达到这一拐点值。

第五,户主的个人能力作为家庭禀赋的一部分,也是影响农村劳动力就业流动的重要因素。从分变量来看,户主的生产积极性越高,农村劳动力越不倾向于外出就业,已经在外务工的劳动力也越倾向于回流。户主生产积极性高的家庭,劳动力不外出务工的概率是户主生产积极性低的 1.199 倍,已经在外务工的劳动力回流的概率是其家庭户主生产积极性低的 1.319 倍。户主对新技能获得积极性高,外出务工劳动力回流的概率会降低 15.5%。户主的最远足迹对农村劳动力是否选择外出务工有着显著的正向影响,但是对外出劳动力是否回流影响并不显著。可能的原因是,户主见识越高,视野越开阔,越会鼓励家庭成员外出务工,但是劳动力一旦外出就业后,他们对外出务工就有自己的认识和理解,是否选择回流往往是需要外出务工者根据在外就业的实际情况和自己对今后的打算来作出决策。

2. 其他因素的作用

在模型中,我们还控制了个人特征、社区和制度环境因素对农村劳动力就业流动的影响。第一,男性比女性更容易选择外出务工;对于已外出的劳动力,男性则不容易选择回流。第二,农村外出劳动力多是文化程度较高的青壮年,年龄稍大并且文化程度较低的更倾向于留在农村就业。第三,没有结婚的劳动力更容易外出务工,外出后也不容易选择回流,一般会继续在外务工。第四,党员身份和非农业户口的劳动力更倾向于在当地发展,不会外出务工。第五,与户主相比,户主的配偶和户主的父母不容易选择外出务工，户主的子女或者媳婿更倾向于外出就业，并且户主的子女或者媳婿外出后不容易选择回流。

社区和制度环境也是影响农村劳动力就业流动的重要因素。估计结果显示，社区交通条件越好，银行信贷越方便，农村劳动力越倾向于外出就业。政府农业补贴和农村扶持政策的实施并未增加外出劳动力回流的概率，反而促使外出者更倾向于继续在外务工；只有政府管理环境的改善才会促使农村劳动力更倾向于在当地就业。

四　家庭禀赋对于返乡农民工的保障作用

在中国经济进入全面结构调整的背景下，农村劳动力需要面临的选择是继续进城打工还是回乡发展。本书的理论分析结果显示，农村劳动力的城乡流动是农户家庭理性的前瞻性行为，在他们做出迁移决策的时候，往往是已经考虑到他们农村家庭的禀赋状况以及在城市生活、工作时的预期，并且从更长远的角度来考虑自己未来的发展和保障。家庭成员的就业和回流选择是家庭行为策略的一部分，都是基于家庭禀赋状况做出的理性决策。家庭禀赋有三种与劳动力回流有关的作用：第一，家庭经济资本可以为农村劳动力回流提供迁移和就业搜寻物质支持，家庭社会资本可为劳动者返乡就业提供社会网络和信息支持；第二，家庭禀赋是一种可以为外出务工者或者回流者提供社会保护的财富；第三，家庭禀赋可以增加迁移者回流农村就业的投资回报，对进城务工的劳动力回流农村有拉力作用。第一种作用可以视为家庭禀赋对农村劳动力外出就业的收入效应；第二和第三种作用可以视为家庭禀赋对农村劳动力外出就业的替代效应。即使在当前城乡收入差距持续扩大的情况下，如果在城市部门中不能获得社会保护，农民工也会选择回流。

关于劳动力流动行为的分析基础，学术界有两种不同的认识。一种理论认为劳动力流动是从个人效用最大化角度出发的个体行为选择的结果；另一种理论认为劳动力流动是家庭决策的结果。在经验分析中，我们分别从这两种不同的视角验证家庭禀赋对劳动力回流的影响。首先我们把家庭作为研究的基本单位，劳动力的就业流动选择是家庭统一决策的结果。丰富的家庭人力资本对家庭中有劳动力外出务工或者回流都有正向促进作用。家庭经济资本的增加会阻碍家庭外出务工的回流。随着家庭自然资本的增长，家庭成员外出回流的概率会减小，但家庭自然资本达到一定数值后，外出成员开始倾向于回流农村。把劳动力就业流动纳入个人行为决策框架，实证研究发现，家庭人力资本越丰富，与外出务工相比，劳动力越容易选择留在农村就业或者回流农村，但是家庭人力资本值达到一定程度后，农村劳动力又倾向于外出就业。家庭经济资本对农村劳动力外出务工有着显著的负向影响，家庭经济资本每增加一个单位，外出劳动力选择回流的概率会提高一倍。家庭自然资本与农村劳动力外出后回流呈倒 U 字型曲线关系：外出劳动力回流的概率起初随着家庭自然资本的增长而上升，达到一定程度后开始下降。

从理论和实证分析来看，家庭禀赋对农民工回流有积极影响，可以认为这是中国传统的家庭文化对劳动力个体的影响，或者说这是农村家庭的功能之一，但是更为重要的是我们从中发现了社会支持的缺席，尤其是，地方政府对农民工返乡创业的政策支持不足，这不仅仅影响了农民工回流后创业参与的积极性，也会影响农村劳动力及农民工对农村发展的信心。农民工回流家乡发展需要诸多资源的支持，尤其是人力资本、社会资本和经济资本等。在当前中国农村中，社会和政府可以为劳动者提供的资源相对城市非常匮乏，并且在很多地区市场机制也不健全，从市场中获得资源的途径非常有限。如果不能获得当地政府提供的政策支持，或者资源获得的成本较高，他们只能求助于家庭，通过家庭渠道获得。但是家庭禀赋效应的发挥和个人或家庭使用、转换或再生产这些资源的能力也有着重要的联系，而在这一过程中也需要政府提供良好的制度环境。地方政府应该为返乡劳动力的再就业做好引导和支持，在家庭之外构建起完善的社会支持体系，搭建起当地用工单位和劳动者之间的信息平台，尤其要保证农村劳动力市场的开放化和规范化。对返乡创业劳动者实施资金支持和政策优惠有着特殊重要的作用，有效的政策性贷款可以为返乡劳动力初始创业的启动提供条件和动力。

需要指出的是，由于数据方面的限制，本书只是以湖北省和河南省两个省的农户调查数据来分析家庭禀赋对农民工回流的影响，缺乏全国范围内的调查数据，所以不能够进一步比较劳动力回流动力机制的地区性差异，也不能更为全面地把握劳动力回流的特征与趋势。另外，一些理论上讨论的家庭禀赋影响农村劳动力回流的内在机理，在计量模型中不能很好地得以反映，比如家庭禀赋的社会保护效应。这也是本书的主要局限性之一，尚需新的数据做进一步的研究检验。

第二节 返乡后的发展

流动已成为推动中国农民群体能力变迁重要的结构性力量。外出务工经历促进了农村劳动力的能力发展，具体体现在外出务工后就业选择的扩大、职业的转换、农业生产效率的提高以及获取新技术的能力的增长等。这一方面会提高劳动生产率和收入，促进农业技术的改进和新生产技能的传播，促进农村和农业生产的全面发展；另一方面，还会促进农村劳动力在当地向非农产业转换，尤其是在农村自主创业，进而推动中国农村地区的城市化和工业化的进程。回流劳动力个人能力在农村的有效发挥以及投资回报率的增长也是迁移劳动力回流的主要动力。

一 农民工返乡与农村发展

改革开放以来，随着中国社会自由流动空间与自由流动资源的出现，中国的社会发生了翻天覆地的变化。农村迁移劳动力——产业工人的主力军正是这一自由流动空间出现后的产物，他们一端与中国制造紧密地联系在一起，进入全球生产链之中；另一端又和广大的中国农村联系着，引发着农村和农业的发展与变革。当前，两亿多农民在城乡间就业迁移①，在农村中有外出务工经历的劳动力占了12.5%。

城乡间的自由迁移改变了农民原有的发展空间，虽然当前的中国农民外部形态变化不大，但是开放条件下的农民与传统的小农在性质上已有很大的差异。单从经营规模上看，当今中国的农民仍然是以小规模的家户进行生产和生活，本质上仍然属于小农。但是，现在的小农已经完全不同于传统社会封闭状态下自给自足的小农。随着市场的渗透与开放程度的深化，农民与外界的联系日益密切，他们的交换、就业、生活及意义空间急剧膨胀，其扩张的速度与范围比过去几百年甚至上千年时间延伸的还要快、还要大。通过四维空间的扩张，他们已经被卷入或者融入了一个高度开放的社会化体系中②。在这个过程中，对于那些处于从封闭向开放状态裂变的村落来说，农村劳动力的外出务工与回流起到了至关重要的作用。而外出务工对农村和农业发展的影响，很大一部分体现在对农民自身能力的影响上。近些年大批农村迁移劳动力离城返乡，对于农村和

---

① 根据2009年年初国家统计局最新调查结果，截至2008年年底，中国农民工总量为2.2542亿人，其中外出打工的农民工为1.4亿人，参见申剑丽、耿雁冰《国家统计局启动2.2亿农民工调查监测系统》，2009年6月11日，http://cctw.cn/llzy/t20090611_1289822.htm，2010年4月20日。

② 徐勇：《"再识农户"与社会化小农的建构》，《华中师范大学学报》（人文社会科学版）2006年第3期。

第六章 农村社会保护与农民工返乡

农业的影响更为直接和明显,他们自身就是农村劳动力的组成部分,而且还在很大程度上影响着未外出劳动力的生产和生活方式。

随着社会经济的发展,科学技术的进步,农民群体一直处于发展和变迁中。如果按照经典理论对不同特征的农民的描述,可以认为中国农民基本上经历了四个发展阶段,首先是恰亚诺夫的"生存小农",这时农民家庭生产是为了满足消费、生存的需要;然后到黄宗智的"商品化小农",是1949年以前商品化和市场化渗入中国乡村部分环节和领域以后的小农;再到舒尔茨的"理性小农",在准市场经济中,一旦有经济利益刺激,小农便会为追求利润而创新;现在则处于徐勇、邓大才的"社会化小农"阶段,农民进入或者卷入到一个开放的、流动的和分工的社会化体系中,就业和生产方式呈现出多样化趋势[1]。在小农的发展和转变过程中,也伴随着农民能力的发展变化,这些变化受到诸多因素的影响。舒尔茨认为人力资本投资在传统小农向现代小农的转变过程中发挥着重要的作用。促进美国农业生产量迅速增加和农民生产效率迅速提高的重要因素就是农民的知识和技术水平的提高。如果能在农村地区建立起'补偿性教育机制',推动农业从业者人力资本的动态提高、提高农业生产活动中教育的投资回报率,则可以加速传统农业向现代农业的转变。林毅夫则指出,我国从20世纪60年代以来,粮食等大宗农产品增产主要有赖于技术进步导致的农民生产效率的提高,未来满足我国粮食需求的增加必须依赖技术水平的不断提高[2]。制度环境也是影响农民发展的重要因素。林毅夫研究认为制度变迁是促进农民能力发展的关键性因素,合理的制度安排不仅提高了农民的生产效率,并且会促进农民对新技术的采用,引导着农民的生产方式

---

[1] 徐勇、邓大才:《社会化小农:解释当今农户的一种视角》,《学术月刊》2006年第7期。

[2] 林毅夫:《三农问题与我国农村的未来发展》,《农业经济问题》2003年第1期。

向现代农业的转变①。黄宗智则比较重视区域商品化程度对农民发展的影响,认为对于传统中国,是商品经济的不发达造成了一个以自耕农为主的社会,而商品化的差异化发展则导致了农民生产动机的分化②。也有一些学者从外出务工的角度来分析这一问题。Winier Nelson（2000）认为,劳动力外出务工带来的劳动力流失与非农收入提高会使农户粗放经营农业生产,导致技术效率下降;汇款的流入则可以帮助农户更及时地使用农药和化肥等资金要素,提高农业生产效率。Wouterse（2008）在对布基纳法索的研究中采用了数据包络分析方法,并纠正了劳动力外出务工的内生性可能带来的估计误差,研究发现,短距离务工导致留守农民技术效率提高,而长距离务工则相反③。Oberai and Singh（1982）认为,劳动力外出务工与农户对新技术的采用之间并不存在必然联系,反而是有回流劳动力的家庭采用高产种子的比率明显更高④。西方形式主义学者则强调人口压力对农民发展的影响。德怀特·珀金斯通过对1368年至1968年六个世纪中国农业所作的大规模定量研究,认为人口增长是中国农民发展变迁的主要动力,它促进了农民的生产方式的转变和生产技术的发展⑤。

进入21世纪以后,随着我国社会经济的快速发展和政府对"三农"问题的重视,有关农业和农民能力发展的讨论逐渐增多,特别是近年来,各种看法和观点纷纷纭纭,分别从制度变迁、技术进步、人力资本和外出务工等不同的研究视角,开展了大量的研究工作,

---

① 林毅夫:《制度、技术与中国农业发展》,三联出版社,上海人民出版社2008年版,第33—68页。

② 黄宗智:《华北小农经济与社会变迁》,中华书局2000年版,第45—126页。

③ Wouterse, F. S., "Migration and technical efficiency in cereal Production Evidence from Burkina Faso". *IFPRI Discussion Paper*, 2008, p. 815.

④ Oberai, A. S. Singh, H. Migration, "Production and technology in agriculture: A case study in the Indian Punjab". *International Labor Review*, 1982, 121 (3): 327 – 343.

⑤ Perkins, Dwight. Agricultural Development in China, 1368—1968, Chicago: Aldine, 1969.

取得很多有价值的学术成果,但仍存在一些不足。在研究的方法论上,现有关于农民能力发展的文献主要采用社会学的研究视角和分析范式,不利于我们多视角地全面理解现阶段的农民能力发展的问题;在研究内容上,有关农民能力发展的文献主要从农民的生产效率或生产方式的角度展开,研究的指标比较单一,缺乏对农民的能力发展进行整体和系统的分析;在研究方法上,虽然近几年应用了微观计量和结构模型等分析方法,但鲜见从动态性、多样性和异质性的角度对农民能力发展问题进行比较深入的研究。而且,总体来说,绝大多数研究还是停留在定性分析和统计分析的层面,即使是少量的微观计量分析,在模型应用、变量选择以及变量的内生性问题处理方面,还有很大的改进空间,这正是本项目需要重点突破的。

在中国特有的制度和社会结构下的农民流动,充满离乡与返乡、离土与守土的多向流变以及现代性和传统的反复折冲,外出务工对农业发展和农民能力的影响将远较以往任何一次变迁复杂得多、深远得多,需要用更为深入的实地调查和理论研究加以解读。笔者多年田野调查的结果显示,外出务工不仅带来了农村社会的发展变迁,而且这种经历对于回流劳动力也是一笔重要的财富。笔者将根据实地调查数据,研究改革开放三十年后,农村劳动力外出务工后回到农村,其个人能力发生了怎样的变化?外出务工经历对农村劳动力的个人发展产生了怎样的影响?

二 外出务工经历对农村发展和农民能力的影响

(一)外出务工经历与农村劳动力能力发展的体现

回流劳动力的能力发展主要体现在迁移劳动力回流后对农村经济发展的影响。学术界一般都认为是劳动力回流对农村发展发挥了正向促进作用的,但是对农村经济的影响程度并没有统一的认识。一部分学者认为,仅有一小部分迁移劳动力的回流对农区的发展产生了积极影响，大多数迁移劳动力回流后对农区发展的影响并不明显：他们不仅没有达到预期的迁移目标[1]，而且外出务工经历对他们自身人力资本或者社会资本也并没有带来多大的改观和进步。回流者在外务工期间并没有获取充足的技能[2]，或没有能力来应用所获得的技能[3]，回流农村后又重新从事传统的农业生产，其平均的收入水平低于未外出农户[4]。另外，回流者带回的打工收入也没有被有效地应用于能够带动其家庭长期发展的投资中。迁移劳动力回流之前，他们的汇款主要用于家庭消费，回流之后，有一半的积蓄用来盖房子和家庭支付，而用于投资的部分仅占22%[5]。

大部分学者研究认为，回流劳动力已经对农区和农户的家庭经济发展产生了重要影响。回流劳动力对农村经济的影响源自他们回乡后广泛的经济行为，如开办企业[6]、进行农业投资[7]和从事服务行业[8]等，并且很多经济行为不仅仅实现了回流者自身的就业和收入水平的提高，还为农村其他劳动力创造了就业机会，并且他们所具备的这些冒险精神和创新精神促进了农村创业活动的开展，也为

---

[1] Gmelch. G, "Returning Migration Annual Review of Anthropology" 期刊名, No. 9, 1980. p. 135 – 159.

[2] Stark, O.: Return and Dynamics: The Path of Labor Migration When Workers Differ in Their Skills and Information is Asymmetric. *The Scandinavian Journal of Economics*, Vol. 97, No. 1, 1995.

[3] Gmelch G. Returning Migration. Annual Review of Anthropology, No. 9, 1980, pp. 135 – 159.

[4] Bai, N. S. and He, Y. P.: Returning to the Countryside Versus Continuing to Work in the Cities: A Study on Rural Urban Migrants and Their Return to the Countryside of China. Social Science in China, No. 4, 2003.

[5] 王西玉、崔传义、赵阳：《打工与回乡：就业转变和农村发展——关于部分进城民工回乡创业的研究》，《管理世界》2003年第7期。

[6] Murphy, R., Return Migrant Entrepreneurs and Economic Diversification in Two Counties in South Jiangxi China. Journal of International Development, No. 11, 1999.

[7] Bai, N. S. and He, Y. P.: Returning to the Countryside Versus Continuing to Work in the Cities: A Study on Rural Urban Migrants and Their Return to the Countryside of China. Social Science in China, No. 4, 2003.

[8] King, R., Mortimer, J. et al.: Return Migration and Tertiary Development: A Calabria Case Study. *Anthropological Quarterly*, Vol. 57, No. 3, 1984.

农村发展带来了很好的示范效应。回流者对农村经济发展产生的影响主要体现在以下几个方面:

首先是对农村非农产业发展的影响。外出务工经历会导致农村劳动力职业的转变,回流后的劳动力一般更倾向于从事非农产业,或者进入当地企业上班,这就为农村当地企业的发展提供了大量的劳动力,并且是有相关职业经验的劳动力;或者是自办企业,利用外出务工积累的资金和技术从事自我经营,包括餐饮业、个体零售业、交通运输以及开办制造型企业等,不仅实现了回流者自身的就业,增加其家庭收入,又能带来农村经济的多样化发展,活跃农区经济和创业氛围,创造就业岗位。迁移劳动力在外的工资积累是回乡后职业改变的决定因素,实现了资金积累的人回乡后容易从事自我经营,而没有实现较高的资金积累的回流者则倾向于从事被雇劳动(Ilahi,1999)。

其次是对农业生产的影响。一方面劳动力回流可以增加农业生产的劳动力供给,在一个家庭的承包土地数量一定的情况下,当一个家庭迁出成员回流从事农业生产时,会增加农业的单位产出[1]。另一方面,劳动力回流后,即使是从事农业生产也更倾向于增加农业的资金和技术投资,经营开发性农业,如发展观光农业、特色养殖和规模化种植等,提高了土地等农业资源的利用效率。王西玉等人的调查显示,回流者中从事蔬菜、林果、养殖业和农副产品加工业等经营开发的占12%[2]。在个人、家庭和社区特征相同的情况下,回流者并不比未外出者从事的农业工作要少,并且他们更倾向于投资于农业机械。同消费更多的耐用品和建造好的房子相比,对

---

[1] Rozelle、Scott、J. Edward Taylor and Alan deBrauw, "Migration, Remittances, and Agricultural Productivity in China", *The American Economic Review*, Vol. 89, No. 2, 1999.

[2] 王西玉、崔传义、赵阳:《打工与回乡:就业转变和农村发展》,《管理世界》2003年第7期。

农业机械的投资对农业生产的意义更加深远[1]。

最后,劳动力回流对农村政治结构和制度环境也有一定的影响。农村劳动力迁移到城市后,受到城市生活的熏染,会影响他们的思想观念和行为方式,比如市场观念、创业精神和政治参与等。周大鸣通过对在江西14个村庄的田野调查资料分析发现,外出务工对乡村政治结构的影响已经有所凸显,越来越多的村民倾向于接受有外出务工经验的人担任村干部[2]。回乡创业行为对农村制度环境的影响也较为广泛。劳动力回流后的就业问题一直是各级政府关注的重点,尤其是近些年受金融危机影响,大量迁移劳动力集中返回农村,地方政府致力于增加非农就业岗位,更鼓励回流劳动力自主创业,为他们提供良好的政策环境,这实际上是刺激了农区正式制度的变迁,改善了农区社会资本状况。另外,回流者带回的新观念和新思想也在一定程度上促使了非正式制度因素的变迁,比如商品交易时利用正式合同取代信任关系和商业头脑冲击传统文化风俗等[3]。

(二) 外出务工经历与农村劳动力能力发展的途径

劳动力回流对农村发展产生影响的本质原因和途径是劳动力个人能力的发展。国外也有经济学者认为,向现代化过渡以及逐渐使农村剩余劳动力摆脱农业生产,不仅仅需要高素质的劳动力,而且也造就了高素质的劳动力,尤其是农村迁移劳动力的能力得到发展。在本部分我们探讨的能力是超越人力资本概念的个人发展能力,能力发展的意义是对选择自由的扩展。杨云彦所提出的能力再

---

[1] Zhao, Y. H., "Causes and Consequences of Return Migration: Recent Evidence from China". *Journal of Comparative Economics*, Vol. 30, No. 2, 2002.

[2] 周大鸣:《外出务工与输出地政治结构的变迁》,载于李培林主编《农民工——中国进城农民工的经济社会分析》,社会科学文献出版社2003年版。

[3] 时慧娜:《打工回流对农区经济发展影响的理论研究新视角》,《经济经纬》2008年第6期。

造的 ASIN 模型，主要通过四个部分来实现，包括态度（A）、技能培训（S）、基础设施（I）和社会网络（N）。在本书中，回流劳动力的能力发展主要通过可转移空间的资源变化来实现，包括人力资本、社会资本、经济资本和视野态度的改善等。

1. 人力资本

迁移本身就是一种人力资本投资，更有利于实现劳动力"干中学"或"用中学"，在这一过程中迁移劳动力获得了技术和知识[①]，也增加了某些方面的工作经验，提高了劳动生产效率和非农产业的就业能力。劳动力回流后，凭借这些技能和经验容易在当地企业获得一份就业岗位，也可以从事自我经营。回流劳动力的人力资本积累和在外就业时间有着比较密切的关系。马忠东测算了迁移劳动力人力资本的最佳积累时间，结果发现，根据边际递减效应，6 年的打工经历使回流者对家乡的影响最为显著，过短的外出务工时间使人力资本的积累相对不足，过多的流动时间对回流后的发展帮助也不大[②]。

2. 社会资本

在中国特殊的农村环境下，外出务工形成的社会网络是农村劳动力能力发展不可忽视的途径之一。外出务工使农村劳动力突破了传统地域社会的局限，职业的转换使他们在生活中建立起了全新的社会关系，再构的社会网络一般以业缘、趣缘和友缘等弱关系为主，所建立网络成员不再以同乡和亲戚为主，而是扩展到同乡之外的人群。这种新鲜元素的加入打破了其原有的封闭式社会网络，使其关系脉络如同生长的藤蔓一样逐渐具有了向外扩张和延伸的功

---

① 石智雷、杨云彦：《家庭依附、人力资本与女性青年的劳动参与》，《青年研究》2009 年第 5 期。
② Ma，Z. D.，"Urban Labor‑force Experience as Determinant of Rural Occupation Change：Evidence from Recent Urban‑rural Return Migration in China". *Environment and Planning A*，Vol. 33，No. 2，2001.

能,并因而逐渐呈现出不同程度的开放性[①]。回流劳动力的这种社会网络正逐渐成为链接城乡信息流和物质流的社会纽带,并为回流者在农村的发展带来了更多的机会及更高的投资收益。在回流者中,有35%的人仍与打工地有信息来往,7%的人与打工地有经济技术联系[②]。

外出务工建立的社会网络,不仅会影响回流者在农村的投资回报,而且还具有扩散效应。马忠东对中国9省13县119个村的调查数据的研究显示,当固定打工经历和教育后,社会关系的收入回报达到40%,主要的关系资源包括亲戚和朋友(18%)、乡村干部(29%)、乡镇和县城干部(12%),以及主管财务和企业的官员(37%)。其中,有一半的关系是直接发生联系的,另一半则是间接的,回流者的很多关系资源都是非常有用的[③]。另一方面,思想、技术和信息向亲戚、朋友和邻居等网络关系的传递具有强烈的扩散效应,经测算一个回流者的创业行为能影响4个家庭的变化[④]。

3. 经济资本

资本投入是决定一个区域或者企业实现经济发展的关键要素之一,而对于长期缺乏经济资本的农村来说,迁移劳动力回流所带来的经济资本,不仅为回流者自身创业准备了原始资本积累,同时也为农村注入了新的消费力量和多样的经济活动。外出务工带回的工资,是返乡创业启动资本的主要来源。在问及外出打工对返乡创业

[①] 徐丙奎:《进城农民工的社会网络与人际传播》,《华东理工大学学报》(社会科学版) 2007年第3期。

[②] 王西玉、崔传义、赵阳:《打工与回乡:就业转变和农村发展》,《管理世界》2003年第7期。

[③] Ma Z D. "Urban Labour – force Experience as Determinantofrural occupation change: evidence from recenturban – rural return migration in China". *Environmentand Planning A*, Vol. 33, No. 2, 2001, pp. 237 – 255.

[④] Ma Z D. "Social – capital Mobilization and Income Returns to Entrepreneurship: the Case of Return Migration in RuralChina". *Environment and Planning A*, Vol. 34, No. 10, 2002, p. 1763 – 1784.

最有帮助的是什么时，38.3%劳动力回答对创业最有帮助的是带回了资金。他们在外打工虽然劳动量大，但省吃俭用，吃住行只占收入的38.8%，带回家的工资占60%。回流之后，有一半的积蓄用来盖房子和家庭消费，投资部分占22%①。

另外，经济资本的积累也是迁移劳动力回流后职业转换的决定因素。拥有高工资积累的人回乡后易于选择自我雇佣型职业，而非高工资积累的回流者更倾向于从事被雇劳动（Ilahi N，1999）。对于中国农村来说，一般打工者年纯收入4000—5000元，是其回乡发展的主要原始积累②。

4. 视野态度

能力的积累和效用发挥在很大程度上是由劳动者个人态度决定的。积极的、肯定的态度有助于能力的改善和提升，并促使思想和计划落实在行动上，创造实际的生产力；反之，消极的、否定的态度不仅会扼杀良好的思想，甚至根本不可能去行动。农村劳动力外出务工，不仅开阔了视野，增长了见识，而且还会提高他们的商业意识和市场意识③，为人处事等各方面的能力也会有所提高④。在城市环境中，各种非政府组织（NGO）也发展了起来，迁移劳动力通过组织和参与NGO，也培养了自身的参与意识和民主意识。

中国农村劳动力向来都有挣钱储蓄的习惯，但是缺乏商业意识和投资动机，所以迁移劳动力即使在外积攒了工资，也只是寄回或

---

① 王西玉、崔传义、赵阳：《打工与回乡：就业转变和农村发展》，《管理世界》2003年第7期。

② 同上。

③ 外出务工导致了农村迁移劳动力态度和观念的变化。王西玉等（2003）在林州市农村调查时，有些基层干部说"农民的能力变化一个最重要的表现是观念变了。过去有钱就存起来，现在有钱就想投资办厂！"这些虽然是打工初衷以外的收获，但却是对未来发展长期起作用的潜在资源，并不因打工生涯结束而停止。

④ GalorO, Stark. O. Migrants' Savings, the Probability of Return Migration and Migrants' Performance. International Economic Review, 1990, 31（2）: 463-467.

者带回农村来消费。只有具备了企业家精神，才能够把积累的资金、技术和知识等转化为创造生产能力的资本。回流劳动力具备的创新精神和冒险精神正是大部分传统农村劳动力所缺乏的[①]。

三 研究设计与样本选择

在前文理论分析部分，我们探讨了迁移劳动力回流后，相对于无外出经历的农村劳动力，他们实现了个人能力的发展。能力发展也是回流劳动力影响农村发展的重要途径。在本部分我们利用农户调查数据，具体论证外出务工经历对农村劳动力个人能力的影响。

（一）农村劳动力能力发展的衡量

关于劳动力个人能力的衡量一直是经验研究重点和难点。很长一段时间，学术界用年龄因素来衡量劳动者的个人能力。近些年，在经济分析中，学者们越来越多地利用人力资本状况来衡量劳动者的综合素质和能力，使经济模型对经济增长和个人经济效率有了更高的解释力。但是影响人们生产力的不仅仅是这些因素，不同的家庭禀赋、社区环境和制度背景对于劳动者个人生产效率的发挥都会有着重要的影响。森则认为人类的可行能力是扩展他们所拥有的真实选择的能力，而发展可以看作是扩展人们享有的真实自由的一个过程。那么，可以认为能力发展就是个人生产效率的提高和选择能力的一种扩展，包括向更高投资回报行业的就业转换、在同一行业中生产力的提高和收入增长。

在本书中我们用农村劳动力的就业选择能力、农业生产能力和新技术获得能力来衡量迁移劳动力回流后个人能力的发展。关于就业选择能力，我们用劳动力在农村中的非农就业选择和职业转换来考察，包括在当地企业就业和自主创业。一般认为，在国民经济中

---

① 时慧娜：《打工回流对农区经济发展影响的理论研究新视角》，《经济经纬》2008年第6期。

第一产业的要素投资回报要低于第二和第三产业。那么劳动力从第一产业转移到第二或者第三产业就业，对于该劳动力个体可以说是能力发展的体现。随着近些年，中国宏观发展方式的转变和一系列惠农政策的出台，农业投资回报得到大幅度增长，但是整体来说农业投资回报依然低于第二和第三产业[1][2]。当然，对于劳动力某一个体来说，从事第二或者第三产业，其收入很有可能会低于其他从事第一产业的劳动力的个人收入；并且对于某些劳动力，很有可能是身体残疾或者健康状况不适合从事农业生产才转为非农就业。但是关于劳动者的能力发展，我们只能就一般化的个人在不同行业的生产效率做比较。对于后者来说这一转变过程本身就是个人能力的发展，在非农就业中更好地实现了其生产效率的发挥。一个健康的劳动力，他选择非农就业至少可以表示他可以选择这一职业，即使工作不好或者收入较低，他还可以退回纯农就业；而非农就业并不是任何一个农村劳动力都可以做的。我们的研究是对大量劳动者的一般统计和分析。

农业生产能力主要用农户的粮食单位亩产和经济作物的劳均收入来体现。农村劳动力外出务工，开阔了视野，增长了见识和技术，回流农村后即使是从事农业生产也会更倾向于尝试新的农业生产类型和方式。在抽样调查中，我们的研究对象是所有从事纯农业生产的农户，迁移劳动力回流农村后也是从事纯农业生产，比较有回流劳动力和没有回流劳动力家庭的粮食作物亩均产出。

另外，我们还对农业劳动力的新技术采纳能力做了分析，调研问题为"生产活动中，如果农作物有新技术（新品种、栽培新技术和灌溉新方法等）时，您会：①马上使用；②个别人使用后，看情

---

[1] 黄少安、孙圣民、宫明波：《中国土地产权制度对农业经济增长的影响》，《中国社会科学》2005年第3期。

[2] 邹薇、张芬：《农村地区收入差异与人力资本积累》，《中国社会科学》2006年第2期。

况再作决定；③当周围大部分人都采用时，我才考虑使用；④很少使用"。调查对象为农业生产劳动力，包括有外出务工经历和没有外出务工经历的劳动力，剔除了失去劳动能力和从事其他职业的样本。

（二）样本选择与数据描述

恩施州处于鄂西，和其他地区之间有大山阻隔，区域内具有山地、河谷和盆地平原等多种地形地貌，多民族杂居，居民以农业生产为主，而且由于地理环境闭塞，处于从传统农业向现代农业转型初期。恩施州的地理环境和社会经济发展状况十分适合进行外出务工对农业和农村劳动力能力发展影响的实验案例。

2010年8月份在湖北省恩施州做了专门针对回流劳动力的农户抽样调查，抽样方法为分层随机抽样（Stratified Sampling），并且在实际抽样过程中抽取40%没有外出务工经历的农村居民作对比分析。实际调查的样本包括了恩施州8个县25乡镇、62村、1598户、6372人，其中从未外出务工者3307人，占所有样本的52.2%；现在正在外务工者1667人，占所有样本的26.4%；外出务工返乡者1358人，占总样本的21.4%；有外出务工经历者占总样本的60.8%。

本书在数据选取上采用如下几点标准：扣除城镇暂时性迁移农村人口，只保留农村常住居民样本；扣除年龄不在15—64岁的样本，以便将研究对象集中于劳动力这一群体；扣除正在读书的学生这部分样本，保持与同类研究的一致；样本的个人信息如年龄、婚姻状态、性别和文化程度等存在数据缺失的将不予保留。最终有2908个符合条件的样本。

四 返乡农民工能力发展的统计描述

能力发展的意义就在于扩展自由，尤其是选择的自由。外出务工经历对回流劳动力个人发展能力的影响主要体现在劳动力返乡后的就业选择上,包括就业多样性、创业参与、职业转换和经济地位变化等方面[①]。

(一) 就业选择

外出务工经历对劳动力回流后是否从事非农就业有着重要的影响,尤其与回流后的自主创业有着密切的关系。以没有外出务工经历的农村劳动力为参照,迁移劳动力回流后以非农就业为主,且自主创业占了很大的比重。回流劳动力中从事非农就业的比重为39%,已经超过了从事纯农业生产的比重(35.7%),也明显高于没有外出经历者从事非农就业的比重23%。迁移劳动力回流后有18.4%选择了自主创业,进入当地企业就业的比重为19%;没有外出务工经历的农村劳动力自主创业的比重只有8.8%,进入当地企业就业比重为10.6%。从自主创业的类型来看,农村劳动力的创业以个体工商户为主,其次是自办企业(见表6—5)。

表6—5　　　　　农村劳动力的就业分布　　　　　(%)

职业		农村劳动力	回流者	未外出者
政府工作人员		2.6	1.5	3.5
经理人员		0.1	0.1	0.1
自主创业	私营企业主	1.7	2.5	8.8
	个体工商户	9.8	13.9	8.8
	个体养殖户	1.4	2.0	8.8
被雇职业	专业技术人员	4.9	15.4	10.1
	商业、服务业人员	3.9	15.4	10.1
	建筑业工人	3.6	15.4	10.1
	制造业工人	1.9	3.6	0.5

[①] 当然,并不能简单地说,在农村从事非农就业或者从事自我经营就认定其能力比务农劳动力强,但是至少对于一个身体健康的劳动力而言,从事非农就业使得其更多的能力得以体现,或者说他至少还可以选择非农就业,就业的选择性比纯务农者要多。

续表

职业	农村劳动力	回流者	未外出者
半工半农	6.2	7.5	5.3
纯农业劳动者	43.0	35.7	48.7
料理家务	13.4	13.2	13.6
丧失劳动能力者	4.0	1.5	5.9
退休	0.9	0.2	1.4
其他	2.6	2.9	2.1
样本量	3696	1623	2073

分具体类型来看，劳动力回流后在政府部门就业的比重要低于没有外出务工经历的。这可能是由迁移的选择性造成的。因为在农村，进入政府部门工作不仅是一件非常荣耀的事，也是非常困难的一件事；如果已经在农村政府部门上班，一般就不会再选择外出务工，所以没有外出务工经历的劳动力在政府部门就业的比重要高一些。从在当地企业的非农就业类型来看，回流劳动力中从事商业、服务业和建筑及制造业等非技术性岗位的就业比重都较之未外出劳动力高出2个百分点左右，而在当地企业从事专业技术人员的比重只高出1.4个百分点。一种解释是迁移劳动力中回流的以非技术性人员为主，返乡后也只能选择非技术性就业岗位。也可能是农村中有一定专业技术的劳动力更倾向于在当地企业就业，而回流劳动力则是在外出务工过程中新学了技术。

回流劳动力中从事纯农业生产的比重明显低于未外出务工的农村劳动力，而半工半农的比重又高于未外出者。有35.7%劳动力回流后从事纯农业生产，有7.5%的回流劳动力农闲时间进入当地企业打工。

（二）创业参与①

外出务工导致的能力发展，包括资金、技术、信息、阅历和企业家精神等，是创业的前提和决定因素。从农村劳动力的就业分布中我们已经看到，回流劳动力中选择自主创业的比重明显高于未外出务工者，占到回流劳动力总数的18.4%。回流劳动力创业的资本投入规模也高于未外出者，回流劳动力创业的平均投资规模为80413元，而未外出者平均投资规模为63621元。由此也可见，外出务工不仅促进了劳动力回乡创业，而且还为创业者提供了更多的创业资本。

从创业的行业选择来看，农村劳动力的创业以零售业为主，其次是养殖业。未外出农村劳动力的创业选择更为集中和单一化，零售业占了近一半的比重；虽然回流劳动力的创业行为更为多样化，但是创业的选择仍然没有脱离农业，而是农业产业链的进一步开发和延伸。回流劳动力中从事养殖业、特色农业、农资经销和运输业的比重明显高于未外出者（见表6—6）。

表6—6　　　　　　回流劳动力创业的行业选择　　　　　　（%）

类型	回流者	未外出者
养殖业	16.6	12.8
特色农业	6.6	3.5
农资经销	9.4	2.3
农产品营销/加工	7.2	10.5
零售业	29.8	41.9

---

① 目前学术界对于农民工"返乡创业"并没有一个明确而统一的界定。在本书中，"返乡创业"的定义为：从农村出县到城市务工或经商半年以上的农民，由于在外务工和经商过程中开阔了眼界，增长了胆识和才干，积累了较多的资金，或由于在外务工及经商失败，返回原籍农村或回到家乡所在县城及乡镇创办工商企业，或从事农业规模经营和开发性生产。这里的"创业"既包括投资数百万元办企业，也包括投资数千元开饭店、经商，或进入非农产业部门或从事非原来意义的农业生产活动等。

续表

类型	回流者	未外出者
运输业	11.0	3.5
餐饮业	7.7	5.8
其他	11.7	19.7
合计	100.0	100.0

从创业的类型选择来看，农村劳动力的创业类型以个体户为主，占到创业者总数的60%以上。和未外出务工者相比，迁移劳动力回流后创办企业的比重更高，从事个人经营的比重要低一些。回流劳动力中私营业主的比重为16.1%，合伙业主的比重为6.9%，而未外出者的比重分别为8.1%和3.5%。未外出者从事个人就业的比重较之回流者高出6个百分点（见图6—1）。

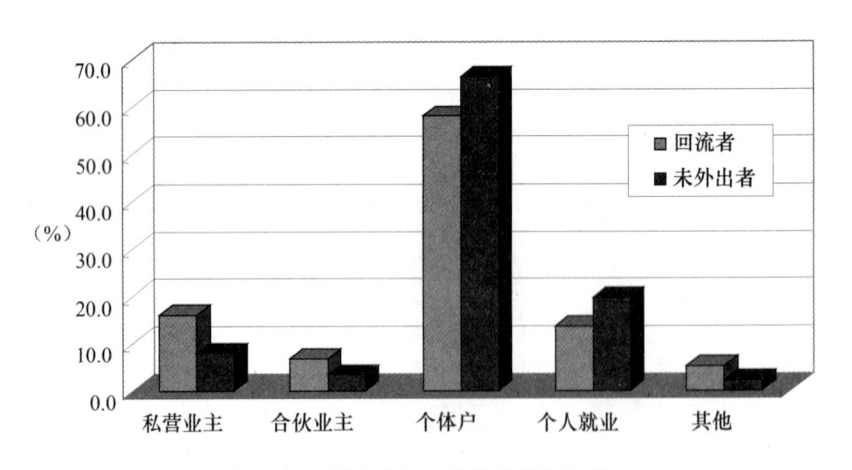

图6—1 回流劳动力创业的类型选择

（三）职业转换

外出务工后农村劳动力能力发展的主要方面是视野的开阔、人力资本和经济资本的积累，这就为回流农村后再选择职业提供了动力和条件，所以职业转换则是能力发展的集中体现。从纯农业生产向非农产业的转换，是劳动力就业选择性的扩展。从调查结果来看，农村劳动力在外出前有63.7%的人从事纯农业生产，而回流后只有32.2%的人还在继续从事纯农业生产。劳动力外出务工前后从事非农就业比重变化显著，外出务工前只有2.0%的人在当地企业全职务工，3.6%的人从事个体工商户，在回流后该比重分别增长为10.9%和18.2%。另外，回流后从事半工半农、养殖业经营以及开办企业的比重也有较大幅度的增长（见图6—2）。

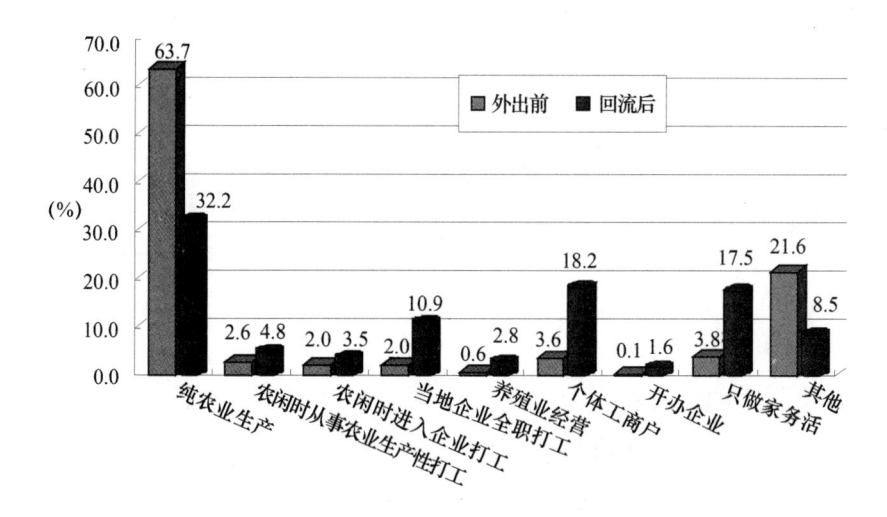

图6—2 外出务工与农村劳动力的职业转换

为了更好地体现外出务工经历对劳动力职业转换的影响，我们对劳动力外出务工前后的职业进行了统计。在数据整理中，我们去除了在外出务工前后没有就业、退休或者失去劳动能力的样本，职业转换界定为原来从事纯农业而现在在当地企业务工或者自主创业。若原来从事非农就业现在依然是非农就业则认为其没有发生职业转换。统计分析发现，有48.8%的劳动力在回流后改变了原来的职业，其中22.4%的劳动力外出务工前从事纯农业生产现在转为在当地非农务工，26.4%的劳动力从农业生产转为自主创业（见表6—7）。

表6—7　　　　　外出务工与农村劳动力的职业转换　　　　　（%）

类型	外出前	回流后
纯农业生产	63.73	32.18
农业生产，农闲时间在当地从事农业生产性打工	2.56	4.81
农业生产，农闲时间进入当地企业打工	1.99	3.47
在当地企业全职打工	1.99	10.95
从事养殖业经营	0.57	2.80
个体工商户	3.56	18.16
开办企业	0.14	1.60
不工作，或者只做家务活	3.84	17.49
其他	21.62	8.54
合计	100.0	100.0
职业转换	48.8	
农业——当地企业务工	22.4	
农业——自主创业	26.4	

（四）经济地位变化

社会流动是劳动者个人能力变化的重要体现。所谓社会流动是指个人或群体在社会分层系统中的地位升降变化。社会流动包含向上流动、向下流动与平行流动，如果流动获得了财产、收入和地位，提高了社会阶层的地位，称为向上流动；那些向相反方向移动的人则是向下流动；如果没有发生这一变化，则是水平流动。前面我们分析的职业转换也是农村劳动力社会流动的一个重要方面，劳动力回流后从原来的农业生产转变为非农就业或者自主创业，就是农村劳动力向上社会流动的一个体现。在本部分我们主要用家庭经济地位、收入水平和消费水平来衡量农村劳动力的社会流动。

有迁移劳动力的家庭收入水平和经济地位一般会低于没有外出务工劳动力的家庭；但是随着家庭中劳动力的回流，尤其是回流劳动力数量的增加，家庭经济地位在逐渐上升。从调查结果来看，没有劳动力外出务工的家庭经济地位评价中有31.5%为中等以上，有1个回流劳动力的家庭为23%，有2个回流者时为24.3%，当有3个及以上回流者时就有39.1%认为自己的家庭处于村中中上等。并且随着外出劳动力的回流，家庭走出相对贫困的速度更快，当有两个劳动力回流时，家庭处于中下等的比重已经开始少于没有外出务工者的家庭。

从家庭的实际经济水平来看，随着家庭中回流劳动力数量的增加，家庭平均年收入和年消费额在上升，当家庭中有3个及以上回流者时年收入和年消费额开始超过没有劳动力回流的家庭。当家庭中劳动力回流数量从1个增加到3个及以上时，家庭平均年收入从25083.9元上升到64964.7元，家庭平均年消费也从16183.9元增加到22078.1元（见表6—8）。

表6—8　　　　　　　　　劳动力回流与家庭经济地位

经济地位		家中回流者人数			
		0	1	2	≥3
经济地位评价	上等	4.7%	1.9%	4.2%	9.8%
	中上	26.8%	21.1%	20.1%	29.3%
	一般	45.3%	46.8%	51.8%	40.5%
	中下	14.9%	19.4%	15.8%	19.4%
	下等	8.3%	10.8%	8.1%	1.0%
	总计	100%	100%	100%	100%
户均年收入/元		35164.4	25083.9	30705.8	64964.7
户均年消费/元		21793.9	16183.9	20079.3	22078.1

注：经济地位评价是被访者对家庭在村中经济地位的自我评价。户均年收入和户均年消费是不同劳动力回流数量的家庭2009年收入和消费的平均值。

五　外出务工经历对返乡农民工能力发展的影响

（一）模型构建与变量选择

1. 择业决定模型

本部分将使用Logistic模型先后对外出务工经历者与农村劳动

者就业选择、职业转换和创业参与进行估计。分析样本不包括正在外务工劳动力,以无外出务工经历者和回流劳动力为分析对象。

分别以非农就业、当地企业做技术工、当地企业做普工以及自主创业为因变量,基本的计量模型方程如下:

$$\text{job choice}_i^t = \beta \chi_i + \lambda y_i + \varepsilon_i \tag{1}$$

其中,job choice$_i^t$ 表示以务农就业为参照,受访者 i 是否选择了非农就业,t 分别表示非农就业、当地企业技术工、当地企业做普工以及自主创业。如果始终从事农业则为 0;如果从事非农职业则为 1。χ_i 为核心变量——外出务工经历,即"是否曾在外务工过";y_i 为一组控制变量,包含受访者的家庭禀赋、性别、受教育年限、政治面貌、婚姻状况、民族、户籍类型和健康变量等;ε_i 为随机扰动项。

类似地,以职业转变为因变量,分别构建模型估计务农就业向非农就业转变、务农就业向当地企业做技术工、普通工以及创业参与转变,基本的计量模型方程为:

$$\text{job change}_i^t = \beta \chi_i + \lambda y_i + \varepsilon_i \tag{2}$$

其中,job change$_i^t$ 表示以没有职业转变为参照,受访者 i 是否在外出务工回流后从农业转变为非农就业,t 分别表示从农业转变为非农就业、当地企业技术工、当地企业做普工以及自主创业等。如果始终从事农业或者一直从事非农就业都设为 0,如果原来从事农业回流后转为非农职业则为 1。χ_i 为核心变量——外出务工经历,即"是否曾在外务工过"。y_i 为一组控制变量,其设定与上面大体一致,包含受访者的家庭禀赋、性别、受教育年限、政治面貌、婚姻状况、民族、户籍类型和健康变量等。ε_i 为随机扰动项。

具体的变量说明及样本描述见表 6—9。

表6—9　　　　　　　　变量说明和统计描述

变量	变量说明	有外出务工经历劳动力 均值	有外出务工经历劳动力 方差	未外出务工劳动力 均值	未外出务工劳动力 方差
家庭人力资本	家中劳动力数量	3.089	1.057	3.511	0.962
家庭经济资本	家庭财富积累：家庭生产型和消费型资产综合得分值，	1285.526	902.083	1368.981	931.096
家庭社会资本	家庭亲戚朋友数量，以对数形式引入模型	7.236	2.761	7.433	3.320
家庭自然资本	家庭耕地数量	4.381	19.088	3.456	2.840
受教育年限	对文化程度进行赋值，大专及以上为15，中专及高中为12，初中为9，小学为6，文盲为0	8.683	2.667	7.568	3.560
性别	男1，女0	0.484	0.500	0.430	0.495
政治面貌	是中共党员为1，否0	0.054	0.225	0.062	0.242
婚姻状况	已婚及丧偶为1，未婚0	0.927	0.261	0.933	0.251
少数民族	少数民族为1，汉族为0	0.664	0.473	0.713	0.452
户口性质	非农业户口为1，农业户口0	0.039	0.193	0.071	0.257
健康状况	健康状况一般为2，非常健康为3	2.441	0.979	2.104	1.187

2. 农业生产决定模型

本部分将先后使用 OLS 和 Logistic 模型对家中有无回流劳动力与农户单位粮食亩产和经济作物劳均收入之间的关系进行估计。分析样本不包括从事非农职业和失去劳动能力的劳动力，以农业生产劳动力为分析对象，包括有外出务工经历已经回流者和无外出务工经历劳动力。

我们使用柯布－道格拉斯生产函数方法考察生产投入要素同农业产出的关系，重点分析家中有回流劳动力对农业粮食和经济作物产出的影响。以单位粮食亩产量为因变量，基本的计量模型方程如下：

$$\Delta\left(\ln \frac{O_i^c}{l_i^s}\right) = \alpha_0 + \alpha_1 R_i + \alpha_2 \ln M_i + \alpha_3 \ln P_i + \alpha_4 \ln L_i + \alpha_5 X_i + \varepsilon_i \quad (3)$$

农户 i 在 2009 年粮食作物产出是 O_i^c 千克，除以家庭种植粮食作物的耕地数量 l_i^s，在这里用家庭承包的耕地数量来替代，得到农户粮食单位亩产，为因变量。家庭 i 中有从事农业生产的回流劳动力 R_i 是本模型的核心解释变量。设置方法为，家庭中有回流劳动力从事农业生产设置为 1，没有为 0。如果外出务工经历对农村劳动力的农业生产效率的影响是有效的，α_1 应该显著为正，如果无效应则不显著异于 0。其他变量为引入的控制变量：M_i 为粮食生产的农业生产性投入，P_i 为粮食生产为农业生产的人力资本状况，在这里用户主夫妻直系亲戚数量来替代，L_i 为家庭中总承包土地数量，X_i 为其他可能影响粮食产出的控制变量，包括户主文化程度、户主新技术获得积极性和耕地质量等。ε_i 为随机扰动项。

类似地，以农户经济作物劳均收入为因变量，计量模型方程构建如下：

$$\Delta\left(\ln \frac{Y_i^c}{l_i^i}\right) = \alpha_0 + \alpha_1 R_i + \alpha_2 \ln M_i + \alpha_3 \ln P_i + \alpha_4 \ln L_i + \alpha_5 X_i + \varepsilon_i \quad (4)$$

由于经济作物的单位收入和劳动力的投入量相关性很大，在这里我们用经济作物劳均收入来体现经济作物生产能力。农户 i 在 2009 年种植经济作物总收入是 Y_i^c 元，除以家庭种植经济作物的劳动力数量 l_i^i，得到农户经济作物劳均收入，为因变量。解释变量设置同上。ε_i 为随机扰动项。

3. 新技术获得模型

以获得新技术的积极性为因变量，构建模型估计外出务工经历对劳动者新技术获得积极性的影响，计量模型方程为：

$$\text{tecget}_i = \beta\chi_i + \lambda y_i + \varepsilon_i \tag{5}$$

其中，tecget_i 表示以获得新技术的积极性较差为参照，受访者 i 会积极获取和采纳农业生产新技术。在问卷调查中问题设置为："生产活动中，如果农作物有新技术（品种、栽培和灌溉等）时，您会：①马上使用；②个别人使用后，看情况再作决定；③当周围大部分人都采用时，我才考虑使用；④很少使用"，如果选择①设为 1，如果选择其他三项则为 0。χ_i 为核心变量——外出务工经历，即"是否曾在外务工过"。y_i 为一组控制变量，其设定与上面大体一致，包含受访者的性别、婚姻状况和民族等个人特征因素。ε_i 为随机扰动项。具体的变量说明及样本描述见表 6—10。

表 6—10　　　　　　变量说明和统计描述

变量	变量说明	样本量	均值	方差
家中有无回流劳动力	家中有回流劳动力 = 1，无 = 0	1834.000	0.653	0.476
农业资本投入	2009 年用于农业生产性支出，包括农具、化肥、农药等，以对数形式引入模型	1813.000	1692.868	8230.836
家庭经济资本	财富积累：家庭生产型和消费型资产综合得分值，以对数形式引入模型	1833.000	1187.358	804.803
家庭人力资本	户主夫妻亲戚数量，以对数形式引入模型	1501.000	7.338	3.071
家庭自然资本	耕种田地数量，以对数形式引入模型	1820.000	3.917	10.455
	耕地质量	1748.000	1.060	0.675
户主民族性质	少数民族 = 1，汉族 = 0	1834.000	0.710	0.454
户主文化程度	户主最后学历	1832.000	5.183	0.948
户主新技术使用	户主获得新技术的积极性，非常积极 = 1，其他 = 0	1834.000	0.341	0.474

(二) 外出务工经历与农村劳动力的择业能力

1. 外出务工经历对劳动力就业选择的影响

(1) 外出务工经历对选择非农就业的影响。表6—11报告了农村劳动力就业选择决定模型的估计结果。第一列显示，外出务工经历对劳动力回流农村后从事非农就业有着显著的正向影响。有外出务工经历的农村劳动力比从未外出过的劳动力选择非农就业的概率高47个百分点。

(2) 外出务工经历对选择当地企业务工的影响。在当地企业务工是劳动力在农村非农就业的一个主要途径，占在农村非农就业人数的51%。从当地就业决定的估计模型来看，外出务工经历对农村劳动力选择在当地企业务工有着显著的正向影响。和没有外出经历的劳动力相比，有外出务工经历的劳动力选择在当地企业就业的概率增加了41.9%，也可以说迁移劳动力回流农村后更倾向于在当地企业务工，而不是选择务农。

为了进一步考察不同务工类型就业决定的差异，我们对当地企业务工类型进行了再分解，分为在当地企业技术性务工和做普通工。结果显示，外出务工经历对农村劳动力在当地企业做普工有着显著的正向影响，而对在当地企业做技术工没有显著的影响。可见，迁移劳动力在外务工期间并未获得可以利用的技术，回流农村后在当地企业只是一般性就业。对于从事技术性务工，和没有外出经历的劳动力比，也没有优势。

(3) 外出务工经历对自主创业的影响。从回归结果来看，外出务工经历对农村劳动力自主创业有着显著的正向影响，影响系数明显大于对选择非农就业和在当地企业务工的影响。和没有外出务工经历的农村劳动力相比，有外出务工经历的劳动力选择自主创业的概率会增加49.8%。可见，相对于务农和在当地企业务工，迁移劳动力回流农村后选择在农村自主创业的可能性更大。

表6—11　　　　　　　外出务工经历与农村劳动力就业选择

变量	非农就业 β	Exp(β)	当地企业务工 β	Exp(β)	技术性 β	Exp(β)	普通 β	Exp(β)	自主创业 β	Exp(β)
有无外出务工经历（以无为参照）										
有	0.385*** (0.106)	1.470	0.350*** (0.118)	1.419	0.006 (0.192)	1.006	0.670*** (0.156)	1.954	0.404*** (0.148)	1.498
家庭人力资本	-0.147*** (0.053)	0.863	-0.001 (0.057)	0.999	0.015 (0.095)	1.015	0.037 (0.075)	1.038	-0.317*** (0.075)	0.728
家庭经济资本	0.000*** (0.000)	1.000	0.000*** (0.000)	1.000	0.000*** (0.000)	1.000	0.000 (0.000)	1.000	0.000*** (0.000)	1.000
家庭社会资本	0.068 (0.044)	1.071	-0.005 (0.051)	0.995	-0.112 (0.106)	0.894	0.060 (0.055)	1.062	0.115** (0.053)	1.122
家庭自然资本	-0.196*** (0.064)	0.822	0.000 (0.003)	1.000	-0.193* (0.108)	0.824	0.041 (0.089)	1.042	-0.265*** (0.085)	0.767
受教育年限	0.182*** (0.020)	1.200	0.117*** (0.022)	1.125	0.131*** (0.036)	1.139	0.102*** (0.028)	1.107	0.121*** (0.028)	1.129
性别（以女性为参照）										
男性	0.786*** (0.103)	2.194	0.850*** (0.117)	2.340	1.192*** (0.205)	3.293	0.531*** (0.149)	1.701	0.255* (0.141)	1.290
政治面貌（以非党员为参照）										
党员	0.620*** (0.211)	1.859	-0.715*** (0.261)	0.489	-0.331 (0.373)	0.718	-0.665* (0.388)	0.514	0.140 (0.275)	1.151
婚姻状况（以未婚为参照）										
已婚	-0.932*** (0.180)	0.394	-1.235*** (0.172)	0.291	-0.849*** (0.262)	0.428	-1.205*** (0.205)	0.300	0.563*** (0.312)	1.756

续表

变量	非农就业 β	非农就业 Exp(β)	当地企业务工 β	当地企业务工 Exp(β)	技术性 β	技术性 Exp(β)	普通 β	普通 Exp(β)	自主创业 β	自主创业 Exp(β)
民族（以汉族参照）										
少数民族	-0.179* (0.111)	0.836	-0.063 (0.123)	0.939	-0.018 (0.203)	0.983	-0.216 (0.157)	0.806	-0.274* (0.149)	0.760
户口性质（以农业为参照）										
非农业	1.078*** (0.251)	2.938	0.509** (0.215)	1.663	0.769** (0.328)	2.157	0.018 (0.359)	1.018	-0.237 (0.336)	0.789
健康状况（以差为参照）										
一般	0.348* (0.184)	1.416	0.529** (0.224)	1.697	0.121 (0.372)	1.128	0.810*** (0.299)	2.247	0.244 (0.265)	1.276
非常健康	0.576*** (0.163)	1.779	0.726*** (0.202)	2.066	0.468 (0.325)	1.597	0.748*** (0.278)	2.112	0.394* (0.235)	1.483
常数项	-2.816*** (0.375)	0.060	-3.044*** (0.415)	0.048	-4.509*** (0.693)	0.011	-3.623*** (0.527)	0.027	-3.915*** (0.554)	0.020
有效样本量	2421		2421		2421		2421		2421	
卡方值	502.87***		251.61***		133.77***		128.43***		162.51***	
Cox & Snell R^2	0.188		0.090		0.054		0.052		0.065	
Nagelkerke R^2	0.271		0.156		0.153		0.114		0.134	
预测准确率	76.2%		84.5%		94.2%		91%		89.8%	

注：1. ***0.01水平下显著，**0.05水平下显著，*0.1水平下显著。2. 括号中为标准误。

3. 家庭社会资本引入的是家庭、亲戚、朋友。

2. 外出务工经历对农村劳动力职业转换的影响

（1）外出务工经历对农业转非农就业的影响。从表6—12的回归结果来看，外出务工经历对农村劳动力从农业向非农就业转换有着显著的正向影响，有外出务工经历能够使得向非农就业转换的可能性提高23.3%。这与罗凯（2009）使用中国健康和营养调查数据得出的结果比较类似，但是在该研究中，研究分析的对象是正在外务工者和已经回流的劳动力，样本中未包括农村无外出务工经历的劳动力，所有研究不能很好地对比出外出务工经历对劳动力就业转变的影响。

（2）外出务工经历对务农转当地企业务工的影响。从回归结果可以看到，外出务工经历对农村劳动力从务农转为在当地企业务工的影响系数相对较小，且不显著。从对在当地企业务工的分类回归中，我们发现，外出务工经历对于劳动力从农业转为在当地企业做技术工的影响为负，且并不显著；而对农业转为在当地企业做普通工有着显著的正向影响，有外出务工经历使得其转为在当地企业做非技术型工人的可能性提高41.8%。也就是说，外出务工经历对农村劳动力进入当地企业做技术工人并没有帮助，甚至起到相反的作用。可能的解释是，当前农村劳动力外出务工只是从事一般性的体力型劳动，并未学得足够的技术和知识；或者是回流农村的大多数在外面就是从事非技能型务工，所以容易回流。另一方面，有一定技术的劳动力容易在当地企业找到较为理想的工作，就不倾向于到外地务工。

（3）外出务工经历对务农转自主创业的影响。外出务工经历对农村劳动力从务农转为自主创业的影响系数明显大于前面几个模型，并且在1%统计水平上显著。和没有外出务工经历的劳动力相比，有外出务工经历的农村劳动力从务农转为自主创业的概率会增加

56.7%。这与罗凯（2009）的研究结果有较大的区别，在罗凯的回归结果中，外出务工经历对劳动力返乡创业并无显著的影响，只有在外务工时间有显著的正向影响。在他的研究中，样本选择是正在外务工和已经回流的劳动力，没有以未外出劳动力做参照，所以很难看出外出务工经历对农村劳动力创业参与的影响。

农业转自主创业模型的控制变量回归结果和前面几个模型有着较大的不同。整体来看，个人特征因素对劳动力从农业转非农就业，尤其是转当地企业做普工，有着重要的影响。所引入的变量几乎都比较显著，而家庭禀赋因素影响力则较小。相比较而言，家庭禀赋因素对农村劳动力从务农转为自主创业有着十分重要的影响，所引入的四个资本因素都在1%统计水平上显著，而引入的个人特征变量只有受教育年限和民族有着显著的影响。由此可见，农村劳动力自主创业对家庭禀赋资源的整合能力较强。分因素来看，家庭社会资本和经济资本对劳动力转为自主创业有着显著的正向影响，家庭社会资本每增加1%，劳动力从农业转为自主创业的概率会提高21%。家庭人力资本和自然资本依然是有着显著的负向影响，家庭丰富的劳动力并不能为自主创业提供帮助。

表6—12　　　　　外出务工经历与农村劳动力职业转换

变量	农业转非农就业		农业转当地企业务工						农业转自主创业	
			当地企业务工		技术工		普通工			
	Exp(β)	β	Exp(β)	β	Exp(β)	β	Exp(β)	β	Exp(β)	β
有无外出务工经历（以无为参照）										
有	0.209** (0.107)	1.233	0.154 (0.136)	1.166	−0.231 (0.221)	0.794	0.349** (0.162)	1.418	0.449*** (0.154)	1.567
家庭人力资本	−0.126** (0.054)	0.882	0.079 (0.068)	1.082	0.062 (0.109)	1.064	0.085 (0.080)	1.089	−0.355*** (0.080)	0.701

续表

变量	农业转非农就业 Exp(β)	β	农业转当地企业务工 - 当地企业务工 Exp(β)	β	农业转当地企业务工 - 技术工 Exp(β)	β	农业转当地企业务工 - 普通工 Exp(β)	β	农业转自主创业 Exp(β)	β
家庭经济资本	0.000 *** (0.000)	1.000	0.000 (0.000)	1.000	0.000 (0.000)	1.000	0.000 * (0.000)	1.000	0.000 *** (0.000)	1.000
家庭社会资本	0.138 *** (0.043)	1.148	0.063 (0.052)	1.065	-0.057 (0.117)	0.945	0.094 * (0.055)	1.098	0.191 *** (0.052)	1.210
家庭自然资本	-0.157 *** (0.023)	0.854	-0.113 *** (0.029)	0.893	-0.078 * (0.045)	0.925	-0.121 *** (0.036)	0.886	-0.212 *** (0.038)	0.809
受教育年限	0.177 *** (0.020)	1.194	0.137 ** (0.025)	1.147	0.132 *** (0.040)	1.141	0.123 *** (0.029)	1.131	0.135 *** (0.029)	1.144
性别（以女为参照）										
男	0.446 *** (0.103)	1.562	0.723 *** (0.135)	2.061	0.966 *** (0.231)	2.629	0.519 *** (0.158)	1.681	0.021 (0.147)	1.022
政治面貌（以非党员为参照）										
党员	0.195 (0.202)	1.216	-1.105 *** (0.358)	0.331	-0.596 (0.449)	0.551	-1.609 *** (0.601)	0.200	-0.247 (0.300)	0.781
婚姻状况（以未婚为参照）										
已婚	-1.110 *** (0.171)	0.330	-1.408 *** (0.178)	0.245	-1.254 *** (0.266)	0.285	-1.220 *** (0.204)	0.295	0.475 (0.316)	1.608
民族（以汉族参照）										
少数民族	-0.351 *** (0.109)	0.704	-0.061 (0.142)	0.940	-0.299 (0.224)	0.742	0.076 (0.171)	1.079	-0.628 *** (0.150)	0.533
户口性质（以农业为参照）										
非农	0.435 ** (0.198)	1.545	0.297 (0.249)	1.346	1.002 *** (0.313)	2.724	-0.593 (0.394)	0.553	-0.415 (0.300)	0.661
健康状况（以差为参照）										

续表

变量	农业转非农就业 Exp(β)	β	农业转当地企业务工 当地企业务工 Exp(β)	β	技术工 Exp(β)	β	普通工 Exp(β)	β	农业转自主创业 Exp(β)	β
一般	0.262 (0.188)	1.300	0.492** (0.252)	1.636	0.068 (0.414)	1.070	0.667** (0.307)	1.948	0.101 (0.279)	1.107
非常健康	0.427*** (0.166)	1.533	0.580*** (0.227)	1.785	0.367 (0.358)	1.443	0.642** (0.281)	1.900	0.272 (0.246)	1.313
Constant	-2.032*** (0.372)	0.131	-2.940*** (0.464)	0.053	-3.994*** (0.771)	0.018	-3.461*** (0.550)	0.031	-3.446*** (0.578)	0.032
有效样本量	2658		2658		2658		2658		2658	
卡方值	391.33***		208.80***		101.42***		131.19***		214.46***	
Cox & Snell R²	0.137		0.075		0.037		0.048		0.078	
Nagelkerke R²	0.212		0.152		0.137		0.119		0.174	
预测准确率	79.4%		89.1%		96.2%		92.8%		91.3%	

注：1. *** 0.01 水平下显著，** 0.05 水平下显著，* 0.1 水平下显著。2. 括号中为标准误。3. 家庭社会资本引入的是家庭、亲戚、朋友数量的对数值。

首先，我们用方差膨胀因子（VIF）来测度解释变量间多重共线性问题。从检验结果来看，所选入的解释变量的 VIF 值都接近于1，可以认为所构建的计量模型基本不存在多重共线性问题。

我们还做了一些模型稳健性检验，将核心变量原来的"是否有外出务工经历"替换为"在外务工流动累计时间"，重新进行回归估计，以考察估计结果的稳健性程度。"在外务工流动累计时间"是一个定距型数据。在调查问卷中所设问题为"外出务工（工作流动）流动的累计时间有多长了？①从未外出或者 6 个月以下；

②6—12个月；③1—2年；④2—5年；⑤5—10年；⑥10年以上"。和前面构建指标"有无外出务工经历"相比，对这个指标做出的选择就相当于前面的有无外出务工经历，不过较之前者收集到了更多的在外就业信息[①]。回归结果显示，外出务工时间对农村劳动力选择非农就业和向非农就业转变的影响为正，且都在1%统计水平上显著，这一效应基本稳定在0.4%水平。模型解释力也没有明显变化。另外，我们还利用OLS方法估计了外出务工经历对非农就业选择的影响，影响系数也显著为正。可见所构建的模型稳健性较好。

由于外出务工经历是在劳动力现在的就业选择前发生的，对于现在的就业选择和职业转变可视为前定变量。在这里不再做内生性检验。

（三）外出务工经历与农村劳动力的生产能力

1. 外出务工经历对农户粮食亩产的影响

从表6—13的回归结果可以看出，家中有没有回流劳动力对农户粮食亩产有着重要的影响。外出务工经历变量的回归系数显著性t检验的概率p值远小于显著水平0.01，因此应拒绝零假设，偏回归系数与0有显著差异。如果家庭中有回流劳动力从事农业生产，那么粮食亩产就会增加18.7%。可见，劳动力外出务工后，不仅实现了非农就业能力的增长，而且即使是返回农村重新从事农业生产，也会提高农业的产出效率。也可以说是迁移劳动力回流农村的农业劳动投资回报也会高于未外出者。

2. 外出务工经历对劳动平均农业经济收入的影响

在农村中，农户从事的农业生产不仅仅是粮食作物的种植，还

---

① 由于篇幅原因，本部分所做的稳健性检验和多重共线性检验结果没有列出，如果读者需要可以与我们联系。

包括经济作物种植以及家禽牲畜的零散养殖①。在本部分我们考察的农业经济收入就包括了农业经济作物种植和家禽牲畜的零散养殖售卖后获得的收入。作为底数的劳动力是家庭中从事农业生产的劳动力数量。

从回归结果来看，家中有回流劳动力对劳均农业经济收入的影响是负向的，且在1%统计水平上显著。可以认为，农村劳动力外出务工回流后阻碍了农户家庭农业经济性收入的增长，有回流劳动力从事农业生产的农户家庭经济性收入会减少18.7%。这种结果出乎我们的预料，因为在前一个模型中，家中有回流劳动力从事农业生产会显著增加粮食作物的单位亩产，而对经济性的农业收入反而是反向作用。另外，我们以农户经济作物劳均收入为因变量构建模型。回归结果也显示，家中有回流劳动力的回归系数为负，回归系数显著性t检验的概率p值为0.061，即有回流劳动力从事农业生产的家庭，农业经济作物劳均收入反而较低。

表6—13　　　　　　　　劳动力回流与农业生产决定模型

解释变量	粮食作物单位亩产对数 OLS	粮食作物单位亩产对数 2SLS	第一阶段 Logistic	劳均农业经济收入对数 OLS	劳均农业经济收入对数 2SLS	多重共线性 VIF	多重共线性 Tol
家中有回流劳动力（以无为参照组）	0.187*** (0.042)	1.475*** (0.420)	—	-0.187*** (0.068)	-0.823 (0.519)	1.025	0.976
回流劳动力在外是否参加过技术培训	—	—	-1.293*** (0.322)	—	—	—	—
农业生产性现金投入对数	0.145*** (0.028)	0.138*** (0.043)	-0.038 (0.108)	0.274*** (0.042)	0.252*** (0.057)	1.277	0.783

---

① 在这里家禽零散养殖主要是区别于农村养殖专业户，农户小规模养殖一些鸡、鸭、羊或牛等。

续表

解释变量	粮食作物单位亩产对数 OLS	粮食作物单位亩产对数 2SLS	第一阶段 Logistic	劳均农业经济收入对数 OLS	劳均农业经济收入对数 2SLS	多重共线性 VIF	多重共线性 Tol
家庭经济资本对数	0.051* (0.031)	-0.019 (0.051)	0.317*** (0.121)	0.123** (0.052)	0.065 (0.07)	1.090	0.917
家庭人力资本对数	0.076** (0.036)	0.094* (0.052)	0.052 (0.146)	0.071** (0.036)	0.061 (0.105)	1.032	0.969
家庭自然资本对数	-0.370*** (0.033)	-0.239*** (0.062)	-0.634*** (0.137)	0.184*** (0.056)	0.078 (0.082)	1.254	0.798
家庭耕地质量差0，一般2，好3	0.042 (0.030)	0.012 (0.047)	0.032 (0.199) 0.33 (0.241)	0.214*** (0.050)	0.237*** (0.067)	1.079	0.927
户主为少数民族（以汉族为参照）	-0.119*** (0.044)	-0.154** (0.064)	0.101 (0.172)	0.237*** (0.076)	0.286*** (0.095)	1.033	0.968
户主最后学历	0.015 (0.021)	-0.023 (0.031)	-0.067 (0.085)	0.010 (0.034)	-0.009 (0.045)	1.018	0.982
户主获取新技术的积极性高（以低为参照）	-0.080* (0.043)	-0.183** (0.081)	0.613*** (0.182)	0.253*** (0.070)	0.377*** (0.107)	1.061	0.943
Constant	5.161*** (0.303)	4.842*** (0.490)	0.012 (1.208)	3.817*** (0.479)	4.989*** (0.734)		
样本量	1796	1796	1796	1796	1796		
F值	21.849***	9.839***		21.907***	11.227***		
R	0.413	0.318	调整 R^2 = 0.09	0.448	0.395		
R^2	0.171	0.101		0.201	0.156		
调整 R^2	0.163	0.090		0.192	0.142		

注：1. *** 表示在0.01水平下显著，** 表示在0.05水平下显著，* 表示在0.1水平下显著。2. 括号中为标准误。3. 第一个阶段回归式是用待检验变量（家中有无回流劳动力）对上式中的全部外生变量和选定的工具变量进行 Logistic 回归。4. 在第一阶段回归中，家庭耕地质量是引入的两个虚拟变量，以耕地质量差为参照，分别为耕地质量一般和耕地质量好。5. "—" 表示该变量在此模型中未引入。

3. 内生性及多重共线性讨论

若方程右侧的所有变量都可以被视为外生或者前定变量，那么所构建的模型就可以得到一致性估计结果。但是对于家庭有无回流劳动力的变量，即使我们更换不同的度量指标，以尽量避免度量误差，仍然可能存在由遗漏其他变量导致的估计误差，并且家庭农业生产效率也会成为迁移劳动力回流的一个因素，所以家庭有无回流劳动力是一个内生性变量。我们选择的工具变量是"回流劳动力在外务工期间有没有参加过技术培训"。从第一阶段回归结果可以看到，劳动力有没有外出务工经历和在外务工期间有没有参加过职业技能培训有着十分显著的相关性。而迁移劳动力在外务工期间有没有参加过技术培训和回流后的农业生产并没有直接的相关关系，将在外参加技术培训放入农业生产决定模型中，影响系数也不显著。可以认为这是一个可以被接受的工具变量。由于只有一个工具变量，不能做过度识别检验，在这里我们直接引入工具变量，利用两阶段最小二乘法来进行估计。

第一阶段使用 Logistic 方法，先用家中有无回流劳动力作为因变量，回流劳动力是否参加过技术培训、农业生产性现金支出、家庭禀赋和户主个人特征等作为自变量，进行回归分析；在第二阶段，我们用第一阶段得到的家中是否有回流劳动力的预测值来替代实际的回流劳动力变量，重新检验农业生产决定模型。检验结果发现，用家中有无回流劳动力的预测值代替实际值，粮食作物单位亩产的结果并没有发生显著变化，也就是说这两个回归没有系统性差异，但是在 2SLS 模型中回流劳动力变量的偏回归系数增大了。这表明，回流劳动力对农业生产的影响是多方面的，并且单纯这么一个指标很难完整体现劳动力外出务工后个人能力的增长，从而导致在 OLS 结果里回流劳动力的系数被部分低估了。

而在劳均农业经济收入决定模型中,用家中有无回流劳动力的预测值代替实际值,回归结果发生了较为明显的变化,回流劳动力变量的影响系数不再显著,系数的绝对值有所扩大,但是影响方向并没有变化。也就是说,家中有回流劳动力对劳均农业经济收入的回归存在一定的偏误,回流劳动力对农业经济收入的影响效应被低估,但是家中有回流劳动力对劳均农业经济收入的影响依然是反向的。

我们还进行了多重共线性检验。家中有无回流劳动力的 VIF 值为 1.025,所选入的其他解释变量的 VIF 也都接近于 1,可以认为所构建的计量模型基本不存在多重共线性问题。

(四) 外出务工经历与农村劳动力的学习能力

迁移劳动力回流农村后,一方面会提高自身的劳动生产效率;另一方面外出务工经历还有可能会改变他们对新技术的采纳能力,以促进农业技术的改进和新生产技能的传播,这也是促进农业发展的重要途径。在这里我们用农村劳动力对新技术采纳的积极性来衡量他们的学习能力。孔祥智、方松海、庞晓鹏等(2004)利用中国三个省 419 个农户调查数据实证分析发现,家中有成员外出务工对农户技术采纳行为并无显著的影响[①]。我们将利用回流劳动力变量进行类似的检验。

从表 6—14 的回归结果可以看到,有外出务工经历对农村劳动力新技术采纳的积极性有着显著的正向影响。从 Exp(β) 值来看,有外出务工经历会使农村劳动力采纳新技术的概率提高 22.6%。由此也正好印证了前面粮食生产决定模型的回归结果,外出务工经历提高了劳动者采用农业新技术的积极性,这也是农业生产效率提高

---

① 孔祥智、方松海、庞晓鹏等:《西部地区农户禀赋对农业技术采纳的影响分析》,《经济研究》2004 年第 12 期。

的一个重要因素。

表 6—14　　　　　外出经历与新技术采纳决定模型

	β	S. E.	Wald	df	Sig.	Exp（β）
有无外出务工经历（以无为参照）						
有	0.204	0.100	4.157	1	0.041	1.226
性别（以女为参照）						
男	0.242	0.102	5.654	1	0.017	1.274
是否少数民族（以否为参照）						
是	0.261	0.111	5.508	1	0.019	1.299
婚姻状况（以未婚未参照）						
已婚	0.334	0.279	1.440	1	0.230	1.397
Constant	-1.352	0.297	20.668	1	0.000	0.259
有效样本量	1831		卡方值	16.468***		
Cox & Snell R^2	0.009		Nagelkerke R^2	0.012		

我们还做了模型稳健性检验[①]，用回流劳动力在外务工时间来替代有没有外出务工经历变量。回流劳动力在外务工时间是比劳动力有无外出务工经历信息更为丰富的变量，是在劳动力有外出务工经历的基础上进一步收集的信息。回归结果显示在外务工时间对农村劳动力技术采纳也有正向影响，且 $p = 0.037$，通过了5%水平上的显著性检验，这进一步证实了我们的结论。

六　外出务工经历与返乡后的发展

通过理论分析和实证研究发现，外出务工使农村劳动力个人能力得到了发展，不仅积累了工资，获得了技能，而且还开阔了视野，增长了见识，扩展了社会网络。能力发展也是回流劳动力影响

---

① 本部分的稳健性检验表也没有给出，有兴趣的读者可以来信索要。

农村发展的主要途径。能力发展的意义就在于扩展自由，尤其是个人发展可选择性的自由。外出务工经历对农村劳动力能力的影响主要体现在劳动力返乡后的就业选择上，包括就业多样性、职业转换、社会流动和创业参与等方面。特别是迁移劳动力返乡创业不仅实现了自我就业，还带回了技术，带动了非农产业的发展并创造了大量的就业岗位，这对农区发展的实际价值已经超过创业活动自身的意义，对农区的经济和社会发展也产生了不可忽视的影响。

迁移劳动力回流，一方面会提高劳动生产率和收入，促进农业技术的改进和新生产技能的传播，促进农村和农业生产的全面发展；另一方面，还会促进农村劳动力在农村向非农产业转换，尤其是在农村自主创业，进而推动中国农村地区的城市化和工业化的进程。从实证结果来看，外出务工经历能有效促进农村劳动力从农业向非农就业转换，尤其是转向当地企业做普通工。有外出务工经历能够使务农劳动力向非农就业转换的可能性提高23.3%，转为在当地企业做非技术型工人的可能性提高41.8%。但是外出务工经历对农村劳动力进入当地企业做技术工人并没有帮助，甚至起到相反的作用。外出务工经历对农村劳动力从务农转为自主创业的影响力更大，并且非常显著。和没有外出务工经历的劳动力相比，有外出务工经历的农村劳动力从务农转为自主创业的概率会增加56.7%。劳动力外出务工后，不仅实现了非农就业能力的增长，而且即使是返回农村重新从事农业生产，也会提高农业的产出效率。迁移劳动力回流农村后，从事农业生产的投资回报也会高于没有外出经历的劳动者。

通过以上分析，可以看到流动已成为农民群体能力变迁重要的结构性力量。外出务工的"去地域化"对于传统农户封闭的自给自足的地域性社会的冲击是巨大的，而对于回流者来说，他们扮演着回归农村和农村社会重构的双重角色。回流劳动力属于走出乡村但未被城市工业体系所吸收的群体，他们在外务工期间积累的资本和能力回到家乡后重新找到了"用武之地"。从另一个角度来看，在中国现代化进程中，亿万农民流动于城乡之间却没有引发社会动荡，农村家庭及其禀赋对外出务工劳动力的重新接纳发挥了重要的"减压阀"作用。但是我们还应看到，农村外出劳动力的回流不仅仅是简单的回归，而且在这一过程中还实现了个人能力的发展，这为中国农村和农业的进一步发展注入了新的活力。

第三节 农村社会保护对农民工返乡的拉力

农民工在城市能够获得更高的人力资本投资回报，能够获得更好的子女教育，更高的生活水平，但是他们为什么还会选择回流呢？国外的理论从早期的个体行为选择发展到后期的家庭决策视角，从不同的角度揭示迁移者的回流动机和决策机制，但对中国农民工的"半城市化"和"钟摆式迁移"现象无法给出有说服力的解释。实证研究主要从人力资本投资回报的角度来解释劳动力回流，认为迁移者在外务工期间积累的人力资本在家乡能够获得更高的投资回报[1]。然而，与我国农民工城乡迁移不同的是，西方学界广泛研究的是劳动力跨国流动，劳动力回流到母国后仍然留在城市，城市之间的人力资本投资回报差别不会很大。而我国农民工是城乡迁移，回流地是农村。城市部门的人力资本投资回报远高于农

---

[1] Dustmann C., "An Economic Analysis of Return Migration. Department of Economics" *University College London and CEPR*, 1996. Stark O. Tales of Migration Without Wage Differentials: Individual, Family, and Community Contexts [J]. ZEF Discussion Papers on Development Policy, 2003: 15. Hazans M. Post-enlargement Return Migrants' Earnings Premium: Evidence From Latvia [J]. Higher School of Economics, 2008. Mayr K, Peri G. Brain Drain and Brain Return: Theory and Application to Eastern-Western Europe [J]. The B. E. Journal of Economic Analysis & Policy, 2009, 9 (1): 49.

村部门，若仅考虑人力资本投资回报，农民工肯定不会在年轻时选择回流农村。

国内已有文献更多地关注人力资本、社会资本和制度环境对农民工回流决策的影响，但是农民工文化程度和专业技能的缺乏短时期内难以改善[1]；农民工社会网络规模小、结构单一、同质性高，反而阻碍农民工的城市融入[2]；从部分地区制度改革试点来看，即使城乡户籍制度改革后给予农民工市民身份，大部分农民工也很难在城市生存下来[3]。部分学者关注到了社会保护性因素对农民工迁移行为的重要作用，但没有形成完整的理论解释社会保护对农民工回流的影响机制。胡金华、陈丽华、应瑞瑶[4]从社会网络角度解释农民工回流，认为社会网络可以为农民工提供就业信息、节约工作搜寻成本和城市生活成本，从而对农民工的回流决策有反向影响；林善浪、张作雄、林玉妹[5]运用多元有序 Logit 模型，从家庭生命周期的角度对农民工回流进行了实证分析，发现成熟的核心家庭劳动力回流的意愿最强，年轻夫妇家庭劳动力回流的意愿最弱；叶静怡、季晨乐等[6]通过实证研究发现家中土地数对回流决策有显著的

---

[1] 蔡昉、都阳、王美艳：《城市排斥外地劳动力的政治经济学：北京案例》，载张曙光《中国制度变迁的案例研究》中国财经出版社 2005 年版。曾一昕：《论二元劳动力市场下农民工人力资本提升的制度困境》，《江汉论坛》2007 年第 1 期。

[2] 王春光：《农村流动人口的"半城市化"问题研究》，《社会学研究》2006 年第 5 期。

[3] 刘小年：《农民工市民化与户籍改革：对广东积分入户政策的分析》，《农业经济问题》2011 年第 3 期。谢小玉、叶静怡、王小佳：《农民在户籍制度改革中的意愿及原因分析：以重庆市荣昌县昌元街道办事处方家坝村为例》，《西南农业大学学报》（社会科学版）2012 年第 10 期。刘俊博、李晓阳：《市民化角度下农民工社会保障机制研究：基于重庆市统筹城乡户籍改革的思考》《西南农业大学学报》（社会科学版）2013 年第 11 期。

[4] 胡金华、陈丽华、应瑞瑶：《农村劳动力迁移的影响因素分析：基于社会网络的视角》，《农业技术经济》2010 年第 8 期。

[5] 林善浪、张作雄、林玉妹：《家庭生命周期对农村劳动力回流的影响分析》，《公共管理学报》2011 年第 8 期。

[6] 叶静怡、李晨乐：《人力资本、非农产业与农民工返乡意愿：基于北京市农民工样本的研究》，《经济学动态》2011 年第 9 期。

正向影响；胡玉萍[1]、赵亮、张世伟、樊立庄[2]研究发现农民工在城市的收入水平与回流呈反向关系，在外务工工资每提高1个百分点，回流的可能性就减少1.7个百分点。事实上，农民工作为理性的经济人，不仅会考虑当前的收入与消费情况，还会关注社会保护，为将来的生活做长期打算。

在当前中国，社会保护才是农民工市民化或回流农村问题的关键。农民工市民化进展缓慢的重要症结应该是农民工在城市社会保护的缺失，而农村社会保护因素的不可替代性和强大吸引力又进一步增强了农民工的回流意愿。本书将综合个人能力和宏观政策，从社会保护这一全新的角度对我国农民工回流进行实证分析，希望能为中国的农民工回流和半城市化现象提供新的理论解释和政策参考。

一 劳动力流动的社会保护理论与研究假设

城乡社会保护对农民工回流的影响机制分析

1. 城市部门的社会保护

农民工在城市就业和生活一段时间后，对个人拥有的资源和信息等方面会有直接清晰的认识和判断，能更准确地预期未来的收益和风险[3]，从而可以理性地做出下一步的迁移决策。假设城市社会保护对农民工回流意愿的影响强度为 e_c，且 $e_c > 0$。e_c 越大表示影响强度越大，e_c 由城市政府、企业和农民工个人共同决定。首先，城市政府为农民工提供的城镇养老保险和城镇居民医疗保险等一系列保障制度提高了农民工在城市生活的稳定性，从而减弱其回流意

---

[1] 胡玉萍：《留京，还是回乡：北京市流动人口迁移意愿实证分析》，《北京社会科学》2007年第5期。

[2] 赵亮、张世伟、樊立庄：《金融危机环境下农民工回流问题分析》，《江西社会科学》2009年第8期。

[3] 胡玉萍：《留京，还是回乡：北京市流动人口迁移意愿实证分析》，《北京社会科学》2007年第5期。

愿。其次，在企业层面，农民工逐渐获得与稳定就业相联系的保障项目，如签订劳动合同，企业代为购买失业保险、工伤保险和职工医疗保险等。签订劳动合同意味着农民工可以享受用工单位缴纳的各种保险、补贴与补助费用，获得用工单位提供的在城市相应的社会保障，从而增加就业稳定性，进一步增强留城意愿。而在城市的社会网络会增强农民工工作的可获得性，间接减弱其回流意愿。最后，居住是农民工在城市生存和发展的最重要条件之一，住房不仅是遮风避雨的场所，也是繁重工作之余的精神寄托，为农民工在城市的生活提供了稳定可靠的社会保护。住房的可获得性和住房质量直接关系到外来人口的社会融入，也是衡量社会排斥和社会融入的重要指标[①]。因此，城市部门对农民工的社会保护以及农民工个人对城市社会保护的投资会提高留城的预期收益，降低预期风险，从而反向影响农民工的回流决策。且 e_c 越大，影响效应越明显。

2. 农村部门的社会保护

假设农村社会保护对农民工回流意愿的影响强度为 e_u，且 $e_u > 0$。e_u 越大表示影响强度越大，e_u 取决于农村政府提供的保险、农村的家庭禀赋及对家庭禀赋的投资。除了农村政府提供的医疗和养老保险，在农村的家庭禀赋是为农民工回流后提供社会保护的一个主要来源。一旦在城市失业或者生活不下去，甚至由于城市就业和生活的波动，他们就会选择回流农村[②]。家庭禀赋是家庭成员及整个家庭共同享有的资源和能力，包括家庭人力资本、家庭社会资本、家庭自然资本和家庭经济资本，为农民工提供社会保护的主要是家

[①] Walker A, Wigfield A. "The Social Inclusion Component of Sociality" *Working paper of European Foundation on Social Quality*, 2004.

[②] 石智雷：《城乡预期、长期保障和迁移劳动力的城市融入》，《公共管理学报》2013 年第 10 期。

庭社会资本和家庭自然资本[①]。家庭社会资本是家庭或家庭成员所拥有的亲戚、朋友、同事或邻居等构成的关系网络，强调关系连接所能带来的资源。农民工回流后，家庭社会网络不仅有利于他们获得就业信息，节省工作搜寻成本，还能从经济和心理上为他们提供支持。我们假设农民工在农村都有基本的社会关系。家庭自然资本是家庭拥有的可供其开发利用创造价值的自然资源，例如农村的耕地。回流者如果因为身体原因无法在城务工，可以返乡耕地务农，以此获得经济收入。因此，家庭自然资本为农民工提供了养老保障的作用。另外，农民工虽然在城市获得收入并在城市消费，但仍需要农村家庭为其提供保障支持系统，这种支持系统往往建立在农民工与农村家庭保持不断联系的基础之上[②]。所以农民工需要一定的时间和金钱投资来维持对家庭禀赋的所有权，例如往家乡寄钱或在节假日返乡等。以家庭禀赋为基础的农村社会保护以及农民工对家庭禀赋的投资增强了回流的预期，降低了回流风险，对回流决策有正向影响。同样，e_u越大表明农村社会保护的影响效应越明显。

3. 社会保护与农民工回流决策模型

假设农民工的平均寿命为 T，在城市的时间为 t，在城市期间的成本为 C，收益为 B，风险偏好为 r，r 表示农民工留在城市所要承担的风险。农民工在城市的时间越长，农村社会保护失去的可能性越大。假设成本 C 完全由风险偏好 r 决定，即 C = rt，收益 B 由城市部门和农村部门的社会保护决定，即 $B = S_c e_c + S_u e_u (T - t)$，收益成本差 D = B - C，所以可以推导出 $t = \dfrac{D - S_u e_u T}{S_c (e_u + e_c) - (e_u + r)}$。当 B > C 或 B < C 时，农民工有明确的流动倾向，所以假设 B = C，即

[①] 石智雷、易成栋：《长期保障、投资回报与迁移劳动力回流决策》，《经济评论》2013 年第 3 期。

[②] 石智雷、杨云彦：《家庭禀赋、家庭决策与农村迁移劳动力回流》，《社会学研究》2012 年第 3 期。

$D=0$。因此，$t = \dfrac{-S_u e_u T}{S_c(e_u+e_c)-(e_u+r)}$，于是可以得出：

第一，$\dfrac{\partial t}{\partial r} = \dfrac{-S_u e_u T}{[S_c(e_u+e_c)-(e_u+r)]^2} \leq 0$，说明农民工在城市的风险越大，风险承担能力越弱，留在城市的时间越短，越倾向于回流。

第二，$\dfrac{\partial t}{\partial e_c} = \dfrac{S_c S_u e_u T}{[S_c(e_u+e_c)-(e_u+r)]^2} \geq 0$，说明城市社会保护效应越强，农民工留在城市的时间越长，回流意愿越弱。

第三，$\dfrac{\partial t}{\partial e_u} = \dfrac{S_u(Tr - S_c e_c T)}{[S_c(e_u+e_c)-(e_u+r)]^2}$，由于市民在城市的收益大于成本，即 $S_c e_c T > Tr$，所以 $\dfrac{\partial t}{\partial e_u} \leq 0$，说明农村社会保护效应越强，农民工留在城市的时间越短，越倾向于回流。

由于农民工是风险规避者，所以 r 较大。假设农民工的风险偏好保持不变，那么最终农民工的回流意愿取决于城市社会保护与农村社会保护的影响强度，并且两者对回流分别起到了反向和正向作用。

综上所述，本书提出如下假说。

假说1：与用工单位签订劳动合同、享有城市社会保障和在城市自购自建住房对农民工回流意愿有显著负向影响。

假说2：以家庭禀赋为基础的农村社会保护会增强农民工回流的动力。农村社会保险的完善、家庭自然资本的增长以及对家庭禀赋投资的增加对农民工回流意愿有显著的正向影响。

二 计量方法与模型构建

（一）数据来源与描述

本书使用的数据来自2013年国家卫生和计划生育委员会组织开展的全国流动人口动态监测调查。该调查以31个省（区、市）

和新疆生产建设兵团2012年全员流动人口年报数据为基本抽样框，采取分层、多阶段和与规模成比例的PPS方法进行抽样，并选择部分地区进行专题调查，本书选取了农民工社会融合专项调查数据，涉及全国8个城市，包括上海市松江区、苏州、无锡、武汉、长沙、西安、泉州和咸阳。这8个城市涉及上海、江苏、福建、陕西、湖北和湖南六大省市，覆盖了东部沿海和中西部地区，城市类型包括特大城市、大城市和中等城市。上海、苏州和无锡是长江三角洲的经济中心，流动人口占常住人口的50%以上；武汉、长沙是长江中游城市群的中心，近些年强劲的发展势头吸引了一大部分农民工；泉州是福建省乃至海峡西岸经济区的中心城市，民营经济发达，在东南沿海集聚了大量流动人口；西安、咸阳是关天经济区的核心城市，是西部经济发达和人口密集的地区。该数据调查范围广，具有比较好的代表性，能较好地反映农民工回流规律的一般性。是否打算回流是考察农民工社会融合的关键维度，所以该数据为研究回流提供了全面和丰富的资料。

调查对象中的流动人口界定为在流入地居住达一个月，2013年5月年龄为15—59周岁的人员。其中，同城区间人户分离人口除外；婚嫁人员除外；因出差、就医、旅游、探亲、访友、服军役和在中等以上专业学校就学等人口除外。8个城市调查的总有效样本数为16878份，本书选择其中户口性质为农业的14929份样本。研究对象中男性占50.9%，女性占49.1%；年龄为15—29周岁、30—39周岁、40—49周岁、50—59周岁的分别占总人数的48.1%、28.5%、20.6%、2.8%；初婚的占78.5%，未婚的占19.9%，再婚、离婚和丧偶的分别占0.7%、0.7%、0.2%；未上过学的占1.4%，小学文化程度的占13.1%，初中文化程度的占56.9%，高中及以上文化程度的占28.6%。

(二) 变量设置与测量方法

1. 被解释变量

被解释变量是农民工回流的意愿。问卷中设置了问题"您将来打算在哪里购房建房"和"您将来打算在哪里养老",回答选项有5个:①回户籍地的村或乡镇;②回户籍地的县或乡镇;③回户籍地所属的地级市;④回户籍地所在省的省会城市;⑤在本地;⑥没有打算;⑦其他。选择①②表明农民工有回流意愿(设置为0),选择③④⑤表明农民工倾向于留在城市(设置为1)。选择⑥⑦表明农民工没有明确意向,本书假设这部分农民工倾向于留城,但由于自身或客观原因很难留在城市,因此归为第二类(设置为1)。由于购买或建设住房涉及农民工的近期理财规划,而养老只涉及农民工的远期生活,所以本书用第一个问题衡量农民工的近期回流意愿,用第二个问题衡量农民工的远期回流意愿。

近期回流意愿表明农民工不仅没有留城的长期打算,也不考虑等年老或失去劳动能力后返回农村。远期回流意愿表明农民工打算留在城市工作和生活,等将来失去劳动能力或老年后回流农村。近期和远期回流意愿分别代表农民工迁移安排的两种不同方式,本书用建房或购房意愿界定农民工的近期回流意愿,用返乡养老意愿界定农民工的远期回流意愿。

2. 解释变量

解释变量包括两部分,一部分是本书的核心解释变量:社会保护,包括城市社会保护和农村社会保护两部分,具体指标选取和测量方法如下:

农民工要在城市获得生存发展的社会保护,首先必须有住所和稳定的工作。在居住方面,在城市拥有自己的住房是居住稳定性的表现,可以认为农民工在城市拥有了较为可靠保障。在模型的变量选择中，将住房性质为"自购自建"设置为0，其他如租住私房、借住房等设置为参照组（设为1）。在工作方面，问卷提供了"您当前与工作单位签订了何种劳动合同"问题项，本书将"有固定期限劳动合同"设置为0，"无固定期限劳动合同"设置为1，"未签订劳动合同"设置为参照组（设为2）。由于样本中有27.8%是雇主或者自营劳动者，他们一般不会签订劳动合同，但在工作方面有比较稳定的收入保障，因此本书将这部分农民工设定为"有固定期限劳动合同"，赋值为0。此外，养老保险可以保障老年人的基本生活需求，为农民工年老后提供稳定可靠的生活来源。医疗保险把个人因为生病风险带来的经济损失分摊给所有面临同样风险的个体，降低风险预期。城镇养老保险和城镇居民医疗保险为农民工在城市的生活提供了长远的保障。本书根据被调查者购买城镇养老保险和城镇居民医疗保险的情况，将"购买"设置为0，"未购买"设置为1。

农村部门的社会保护主要体现为家庭禀赋，而其中为农民工提供保障的主要是家庭社会资本和家庭自然资本。家庭社会资本为农民工就业提供经济和心理上的支持，可以用社会网络衡量。进城务工时所使用的社会网络体现农民工在城市的社会资本，问卷提供了"您目前的工作是通过何种途径找到的"问题项，本书将"通过家人、亲戚、同乡、朋友、同学、熟人"定义为"通过社会网络"，设置为0，"自谋职业"设置为参照组（设为1）。家庭自然资本在模型中用农民工在户籍地是否有耕地来衡量，"有"设置为0，"没有"设置为1。与城市部门的社会保护相对应，农民工在户籍地的住房和农村养老保险、新农合也为其在农村的生活提供了长远的保障。在模型的变量选择中，用户籍地住房面积代表农村的住房保障。同样，本书根据被调查者购买农村养老保险和新农合的情况，将"购买"

设置为0，"未购买"设置为1。农民工往家乡寄钱和节假日往返等，一方面是与农村保持联系，另一方面也是对家庭禀赋的投资，可以从侧面反映农村的社会保护。本书用2012年农民工寄回或带回老家的钱来衡量，取对数后引入模型。

解释变量的另一部分是控制变量，即在模型中控制住被访者的人力资本特征和其他个人特征对农民工回流决策的影响。本模型中引入了人力资本特征控制人力资本差异对劳动力回流选择的影响，包括性别、教育年限、在本地务工时间和是否接受免费培训。本书认为：男性身体状况好于女性，因此人力资本高于女性；教育年限越长的农民工人力资本越高；在本地务工时间越长，知识经验越丰富，人力资本越高；接受过免费培训的农民工拥有更多的技能，人力资本更高。引入劳动者的其他个人特征变量可以控制其他个人特征差异对劳动力回流意愿的影响，包括年龄和婚姻状况等。对于性别，"男"设置为0，"女"设置为1；对于婚姻状况，"未婚"设置为0，"已婚"设置为1；"接受过免费培训"设置为0，"没有接受过免费培训"设置为1。

（三）农民工的社会保护状况

按照以上对回流意愿的定义，如果根据远期回流意愿划分，有明确回流意愿的农民工占62.6%，倾向于留城的农民工占37.4%；如果根据近期回流意愿划分，有明确回流意愿的农民工占53.9%，倾向于留城的农民工占46.1%。在样本中，将近三分之二的农民工有远期回流意愿，比例高于近期想回流的农民工。表6—15对具有不同回流意愿的农民工特征进行了比较。

表 6—15　　打算回流与留城农民工的社会保护特征比较

	远期回流意愿 Forward willingness to return home		近期回流意愿 Recent willingness to return home	
	回流 Return home	留城 Stay in city	回流 Return home	留城 Stay in city
城市社会保护				
签订劳动合同（%）				
有固定期限	67.6	72.8	65.8	74.1
无固定期限	11.3	10.8	11.9	10.1
未签订	21.1	16.4	22.3	15.8
住房性质（%）				
自购自建	3.4	14.9	2.2	14.1
其他	96.6	85.1	97.8	85.9
有城镇养老保险（%）	22.9	28.4	22.5	27.8
有城镇居民医保（%）	1.9	3.6	1.8	3.4
农村社会保护				
户籍地有耕地（%）	92.7	86.1	93.2	86.8
获得工作途径（%）				
通过社会网络	54.5	41.4	56.6	41.4
自谋职业	45.5	58.6	43.4	58.6
户籍地住房面积均值（平方米）	174.13	166.90	174.03	168.38
有农村养老保险（%）	26.3	20.8	25.4	22.9
有新农合（%）	70.0	61.0	69.9	62.7
去年寄回老家钱物均值（对数）	9.07	8.89	9.09	8.91
人力资本特征				
男性（%）	51.1	50.5	51.6	50.1
教育年限均值（年）	9.21	10.20	9.14	10.10
来本地务工年限均值（年）	4.95	5.46	4.76	5.60
接受过免费培训（%）	10.2	13.5	10.1	12.9

续表

	远期回流意愿 Forward willingness to return home		近期回流意愿 Recent willingness to return home	
	回流 Return home	留城 Stay in city	回流 Return home	留城 Stay in city
其他个人特征				
年龄均值（岁）	32.65	31.06	32.19	31.91
已婚（%）	80.7	76.6	79.0	79.4
样本数	9342	5587	8050	6879

从农民工整体的社会保护状况来看，农村社会保护种类多、功能全，耕地、住房、社会网络和农村保险等为农民工在农村的生活提供了经济支持、社会支持和精神支持等各方面保障。此外，大多数农民工都享有农村为其提供的社会保护。在户籍地有耕地的农民工占90.2%，有新农合的农民工占66.6%，户籍地住房面积平均达171.42平方米。相对而言，农民工的城市社会保护比较单一和缺乏。在城市拥有自有住房的农民工仅占7.7%，有城镇养老保险和城镇医疗保险的比例分别为24.9%和2.5%，没有固定期限劳动合同和未签订劳动合同的比例为30.5%，尤其是自有住房和城镇保险在农民工中的覆盖面较小，社会保护作用很小。

通过打算回流与留城农民工的比较可以发现，在城市社会保护方面，倾向于回流的农民工未签订劳动合同或者签订无固定期限劳动合同的比例更高，在有远期和近期回流意愿的农民工中未签订劳动合同的比例分别比有留城意愿农民工中的比例高4.7和6.5个百分点；倾向于回流的农民工通过社会网络找工作的比例更高，在有远期和近期回流意愿的农民工中通过社会网络找工作的比例分别比有留城意愿农民工中的比例高13.1和15.2个百分点；有回流意愿的农民工拥有自有住房的比例很小，在有远期和近期回流意愿的农民工中住房是自购自建的比例仅为3.4%和2.2%，分别比有留城意愿农民工中的比例低11.5%和11.9%；倾向于回流的农民工有城镇养老保险和城镇居民医保的比例相对较低。在农村社会保护方面，有回流意愿的农民工户籍地有耕地的比例更高，在有远期和近期回流意愿的农民工中户籍地有耕地的比例分别比有留城意愿农民工中的比例高6.6和6.4个百分点；倾向于回流的农民工户籍地住房面积更大、去年给老家寄钱物更多且有农村养老保险、新农合的比例更高。

因此，总体而言，农民工的城市社会保护比较缺乏，尤其是自有住房和城镇保险的覆盖面很小，而几乎所有的农民工都享有农村提供的社会保护，并且农村社会保护的种类更多，功能更全面。而通过对比可以发现，相比于倾向于留城的农民工，有回流意愿的农民工城市社会保护更缺乏，农村社会保护作用更强。

三 城乡社会保护是否决定农民工的去留

根据上文分析，本书将农民工的回流意愿分为远期和近期，以倾向于留城的农民工为参照组，构建两个二元Logistic模型来作计量分析，模型结果见表6—16。根据农民工就业身份的差异，本书进一步将农民工分为雇主和雇员两类，分别作二元Logistic回归，回归结果见表6—17。

（一）城市社会保护的作用

远期回流意愿模型结果表明，整体来看，所引入的城市社会保护因素都对农民工的远期回流意愿有着显著影响。分因素来看，首先，在城市签订劳动合同对农民工的回流意愿有显著的负向影响。签订固定期限劳动合同的农民工倾向于回流的概率比未签订劳动合

表 6—16　　　　　　农民工回流意愿的决定模型
（参照组为倾向于留城）

因素 Factor	模型 Model 变量 Variables	全部样本： All samples： 远期回流意愿 Forward willingness to return home 系数 β	系数对数 Exp(β)	全部样本： All samples： 近期回流意愿 Recent willingness to return home 系数 β	系数对数 Exp(β)
城市社会保护	签订劳动合同（未签订）				
	有固定期限	-0.140**	0.870	-0.287***	0.750
	无固定期限	-0.034	0.967	-0.045	0.956
	住房性质（其他）				
	自购自建	-1.327***	0.265	-1.562***	0.210
	城镇养老保险（无）				
	有	0.134**	1.143	0.121**	1.128
	城镇居民医保（无）				
	有	-0.490***	0.613	-0.389***	0.678
农村社会保护	户籍地耕地（无）				
	有	0.470***	1.601	0.509***	1.663
	获得工作途径（自谋职业）				
	通过社会网络	0.368***	1.446	0.412***	1.510
	户籍地住房面积	0.001***	1.001	0.000	1.000
	农村养老保险（无）				
	有	0.172***	1.188	-0.012	0.988
	新农合（无）				
	有	0.264***	1.302	0.204***	1.226
	去年寄回老家钱物（对数）	0.072***	1.074	0.078***	1.081

续表

因素 Factor	模型 Model	全部样本： All samples： 远期回流意愿 Forward willingness to return home		全部样本： All samples： 近期回流意愿 Recent willingness to return home	
	变量 Variables	系数 β	系数对数 Exp（β）	系数 β	系数对数 Exp（β）
控制变量	女性				
	男性	-0.003	0.997	0.077*	1.080
	教育年限	-0.111***	0.895	-0.135***	0.874
	来本地务工年限	-0.036***	0.965	-0.041***	0.960
	接受过免费培训（否）				
	是	-0.337***	0.714	-0.292***	0.746
	年龄	0.017***	1.017	0.001	1.001
	婚姻状况（已婚）				
	未婚	-0.228***	0.796	-0.185***	0.831
常数项		-0.021		0.477**	
卡方值		1042.248***		1175.560***	
Cox and Snell R^2		0.095		0.106	
Nagelkerke R^2		0.130		0.142	

注：(1) *、**、***分别表示在10%、5%和1%显著性水平下显著。(2) Exp（β）表示其他条件不变的情况下，当该变量增加一个单位时的优势比与原来优势比的比值。(3) 括号内为参照组。

同的农民工低13.0%，签订无固定期限劳动合同的农民工倾向于回流的概率比未签订劳动合同的农民工低3.3%。签订劳动合同，建立规范的劳动关系，不仅可以避免不必要的纠纷，降低企业的交易成本，同时也是保障劳动者合法权益的重要前提[①]，为农民工在城

---

① 刘立波、罗芳：《农民工回流行为及其影响因素分析：以内蒙古通辽市巴彦塔拉镇为例》，《新疆农垦经济》2010年第11期。

表 6—17　　　　　不同就业身份农民工回流意愿的决定模型

（参照组为倾向于留城）

因素 Factor	模型 Model 变量 Variables	远期回流意愿 Forward willingness to return home 雇员样本 Employees 系数 β	远期回流意愿 雇主样本 Employers 系数 β	近期回流意愿 Recent willingness to return home 雇员样本 Employees 系数 β	近期回流意愿 雇主样本 Employers 系数 β
城市社会保护	签订劳动合同（未签订）				
	有固定期限	0.298 ***		0.206 ***	
	无固定期限	0.038		0.035	
	住房性质（其他）				
	自购自建	-1.475 ***	-0.903 ***	-1.601 ***	-1.291 ***
	城镇养老保险（无）				
	有	-0.141 **	-0.473 ***	-0.250 ***	-0.301 *
	城镇居民医保（无）				
	有	-0.384 **	-0.448 *	-0.247	-0.483 *
农村社会保护	户籍地耕地（无）				
	有	0.311 ***	0.510 ***	0.335 ***	0.581 ***
	获得工作途径（自谋职业）				
	通过社会网络	0.253 ***	0.213 ***	0.308 ***	0.172 **
	户籍地住房面积	0.000	0.002 ***	0.000	0.001 ***
	农村养老保险（无）				
	有	0.182 ***	0.225 ***	-0.011	0.061
	新农合（无）				
	有	0.367 ***	0.126	0.273 ***	0.163 *
	去年寄回老家钱物（对数）	0.088 ***	-0.012	0.078 ***	0.011

续表

因素 Factor	模型 Model 变量 Variables	远期回流意愿 Forward willingness to return home 雇员样本 Employees 系数 β	远期回流意愿 雇主样本 Employers 系数 β	近期回流意愿 Recent willingness to return home 雇员样本 Employees 系数 β	近期回流意愿 雇主样本 Employers 系数 β
控制变量	女性				
	男性	0.016	0.037	0.117**	0.097
	教育年限	-0.125***	-0.075***	-0.143***	-0.107***
	来本地务工年限	-0.036***	-0.022***	-0.039***	-0.031***
	接受过免费培训（否）				
	是	-0.436***	-0.173	-0.363***	-0.220*
	年龄	0.024***	0.016***	0.002	0.009*
	婚姻状况（已婚）				
	未婚	-0.313***	-0.275	-0.327***	-0.215
常数项		-0.003	-0.199	0.752***	-0.331
卡方值		878.977***	229.524***	874.958***	245.162***
Cox and Snell R^2		0.110	0.074	0.110	0.079
Nagelkerke R^2		0.155	0.100	0.149	0.106

注：（1）*、**、***分别表示在10%、5%和1%显著性水平下显著。（2）Exp（β）表示其他条件不变的情况下，当该变量增加一个单位时的优势比与原来优势比的比值。（3）括号内为参照组。

市的发展提供了稳定的长期工作保障，从而降低其回流意愿。其次，住房性质为自购自建对农民工的回流意愿在1%的显著性水平下有负向影响。系数为-1.327，表明相比于租房或借房住的农民工，住房为自购自建的农民工更倾向于留城。一般而言，在城市有属于自己的住房，可以增强居住稳定性，增强农民工的留城意愿。表6—17显示，雇员样本模型中住房性质系数的绝对值大于雇主样本，表明住房性质对雇员的影响更明显，因此自有住房对雇员的社会保护效应比对雇主更强。最后，在城市有城镇居民医保对农民工的回流意愿有显著的负向影响，并且对雇员的影响更显著。模型的发生比值显示，有城镇居民医保的农民工倾向于回流的概率比没有的农民工低38.7%。有城镇养老保险对农民工回流有显著的正向影响，这和我们的预期不符。将农民工区分为雇主和雇员后，回归结果有了明显变化，有城镇养老保险对雇主和雇员农民工的回流意愿都有显著的负向影响。

近期回流意愿模型结果表明，所引入的5个城市社会保护因素均对农民工的近期回流意愿有显著影响。其中，在城市与用工单位签订固定期限劳动合同、住房性质为自购自建和有城镇居民医疗保险对农民工的近期回流意愿有显著的负向影响。具体而言，签订固定期限劳动合同的农民工倾向于回流的概率比未签订劳动合同的农民工低25.0%；住房为自购自建的农民工倾向于回流的概率比住房性质为其他的农民工低79.0%；有城镇居民医疗保险的农民工倾向于回流的概率比没有的农民工低32.2%。

综合来看，城市社会保护是阻碍农民工回流的重要因素，其中，签订固定期限劳动合同和住房性质为自购自建对农民工的影响力在短期更加显著，有城镇养老保险和城镇居民医疗保险对农民工的回流意愿在长期更加明显。另外，表6—17显示，签订固定期限劳动合同对雇员的回流意愿有显著的正向影响，可能是因为被调查的雇员中有一部分是家庭帮工，虽然没有签订劳动合同，但回流意愿较弱。此外，住房性质为自购自建对雇员的影响比雇主更明显，城镇养老保险和城镇居民医疗保险对雇主和雇员的影响没有明显的区别。总体来说，城市社会保护对雇员的影响比雇主大，因为相对而言，雇员在城市的自我保障能力更弱。

(二) 农村社会保护的作用

整体来看，农村社会保护对农民工远期回流意愿的影响大于对近期回流意愿的影响，引入的5个农村社会保护因素对农民工的远期回流意愿都有显著影响，而户籍地住房面积和农村养老保险对农民工的近期回流意愿没有显著影响。第一，在家庭自然资本方面，在户籍地有耕地的农民工倾向于远期回流和近期回流的概率分别比户籍地没有耕地的农民工高60.1%和66.3%。农村的耕地一方面为农民工（尤其是失去劳动能力后）提供了生活保障；另一方面土地面积的增加也相应增加了对劳动力的需求，从而提高了回流概率。第二，通过社会网络获得工作对农民工的回流意愿有正向影响。尤其是对于近期回流意愿，通过社会网络获得工作的农民工倾向于回流的概率比自谋职业的农民工高51.0%。这是因为农民工主要依赖农村的社会网络找工作，甚至在城市帮助找工作的老乡、亲戚和朋友本身就来自农村社会网络。第三，户籍地住房面积每增加1平方米，农民工倾向于远期回流的概率就会增加0.2%。但户籍地住房面积对农民工的回流意愿影响并不大，可能是因为住房面积的大小只能衡量住房对农民工保障作用的一个方面，没有考虑到住房质量等因素的影响。第四，在农村社会保险方面，是否有农村养老保险和新农合对农民工的远期回流意愿有显著影响，系数均为正，表明有农村养老保险和新农合的农民工从长远来看更倾向于回流，因为农村社会保险尤其是农村养老保险为农民工年老或失去劳动能力后的基本生活提供了保障。第五，从对家庭禀赋的投资状况来看，去年寄回老家钱物对农民工的远期和近期回流意愿均有显著的正向影响。去年寄回老家钱物每增加1个单位，农民工倾向于远期回流和近期回流的概率就会增加7.4%和8.1%，表明农民工对农村家庭社会保护因素的投资越多就越倾向于回流。

表6—17显示，农村社会保护对雇员的影响大于对雇主的影

响，可能是因为雇主的经济资本积累雄厚，自我保障能力更强，或者在城市中获得了更有价值的保障。具体而言，新农合和寄回老家钱物对雇主的远期回流意愿没有显著影响，农村养老保险和寄回老家钱物对雇主的近期回流意愿没有显著影响。寄回老家钱物对于雇主来说可能不是对农村家庭禀赋的投资，而只是对农村家庭的回报。

（三）进一步讨论及稳健性检验

1. 调整回流意愿

本书用农民工在农村的养老意愿和购房意愿分别衡量远期和近期回流意愿，但这只是一种假设，为了验证社会保护对回流意愿的影响，本书用"是否打算在本地长期居住"代替回流意愿，重新估计模型。本书将"打算在本地长期居住"赋值为1，表示倾向于留城；"不打算在本地长期居住"赋值为0，表示倾向于回流。调整后的模型回归结果没有明显的变化。衡量城市社会保护的4个因素均对回流意愿有显著负向影响，且各变量系数的符号均没有变化。农村社会保护因素对农民工的回流意愿有显著的正向影响。

2. 教育程度分组检验

为了进一步检验以上结论是否稳健，本书根据农民工的教育程度分成三组分别进行回归。本书将未上过学和小学划分为低教育程度，将初中划分为中等教育程度，将高中及以上划分为高教育程度。稳健性检验的结果表明，城市和农村社会保护对不同教育程度农民工的远期和近期回流意愿均有显著影响，且不存在明显的差异。回归结果还可以进一步说明，农民工是一个人力资本普遍低下的同质性群体，或者是由于劳动力市场的分割，人力资本的边际效应并不明显，而社会保护的缺失才是导致农民工回流的关键因素。由于篇幅限制，本书不再列出模型稳健性检验的回归结果。

（四）为了农村的保障而回流

农民工的回流决策是其作为经济人的理性决策，他们在决定回流或留城时往往不仅考虑目前的收入和消费，还会从长远的角度考虑自己的社会保护状况。社会保护预期会改变农民工在城市生活、工作还是回流农村的迁移安排，尤其会影响农民工的远期回流意愿。本书将社会保护对农民工回流意愿的作用划分为城市保障效应和农村保障效应。城市保障效应通过政府、企业和个人三个方面共同作用降低农民工的回流意愿：其一，政府提供社会保障降低农民工在城市生活的风险预期；其二，企业提供就业保障提高农民工的就业稳定性，增加城市经济保障；其三，通过个人努力购买住房，获得居住保障，增强农民工在城市生活的稳定性。城市社会保护的缺失会弱化城市保障效应，降低农民工在城市的就业和生活稳定性，从而使农民工倾向于回流。农村保障效应主要体现为农村家庭禀赋对农民工回流意愿的影响：其一，家庭禀赋是一笔宝贵的财富，家庭自然资本可以为农民工回流农村提供生活来源，家庭社会资本可以为农民工返乡后再就业提供支持；其二，逐渐完善的农村社保体系，可以为返乡农民工提供晚年生活保障，降低回流的风险预期，从而对农民工回流产生拉力作用。

从不同类型的回流意愿来看，社会保护对近期和远期回流意愿的影响效应存在差异。就短期而言，城市社会保护的缺失会阻碍农民工融入城市生活，参与城市的各项活动，从而减少在城市的消费支出，而另一方面，农村社会保护又会促使农民工返乡消费。于是农民工往返于城乡之间，他们在城市获取收入，然后回流农村进行消费。从长期来看，城市社会保护的缺失使农民工在失去劳动能力或年老后没有生活保障，只能回流农村，而农村社会保护又为回流者提供了基本生活来源，从而使农民工最终选择返乡养老。社会保护对近期和远期回流意愿的作用可以视为农民工的返乡消费效应和返乡养老效应。即使在当前城乡收入差距持续扩大的情况下，如果不能获得城市社会保护，农民工还是会倾向于回流。相比于雇主，就业身份为雇员的农民工人力资本较低,自我保障的能力低,因而外界的社会保护对他们迁移决策的影响效应就更加突出。

本书利用全国8个城市农民工调查数据对社会保护与农民工回流意愿的关系进行了实证分析,结果显示,社会保护对农民工的回流意愿有显著影响。从实证结果可以发现:第一,社会保护对农民工的远期回流意愿影响更显著,对于就业身份为雇员的农民工影响更明显。社会保护在农民工失去劳动能力后为其提供了赖以维持生计的资源或权利,这种保障作用是长久深远的,对农民工的远期回流意愿影响更明显。第二,城市社会保护对农民工的回流意愿具有显著的负向影响,其中,签订劳动合同、住房性质和城镇居民医保三个因素的影响最显著。本书的调查表明,当前在就业身份为雇员的农民工中,签订固定期限劳动合同的比例不高,而未签订劳动合同的比例高达30.3%,接近三分之一。劳动合同是建立劳动关系和明确权利义务的依据,因此,要健全劳动合同关系制度,规范劳动力市场,为农民工争取社会保障权益。第三,农村社会保护对农民工的回流意愿具有显著的正向影响,其中,在户籍地是否有耕地、新农合和去年寄回老家钱物(对数)三个因素影响最显著。农村的耕地为农民工提供了稳定的生活来源,这种保障作用在农民工失去劳动能力后显得尤为重要。新农合降低了农民工回流后的风险成本,为农民工疾病支出提供了补偿,对于年老多病的农民工有更强的保障作用。

第七章

城市社会保护与农民工市民化

本部分利用2013年武汉市流动人口动态监测数据，对农民工社会保护的现状做了分析，并从微观经济学视角，借助计量经济学工具，分别研究农村和城市社会保护对农民工市民化的影响。研究发现，以社会保险为核心的城市社会保护的缺失阻碍了农民工的市民化；而农村社会保护可以为农民工提供稳定的生活来源，是其回流农村的主要动力。农民工参与城镇养老保险、城镇居民医疗保险和城镇职工医疗保险对其市民化有正向影响，而参与工伤保险却起着负向作用。市民化程度和市民化意愿会随着农民工城市社会保护水平的提高而增强，但是这种影响在城市社会保护达到一定水平后，会逐渐减弱甚至消失。整体而言，社会保护对农民工市民化程度的影响要强于对市民化意愿的影响。

第一节 农民工的社会保护状况：描述分析

本书以湖北省武汉市的农民工作为研究对象。之所以选择武汉为抽样地点，除了考虑其九省通衢的优越地理位置之外，还因为其作为中部六省唯一的副省级城市及国家区域中心城市所具有的代表性特征。本书数据来源于2013年湖北省流动人口动态监测的调查，选取的研究对象是在流入地居住一个月以上,非本区(县、市)户口的且2013年5月年龄在15—59岁的武汉市流入人口。调查数据采用分层、多阶段和与规模成比例的PPS方法进行抽样,调查地点覆盖武汉市洪山区、武昌区和江汉区等13个行政区,调查数据的样本量为1999人,从中筛选出户籍为农村和就业身份为非缺失项的对象之后,得出有效样本量1526人[①]。其中男性占50.3%,女性占49.7%;平均年龄为33.74岁;已婚的占87.3%,未婚的占12.3%,丧偶、离异的占0.4%;没有上过学的占18.2%,小学文化水平及以下的占6.6%,初中文化水平的占69.1%,高中及以上文化水平的占24.3%。就业身份为雇主或自营劳动者的农民工占62.3%;而雇员或家庭帮工的农民工占37.7%。家庭成员中有外出务工的家庭为1408户,占总户数的78.4%,无家庭成员外出务工的家庭为387户。

由表7—1可知,总体来说,农民工的农村社会保护状况要优于城市社会保护。具体地,73.6%的农民工在农村拥有耕地,仅有26.4%在农村无耕地。过去一年中,74.3%的农民工往家乡汇过款,表明大部分农民工即使外出务工,仍然与农村保持着经济联系。当问及对自己的养老打算时,89.4%的农民工表示希望由自己或子女来承担养老,选择政府养老的仅占10.6%,由此可见,绝大多数农民工仍保持着传统的家庭养老观念。农民工参加新型农村合作医疗的比例占到82.8%,表明我国基本医疗保障体系已覆盖大部分农民。相比而言,新型农村养老保险的覆盖面却并不高,仅占到25.9%。在城市社会保护中,49.8%的农民工通过社会网络途径获得工作,说明农民工掌握着一定的社会资本,这将有利于他们在城市里获得更多的就业机会。农民工的各项社会保险参保率均较低,

---

① 本书后续部分将着重讨论不同就业身份对农民工市民化意愿的影响,因此在处理数据时筛选出就业身份为非缺失项的记录,共得到1526个有效样本。

未超过10%，城市社会保护状况有待进一步改善。在城市社会保护弱于农村社会保护的情况下，农民工在城市的生活缺乏足够的来源，增加了其市民化的困难，于是许多农民工最终作出回流选择。

表7—1　　　　　　　　　　农民工的社会保护状况

农村社会保护			城市社会保护		
变量		比例（%）	变量		比例（%）
农村有无耕地	有	73.6	工作获得途径	社会网络	49.8
	无	26.4		其他途径	50.2
是否往家乡汇款	是	74.3	是否参加城镇养老保险	参加	8.9
	否	25.7		未参加	91.1
养老方式	政府养老	10.6	是否参加城镇职工医保	参加	6.6
	子女或自己养老	89.4		未参加	93.4
是否参加新农合	参加	82.8	是否参加城镇居民医保	参加	3.4
	未参加	17.2		未参加	96.6
是否参加新农保	参加	25.9	是否参加工伤保险	参加	6.9
	未参加	74.1		未参加	93.1
			是否参加失业保险	参加	4.1
				未参加	95.9

农民工就业身份对社会保护的获得具有重要影响，自营劳动者往往能够获得更稳定的农村社会保护。自营劳动者占到家乡有耕地农民工总人数的一半以上，雇员则仅占29.5%。在往家乡汇款的农民工中，53.6%的为自营劳动者。在我国城市地区，受户籍等一系列政策因素的限制，农民工很难获得与城市居民平等的社会保护。在靠亲戚朋友找到工作和往家乡汇过款的农民工中，就业身份为自营劳动者的超过半数，分别为53.6%和55.5%。就城市社会保护而言，自营劳动者参与城镇居民医保的比例最高，达59.6%，而雇员身份农民工参与其他保险（城镇养老保险、城镇职工医保、工伤保险、失业保险和生育保险）的比例较高。

第七章　城市社会保护与农民工市民化

农民进城务工，一方面扮演着城市工人的角色；另一方面又由于保留着农村的土地资源和社会资源，与农村社会有着千丝万缕的联系。而流动范围不同，他们能够获得的社会保护也不同。在农村拥有越多资源和较完善保障措施的农民工中，一半以上的为省内跨市流动，其次为跨省流动。在获得城市各类社会保险的农民工中，省内跨市流动占比高于60%，其次为市内跨县，比例最低的为跨省流动，即城市各类社会保护的参与比例随着农民工流动范围的缩小呈倒U型曲线。

农民工受教育水平的高低对其社会保护的获得具有重要的影响。初中文化程度的农民工更易拥有农村耕地，更频繁地往农村家乡汇款，参与新型农村合作医疗和农村养老保险的比例也会更高。74.5%初中文化程度的农民工选择靠政府养老。在已参与城镇养老保险、城镇职工医保、城镇居民医保、工伤保险和生育保险的农民工中，初中文化水平均占到55%以上，其次为高中或中专文化水平，占比在20%至31%之间。而获得失业保险的农民工中，仅有46.0%为初中文化水平。

在调查样本中，绝大多数农民工的最高学历为初中，因而就业单位性质可以从某种程度上反映他们获得社会保护的能力。在获得稳定社会保护的农民工中，就职于个体私营企业的占了2/3左右，一种可能的解释是农民工的就业能力不高，因而多从事个体经营或就职于稳定性较差的私营企业。76.8%的靠社会网络获得工作的农民工就职于个体或私营企业。相对于集体企业和个体或私营企业而言，国企及党政机关工作稳定性较好，有足够雄厚的经济能力支撑起农民工的各种保险福利。然而，城镇养老保险和城镇居民医保参与率最高的却是个体或私营企业工作的农民工。

第二节　农民工社会保护与市民化的衡量方法

一　农民工市民化的衡量

农民工市民化是农民工凭借其进入城市从事非农工作的优势，使其在身份地位、价值观念和行为及生活方式等方面向城市市民转化的经济和社会过程，它不仅包括对市民身份的认同，还包括思想情感层面上的转变。农民工的市民化受众多因素的影响，为了衡量方便，本书假定在其他条件不变的情况下，用市民化程度和市民化意愿两方面的指标来体现农民工的市民化：①市民化程度，即农民工群体是否认可自己的市民身份，适应城市的生活方式并自觉或不自觉地扮演着市民角色。②市民化意愿，即农民工对定居流入地城市的看法和态度，表明其向市民角色转变的愿望。因此，本书在统计分析时，选定自我身份定位来体现市民化程度，选定本地居留意愿来体现市民化意愿。其中，自我身份定位用问卷中"您认为自己现在已经是哪里人"问题项来衡量，有4个回答选项：①本地人；②新本地人；③流出地（老家）人；④不知道自己是哪里人。选择①意味着在不考虑实际户籍性质的情况下，调查者认为自己完全是本地人，与本地市民没有任何区别，选择②意味着调查者主观上认为自己是"新本地人"，或者实际上已经按照本地相关政策获得了新市民的身份。分析时将①和②归为一类，即农民工的自我身份定位是"本地人"；将③和④归为一类，即认为自己是"外地人"。长期居留意愿用问卷中"您是否打算在本地长期居住"来体现，它是一个二分类变量，回答"是"代表愿意在本地居住5年以上，取值为1，回答"否"则取值为0。

二 农民工社会保护的衡量

基于前文的分析，本部分在构建模型时重点考察农村社会保护和城市社会保护对农民工市民化的影响，另外还引入了农民工人力资本及其他个体特征作为控制变量。

农村社会保护。农村社会保护包括家庭经济资本、社会资本、人力资本和自然资本等，本书认为农村能为农民工提供的社会保护主要是家庭自然资本和社会资本（石智雷，2012b）。农民工外出务工后，除了春节期间返回农村外，平时仅通过打电话和寄送钱物的形式与农村社会保持联系，因此，本书在农村社会保护中暂不考虑家庭人力资本和经济资本对市民化的影响。自然资本为农民工提供可供开发利用的自然资源，研究中将"老家田地亩数大于0"赋值为1（老家有耕地），"老家田地亩数等于0"赋值为0（老家无耕地）。农民工外出务工之后，会通过往家乡汇款或寄送礼物，来维系与农村家庭的情感纽带。本书通过农民工是否往家乡汇款来衡量，问卷中提供了"去年您家寄回或带回老家的钱（物）合计多少钱"问题项，将钱（物）数量"大于0"的赋值为1，未向老家寄钱（物）的赋值为0。农民工的养老安排也会影响到他们的市民化水平，一般情况下认为靠政府养老的农民工对自己未来发展情况比较有信心，因而市民化程度和市民化意愿也会更高。另外，农民工可以凭借农村的社会保险如农村合作医疗保险和农村养老保险获得稳定可靠的生活来源，反而有碍于农民工在城市的市民化。对于"是否在老家（户籍地）参加农村合作医疗保险"和"是否在老家（户籍地）参加农村养老保险"，选择"是"赋值为1，选择"否"赋值为0。

城市社会保护。农民工进入城市之后，会重新构建社会关系网络，这种基于业缘关系的社会网络可以帮助农民工获得新的职业发展机会，增强其在城市的流动性（卜长莉，2005），其效益远远大于基于血缘和地缘关系的农村社会网络（童雪敏、晋洪涛、史清华，2012）。问卷提供了"您目前的工作是通过何种途径找到的"问题项，共设 11 个选项，对其进行分类后，将通过"家人/亲戚"和"同乡/朋友/同学"赋值 1，其他（政府相关部门、社会中介、本地熟人、外地熟人、网络、传媒广告、招聘会、自主创业和自己找到）设置为参照组，赋值为 0。在城—乡流动过程中，农民工面临着年老、疾病和失业等风险，农民工要想实现自己的劳动保障权利和公民权利，在城市长期生活下去，必须获得赖以生存的社会保护帮助其规避风险，而稳定的就业及与持续可靠的城市社会保障对于他们的生存发展至关重要。然而，许多城市地方政府往往出于本地利益考虑，以户籍差异来区别对待外来农民工，从而形成了本地市民与外来农民工在就业、教育、社会保障和身份地位等方面的差异。从农民工自身来讲，他们普遍文化水平偏低，尚未完全构建起城市社会网络或已建立的社会网络层次偏低，本书正是基于农民工自身人力资本低下和社会资本匮乏这一前提进行研究的。在这种情况下，唯有依靠政府或者企业为其提供面临年老、疾病、失业或生育时赖以生存的资源或条件，才能保障农民工的基本生活。对于问卷中"您在本地有下列何种社会保障"问题项，将拥有"城镇养老保险""城镇职工医保""城镇居民医保""工伤保险""失业保险"和"生育保险"的均赋值为 1，否则赋值为 0。

个体特征变量。除了以上核心变量之外，本书在模型中控制了农民工个体特征变量和就业状况，如年龄、性别、婚姻状况和受教育年限，就业状况包括就业身份、连续工作时间、本人或配偶是否有教育培训支出等。在统计分析中，主要运用了二元变量的处理方法，如对于"性别"，"男"赋值为 1，"女"赋值为 0；对于"婚姻状况"，"已婚"赋值为 1，"未婚"赋值为 0；在外就业类型中，

"雇员"赋值为1,"雇主"赋值为0。教育和培训可以极大提高人的认知能力,特别是接受职业培训已成为低职业阶层住户实现向稳定的非农就业阶层流动的最重要影响因素,并且这种影响作用超过了学历教育(张锦华,2012)。问卷中提供了"您本人及配偶是否每月会有学习、培训、教育费用支出"问题项,回答"是"设置为1,回答"否"设置为参照组,赋值为0。另外,本书将连续工作时间也设置为控制变量,是连续变量。表7—2是农民工市民化模型的变量说明与描述统计。

表7—2　社会保护与农民工市民化:变量说明与描述统计

	极小值	极大值	均值	标准差	偏度	峰度
被解释变量						
市民化程度(1:本地人;0:外地人)	0	1	0.51	0.500	-0.024	-2.002
市民化意愿(1:是;0:否)	0	1	0.74	0.440	-1.079	-0.837
解释变量						
农村是否有耕地(1:是;0:否)	0	1	0.74	0.441	-1.071	-0.853
是否往家乡汇款(1:是;0:否)	0	1	0.75	0.435	-1.138	-0.707
养老方式(1:靠政府;0:靠自己或子女)	0	1	0.11	0.307	2.571	4.615
是否参加新农合(1:是;0:否)	0	1	0.83	0.377	-1.743	1.039
是否参加新农保(1:是;0:否)	0	1	0.26	0.438	1.102	-0.786
工作获得途径(1:社会网络;0:其他)	0	1	0.50	0.500	0.008	-2.003
是否参加城镇养老保险(1:是;0:否)	0	1	0.09	0.285	2.887	6.343
是否参加城镇职工医保(1:是;0:否)	0	1	0.07	0.248	3.515	10.368
是否参加城镇居民医保(1:是;0:否)	0	1	0.03	0.181	5.141	24.465
是否参加工伤保险(1:是;0:否)	0	1	0.07	0.254	3.390	9.506
是否参加失业保险(1:是;0:否)	0	1	0.04	0.199	4.616	19.332
是否参加生育保险(1:是;0:否)	0	1	0.02	0.137	7.053	47.800
年龄(单位:岁)	16	58	34.79	8.340	0.088	-0.773
性别(1:男;0:女)	0	1	0.55	0.497	-0.219	-1.955
受教育年限(单位:年)	0	16	9.55	1.839	0.351	2.850
本人/配偶教育培训支出(1:有;0:无)	0	1	0.21	0.410	1.404	-0.030

续表

	极小值	极大值	均值	标准差	偏度	峰度
连续工作时间（单位：年）	1	28	4.87	4.544	1.730	3.361
就业身份（1：雇员；0：雇主）	0	1	0.38	0.485	0.506	-1.746
婚姻（1：已婚；0：未婚）	0	1	0.90	0.306	-2.594	4.733

第三节 城市社会保护对农民工市民化的影响

根据武汉市1526名农民工的调查数据，本书采用二元Logistic模型进行回归分析，回归结果见表2。其中，模型1分析社会保护对市民化程度的影响，模型2分析社会保护对农民工意愿的影响。模型3和模型4（见表7—3）分别在模型1和模型2的基础上将城市社会保护定义为社会保险分类变量，分析社会保险参与程度的不同是否影响农民工市民化水平。模型5和模型6分别考虑雇主样本和雇员样本条件下的市民化决定模型有何差异。

一 农村社会保护对农民工市民化的影响

农村社会保护是影响农民工市民化程度和市民化意愿的重要因素。从回归结果来看，家乡有耕地对农民工的本地居住意愿有非常显著的负向影响，发生比值为0.676，意味着农村无耕地的农民工倾向于在本地长期居住的概率是有耕地的47.9倍。相比较而言，家乡是否有耕地在10%的显著性水平下对农民工定位自己为本地人有影响，并且对雇主的影响更为明显。一种可能的解释是近年来国家出台的一系列支持农业发展的惠农政策使农民工意识到耕地资源的价值，因此在农村拥有耕地的农民工会更倾向于回流。农民工往家乡汇款，可以视为对农村社会保护的投资。全样本模型的发生比值显示，往家乡汇款对市民化程度和市民化意愿有着显著的负向影响，且分别在 1% 和 10% 的水平下显著。但根据就业身份对农民工进行划分后发现，农民工往家乡汇款仅对雇员样本显著。农民工通过往家乡汇款，作为对社会保护的一种投资，会在农民工回流后产生投资回报效应。农民工的养老打算也会影响其市民化水平。靠政府养老对农民工本地居住意愿的影响为负，但是仅在雇员样本中是显著的，在全体样本中并不显著。相对于靠子女或自己养老来说，依靠政府养老的农民工市民化程度更低些。从回归结果看，农村的医疗保险和养老保险对农民工市民化均有着显著的影响。参加农村新农合对市民化程度有显著影响，尤其是对雇员样本，参加农村养老保险对雇主样本市民化意愿的影响更显著些。参加新型农村合作医疗的农民工更倾向于将自身定位为家乡人而不是本地人，参加农村养老保险

表 7—3　　　　　　农民工市民化决定模型
（直接引入城市社会保护变量）

模型		模型 1：市民化程度：自我身份定位为本地人（外地人）		模型 2：市民化意愿：愿意居留本地（不愿意）	
	变量（括号内为参照组）	β	Exp（β）	β	Exp（β）
农村长期保障	是否有农村耕地：有（无）	-0.238* (0.127)	0.788	-0.391*** (0.153)	0.676
	是否往家乡汇款：是（否）	-0.532*** (0.126)	0.587	-0.247* (0.147)	0.781
	养老方式：政府养老（靠子女或自己养老）	-0.445** (0.179)	0.641	-0.312 (0.192)	0.732
	新农合：参加（未参加）	-0.256* (0.153)	0.774	0.063 (0.177)	1.065
	新农保：参加（未参加）	-0.081 (0.126)	0.922	-0.268* (0.140)	0.765

续表

	模型	模型1：市民化程度：自我身份定位为本地人（外地人）		模型2：市民化意愿：愿意居留本地（不愿意）	
	变量（括号内为参照组）	β	Exp（β）	β	Exp（β）
城市长期保障	工作获得途径：通过社会网络（自谋职业）	-0.144 (0.113)	0.866	-0.269** (0.129)	0.764
	城镇养老保险：参加（未参加）	0.561* (0.314)	1.752	-0.223 (0.378)	0.800
	城镇职工医保：参加（未参加）	0.603 (0.404)	1.827	1.840*** (0.562)	6.294
	城镇居民医保：参加（未参加）	1.048*** (0.349)	2.853	0.606 (0.411)	1.833
	工伤保险：参加（未参加）	-0.924*** (0.355)	0.397	-0.075 (0.343)	0.927
	失业保险：参加（未参加）	-0.098 (0.546)	0.906	0.004 (0.673)	1.004
	生育保险：参加（未参加）	-0.192 (0.516)	0.825	-0.732 (0.675)	0.481
控制变量 人力资本因素	年龄（单位：岁）	-0.002 (0.008)	0.998	-0.004 (0.009)	0.996
	性别：男（女）	0.088 (0.113)	1.093	0.055 (0.128)	1.056
	受教育年限（单位：年）	0.042 (0.031)	1.043	0.064* (0.036)	1.066
	本人/配偶是否有教育培训支出：有（没有）	0.621*** (0.137)	1.861	-0.170 (0.151)	0.844
	连续工作时间（单位：年）	0.041*** (0.014)	1.041	0.091*** (0.018)	1.095
其他因素	就业身份：雇员（雇主）	0.381*** (0.128)	1.464	-0.482*** (0.140)	0.618
	婚姻：已婚（未婚）	0.453** (0.208)	1.573	0.113 (0.221)	1.119

续表

模型	模型1：市民化程度：自我身份定位为本地人（外地人）		模型2：市民化意愿：愿意居留本地（不愿意）	
变量（括号内为参照组）	β	Exp（β）	β	Exp（β）
常量	-0.352 (.488)	0.703	0.885 (0.555)	2.423
样本量	1526		1526	
卡方值	126.674***		122.251***	
Nagelkerke R^2	0.104		0.113	
Cox& Snell R^2	0.080		0.077	

注：*、**、***分别表示在10%、5%和1%的水平下显著；括号中为稳健性标准差。

的农民工更愿意回乡而不是居留本地。由此可见，由于农民工人力资本普遍偏低，再加上社会网络不够发达，特别是当面临年老和大病等困难时就基本丧失了生活来源，如果农村社会能够提供医疗和养老方面较为稳定可靠的保障，他们就会更倾向于回流农村而不是继续留在城市。

二　城市社会保护对农民工市民化的影响

社会保护变量是本书引入的一个特色变量，农民工只有获得稳定可靠的城市社会保护，才能在失去生活来源时继续在城市长期生活，其中城市社会保险对农民工市民化的影响将是重点研究内容。从在外获得工作的途径来看，与自谋职业和通过政府及中介机构获得工作相比，依靠社会网络（家人、亲戚、同乡和朋友等熟人网络）获得工作对农民工市民化意愿有着较为显著的负向影响，这一结果与悦中山（2011）、童雪敏（2012）等人的研究结果一致。原因在于以地缘和血缘关系为核心的社会网络仍然是自我封闭和狭隘的，具有其不可避免的小农意识和观念传统等劣势，从而阻碍了农民工自身对市民身份的认同和在城市的居留意愿。表7—3中我们发现，拥有城镇养老保险和城镇居民医保的农民工更加倾向于认为自己已成为本地人，并且分别在10%和1%水平上是统计显著的；而拥有城镇职工医疗保险对本地居住意愿有着显著的正向影响。工伤保险对农民工市民化程度有着显著的负向影响，我们认为，虽然工伤保险具有强制性，但是由于制度设计不合理、企业用工制度不规范和公众利益诉求机制不完善等原因的影响，使工伤保险在保障职工安全健康方面发挥的作用微乎其微，也无法对农民工市民化产生影响。此外，失业保险和生育保险对农民工市民化并无显著影响。由于城市社会保险种类较多，在模型1和模型2中我们一次性引入各类社会保险，分别考虑其对农民工市民化程度和市民化意愿的影响，但是，对于社会保险参与程度不同的农民工而言，其市民化程度和市民化意愿是否存在差异，我们并不清楚。因此，下面对农民工参加六种社会保险的情况进行K–Means聚类分析（见表7—4），为了分析方便，将聚类数目定义为3类。结果显示，1526名农民工被分成了社会保险参与情况良好、一般和较差三大类别。通过表7—5可以看出，各类保险的均值在3类中的差异是显著的，表示分类结果较为合理。通过比较各自变量回归系数在不同社会保险参与情况段内的显著程度及强度的变化，可以探讨在不同的政府或企业支持力度下，社会保护对于农民工市民化作用程度的差异，从而分别了解农村和城市部门社会保护在不同的政府或企业支持力度下对市民化的作用变化情况。

表7—4　　　　　1526名农民工城市社会保险的聚类分析

类别	群体特征	个数
社会保险参与情况良好	参与：城镇养老保险、城镇职工医保、工伤保险、失业保险、生育保险； 未参与：城镇居民医保	37

续表

类别	群体特征	个数
社会保险参与情况一般	参与：城镇养老保险、城镇职工医保； 未参与：城镇居民医保、工伤保险、失业保险、生育保险	101
社会保险参与情况较差	未参与：城镇养老保险、城镇职工医保、城镇居民医保、工伤保险、失业保险、生育保险	1388

表 7—5　　　　1526 名农民工城市社会保险的聚类分析结果
（ANOVA 表）

城市社会保险	聚类 均方	Df	误差 均方	df	F	Sig.
城镇养老保险	48.980	2	0.017	1523	2877.900	0.000
城镇职工医保	31.552	2	0.020	1523	1583.693	0.000
城镇居民医保	0.248	2	0.033	1523	7.583	0.001
工伤保险	19.822	2	0.039	1523	511.730	0.000
失业保险	19.135	2	0.015	1523	1316.896	0.000
生育保险	8.880	2	0.007	1523	1265.163	0.000

表 7—6 的回归结果显示，与社保参与情况较差的农民工相比，社保参与情况一般的农民工自我定位为本地人的概率更大，在本地长期居住的意愿也更强。但是，对于社保参与情况良好的农民工而言，其城市社会保护对市民化程度和市民化意愿并无显著影响。由此，我们认为，城市社会保险的参与情况越好，农民工的市民化程度和意愿会随之增强，但是，当社会保险参与程度达到较高水平后，这种显著影响就会消失。一种可能的解释是，社会保险参与状况良好的农民工大多为农民工中的"精英群体"，他们普遍素质较高，能够获得相对稳定的收入来源，并且在城市拥有比较发达的社

会网络资源。因此这类群体的市民化不再仅仅依赖于政府或就业单位为其提供的基础性保障，而是表现在价值观和行为方式等思想或精神层面上与城市市民的趋同。

表7—6 　　农民工市民化决定模型（对城市社会保险分类）

模型		模型3：市民化程度：自我身份定位为本地人（外地人）		模型4：市民化意愿：愿意居留本地（不愿意）		模型5：市民化程度		模型6：市民化意愿	
						雇主样本	雇员样本	雇主样本	雇员样本
	变量（括号内为参照组）	β	Exp(β)	β	Exp(β)	β	β	β	β
农村长期保障	农村是否有耕地：有（没有）	-0.254* (0.125)	0.775	-0.392*** (0.152)	0.676	-0.123 (0.157)	-0.447** (0.214)	-0.416** (0.206)	-0.382* (0.229)
	是否往家乡汇款：是（否）	-0.542*** (0.125)	0.581	-0.261* (0.146)	0.770	-0.364** (0.153)	-0.911*** (0.225)	-0.087 (0.187)	-0.496** (0.237)
	养老方式：政府养老（靠子女或自己养老）	-0.460** (0.177)	0.632	-0.291 (0.191)	0.748	-0.608*** (0.220)	-0.180 (0.317)	-0.052 (0.249)	-0.722** (0.316)
	是否参加新农合：参加（未参加）	-0.303* (0.150)	0.738	0.038 (0.176)	1.038	-0.119 (0.196)	-0.640*** (0.245)	0.301 (0.239)	-0.271 (0.259)
	是否参加新农保：参加（未参加）	-0.082 (0.126)	0.921	-0.267* (0.139)	0.766	-0.107 (0.153)	-0.076 (0.232)	-0.450*** (0.175)	-0.005 (0.234)
城市长期保障	工作获得途径：通过社会网络（自谋职业）	-0.157 (0.112)	0.855	-0.269** (0.128)	0.764	-0.121 (0.137)	-0.114 (0.200)	-0.270* (0.163)	-0.201 (0.212)
	社保参与情况：良好（较差）	-0.246 (0.353)	0.782	0.205 (0.391)	1.227	0.371 (0.945)	-0.571 (0.408)	0.475 (1.132)	0.065 (0.433)
	社保参与情况：一般（较差）	0.628*** (0.240)	1.874	1.445*** (0.409)	4.244	0.684* (0.352)	0.471 (0.343)	2.174** (1.022)	1.156** (0.465)

续表

模型		模型3：市民化程度：自我身份定位为本地人（外地人）		模型4：市民化意愿：愿意居留本地（不愿意）		模型5：市民化程度		模型6：市民化意愿	
						雇主样本	雇员样本	雇主样本	雇员样本
控制变量	人力资本因素	年龄（单位：岁）	-0.000 (0.008)	1.000	-0.003 (0.009)	0.997	0.014 (0.010)	-0.025* (0.013)	-0.002 (0.012)	-0.007 (0.013)
		性别：男（女）	0.035 (0.111)	1.035	0.048 (0.127)	1.049	0.067 (0.138)	-0.048 (0.191)	0.010 (0.167)	0.148 (0.199)
		受教育年限（单位：年）	0.046 (0.031)	1.047	0.066* (0.036)	1.069	0.036 (0.040)	0.056 (0.051)	0.021 (0.049)	0.121** (0.055)
		本人/配偶是否有教育培训支出：有（无）	0.662*** (0.136)	1.939	-0.145 (0.150)	0.865	0.399** (0.173)	1.126*** (0.231)	-0.172 (0.201)	-0.065 (0.228)
		连续工作时间（单位：年）	0.042*** (0.013)	1.043	0.089*** (0.018)	1.093	0.028* (0.016)	0.073*** (0.026)	0.078*** (0.022)	0.105*** (0.031)
	其他因素	就业身份：雇员（雇主）	0.317*** (0.124)	1.372	-0.470*** (0.139)	0.625	—	—	—	—
		婚姻状况：已婚（未婚）	0.420** (0.205)	1.522	0.093 (0.220)	1.097	-0.313 (0.429)	0.852*** (0.268)	-0.437 (0.579)	0.277 (0.266)
常量			-0.463 (.485)	0.629	0.625 (0.551)	1.868	-0.409 (0.735)	0.775 (0.729)	1.287 (0.927)	-0.047 (0.756)
样本量			1526		1526		1526		1526	
卡方值			103.420***		117.671***		36.536***	91.583***	48.993***	61.858***
Nagelkerke R^2			0.088		0.109		0.051	0.197	0.051	0.142
Cox & Snell R^2			0.066		0.075		0.038	0.147	0.077	0.102

注：*、**、***分别表示在10%、5%和1%的水平下显著；括号中为稳健性标准差。

三 稳健性检验

总体样本的回归验证了本书有关农民工市民化的两个基本假说，即农村社会保护的完善削弱了农民工的市民化，而城市社会保护是农民工市民化的主要动力。为检验本书实证结果的稳健性，本书采用自变量逐步回归的方法对结果进行了稳健性检验[①]，首先控制农村社会保护变量，然后同时控制农村和城市社会保护变量，最后将所有变量同时引进。

从回归结果来看，市民化程度和市民化意愿核心解释变量的回归结果基本保持不变，实证结果稳健性较高。具体表现在：第一，在农村社会保护变量中，农村有耕地、过去一年中往家乡汇款、依靠政府养老和参加新型农村合作医疗保险对市民化程度的影响显著为负，在引入了城市社会保护和控制变量之后，回归结果的符号依然为负。农村有耕地、过去一年中往家乡汇款和参加农村养老保险降低了农民工的市民化意愿。第二，在城市社会保护变量中，相对于社会保险参与情况较差的农民工而言，社会保险参与情况一般的农民工表现出更高的市民化水平，但对于社会保险参与情况良好的农民工却并非如此，在引入控制变量前后，回归结果保持不变。工作获得途径对农民工的市民化程度无显著影响，通过社会网络获得工作对农民工的市民化意愿有负向影响，控制人力资本变量及其他变量之后显著性不变。因此我们认为模型具有较高的稳健性。

第四节 社会保护的市民化效应

为了考察社会保护对农民工市民化的影响，本章从理性经济人视角出发，尝试建立一个解释农民工市民化的微观模型，分别研究农村社会保护及城市社会保护对农民工市民化的影响。理论分析和实证研究主要结论如下：①以家庭禀赋资源为基础的农村社会保护会阻碍农民工的市民化。具体表现为：第一，农村耕地资源可以为

[①] 为节约篇幅，此处省略稳健性检验回归结果表。有兴趣的读者可以与作者直接联系。

农民工回流农村提供稳定可靠的生活来源，往家乡汇款作为对农村社会资本的投资，具有投资回报效应，二者均会削弱农民工的市民化程度和市民化意愿；第二，农村社会提供的医疗保险和养老保险体系越完善，对农民工回流形成的拉力越大，进而降低农民工的市民化意愿。②城市社会保护是农民工市民化的主要动力，市民化程度和意愿会随着农民工社会保护水平的改善而增加。首先，城镇养老保险和城镇居民医疗保险的获得会提高农民工的市民化程度；拥有城镇职工医疗保险对市民化意愿有着显著的正向影响。其次，农民工在城市获得的社会保护越完善，市民化水平越高，但是当社会保护达到一定水平后，便不再对市民化产生作用。需要注意的一点是，农民工在城市中自我封闭式的社会网络并不利于其市民化程度的提高和市民化意愿的增强。③不论是农村部门还是城市部门的社会保护，它们对市民化程度的影响均强于对市民化意愿的影响。城市社会保护特别是城市社会保险的获得，有利于农民对市民身份的认同和市民化程度的提高。④社会保护对农民工市民化的影响要强于人力资本对市民化的影响。对于大部分农民工而言，他们的人力资本已相对固化，提升空间有限，而政府或企业作为农民工自身之外的力量，可以通过为农民工提供保障性住房、社会保险和与其签订劳动合同等方式，强化对农民工的社会保护，推动其市民化进程。

农民工迁移是一种理性经济人行为，他们不仅考虑当前的生活状况，更会从整个生命周期的角度去考虑城市生活的收益及成本。对于农民工群体而言，社会保护是他们进城务工和在城市"落地生根"的首要考虑因素。农民工进城务工，希望能够获得具有较高收入的职业和稳定、有保障的城市生活，然而，由于受到自身人力资本及社会资本的限制、国家制度的排斥和劳动力市场的歧视性待遇等因素的制约，他们长期被隔绝在社会保护体系之外，难以融入城市生活。特别是当面临失业、疾病和年老等情况时，他们在城市的生活更是举步维艰。也就是说，农民工在城市社会保护的缺失，导致农民工市民化的动力严重不足。相反，农村的各种社会资源可以为农民工的生活提供稳定可靠的社会保护，还具有防范风险和改善生活的作用，所以回流农村或者在城乡之间进行往复式流动便成为农民工的理性选择。这给我们的启示是，从城市政府的角度来看，一方面应依法将农民工逐步纳入城镇职工医疗体系，允许灵活就业农民工参加居住地城镇居民医疗保险，并逐步实现农村养老保险、新型农村合作医疗保险与城镇社保的转移续接问题；另一方面企业应强化社会责任意识，与农民工签订正式劳动合同，提高他们参加工伤保险、失业保险和生育保险的比例。从农村政府的视角考虑，一方面需要严格落实农民的土地使用权、收益权和土地使用权的转让权或流转权，赋予农民工"以土地换保障"的权力。再者，为了降低农民工对同质性社会网络的依赖，政府还应积极构建就业信息平台，拓宽就业渠道，及时向农民工发布就业信息和提供就业援助，通过提供免费方言培训和开展社区活动等形式加强农民工与市民的互动。

最后，本部分的分析也存在一些局限性。本书尝试分析了农村社会保护和城市社会保护对农民工市民化的影响机制，并探讨了社会保护对不同就业身份农民工市民化的影响有何差异，但是却缺少不同层次和不同维度的社会保护如何影响农民工市民化方面的深入研究，以及作用机制是怎样的，这些内容将在下一章中完成。

第八章

社会保护对农民工市民化的影响机制分析

促进农民工在城市"落地生根"是中国新型城镇化建设的核心命题。本章基于可持续生计理论构建了社会保护理论分析框架，然后利用中国流动人口社会融合专项调查数据，检验了农民工所拥有的社会保护对于他们在城市中的市民化水平的影响。在克服了异方差、多重共线性和内生性等问题的基础上，研究结果显示：和其他因素相比，社会保护是影响农民工市民化的关键因素，Oaxaca - Blinder分解的特征效应中，社会保护对农民工市民化的贡献大小为69.02%。社会保护对弱势群体的市民化作用更为明显；在农民工群体内部，文化程度或者职业地位越低，社会保护对其市民化的作用越明显。农民工市民化进展缓慢的重要症结应该是农民工在城市社会保护的缺失，而农村社会保护因素的稳定性和不可替代性又进一步增强了他们的回流意愿，或者在城乡之间进行往复式流动便成为部分农民工的理性选择。

第一节 数据与描述性分析

一 研究对象特征

本书使用的是全国6省流动人口社会融合专题调查数据（以下简称社会融合调查数据），它是原国家计生委于2013年5月通过在全国6个省份8个城市对流入地居住一个月以上，非本区（县、市）户口15—59周岁流动人口的调查而得到的，调查根据分层、多阶段和与规模成比例的PPS方法进行抽样。为了实现和当地居民进行对比分析，在每个抽样点选取相当规模的城市当地户籍人口[①]。除了咸阳市抽取1000名流动人口和600名当地户籍人口外，其他7个城市都抽取2000名流动人口和1000名当地户籍人口，总样本共计22600份。专项调查问卷中涉及流动人口基本特征、就业与收入支出、公共服务与社会保障和社会融合等信息。该调查所选择的城市，在地理位置上分布较为平均，覆盖了我国东中西三大经济带，并代表了不同规模的城市；并且这些城市的经济发展程度各不相同，人均收入相对较高的城市是上海市和苏州市，人均收入相对较低的城市是西安市和咸阳市。另外，各城市在人口规模、社会结构及基本公共服务水平等方面也存在较大差异。这为研究农民工的保障状况和市民化选择提供了一个比较好的样本。

本书在农民工数据选取上采用如下几点标准：扣除城镇户籍流动人口，只保留农村户籍的流动人口样本；扣除文化程度为大专及以上的样本，以便将研究对象集中于"农民工"这一群体；扣除流

---

① 社会融合调查样本量：上海市、江苏的苏州市和无锡市、湖北的武汉市、湖南的长沙市、陕西的西安市、福建的泉州市7市各抽取2000名流动人口，1000名当地户籍人口，陕西省咸阳市抽取1000名流动人口，600名当地户籍人口。

第八章 社会保护对农民工市民化的影响机制分析

动原因为非务工经商的样本，保持与同类研究的一致；样本中与本书直接相关的重要信息如社会保护因素、市民化因素等变量存在数据缺失的将不予保留。整理得到有效样本12711个。其中，男性占54.8%，女性占45.2%；已婚占80.3%，未婚及丧偶占19.8%；15—25岁占21.2%，25—35岁占36.1%，35—45岁占32.3%，45—60占10.5%；小学及以下占13.4%，初中占61.0%，高中或中专占25.6%；市内跨县占8.7%，省内跨市占33.5%，跨省流动占57.8%；户籍地来自东部占20.9%，来自中部占54.0%，来自西部占25.1%[①]（见表8—1）。

表8—1　　　　　　　　变量定义与描述性统计

变量名称	变量说明	观测值	均值	标准差	最小值	最大值
cilevel	市民化程度	12711	2.131	1.238	0	4
lnland	户籍地土地亩数的对数，是=1，否=0；表示家庭保障	11126	1.241	0.848	-2.302	6.214
housing	城市是否有产权房，有=1，无=0；表示家庭保障	12711	0.052	0.222	0	1
lacontr	是否签订劳动合同，是=1，否=0；表示企业保障	12164	0.794	0.404	0	1
nmedins	是否有新农村合作医疗，是=1，否=0；表示政府保障	12711	0.736	0.440	0	1
nenins	是否有新农村养老保障，是=1，否=0；表示政府保障	12711	0.271	0.444	0	1
urinins	是否有城镇职工养老保险，是=1，否=0；表示政府保障	12711	0.193	0.395	0	1

---

① 我们也把本书所研究的样本与全国流动人口总样本的进行了对照，发现两组数据中受访对象的人口学特征基本相同，说明了本书数据具有很强的代表性。

续表

变量名称	变量说明	观测值	均值	标准差	最小值	最大值
urenins	是否有城市工伤保险，是=1，否=0；表示政府保障	12711	0.230	0.420	0	1
gender	受访者性别，男性=1，女性=0	12711	0.548	0.497	0	1
age	受访者年龄	12711	33.382	8.941	15	59
age2	受访者年龄平方/100	12711	11.943	6.209	2.275	35.900
marr	受访者是否已婚，是=1，否=0	12711	0.802	0.398	0	1
minor	受访者是否是少数民族，是=1，否=0	12711	0.022	0.147	0	1
edu	受访者受教育年限，按现行学制计算	12711	9.295	2.069	0	12
heal	受访者健康状况，好=1，差=0	12711	0.880	0.323	0	1
waworge	受访者获得工作途径，通过社会资本获得=1，其他=0	12711	0.484	0.499	0	1
migscop	受访者流动范围，跨省流动=3，省内跨市=2，市内跨县=1	12711	2.491	0.650	1	3
emregi	受访者就业区域，就业东部=1，中西部=0	12711	0.602	0.489	0	1
emquali	受访者就业单位性质，国有部门=1，非国有部门=0	12216	0.023	0.150	0	1

二 农民工市民化程度的衡量方法

本书被解释变量是市民化程度，关于农民工市民化程度的测量，学术界已有较为深入的探讨。王桂新、沈建法、刘建波从居住条件、经济生活、社会关系、政治参与和心理认同五个维度构建农民工市民化指标体系，并进行等权相加[1]；徐建玲构建的市民化体

---

[1] 王桂新、沈建法、刘建波：《中国城市农民工市民化研究——以上海为例》，《人口与发展》2008年第1期。

第八章 社会保护对农民工市民化的影响机制分析

系包括外部制度因素、市民化意愿和市民化能力[①];刘传江和程建林[②]对徐建玲[③]的指标体系进行了完善,引入了农民工个体特征,包括个体素质、收入水平、城市居住时间和自我认同四个因素;而张裴从收入水平、职业状况、语言使用、身份认同和留城意愿等8个指标测算了市民化水平[④]。本书在刘传江和程建林对市民化程度衡量方法的基础上,结合张斐提出的身份认同和社会融洽理念,选择居住意愿、语言使用、社会融洽和身份认同四个维度测量市民化程度。第一,长居意愿。它是指农民工在务工城市长期居住的意愿。本书中用"您是否打算在本地长期居住"来衡量。回答为"是"赋值为1,回答为"否"赋值为0。第二,语言使用。农民工对务工地语言的熟悉程度及使用情况可以反映出其与当地人互动的难度与频度,掌握务工地方言较好的农民工,其市民化程度一般也较深。本书中用"您对本地话的掌握程度如何?"来衡量。回答为"听得懂且会讲或者听得懂,也会讲一些"赋值为1,回答为"听得懂一些但不会讲或者不懂本地话"赋值为0。第三,社会融洽。它是指农民工与当地人相处的融洽程度。研究中用"您觉得自己或家人与本地人相处的好不好?"来衡量。回答为"很融洽或比较融洽"赋值为1,回答为"一般、不融洽或来往很少"赋值为0。第四,身份认同。农民工认同自己属于"本地人"的社会身份是其融入居住地的重要标志。对于该指标,在研究中用"您认为您现在是哪里人"来衡量。根据被访者的回答,将回答为"本地人或新本地人"赋值为1,回答为"不清楚或老家人"赋值为0。

[①] 徐建玲:《农民工市民化进程度量:理论探讨与实证分析》,《农业经济问题》2008年第9期。

[②] 刘传江、程建林:《第二代农民工市民化:现状分析与进程测度》,《人口研究》2008年第5期。

[③] 徐建玲:《农民工市民化进程度量:理论探讨与实证分析》,《农业经济问题》2008年第9期。

[④] 张裴:《新生代农民工市民化现状及影响因素》,《人口研究》2011年第6期。

然后，我们将反映各个维度的（0，1）变量等权相加，赋予各个子系统相同的权重，这样操作方便，同时也可以避免在设置权数值时过于主观化[1]，现有很多学者也都采取了类似的等权重法[2]。这样就得出一个由（0，1，2，3，4）组成的连续变量来测量市民化程度。该变量如果取值越大，说明农民工市民化程度越深；反之，越浅。

三 农民工社会保护的测度与描述

首先，从保障的空间分布上，农民工的社会保护划分为农村社会保护和城市社会保护。其次，从保障的供给主体上，农民工的社会保护包括家庭保障、企业保障和社会保障。再次，从保障的作用形式上，农民工的社会保护划分为基础型保障和发展型保障。基础型保障是指满足农民工基本生活需要的保障资源，比如新农合、新农保、贫困救济、养老保险和失业保险等。发展型保障是指具有投资价值和投资可能，可以促进农民工发展的保障资源，比如农村的土地、城市住房和就业稳定性等。本书从这三个维度综合考虑农民工社会保护的衡量指标。

农村的社会保护。首先从供给主体上来看，由于农民工走出农村到城市务工，在农村能够获得的只有家庭保障和社会保障。家庭保障我们用"农民工在户籍地拥有土地亩数的对数"作为替代变量。土地一直以来都被认为是农民的最后一道保障线。农民工在现实上或是心理上也对土地有着很强的依赖，视其为规避城市各种风

---

[1] 郑彦辉：《农民工市民化测量体系及评估方法探析》，《学习与实践》2009年第8期。
[2] 王桂新、沈建法、刘建波：《中国城市农民工市民化研究——以上海为例》，《人口与发展》2008年第1期。张裴：《新生代农民工市民化现状及影响因素》，《人口研究》2011年第6期。

险的避难所①。随着农业技术进步和农村市场化程度的发展，农村土地生产效率有了大幅度提高，农村的土地经营也有了更多的选择。所以，农村土地不仅仅是保障手段，还存在很大的增值空间，我们视其为发展型保障。另外，随着农村改革和发展的不断深入，尤其是在新农合和新农保政策推出后，农民拥有了更为正式的社会保护。新农合可以提高医疗服务的利用率，改善参合者的健康状况，增强其抵抗大病风险的能力②，新农保则可以弥补家庭、土地和储蓄等传统养老方式的不足，是政府提供的一种稳定性较强的制度性保障③。所以，我们用"农民工是否拥有新农合和新农保"来衡量农村政府提供的社会保障。

城市的社会保护。农民工虽然跨越城乡，但是一般来说完整的家庭很难分割为两个。如果农民工在农村拥有家庭保障，在城市中家庭的作用就会明显减弱。目前在城市中农民工拥有的保障主要是企业和政府提供的保障。由企业的性质所决定，企业能够提供的保障是为有劳动能力的农民工提供一份稳定的就业岗位，这对于农民工市民化具有特殊重要的作用④。在本书中我们用"是否与单位签订劳动合同"作为农民工就业稳定性的替代变量。在城市中，政府是农民工社会保护的供给主体，其中最为重要的就是社会保障。社会保障又是一个很广的概念，包括社会保险、社会救济、社会福利和优抚安置等⑤。但是从农民工市民化的视角出发，优抚安置和社

---

① 肖云、蔡旺春：《农民工如何实现从土地保障向制度保障转变》，《经济与管理》2005年第3期。

② 程令国、张晔、刘志彪：《新农保改变了中国农村居民养老模式吗?》，《经济研究》2013年第8期。

③ 聂建亮、钟涨宝：《新农保养老保障能力的可持续研究——基于农民参保缴费档次选择的视角》，《公共管理学报》2014年第11期。

④ 石智雷、朱明宝：《农民工就业稳定性与农民工社会融合》，《中南财经政法大学学报》2014年第3期。

⑤ 郑功成：《中国社会保障改革与制度建设》，《中国人民大学学报》2003年第1期。

会救济的作用相对不明显。可以判断，如果农民工在城市中需要领取社会救济，绝大多数宁愿选择返回农村。社会保险的类型较多，考虑到农民工对将来养老的担忧，我们选取"城镇养老保险"变量；考虑到部分农民工工作的高风险性特征，我们另外选取"城镇工伤保险"变量。以这两个变量作为城镇社会保险的替代变量。在城市中"落地生根"，不得不考虑住房问题。根据大多数农民工的就业能力和收入水平，能在城市购买商品房的比重相对较低[①]，所以政府为农民工提供保障性住房就具有非常重要的意义。我们选取"农民工是否在城市中拥有商品房或保障性住房"作为城市社会福利的替代变量。农民工的社会保护具有以下特征：

1. 农民工在城市的社会保护大约相当于城城流动人口的1/2，城市当地居民的1/4。农民工在城市的社会保护和城市当地居民之间有较大的差距。如果从城市保障性住房、劳动合同、城市养老保险、城市工伤险、城市失业险和城市职工医保险六个方面测算城市社会保护，并根据拥有比重的倒数对这六个指标分别赋权。计算发现，农民工在城市的社会保护值为0.21，城城流动人口为0.44，城市当地居民为0.77。从各类社会保护享有率对比来看，农民工和城城流动人口、城市居民差距较大的有城市住房、城镇养老保险和城镇职工医疗保险，这三种保障的享有率分别低于城城流动人口20.8、24.7、23.7个百分点，低于城市居民78.7、52.4、37.4个百分点；和城城流动人口、城市居民差距比较小的有城市失业险、城市工伤保险和劳动合同，这三种保障分别低于城城流动人口21.5、16.8、16.8个百分点，低于城市居民23.9、13.4、13.1个百分点（见图8—1）。

---

① 已有实证研究结果显示，农民工在城市中主要靠"租、借、搭"的方式解决住房问题。详见杨俊玲、谢嗣胜《农民工住房现状研究》，《农业经济问题》2012年第1期。

第八章 社会保护对农民工市民化的影响机制分析

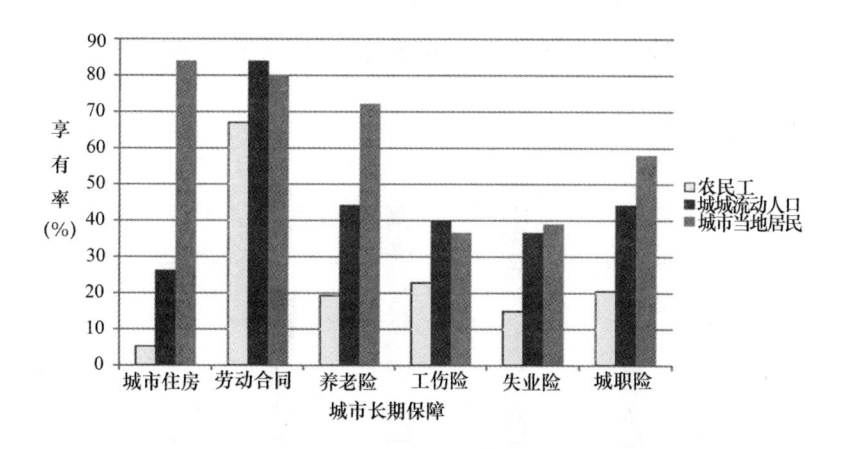

图 8—1 农民工、城城流动人口、城市当地居民城市社会保护享有率对比

2. 农民工农村基础型社会保护相对健全，而城市基础型保障相对欠缺。农民工在农村拥有土地资源的比重为90.9%，新农合与新农保参加的比重分别为73.6%和27.1%。在城市，农民工享有城市职工医疗保险和城镇养老保险的比重分别为20.5%和19.4%；工伤保险和失业保险的比重分别为23.0%和15.0%。这可以反映出，农民工在农村的基础型保障享有率较高，相对健全；而在城市中的基础型保障享有率较低，相对欠缺。

3. 农民工农村发展型社会保护不足，而城市发展型社会保护相对较好。农民工在农村的发展型保障比较匮乏，对农地的投资遇到增长的瓶颈，也缺乏职业培训这类发展型资源；而在城市发展型社会保护上，有23.6%的农民工居住在由政府或企业提供的保障性住房中；有12.5%的农民工参加过政府组织的免费职业培训；就业身份为雇员的农民工中，与雇方签订劳动合同的比例为67.1%。

4. 城市社会保障薄弱且存在区域性差异。总体上，农民工在城市中享有城镇养老保险的占19.4%；享有工伤保险的占23.0%；享有城镇职工医保的占20.5%；享有失业保险的占15.0%，享有

▶ 中国农民工的社会保护与市民化研究

生育保险的占6.2%。从东中西部来看，就业于东部地区的农民工，城市社会保障状况明显优于中西部地区（见图8—2）。

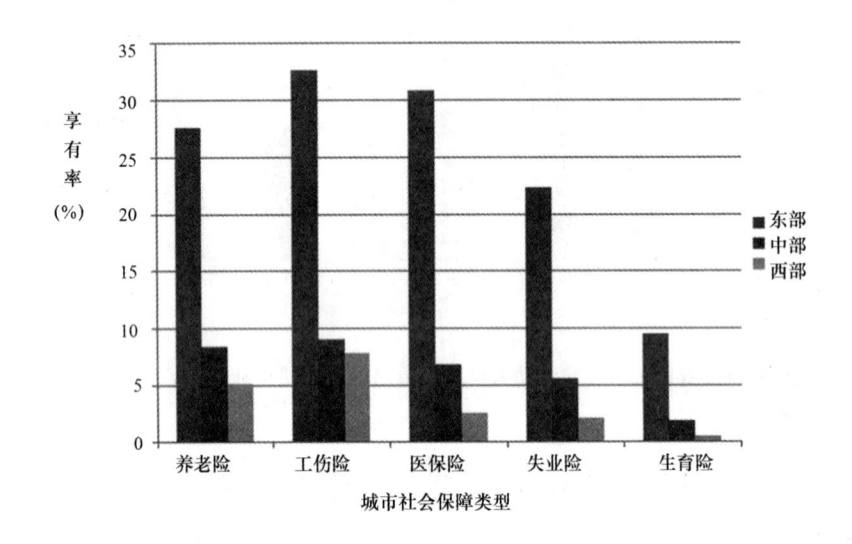

图8—2 就业于东中西地区的农民工城市社会保障享有率

参照相关文献，模型引入的控制变量包括三类。第一，受访者的个人特征变量，包括性别、年龄、年龄平方[①]、民族、婚姻、健康和受教育年限等因素。第二，受访者流动特征变量。流动距离会影响迁移成本的高低，同时流动距离较远的农民工，其面临的机会成本也会增加，进而会影响其市民化意愿，因此我们加入流动范围作为控制变量。家庭化迁移程度也是农民工流动的一个重要特征，但本书并没有使用这一控制变量，这是因为家庭化迁移程度可能是内生的，市民化程度更高的农民工可能更愿意把配偶或者子女带到城市。第三，受访者就业特征变量。市场化水平不同的区域可能直接影响着农民工的收入与生活负担，进而影响其留城意愿，因此本书把就业区域作为了控制变量。社会保护可能与一些未观察因素有

---

① 考虑到年龄的市民化效应可能是非线性的，因此引入了年龄平方项。

关，为了减少可能存在的遗漏偏误，我们还控制了就业单位性质[①]。

第二节 社会保护对农民工市民化的影响：计量分析

一 对异方差、多重共线性的处理和稳健性检验

本书第一步设定的估计模型为：

$$Cilevel = \alpha + \beta \times Security + \gamma \times Z + \varepsilon$$

其中农民工市民化程度 Cilevel 是被解释变量；Security 刻画了三种社会保护中的 7 个变量，包括 lnland（土地）、nmedins（新农合）、nenins（新农保）、housing（住房）、lacontr（合同）、urinins（城市职工养老险）、urenins（城市职工工伤险）；Z 代表了一系列可能影响市民化程度的控制变量，包括农民工的个体特征、流动特征和就业特征。ε 代表随机误差项。

上面这个标准线性回归模型假设所研究的总体样本，其方差是恒定的。但是在本书中，社会保护水平较好的农民工，生计资本状况更为丰富，处在这个水平的农民工有更多的选择空间；而社会保护水平较差的农民工，策略选择空间就较小，即变异度低。在这种情况下，ε 的方差呈现单调递增型变化。利用怀特检验和 BP 检验结果显示，两者的 P 值都等于 0.0000，故强烈拒绝同方差的原假设，表明模型存在异方差。为了解决异方差问题，我们使用加权最小二乘法（WLS）进行估计，根据变异的大小对相应数据赋予不同的权重来平衡不同变异系数的影响，回归结果见表 2。

[①] 在此，我们尽量选取全面的解释变量。这是因为，若轻易丢掉一些变量，虽然剩下的变量系数显著了，但它的系数可能存在严重的估计偏误。详见陆铭《说审稿》，《经济学家茶座》2011 年第 3 期。

由于模型中引入的解释变量较多，有必要对模型进行多重共线性检验。解释变量间的相关系数矩阵显示，核心自变量之间的Pearson相关性系数均小于0.2，如土地和其他变量的相关性系数均小于0.1；VIF检验结果显示，解释变量的VIF值基本都接近1，城镇职工养老保险的VIF值最大为1.605[①]。可见多重共线性问题不会影响模型的估计结果。

为了详细检验社会保护对农民工市民化的影响并验证其稳健性，在回归方程（1）中我们去掉了本书所关心的社会保护变量，并把它作为基准方程，然后逐步引入农村社会保护变量和城市社会保护变量。

通过方程（2）（3）（4）和（6）的比较，我们发现，大多数变量的系数符号和显著性并没有发生实质性的变化。只是在有序离散回归模型中社会保护各因素系数值有所下降，这说明衡量市民化的数值之间并非是等距变化的。为了进一步检验研究结论的可靠性，本书通过调整农民工市民化程度的测量方式，令自变量保持不变，并结合Ordered Probit模型，进行多重验证。专题调查问卷中有以下四个问题，依次为：①"若没有任何限制，您是否愿意把户口迁入本地？1. 是；2 否"。②"是否愿意与我周围的本地人交朋友？1. 完全不愿意；2. 不愿意；3. 基本愿意；4. 完全愿意"。③"去年您是否在本地参加过选举（村/居委会、工会）活动？1. 参加过；2. 没有参加过"。④"您周围的邻居主要是谁？1. 外地人；2. 本地市民；3. 前两类人差不多；4. 不清楚"。[②] 我们按照前文市民化程度同样的处理方法得到另外一个市民化测量指标cilev-

---

① 模型中只有年龄和年龄平方项之间有很强的相关性，但是这在模型中一般是正常的，不影响回归结果。限于篇幅模型的多重共线性检验结果没有列出。

② 各个问题的赋值方法是：问题（1）回答为1的赋值为1，回答为2的赋值为0；问题（2）回答为3和4的赋值为1，其他赋值为0；问题（3）回答为1的赋值为1，回答为2的赋值为0；问题（4）回答为2和3的赋值为1，其他赋值为0。

第八章 社会保护对农民工市民化的影响机制分析

el2，用该变量作为前文市民化程度的替代变量，重新估计社会保护对市民化的影响。回归结果显示：绝大部分变量的符号和显著性水平与表 8—2 中的基本相同，社会保护变量中只有劳动合同的回归系数不再显著。因此，这充分验证了上文的回归结果是稳健可靠的[①]。

表 8—2　　　　社会保护对农民工市民化影响的估计结果

解释变量	被解释变量：cilevel					
	(1) OLS	(2) OLS	(3) OLS	(4) OLS	(5) WLS	(6) Ordered Probit
lnland		-0.047*** (0.013)		-0.041*** (0.012)	-0.020* (0.012)	-0.037*** (0.012)
nmedins		-0.166*** (0.026)		-0.142*** (0.026)	-0.154*** (0.026)	-0.134*** (0.024)
nenins		-0.024 (0.024)		-0.015 (0.024)	-0.022 (0.024)	-0.012 (0.023)
housing			0.740*** (0.046)	0.688*** (0.052)	0.654*** (0.053)	0.676*** (0.051)
lacontr			0.152*** (0.025)	0.152*** (0.027)	0.128*** (0.027)	0.141*** (0.026)
urenins			0.143*** (0.031)	0.106*** (0.034)	0.115*** (0.033)	0.101*** (0.032)
urinins			-0.227*** (0.029)	-0.222*** (0.031)	-0.224*** (0.030)	-0.211*** (0.029)
gender	-0.010 (0.020)	0.004 (0.022)	0.001 (0.020)	0.012 (0.022)	0.012 (0.022)	0.010 (0.020)
age	0.076*** (0.009)	0.075*** (0.010)	0.071*** (0.009)	0.071*** (0.010)	0.072*** (0.010)	0.065*** (0.009)

---

① 限于文章篇幅，稳健性检验结果没有列出，有兴趣的读者可以向作者索取。

续表

解释变量	被解释变量：cilevel					
	(1) OLS	(2) OLS	(3) OLS	(4) OLS	(5) WLS	(6) Ordered Probit
lage2	-.097***	-.098***	-.092***	-.093***	-.094***	-.085***
	(.013)	(.014)	(.013)	(.014)	(.014)	(.013)
marr	.181***	.204***	.138***	.163***	.141***	.155***
	(.034)	(.037)	(.034)	(.037)	(.037)	(.035)
minor	-.323***	-.346***	-.288***	-.308***	-.289***	-.282***
	(.069)	(.072)	(.068)	(.071)	(.072)	(.068)
edu	.037***	.032***	.026***	.024***	.026***	.021***
	(.005)	(.005)	(.005)	(.005)	(.005)	(.005)
heal	.082***	.056*	.072**	.048	.021	.042
	(.031)	(.033)	(.031)	(.033)	(.033)	(.031)
waworge	-.189***	-.175***	-.142***	-.135***	-.138***	-.124***
	(.020)	(.021)	(.020)	(.021)	(.021)	(.0207)
migscop	-.347***	-.310***	-.331***	-.299***	-.318***	-.284***
	(.018)	(.020)	(.018)	(.019)	(.020)	(.019)
emregi	-.512***	-.580***	-.515***	-.564***	-.561***	-.531***
	(.024)	(.027)	(.025)	(.028)	(.028)	(.027)
emquali	.082	.051	.080	.050	.020	.051
	(.068)	(.074)	(.068)	(.073)	(.073)	(.070)
常数项	1.435***	1.641***	1.502***	1.648***	1.701***	
	(.174)	(.188)	(.173)	(.187)	(.187)	
调整 R^2 (Pseudo R^2)	0.162	0.160	0.187	0.181	0.180	0.065
观察值	12216	10704	12164	10662	10662	10662

注：(1) 括号外与括号内的数值分别是估计系数和标准误；(2) *、**、*** 分别表示在 10%、5%、1% 的水平上显著。下同。

二 内生性检验和处理

本书模型的内生性问题来自两个方面：一是城市住房、新农合和新农保等社会保护变量与市民化可能互为因果关系。回归结果表明，社会保护的确显著影响着农民工市民化程度。但是，农民工市民化程度与社会保护很可能存在反向的因果关系。比如，那些市民化程度较高的农民工，更倾向于努力在城市购买住房；同时他们的就业能力也可能更高，而这直接影响着劳动合同的签约，进而影响城市职工养老保险和工伤险的享有。同时，那些市民化程度较高的农民工，一般有能力在城市长期定居，回流农村的可能性较低，从而倾向于放弃农村的保障性资源。对于农村土地这一变量，我们认为它并不存在内生性，这是因为农民工是否有土地是政策上的安排，不会因其市民化程度的高低而有明显变化[①]。此外，模型内生性的另一个原因是遗漏了一些变量，如不可观察到的农民工能力。因为农民工的社会保护状况和其自身能力相关，那些能力更差的农民工其社会保护一般也会较差。因此，表2中城市住房、劳动合同和城市养老保险对农民工市民化的正向作用很可能是低估的；而新农合、土地对市民化的负向作用很可能是高估的，因为他们的回归系数可能还包括了更差的能力对市民化的阻碍作用。

当然，遗漏变量造成的内生性往往是难以避免的，本书尽量通过引入较全面的变量削弱其内生性。在这里，城市住房、新农合和新农保等社会保护变量与市民化程度之间互相影响而造成的内生性是更为突出的问题。为了控制内生性偏误，我们用农民工流入所在社区除本人以外其他农民工的相应社会保护的平均拥有率作为农民工相应社会保护的工具变量。比如：用农民工流入社区除本人以外其他农民工平均住房拥有率（IVhousing）、平均参合率（IVnme-

---

[①] 中共中央办公厅、国务院办公厅1997年颁布《关于进一步稳定和完善农村土地承包关系的通知》规定农村土地承包权三十年不变；2007年中共中央办公厅、国务院办公厅颁布《关于进一步稳定和完善农村土地承包关系的通知》规定土地承包期再延长30年，承包期限不足30年的，要延长到30年。因此，农民工一般对农村土地都拥有承包经营权，除非由于征地或自然灾害等不可抗力原因才会丧失土地。

dins)分别作为受访农民工是否拥有城市住房、是否参加新农合的工具变量[①]。工具变量选择的合理性在于：农民工的购房决策、参合参保行为可能存在同群效应（peer effect），也就是说，与农民工生活在一起的其他农民工的购房决策、参合参保行为可能影响到农民工自身，而其他农民工住房拥有率、参合参保率不会直接影响到农民工自身的市民化程度。此外，作为弱势群体的农民工，本身就缺乏与用人单位讨价还价的资本[②]，而劳动合同可以帮助农民工"据理力争"，保护自己的合法权益。因此，作为理性人的农民工势必也会受到其他签订劳动合同的农民工的影响，进而促使其与用人单位签订合同，这也直接影响到基本社会保险的享有。因此，在理论上可以使用以上工具变量。与本书做法类似的是，为了解决个人行为的内生性问题，用社区内其他人的平均行为作为本人行为工具变量的做法在以往文献中已经被使用。如：为了研究社会信任对劳动力流动影响，陆铭和张爽选择了社区中除本家庭以外其他家庭社会信任的均值作为本家庭的社会信任的工具变量[③]；为了考察劳动力流动和返乡汇款对农业劳动生产率的影响，Rozelle、Taylor、Brauw分别用农村外出劳动力占总劳动力的比重和农村所有家庭返乡汇款的平均水平作为劳动力流动和返乡汇款的工具变量[④]，而他们的实证结果也说明了此类工具变量的有效性。

上述理论探讨了内生性的存在，我们进一步对变量的内生性使用异方差稳健的DWH检验，P值为0.000，因此可认为上述社会保护除土地外的城市保障性住房、新农合和新农保等的确属于内生解

[①] 在实地调查时，在村（居）委会内，一个家庭只能调查一名受访者。因此，本村居委会中其他农民工的城市住房拥有率、参合率等各类型长期保障拥有率相对来说是外生的。

[②] 石莹：《搜寻匹配理论与中国劳动力市场》，《经济学动态》2010年第12期。

[③] 陆铭、张爽：《劳动力流动对中国农村公共信任的影响》，《世界经济文汇》2008年第4期。

[④] S. Rozelle, J. E. Taylor and A. Brauw, "Migration, Remittances and Agricultural Productivity in China", *AmericanEconomic Review Papers and Proceedings*, Vol. 89, No. 2, 1999.

第八章 社会保护对农民工市民化的影响机制分析

释变量。接着我们进行弱工具变量检验，检验结果显示最小特征值统计量（minimum eigenvalue statistic）为 420.621，城市保障性住房、劳动合同、新农合、新农保、城市养老保险和城市工伤保险的偏 R^2 虽然都在 0.370 以下，但各个 F 统计量值也都大于 10，且 P 值均为 0.000[①]，并且各个变量的第一阶段回归结果也显示，工具变量对内生变量具有显著影响，即具备较好的解释力[②]。总之，我们可以拒绝"存在弱工具变量"的原假设，不必担心弱工具变量问题。通过对比表 8—2 中 OLS 和表 8—3 中 2SLS 可发现，户籍地土地、新农合、城市保障性住房、劳动合同和城市社保的回归系数和显著性没有发生实质性的变化；而新农保回归系数变得显著了，这与基本回归结果中不同，可能是内生性造成的估计偏误。这也说明，新农保确实不利于农民工的市民化。此外，为了验证工具变量法的稳健性，我们还使用了不同的估计方法进行估计，GMM 和 LIML 回归结果均表明，社会保护的回归系数和显著性并没有发生明显变化，说明工具变量的回归结果较为稳健。

表 8—3　　　　　　社会保护对农民工市民化影响：
2SLS、GMM、LIML

	(7) 2SLS	(8) 2SLS	(9) 2SLS	(10) GMM	(11) LIML
lnland	-0.046 *** (0.013)	—	-0.034 *** (0.012)	-0.034 *** (0.012)	-0.034 *** (0.012)
nmedins	-0.336 *** (0.051)	—	-0.288 *** (0.052)	-0.288 *** (0.052)	-0.288 *** (0.052)

---

① 弱工具变量检验显示，城市保障性住房、劳动合同、新农合、新农保、城市养老保险和城市工伤保险的偏 R^2 分别为 0.352、0.195、0.266、0.304、0.338、0.367，相应 F 统计量分别为 276.797、450.292、742.052、928.777、912.888、1005.41，都大于经验切割点 10。

② 限于文章篇幅，未报告各个内生变量的第一阶段回归结果，有兴趣的读者可以向作者索取。

续表

	(7) 2SLS	(8) 2SLS	(9) 2SLS	(10) GMM	(11) LIML
nenins	-0.111*** (0.043)	—	-0.081* (0.043)	-0.081* (0.043)	-0.081* (0.043)
housing	—	0.900*** (0.082)	0.706*** (0.092)	0.706*** (0.092)	0.706*** (0.092)
lacontr	—	0.142** (0.059)	0.131** (0.063)	0.131** (0.063)	0.131** (0.063)
urenins	—	0.256*** (0.056)	0.174*** (0.059)	0.174*** (0.059)	0.174*** (0.059)
urinins	—	-0.457*** (0.049)	-0.422*** (0.051)	-0.422*** (0.051)	-0.422*** (0.051)
控制变量	是	是	是	是	是
obs	10700	12158	10657	10657	10657
R^2	0.157	0.184	0.176	0.176	0.176

注：在被纳入估计方程的样本中，由于有5个受访的居委会只有一个样本，因而其社会保护相应的工具变量是缺失的，再加上其他不同变量缺失情况不同，各个估计方程回归的样本量不完全一致。引入模型的控制变量同上，为节省篇幅在本表中未列出。

三 计量结果分析

回归方程（2）和（3）在基准方程（1）的基础上加入了农村部门提供的社会保护和城市部门提供的社会保护。从拟合优度来看，增加农村社会保护对市民化的作用力要强于城市社会保护，体现了农村社会保护对农民工影响力的稳定性和难以替代性。

1. 农村社会保护

从以上回归结果可以发现，农村社会保护对农民工市民化有着显著的负向影响，也就是说，农村社会保护越好的农民工，其市民化状况越差。农村社会保护表现为对农民工市民化的阻力，而农村社会保护因素的稳定性和不可替代性又进一步增强了农民工的回流

第八章 社会保护对农民工市民化的影响机制分析

意愿。

首先，农村社会保护因素中"农村土地数量（lnland）"变量对农民工市民化的影响在各个模型中都非常显著，且其值为负，说明在农村中拥有土地数量越多，农民工的市民化程度越低。不过，在表2的一般回归模型中，lnland 的回归系数为 -0.047，在处理异方差后的 WLS 模型中的回归系数为 -0.020。这与石智雷的前期研究结论相一致[①]，只是该研究使用的 1998 年和 2005 年的武汉市调研数据，回归系数的显著性较差。也就是说，土地作为发展型社会保护对农民工回流农村的拉力有所增强。可能的解释是，近些年的新农村建设和惠农政策的实施，导致农村土地投资回报的增长，对农民工的生产和保障价值有所提高。

其次，"是否拥有新农村合作医疗"对农民工市民化在各模型中也有着显著的负向影响，且回归结果非常稳定。无论是一般回归模型，有序 Probit 模型，还是处理异方差后的加权最小二乘，回归系数都在 -0.150 左右，只是在考虑变量内生性利用工具变量法进行回归时，回归系数增大为 -0.288。也就是说，农村新农村合作医疗制度的建立对农民工的市民化动力有着明显的反向作用。

最后，在我们的一般回归模型中，"是否拥有新型农村养老保险"对农民工市民化的影响不显著，进行有序 Probit 回归以及处理异方差进行 WLS 回归，影响系数依然不显著。当我们在表 8—3 中，通过引入同社区其他农民工拥有新农保的比重进行工具变量回归时，影响系数变为负向显著，且 P 值 <0.01。可见，拥有新型农村养老保险农民工的市民化动力确实要差一些，但是由于变量内生性的存在，有些市民化程度较好的农民工倾向于主动放弃新农保，一般的估计模型无法进行有效识别。

[①] 石智雷：《城乡预期、长期保障和迁移劳动力的城市融入》，《公共管理学报》2013 年第 2 期。

2. 城市社会保护

整体来看，城市社会保护各因素对农民工市民化都有着非常显著的影响，除了城镇工伤保险回归系数为显著负向之外，城镇住房、签订劳动合同和城镇职工养老保险的回归系数都是正向显著。在表2的基本回归模型中，城市中发展型社会保护对农民工市民化的影响力明显高于基础型社会保护，但是在控制住异方差和变量内生性后，后者的影响力有所提升。

首先，在城市中购买住房或者获得政府提供的保障性住房对农民工市民化有着显著的正向影响，且回归结果非常稳健，无论是控制住农村社会保护，还是处理变量异方差和内生性，该变量的回归系数和显著性都没有明显变化。可见，能够在城市中拥有住房对农民工市民化有着非常积极的促进作用。但是有能力购买商品房的农民工比重很低，政府或企业提供的保障性住房在农民工市民化进程中发挥着非常关键的作用[①]。

其次，在企业就业稳定性方面，与就业单位签订劳动合同对农民工市民化有着显著的正向影响，在引入农村社会保护因素和控制变量内生性后该变量的系数都没有明显变化，只是在改变市民化程度衡量方法后，该变量变得不再显著。这可能是因为在 cilevel2 中我们新选入的衡量指标倾向于测度农民工市民化意愿和城市融入程度，缺乏对农民工市民化能力的衡量。可见，企业就业稳定性的增强更多的在于提升农民工的市民化能力。

最后，在城市政府提供的制度性保障方面，对应农村提供的制度性保障，我们选入的城镇职工养老保险和城镇工伤保险对农民工市民化都有着显著的影响，但是影响系数前者为正后者为负。城镇

[①] 根据2013年全国流动人口动态数据显示，农民工的居住分布中，租住私房的比重达到64.9%，只有7.3%的农民工自购商品房；有23.6%的农民工居住在由政府或企业提供的保障性住房，其中12.1%居住在单位或雇主提供的免费住房。

职工养老保险对农民工市民化的影响非常稳健，只是在处理内生性后，影响系数从方程 3 中的 0.106 上升为 0.174，可见一般的最小二乘模型显然低估了城镇养老保险的市民化效应。

3. 其他控制变量

年龄与农民工市民化程度呈倒"U"形变化；这可能是因为年轻力壮时农民工更愿意在城市生活，而当年老体弱时，由于缺乏基本的生活保障，他们只能回流农村[①]。已婚和汉族身份有利于农民工向市民的转变。值得注意的是，城市住房、劳动合同和城镇职工工伤险的回归系数都是数十倍于教育年限的系数，这说明在促进农民工市民化上，前几种类型保障发挥的作用要大于受教育年限。与此同时，动用社会网络找工作的农民工，其市民化程度更低，这与石智雷和易成栋的研究结论相一致[②]。流动距离阻碍了农民工市民化，这可能是因为，流动距离越远，农民工面临的机会成本越高，他们丧失掉原户籍地拥有的各种资源的可能性越大，因此它们不愿意付出较高的代价而更倾向于回流。同时，相对于就业于中西部的农民工，就业于东部地区的农民工市民化程度较低，这可能是东部地区生活成本较高的原因。此外，就业单位性质为国有部门对农民工市民化程度产生了正向作用，这可能是因为国有部门在薪酬、福利和用工规范性上优于非国有部门[③]，提高了农民工的留城意愿。

[①] 程名望、史清华、徐剑侠：《中国劳动力转移动因与障碍的一种解释》，《经济研究》2006 年第 4 期。

[②] 石智雷、易成栋：《长期保障、投资回报与迁移劳动力回流决策》，《经济评论》2013 年第 3 期。

[③] J. Solinger, "The Chinese work unit and Transient Labor in the Transition from Socialism", *Modern China*, Vol. 21, No. 2, 1995.

第三节 社会保护对农民工市民化有多重要？

为了说明社会保护对农民工市民化的重要性，本书借鉴 Oaxaca[①] 和 Blinder[②] 提出的分解方法，测量社会保护因素对农民工与城市当地居民之间、农民工与城城流动人口之间的市民化差异的贡献大小，该方法可以将组群之间被解释变量的差异分解为个体差异带来的可解释部分以及由回归系数差异带来的不可解释部分。

一 社会保护对农民工市民化程度的贡献

为了探讨社会保护对农民工市民化的贡献，我们以城市当地居民为标杆，进一步分析社会保护在农民工成为城市居民的过程中的作用大小。在此，为了方便将农民工市民化程度与城市当地居民进行对比，我们为城市当地居民也建立了市民化状态测量体系，具体方法是：利用城市当地居民的调查问卷中的两个问题：其一是"您的邻居主要是谁？1. 外地人；2. 本地市民；3. 前两类人口差不多；4. 不清楚"，我们把回答为"本地市民或两类人差不多"赋值为2，其他赋值为1。其二是"与人交流时您一般说哪个地方的话？1. 普通话；2. 本地化；3. 视情况而定"，我们把回答为"本地话或者视情况而定"赋值为2，回答为"普通话"赋值为1。然后将两个变量相加，得到一个（1，2，3，4）的变量即作为城市当地居民市民化状态的替代变量。表4报告了这两类群体市民化程度差异的 Oaxaca – Blinder 分解结果。

[①] R. Oaxaca, "Male – Female Wage Differentials in Urban Labor Markets", *International Economic Review*, Vol. 14, No. 3, 1973.

[②] A. S. Blinder, "Wage Discrimination: Reduced Form and Structural Estimates", *The Journal of Human Resources*, Vol. 8, No. 4, 1973.

第八章 社会保护对农民工市民化的影响机制分析

设农民工与城市当地居民市民程度化的决定方程分别为：

$$C_m = \beta_{0m} + X_m \beta_m + \beta_m \tag{1}$$

$$C_u = \beta_{0u} + X_u \beta_u + \beta_u \tag{2}$$

其中 C_m 和 C_u 分别为农民工与城市当地居民的市民化程度，β_{0m}、β_{0u} 分别为这两个群组的截距项，X_m 和 X_u 分别为影响这两个群组市民化程度的解释变量矩阵，β_m 和 β_u 分别为各影响因素的系数。由于 Oaxaca-Blinder 以 OLS 回归为假设，并且 $E(\beta\gamma_m) = E(\gamma_u) = 0$，如果以农民工为参考组，那么可以得到 Oaxaca-Blinder 分解式为：

$$\bar{C}_u - \bar{C}_m = \beta_u(\bar{X}_u - \bar{X}_m) + \bar{X}_m(\beta_u - \beta_m) + (\beta_{0u} - \beta_{0m}) \tag{3}$$

但是 Oaxaca-Blinder 分解的一个缺陷是当参考组选择不同时，其分解结果也会有差异[①]，因此本书采用改进后的 Oaxaca-Blinder 分解模型[②]。分解式为：

$$\bar{C}_u - \bar{C}_m = \beta*(\bar{X}_u - \bar{X}_m) + \bar{X}_u(\beta_u - \beta*) + \bar{X}_m(\beta* - \beta_m) + (\beta_{0u} - \beta_{0m}) \tag{4}$$

其中 $\beta*$ 为全部样本的回归系数，其他变量含义与式（3）中相同。市民化程度的差异分解为四个部分。式（4）右边第一项 $\beta*(\bar{X}_u - \bar{X}_m)$ 反映由解释变量的不同而产生的差异，称为特征效应[②]。第二项 $\bar{X}_u(\beta_u - \beta*)$ 与第三项 $\bar{X}_m(\beta* - \beta_m)$ 反映城市当地居民在变量 X 上的结构优势（或劣势）引起的市民化差距，两者合称系数效应。第四项 $(\beta_{0u} - \beta_{0m})$ 为截距项差距，反映由其他影响因素造成的差异。后三项之和为解释变量不能解释的市民化程度差异。按

[①] 郭继强、姜俪、陆利丽：《工资差异分解方法评述》，《经济学》（季刊）2011年第1期。

[②] R. Oaxaca, and M. Ransom, "On discrimination and the Decomposition of Wage Differentials", Journal of Economic, Vol. 61, No. 1, 1994. 孙敬水、黄秋虹：《中国城乡收入差距主要影响因素及其贡献率研究——基于全国31个省份6937份家庭户问卷调查数据分析》，《经济理论与经济管理》2013年第6期。

照上述分解方法,农民工市民化贡献度的分解结果见表8—4。

表 8—4　　　　农民工与城市当地居民市民化差异的 Oaxaca-Blinder 分解

变量名	特征效应	百分比（%）	系数效应与截距项效应	百分比（%）
housing	0.9134	61.28	-0.8771	-58.85
lacontr	0.0039	0.26	-0.1717	-11.52
urenins	0.1628	10.92	-0.1762	-11.82
urinins	-0.0514	-3.45	0.1021	6.85
gender	-0.0001	-0.000	0.0076	0.51
age	0.1607	10.78	-3.2305	-216.74
age2	-0.1042	-6.99	1.6401	110.04
marr	0.0016	0.11	-0.1366	-9.16
minor	0.0037	0.25	0.0038	0.25
edu	0.1002	6.72	-0.8358	-56.08
heal	-0.0010	-0.07	-0.0624	-4.19
waworge	0.0120	0.81	0.0759	5.09
emregi	0.0217	1.46	0.4875	32.71
emquali	0.0216	1.45	-0.0201	-1.35
常数项	—	—	3.4390	230.73
合计	1.2449	83.53	0.2456	16.47

从表8-4可以看到,农民工和城市当地居民市民化差异为1.5016（两者分别为2.1245和3.6261）,农民工的特征效应可以解释其与城市当地居民市民化差异的83.52%,剩余的16.48%为不可观察因素造成的不可解释部分。特征效应中,社会保护对农民工市民化的贡献大小为69.02%,也就是说,所引入模型的其他控制变量,包括人力资本和社会资本等因素对农民工市民化贡献的总和为30.98%。可见社会保护是影响农民工市民化的关键因素。

二 农民工与城城流动人口市民化差异

虽然城城流动人口与农民工一样也不具有流入地城市的户籍，但是城城流动人口多数是来自于其他城市，他们的市民化程度一般来说要好于农民工。考虑到城城流动人口不享有农村部门提供的社会保护，因此只引入了城市部门提供的社会保护。按照相同的分解方法，限于篇幅，农民工与城城流动人口市民化差异分解过程不再赘述。表8—5报告了这两类流动人口市民化程度差异的Oaxaca – Blinder分解结果。

表8—5　　　　农民工与城城流动人口市民化差异的 Oaxaca-Blinder 分解

变量名	特征效应	百分比（%）	系数效应与截距项效应	百分比（%）
housing	0.1277	36.18	-0.0549	-15.55
lacontr	0.0147	4.16	0.0644	18.24
urenins	0.0357	10.11	-0.0410	-11.61
urinins	-0.0419	-11.87	0.0195	5.52
gender	-0.0003	-0.08	-0.0546	-15.47
age	-0.0068	-1.93	-0.9677	-274.14
age2	0.0197	5.58	0.5662	160.40
marr	-0.0016	-0.45	0.0893	25.30
minor	0.0015	0.42	-0.0021	-0.59
edu	0.1262	35.75	0.4641	131.47
heal	-0.0018	-0.51	0.0188	5.33
waworge	0.0166	4.70	0.0554	15.69
migscop	0.0134	3.80	0.0543	15.38
emregi	0.0097	2.75	-0.0089	-2.52
emquali	0.0057	1.61	0.0017	0.48
常数项	—	—	-0.1700	-48.16
合计	0.3185	90.22	0.0345	9.77

从表8—5可看到，农民工和城城流动人口的市民化差异为0.3576（分别为2.1245和2.4821），特征效应可以解释这种差异的90.23%，剩余的9.77%为不可观察因素造成的不可解释部分。特征效应中，城市社会保护对市民化差异的贡献大小为38.58%，其中城市住房的贡献度最大，可以解释农民工和城城流动人口市民化差异的36.18%。此外，城镇工伤险、性别、年龄、婚姻和健康都有助于缩小这两类群体市民化程度的差异。

第四节 社会保护的市民化效应对弱势群体更明显

根据前文的理论分析结果，社会保护对于弱势群体的市民化作用更为明显。那么我们的证明方法是，考察在农民工群体内部，收入水平、文化程度或者职业地位越低的农民工，社会保护对其市民化影响效应是否更为显著？为此，接下来我们将探讨社会保护对不同收入水平、不同文化程度和不同职业地位的农民工市民化的影响差异。

对于农民工收入水平的衡量，我们选择了农民工所在家庭月人均收入水平[①]，因为市民化程度的高低不仅仅受其个人收入水平的影响，更多的是受家庭整体收入水平的影响。但在实际调查中，收入往往可能存在低报或高估的情况，为了减少估计偏误，我们寻找了衡量家庭收入水平的另外一个指标：恩格尔系数，即农民工每月在本地的食品支出占在本地总支出的比重。一般来说，恩格尔系数越大，其收入水平越低[②]。关于文化程度，考虑到农民工普遍文化

[①] 在此并没有选择农民工个人的收入水平，主要是考虑到目前农民工家庭化迁移非常普遍。根据统计结果显示，本书使用的调查样本中，家庭化迁移的比例为76.62%。

[②] 恩格尔系数在0—0.3的农民工家庭，人均收入水平为2877元，恩格尔系数在0.3—0.7和0.7—1.0的农民工家庭，人均收入水平分别降低到2504元和2482元。

第八章 社会保护对农民工市民化的影响机制分析

程度较低,我们把农民工划分为初中及以下和高中及以上两组。关于职业地位的测量,我们参照李春玲[①]职业地位声望得分,并考虑农民工职业地位总体偏低的特征,把农民工从事的职业划分为高职业地位和低职业地位两组[②]。同时考虑到内生性的存在,我们均使用工具变量法进行回归估计。

表8—6第1、2列给出了以家庭人均收入水平4700元为分界点的两组农民工家庭回归结果。如果我们把人均收入水平低于4700元的农民工家庭代表相对低收入家庭,高于4700元的代表相对高收入家庭。可以发现,在低收入组,所引入的七个社会保护因素都对农民工市民化有着显著的影响,而在高收入组只有城市住房和城市工伤保险有显著影响,其他社会保护变量都不再显著。尤其是农村的土地、新农合和新农保对相对低收入家庭的农民工市民化产生了显著负向影响,而对相对高收入家庭的农民工则没有显著影响。可见对于农民工中的低收入群体,社会保护的市民化效应更为明显。

第3、4列选择"恩格尔系数"为农民工收入水平替代指标的估计结果。我们以恩格尔系数在0.15以上代表低收入家庭;反之,代表高收入家庭。同样发现,反映社会保护的各个变量对低收入家庭的农民工市民化都产生了显著的影响,而对高收入家庭的农民工产生显著影响的只有户籍地土地。前4列的回归结果都表明,社会保护对相对低收入家庭的农民工市民化影响更大。

第5、6列选择"受教育程度"作为农民工群体的分类指标。可看到,农村社会保护中,只有新农合对高中文化程度的农民工市

[①] 李春玲:《当地中国社会的声望分层——职业声望与社会经济地位指数测量》,《社会学研究》2005年第2期。

[②] 高职业地位包括国家机关、党群组织、企事业单位负责人;专业技术人员;公务员、办事员和有关人员。低职业地位包括商贩、保洁、保安、生产、运输、建筑工、无固定职业等人员。由于农民工职业地位总体偏低,这里的职业地位只是相对较高和相对较低的划分方法。

民化的阻碍作用更大，而户籍地土地和新农保均对初中及以下文化程度的农民工阻碍作用更强。城市社会保护中，城市住房、劳动合同和养老保险对初中及以下文化程度的农民工市民化的促进作用更为明显。

第7、8列给出了低职业地位和高职业地位的农民工估计结果。可以发现，在低职业地位组，反映社会保护的各变量对农民工市民化影响系数都是显著的，并且农村社会保护有着显著的负向影响，城市社会保护有着显著的正向影响；但是在高职业地位组，所引入的社会保护因素对农民工市民化的影响系数都变得不再显著。

这些回归结果一致表明，社会保护对处于相对弱势地位的农民工市民化影响更大，即城市社会保护对弱势地位的农民工市民化作用更为重要，农村社会保护对其市民化的阻碍作用也更大。而农民工在城市中整体处于弱势地位，这也是在市民化进程中社会保护之所以这么重要的原因。

表8—6　　　　　　　社会保护对农民工市民化影响：2sls

解释变量	被解释变量：cilevel							
	月人均收入水平/元		恩格尔系数		受教育程度		职业地位	
	(1) ≤4700	(2) >4700	(3) ≤0.15	(4) >0.15	(5) 初中及以下	(6) 高中	(7) 低职业地位	(8) 高职业地位
lnland	-.046*** (0.013)	-0.043 (0.051)	-0.190*** (0.057)	-0.037*** (0.013)	-0.039*** (0.014)	-0.033 (0.027)	-0.032** (0.013)	-0.063 (0.070)
nmedins	-0.263*** (0.054)	-0.298 (0.215)	-0.031 (0.223)	-0.281*** (0.054)	-0.283*** (0.059)	-0.306*** (0.114)	-0.287*** (0.053)	-0.114 (0.282)

续表

解释变量	被解释变量：cilevel								
	月人均收入水平/元		恩格尔系数		受教育程度		职业地位	
	(1) ≤4700	(2) >4700	(3) ≥0.15	(4) >0.15	(5) 初中及以下	(6) 高中	(7) 低职业地位	(8) 高职业地位
nenins	-0.115** (0.045)	-0.109 (0.169)	0.020 (0.204)	-0.117*** (0.044)	-0.107** (0.050)	-0.025 (0.091)	-0.074* (0.044)	-0.323 (0.281)
housing	0.733*** (0.098)	0.761*** (0.274)	0.237 (0.433)	0.766*** (0.094)	0.948*** (0.125)	0.481*** (0.139)	0.739*** (0.096)	0.273 (0.335)
lacontr	0.212*** (0.062)	0.424 (0.336)	0.987 (0.619)	0.217*** (0.062)	0.279*** (0.068)	-0.421** (0.166)	0.144** (0.064)	-0.618 (0.490)
urenins	0.138** (0.060)	0.178 (0.314)	0.653 (0.653)	0.115* (0.059)	0.170** (0.069)	0.103 (0.128)	0.180*** (0.062)	0.163 (0.206)
urinins	-0.429*** (0.052)	-0.572** (0.246)	-0.300 (0.638)	-0.438*** (0.051)	-0.486*** (0.057)	-0.098 (0.123)	-0.449*** (0.053)	0.029 (0.255)
控制变量	是	是	是	是	是	是	是	是
常数项	0.960*** (0.200)	2.444*** (0.817)	1.391 (0.989)	1.027*** (0.013)	2.084*** (0.211)	1.903*** (0.421)	1.839*** (0.200)	1.555 (1.074)
调整 R^2	0.176	0.165	0.107	0.172	0.165	0.178	0.177	0.149
观察值	9911	746	499	10158	7990	2667	10171	486

注：对上述各个回归我们也做了有序 probit 回归，发现回归结果和表中回归结果基本相同，说明上述结果是稳健的。

第五节 社会保护是农民工市民化的关键

中国农民工的市民化困境已经引起学界和政府越来越多的关注，但至今探索多于共识，特别是对哪些因素是影响农民工市民化的关键这一问题存在争议。本书所提出的农民工社会保护理论分析框架，是在可持续生计理论的基础上，结合可行能力的分析理念，强调结构性因素和制度性因素在农民工市民化进程中的重要作用。理论分析显示，由于跨越农村和城市、就业不稳定和人力资本缺乏等特征，社会保护对农民工市民化具有特殊的重要意义。农民工的社会保护不仅仅是政府提供的社会保障，还包括家庭提供的经济支持和照料、企业或单位提供的稳定职业和相关福利制度等等。农民工市民化进展缓慢的重要症结应该是农民工在城市社会保护的缺失，而农村社会保护因素的稳定性和不可替代性又进一步增强了农民工的回流意愿。在城乡之间进行往复式流动，便成为农民工获得城市高收入和维持农村社会保护的理性选择。

本书基于来自中国6个省份8个城市的流动人口社会融合专项调查数据检验了农民工所拥有的社会保护对于他们在城市中的市民化水平的影响，并同时利用工具变量考察了社会保护是否具有内生性并导致有偏估计。计量结果发现：①和其他因素相比，社会保护是影响农民工市民化的关键因素，在农民工与城市当地居民的Oaxaca-Blinder分解中，社会保护对农民工市民化程度的贡献大小为69.02%；在农民工与城城流动人口的Oaxaca-Blinder分解中，社会保护对这两者市民化差异的贡献大小为36.18%。②城乡社会保护对农民工市民化有着截然相反的作用力，更多的城市社会保护能够直接提高农民工的市民化水平，而更多的农村社会保护会降低农民工的市民化水平。③社会保护对弱势群体的市民化作用更为明显；在农民工群体内部，收入水平、文化程度或者职业地位越低，社会保护对其市民化的作用越明显。综合以上结论可以得到如下启示：

新型城镇化建设的本质是人的城镇化，其关键是农民工的市民化。但是市民化不只是给予农民工市民身份，同时要建立起相应的社会保护体系，让农民工真正在城市"落地生根"，防止城市病，防止出现新移民的贫困和边缘化现象。基于农民工落地生根的目标，我们必须重新审视农民工城乡迁移和市民化过程中面临的核心需求，以及外部政策如何调整来帮助农民工。农民工在城市找到一份工作不难，随着时间的推移，逐渐适应城市生产和生活方式也比较容易达到。但是，对农民工来说，能够在城市站稳脚跟，让自己不必为未来失去劳动能力或者退休后的生活担忧，则是非常困难的；或者对于部分人来说单凭一己之力根本无法实现。本书研究的基本结论是，在农民工个人能力之外建立维持生计的社会保护体系，才是推动农民工市民化的关键。也就是说，农民工无法落地生根的根本原因并不是当下生活艰难，而是在可预见的时期内，社会保护状况仍然很难发生改善。获得户籍身份和加薪只是权宜之计，更为重要的是帮助农民工扎根于城市，排除后顾之忧，让他们利用本不宽裕的资源，去和其他城市居民在平等的起点上去竞争。这就需要政府，在保障性制度层面推进农民工城镇社会保障体系全覆盖，在家庭发展层面完善发展型家庭政策，实现农民工家庭功能的再造。

对于贫困人口来说造血型扶持优于输血型的扶持或保障，这一观点在学术界已经基本达成了共识，可持续生计分析框架也秉持这一理念。但农民工不同于一般的贫困人口，虽然他们在城市中同样处于弱势地位，但是农民工是一个富有冒险精神、积极上进的群体，他们背井离乡，进城务工，寻求的是发展。由于生计资本转换或者制度性因素的限制，农民工在城市中生计资本匮乏，可供选择的生计策略非常有限。社会保护的提供本质上是增强了农民工在城市的可行能力，以工具性自由扩大了个人选择与社会机会，这样农民工才能在城市中做出更为合理、更为长远的生计决策。正如本书所证实的，对于越是弱势的农民工群体，社会保护的市民化效应越明显。农民工来到城市不仅意味着工作和居住地点的改变，还意味着将原有生活整体地在新社会环境中进行"嫁接"和"重植"。如同在高原上移栽半长成的树木，在初期需要支架抵御风袭，需要浇水施肥小心呵护，当树木在新移植地生了根，然后才能抽枝发芽自己成长。可以发现，社会保护不是简单的对贫困者的救济和补贴，它还强调未来保障对目前选择和生计努力的正向激励。如果农民工能够预期未来可以在城市立足，他们才会在城市为自己描绘一个梦的图景，为了实现这个"城市梦"而更加努力地工作，增加在城市的长期投资，甚至是主动尝试拿农村的保障（如土地）来换取城市的生计。

本书研究结论还显示，获得一份稳定的工作对于农民工市民化有着至关重要的作用，我们将其界定为发展型社会保护。从农村来到城市生活、工作，农民工原有的农村保障因素被割裂了，而在城市中又获得不了有保障的职业或谋生手段，他们就倾向于通过流动来寻找和把握新的机会，或者通过不停地转换工作来寻求更高的收入。而由于频繁的流动，又进一步加重了农民工社会保护的缺失。在当前产业结构调整和经济发展方式转变成为主流趋势的背景下，农民工主要分布的建筑业、加工制造业和服务业都面临着技术升级和就业吸纳之间的矛盾。但推动产业结构优化升级，并不是简单的资本和技术对劳动力的替代，劳动密集型产业虽然相对来说技术含量较低，但并非都是落后产业。以技术创新和管理创新为依托，为劳动密集型产业打造稳定的就业者队伍，在解决就业问题的同时，还能够为实现更高层次的产业升级奠定技术、资金和人才基础。另外，经济发展方式转变也为劳动密集型产业带来了成本和转型的双重压力，企业如果提高职工工资，就必须减少工作岗位供给。正如钱文荣和李宝值[①]的研究结论，如果能在设法保障工资收入合理性

[①] 钱文荣、李宝值：《初衷达成度、公平感知度对农民工留城意愿的影响及其代际差异——基于长江三角洲16城市的调研数据》，《管理世界》2013年第9期。

的同时，帮助农民工实现收入以外的初衷，以其他初衷的实现来缓解收入向上刚性的约束。那么根据本书的研究，与农民工签订正式的、长期的劳动合同，或者在单位提供一份福利性夫妻房，构建稳定的雇佣关系，就有利于破解企业技术升级、就业岗位减少和促进农民工市民化之间的矛盾。

第九章

促进农民工市民化的社会保护体系

第一节 户籍制度改革应重视农民工的社会保护

当前，我国城市规模空前扩张，非农化进程表现出前所未有的高速增长，但城市化水平仍然较低且滞后于工业化及同等经济发展水平国家，一个很重要的原因是我国户籍制度所形成的城乡二元经济体制的分割，因此，积极有效地推进以户籍制度改革为中心的综合配套改革，并与现行的土地制度联动改革，才是实现更高水平的城市化的有效途径。

一 我国人口城市化面临制度性障碍

1. 户籍制度使目前的城市化水平被高估

人口城市化水平一般用城市常住人口占总人口的比重来表示。常住人口是在城市居住 6 个月以上的人口，按照人口城市化的统计口径，常住人口中很大一部分从农村迁移到城市的非农产业务工人口也被算作城市人口，他们长期在城市居住务工，他们实现了空间转移或者实现了职业转换，但并没有在生活方式和价值观念上实现真正的市民化,也没有真正融入城市生活,所以将这部分人群归为城市人口是有失偏颇的。因此,虽然我国的城市化水平每年以1.4%的速度高速增长,但基于科学性和严谨性,实际的人口城市化水平是低于该统计结果的。

2. 户籍制度使我国人口城市化水平滞后于工业化水平

正是由于工业化的发展,城市才形成了生产力发展和产业演变的高效率的空间聚集体。城市化与工业化同步推进,并快于工业化进程是城市化发展的一般规律。但我国的城市化水平是严重滞后于工业化水平的。1952年,在我国工业化初期,城市化水平落后于工业化水平5.1个百分点,其后差距就逐渐拉大,到1992年,差距扩大至11.7个百分点。人口城市化首先应该是城市人口不断增加的过程,但户籍制度的存在,把人口分为城镇人口和农村人口管理,从一开始就限制农村人口向城市迁移,在逐步放开的过程中,对农村人口转为城市人口仍规定包括年龄、婚姻、受教育程度、职业能力(专业技术资格)、投资、就业和养老保险等方面一系列的准入条件。因此,由于户籍制度的存在,从城市化发展的初期,就导致了城市经济聚集和人口聚集的不均衡发展。

3. 户籍制度使我国人口城市化水平滞后于非农化水平

人口城市化的过程就是农业人口从第一产业分离出来,向第二、第三产业转移,聚居于城市的过程。与这个过程相伴而生的是城市空间的扩大、功能的完善以及城市的经济关系、居民的生活方式和城市社会文明向农村渗透的过程。非农化水平则主要是从事非农产业人口占总人口的比重。我国非农化水平高于人口城市化水平正说明了已经实现职业转换的从事非农产业的农村人口并没有真正转为城市人口,正是由于户籍的制度性壁垒使进城务工的农村人被排除在城市的社会保障体系之外,子女不能享有平等的受教育机会,非正规就业缺乏就业保障,更高的房价等等,甚至受到城市人的歧视，他们大部分只是进城从事非农产业谋求发展，大部分最终返回农村。

4. 户籍制度使我国人口城市化水平低于同等经济发展水平国家

根据"2009世界发展报告"，与中国处在同样发展阶段的国家的平均城市化水平是55%，比中国的46%高出了大约9个百分点。我国的户籍制度承载了太多的社会功能，同其他国家的户籍制度只是作为人口统计手段的独立性相比，它阻碍了我国人口城市化的发展。

二 户籍制度改革有利于人口城市化发展

我国的户籍政策产生于1958年，为了适应重工业的发展战略，限制农村人口向城市流动。随着计划经济向市场经济的转型，流动人口规模日益扩大，"农民工"的生存和发展问题受到越来越多的社会关注，户籍制度开始了改革。首先启动于小城镇，逐渐向大中城市展开。改革的力度也逐步递进，由刚开始只针对高端人才的户籍改革到农村户口转为城市户口实行指标加条件准入制模式改革。如今一些省份和地区已开始实行统一的户口登记管理制度，并对进城务工的农村人口享有平等的公共服务权利做出了很多努力。

（一）户籍制度改革促进要素的合理配置

人口城市化是伴随着经济增长而发生的不断调整社会资源配置的过程。当前的户籍制度对农业人口转为城市人口的限制无疑阻碍了劳动力的合理配置。户籍制度改革能够推动全国统一的劳动力和资本市场的建立，解决农村劳动生产率的提高所产生的剩余劳动力和城市经济发展、功能完善的劳动力短缺之间的矛盾，符合市场经济运行的基本要求，有利于城市化进程的推进和城乡经济一体化的发展。

（二）户籍制度改革提高人口管理的效率

户籍制度改革能促进流动人口管理的有效性，有利于城市化进程中宏观政策的制定实施和城市化的健康发展。传统的户籍制度在管理人户分离上存在众多的漏洞，2000年进行的第五次人口普查中，发现瞒报、拒报和漏报现象严重，如陕西省应该登记的人数少了200万人，湖南少了近千万人，重庆市13万死亡人的户口未注销。户籍制度改革能更有效地管理流动人口，为城市化的发展提供制度保证。

（三）户籍制度改革促进人口城市化与土地城市化的协调发展

长期以来，户籍制度把城乡人口划分为彼此分割的，不平等的两大社会群体，强化了城乡的二元社会经济结构。传统的户籍制度的政策指向将户籍与土地紧紧联系在一起，不同等级的土地具有不同的级差利益，正是由于土地的级差收益之大导致地方政府由于土地财政的诱惑，和开发商联手，将许多农耕地和未利用地转为建设用地。许多城市建成区面积疯狂扩张，形成粗放式发展。城郊地区的农民可能由于行政区划的变更成为城市人口，但其他诸如就业、社会保障方面的问题并没有完全得到落实和解决。户籍制度改革有利于建立统一的土地要素市场，削弱户口等级制对土地收益的影响，控制城市的土地扩张，减少土地资源的浪费，使土地城市化和人口城市化协调发展。

三 社会保护视角下户籍制度改革分阶段推进策略

（一）户籍制度改革逐步放开，渐次推进

户籍制度改革也并不意味着户籍制度的全面放开，如若农村劳动力在短期内大量地涌入城市，会给城市发展带来难以承受的压力。典型的例子是郑州市2003年取消现行"农业户口""暂住户口""小城镇户口""非农业户口"的二元制户口，实行"一元制"户口管理模式，大量的新增市民涌入城市给郑州市的交通、人事、劳动和社会保险等也都造成了无形的压力，最终使郑州市户籍改革因城市公共资源有限而被迫叫停。户籍制度改革是逐步放开的过程，同时实施区域和群体的渐进铺开,客观存在的地区差异和流动人口的分层使户籍制度改革不能实行"一刀切",大城市往往对流动人口吸引大,由此引发的关于流动人口的社会问题更加复杂和多元化,理应是户籍制度改革的难点和重点。同时,当前进城务工的农村劳动力出现老一代和新一代的分层,前者的乡土情结更加深厚,在城市落户的意愿比较低,而新生代农民工中的一部分本来就在城市长大,他们适应城市生活的能力更强,价值观念、生活方式也越来越市民化,户籍制度改革应更多地考虑新生代农民工在城市的落户问题。

(二)户籍制度改革的方向是剥离户籍制度捆绑的社会福利制度

当前中国存在着由历史原因和经济发展水平共同造成的城乡间和地区间公共服务差异。由于存在着大量农村向城市以及跨地区的劳动力流动,在城市内部形成了因为户籍身份差异而造成的公共服务差异。户籍制度改革的关键是剥离户籍制度背后的附加利益,实现户籍管理政策作为人口统计手段的独立性。一方面降低农村人口向城市转移的门槛;另一方面,加大中央政府的转移支付,逐步实现城市和农村公共服务均等化。

(三)扩大对进城务工的农村劳动力的财政投入

提高进城务工农村劳动力的公共服务水平须加大政府在教育、医疗和就业各方面的财政投入。教育方面除了取消农村进城务工人员的子女在城市上学的赞助费和借读费,还要降低城市拥有优质教育资源的学校对流动人口子女的入学门槛;确定城市企事业单位对农村劳动力的合理用工,降低非正规就业的比例,杜绝同工不同酬现象,扩大城镇职工医疗、城市最低生活保障和失业保险等福利制度的覆盖面,使之覆盖到农村进城务工人员。把以流动人口为主体的城市化人口纳入以廉租房和经济适用房所构成的公共住房保障体系中来。流入地城市可主动开展针对农村迁移劳动力的专业培训和再教育，提高技能水平和个人素养，并提高他们的自信心，为其身份认同提供更多的条件。

(四) 户籍制度改革与土地制度改革相联动

土地是农村劳动力最基本的生产资料，承担着社会保障功能。现行的农村土地制度，土地的转让方式受到严格限制，土地作为一项资产，其使用权既不能买卖，也不能抵押或者典当。土地的转让范围也受到严格限制。另外，土地制度规定，承包方在获得城市户口后，须在无经济补偿的条件下自动放弃所承包的土地，农村劳动力作为一个理性经济人不可能在没有得到任何利益的条件下放弃土地这项财产。土地流转制度不畅使进城务工的农村劳动力选择在城市和农村之间往复式地循环流动，并不真正加入城市化的队伍中来。因此，户籍制度改革的同时要建立健全农村土地使用权流转市场，对农用地使用权流转的价格机制，一方面应该加强地籍管理，建立土地档案，为土地定价提供基础资料；另一方面科学地进行土地资产的评估。就农用地使用权流转的中介机制而言，要相应地建立地产市场信息、咨询、预测和代理等机构，形成与土地流转制度相配套的市场中介服务体系。就农用地使用权流转的约束机制而言，要建立、健全法律法规约束和内部责任义务约束。

第二节 财政转移支付、基本公共服务与农民工社会保护体系

一 财政转移支付、基本公共服务均等化与农民工市民化

(一) 农民工市民化的关键是基本公共服务均等化

基本公共服务均等化的内涵是全体公民享有基本公共服务的机会均等和受益大体相等，同时具有较大自由选择权，其实质在于政府要为全体社会成员生存、发展和提高担负责任，提供基本的公共

产品和公共服务,并确保全体公民得到普遍平等的享受。当前,我国农民工在城市里的生活状况并不乐观。随迁子女教育方面,截止到2013年年底,全国义务教育阶段随迁子女共1277万人,占到义务教育学生总数的9.3%[①]。然而随迁子女在流入地教育却处于边缘化状态,他们大多就读在教学条件差、师资水平低的民办学校[②]。以珠三角地区为例,农民工中有85.6%需要为子女入学缴纳借读费,随迁子女中有72.15%就读在民办学校,且失学率高[③]。劳动就业方面,大部分农业转移人口获取工作信息以非正式途径为主[④];正规的劳动合同缺失,雇佣关系不规范,劳动时间长,劳动权益难以保护[⑤];同时就业培训少,失业后很难获得政府救助。住房方面,农民工中租住政府廉住房的仅占0.08%,居住在工棚、租住私房和单位集体宿舍占90.34%[⑥]。他们无论居住工棚、集体宿舍还是自租房,居住条件普遍恶劣,存在着居住拥挤、设施简陋,居住环境脏、乱、差等问题[⑦]。此外,他们的精神文化生活也非常匮乏,文化活动范围窄,活动内容单一,"孤岛化"现象十分明显[⑧];在医疗卫生条件、社会保险参与等其他方面同样也比较落后。

享受与城市居民相同的基本公共服务是农民工实现市民化的本质,当前他们在城市生活状况较差,自身市民化能力又弱[⑨],如果

[①] 数据来源于2014年2月20日国务院新闻办新闻发布会。
[②] 樊香兰、马丽:《切实关注进城农民工子女教育问题》,《中国农业教育》2008年第4期。
[③] 谢建社、牛喜霞、谢宇:《流动农民工随迁子女教育问题研究》,《中国人口科学》2011年第1期。
[④] 简新华、黄锟:《中国农民工最新状况研究》,《人口研究》2007年第6期。
[⑤] 高文书:《进城农民工就业状况及收入影响因素分析》,《中国农村经济》2006年第1期。
[⑥] 数据来源于2010年全国流动人口动态监测数据。
[⑦] 杨俊玲、谢嗣胜:《农民工住房现状研究》,《农业经济问题》2012年第1期。
[⑧] 张卫梅:《农民工公共文化服务现状、问题及改善途径》,《城市问题》2013年第7期。
[⑨] 杨云善:《农民工市民化能力不足及其提升对策》,《河南社会科学》2012年第5期。

再没有基本公共服务的保障，实现市民化的梦想只能是空想。在长期的城乡二元体制下，绝大多数进城务工的农民工没能享受到城市中的就业、教育、医疗、社会保障和住房等基本公共服务。因此，要想把更多的农民工转化为城镇市民，关键在于基本公共服务的供给。

（二）财政转移支付制度促进基本公共服务均等化的作用机制

中央政府通过税收等手段集中部分财力，然后通过转移支付调节地区之间的财力不平衡以达到地区间基本公共服务均等化，这是设置转移支付制度的根本目标。为了促进基本公共服务均等化，就需要完善当前的财政转移支付体制，这一均等化效果可以通过以下作用机制实现：

其一，中央财政转移支付与农民工市民化挂钩后，农民工也被纳入基本公共服务覆盖范围，他们不再是基本公共服务的盲区。这样，农民工可以享有与户籍人口相同的市民待遇。与此同时，这一机制还会使得地方政府得到农民工市民化的财力支持，缓解了地方政府基本公共服务建设资金短缺的困境，进而促进了基本公共服务的均等化。

其二，农民工基本公共服务建设与政绩考核相挂钩后，地方政府会提高对基本公共服务建设的重视程度，一方面有助于激发基本公共服务建设的动力；另一方面，也有助于遏制农民工市民化建设资金被挪用等不良问题。地方政府甚至还可能把规定以外的财力投入基本公共服务的建设中来，为农民工享有基本公共服务提供强有力的支撑。

其三，如果建立转移支付资金直接拨付到各地级市的转移支付制度，一方面可以减少中间环节，有利于基本公共服务建设资金的及时到位，提高中央转移支付的时效性；同时还有助于减少省级政府对资金的截流，提高中央转移支付的利用效率，让农民工更好地获得基本公共服务。

其四,调整财政转移支付结构,提高一般性转移支付比重之后,具有均等化效应的基本公共服务建设资金的比例就会上升。和结构调整前相比,同等规模的转移支付所产生的基本公共服务均等化效应更加明显,有助于缩小农民工与户籍人口之间基本公共服务的差距,促进农民工市民化。

二 财政转移支付与农民工社会保护体系建立

第一,改革过去以户籍人口为依据的财政转移支付制度,建立以常住人口为依据的财政转移支付制度。在促进农民工市民化上,短期内,关键是要为农民工提供基本公共服务,让他们享有与城镇居民相同的市民权利。过去在城市公共服务的供给上,中央政府根据户籍人口下拨财政转移支付,没有考虑到农民工,这不利于激发地方政府提供基本公共服务的积极性,无形之中阻碍了农民工市民化的进程。今后,中央政府应该把农民工纳入转移支付的范围,根据常住人口数量和城市价格水平确定转移支付金额。与此同时,中央可以规定地方政府拨付配套资金。一方面是为了保障基本公共服务的财力;另一方面,农民工为流入地经济发展做出了重要贡献,流入地政府有责任为转移人口提供基本公共服务。在配套比例上,从地方转移支付与中央转移支付的比值来说,对于经济落后地区,由于财政能力本身较弱,农民工数量也较少,可以制订一个较低的比值拨付配套资金;而对于经济较为发达地区,可以制订一个较高的比值拨付配套资金。

第二,优化财政转移支付内部结构,提高市民化效应明显的转移支付比重。鉴于税收返还具有明显的逆均等化效应、专项转移支付均等化效应不强、一般转移支付均等化效应明显的特点。要适当提高一般性转移支付在转移支付中的比重,逐步建立以一般性财政转移支付为主、专项财政转移支付为辅的财政转移支付体系，这样不仅有助于促进基本公共服务均等化，还有助于解决地方政府在农民工市民化上的财力与事权不匹配的问题。

第三，监督农民工市民化财政转移支付资金的使用过程，确保其归宿到农民工身上。为了提高资金使用效率，中央政府可以将用于基本公共服务建设的转移支付资金直接划拨到各地级市政府，减少拨付的中间环节，同时赋予市级政府把转移支付资金分配到各项基本公共服务上的更大自主权。为遏制地方政府滥用农民工市民化资金，可以建立内部监督与外部监督体系。内部监督上，中央可以建立农民工市民化基本公共服务建设评价体系，对资金的使用去向及效率加以监督考核。一方面将评价结果与地方政府政绩考核挂钩，这样有助于约束地方政府挪用资金等财政不端行为；另一方面将评价结果与下年度转移支付的安排挂钩，中央可制定以上年度转移支付数额为依据的基本公共服务完成目标，评估各地实际完成情况，对吸纳转移人口较多的地方政府给予奖励，奖励金额可通过下年度的转移支付一同拨付；反之，对于不达标、资金滥用和玩忽职守的地方政府给予行政问责。外部监督上，可以鼓励企业、社会组织和媒体等参与进来，内外监督共同确保转移资金使用在推动农民工市民化上。

第四，探索基本公共服务供给主体多元化，分担财政转移支付压力，提高基本公共服务质量。过去，基本公共服务都是政府独家提供的，这不仅会占用大量的财政资源，还会导致基本公共服务质量与效率的低下。当前市场经济与非营利性组织的发展，使得基本公共服务提供主体多元化成为了可能[1]，因而要逐步实现由政府一元供给主体向多元供给主体的转变。地方政府可积极引入企业、组

---

[1] 肖鹏：《公共服务提供的政府与社会分担机制研究》，《财政研究》2007年第3期。

织等参与基本公共服务的供给，打开民间资金的进入通道。

第五，针对市民化的基本公共服务，统筹好财政转移支付支出的优先顺序。地方政府要结合本地基本公共服务供给现状，因地制宜地制定转移支付在各项基本公共服务支出的分配方案。在财政转移支付支出的优先顺序上，可以从以下角度考虑：从农民工公共服务需求迫切的角度，优先支出在他们当前最需要的基本公共服务上，再支出在其他类型的基本公共服务上。农民工进入城市，如果找不到工作就无法在城市生存；生病后能顺利得到医治是他们得以正常生活的基本保障；义务教育也是随迁子女不容错失的阶段。因此，地方政府可以优先提供劳动就业、医疗卫生和随迁子女教育等方面的基本服务，其次再提供保障性住房、文化体育等服务。从政策执行效果或者农民工参与基本公共服务意愿度的角度来讲，转移支付优先支出在农民工主动参与意愿比较低的基本公共服务，比如计划生育服务等，因为如果政府不提供这类服务，农民工就可能不会主动参加。

第六，加快财政转移支付和基本公共服务法制化的同步推进。一方面通过法律来规范和约束转移支付行为，保证转移支付政策的严肃性和高效性；另一方面，推进基本公共服务法的研究和制定，确保各级政府在基本公共产品供给上，责权分明。转移支付与基本公共服务法制化同步推进，共破难题。

第三节 构建促进农民工市民化的社会保护体系

农民工在城镇经济社会发展中起着关键的作用，为这个群体构建社会保护体系是新型城镇化的重点任务，也有利于新型城镇化的顺利推进。根据前文分析，我们提出农民工社会保护的实现路径如下：

一　构建农民工社会保护型外部支持

（一）公共转移支付与常住人口挂钩，逐步剥离与户籍挂钩的基本公共服务

国家应建立以常住人口为服务口径的公共转移支付制度，厘清中央和流入地、流出地政府的责任，调动流入地城市政府接纳进城农村人口的积极性。为配合该项制度的建立，各地区要建立常住人口身份识别制度和监测体系。同时，坚决停止赋予城镇户籍任何新的公共福利内容，由国家专门制定监督机构对各地新出台的政策进行监督，真正做到新出台的就业、义务教育、技能培训和保障房分配等政策不再与户口挂钩。推进廉租房申请资格与户籍脱钩，目前已经与户籍挂钩的住房限购政策应尽快出台替代办法。巩固和落实义务教育与户籍脱钩，推进学前教育、异地高考得分限制改革。加快城镇职工养老、医疗保险向农民工开放，推进城镇居民养老、医疗保险和社会救助与户籍脱钩。

（二）进一步完善农民工社会保险制度，降低参保标准，提高社会保险覆盖面，缩小农民工参保的地区差异

首先要确立强制工伤保险，将受职业病危害的农民工纳入工伤保险的范围。其次要确立医疗保险制度，保障农民工不会因大病影响其工作和收入，逐步建立省级医疗保险异地就医结算管理信息交换平台和跨省就医即时报销体系，简化报销流程，降低就医报销成本。再次要建立一套针对农民工的养老保险体系，以较低的缴费率和较低的工资替代率，把他们包括在养老保险费体系之内，并且实行全国统筹。同时，考虑到农民工的实际收入水平，适当降低缴费标准，建立收入水平与缴费标准联动机制，根据农民工不同时期的平均收入状况调整其社会保险缴费标准。同时，针对农民工社会保险参与状况的地区差异，推动低参与地区各项社会保险参与状况平衡发展。

（三）调整流入地区域性公共卫生服务制度，提高农民工对社区卫生服务的利用水平

在农民工密集的大城市内部加强区域制度调整，降低农民工就医经济门槛，根据农民工年龄、健康档案中的健康程度设计一些便民、优惠的公共卫生服务包，鼓励农民工在城市内享受经济上可接受、质量上有保障的公共卫生服务。根据农民工的分布，调整医疗卫生资源的结构，扩大中、初级医务人员数量，指定区域卫生规划，强化社区卫生服务对农民工的干预，在农民工集中的社区大力开展健康教育和健康咨询活动。为解决社区卫生服务中心人员少、技术水平低和资金紧张问题，建议政府加大对社区卫生服务的投入，政策上向社区倾斜，可以采取按人头付费的方式提高社区医务工作者的积极性，变被动服务为主动服务。

（四）大力做好社会保障及相关政策的宣传工作，提高农民工的基本公共服务参与意识

针对农民工对《劳动法》、劳动合同及社会保障认知度很低的现实，要求必须做好对农民工的宣传工作。通过调查农民工了解和认同宣传城市基本公共服务的渠道，说明应该集中力量做好电视、电台对基本公共服务内容和获取方式的宣传，同时也要重视报纸、书籍等对农民工的影响力，充分利用户外宣传、网络等多渠道、同步骤地进行宣传，不但要向农民工公示国家的政策、法规，还要把农民工所能享受到的待遇尽量地详尽化，使他们能清楚地认识到自身的权益，激发他们获取基本公共服务的热情和信心。

二 强化企业的责任，构建长期雇佣关系

（一）鼓励建立长期雇佣关系

企业应强化社会责任意识，与农民工签订正式的、长期的劳动

合同，构建稳定的雇佣关系，鼓励企业提供适合农民工租赁的夫妻公寓。企业与员工之间的合作关系应以双方的长期共赢为目标。目前这些企业看到的还只是短期利益而不是长远利益。企业应珍惜与员工之间的信任关系，将员工当作"财富"而不是商品来对待。长期来看，人才是企业竞争力的来源，员工是企业的财富。企业应防止经营状况的起伏波及到雇佣关系的稳定，以获得员工更强的忠诚度。为此，我们应不断完善管理以应对市场的波动，建立长期的稳定的雇佣关系，使员工有长期就业安全感。

近年来，我国雇佣关系短期化倾向严重，如果在完善外部市场环境的同时能注重内部劳动力市场的建设，从长远看将增加企业的长期与动态利益，也能推进长期而稳定的雇佣关系。同时，企业与员工积极进行人力资本投资，可以实现人力资本的增值，共同分享人力资本投资的收益，促进长期而稳定的雇佣关系。再次，应实现内部劳动力市场与长期激励相容。通过建立工作阶梯与内部职位的晋升制度和资历导向的薪酬制度等长期激励机制，可以确保企业的长期动态效率，增强雇佣双方长期合作的预期。

（二）政府要建立健全农民工劳动关系协调机制

企业作为农民工的劳动场所，也是流动人权益遭受侵害最直接和最主要的场所。政府要依法加强对企业、用人单位的监督检查，从规范劳动用工关系入手，为企业尤其是农民工就业较集中的中小型企业设立农民工社会保险专门资金，要求所有企业都必须与农民工签订劳动合同，购买社会保险，提供相应的福利服务，随机对合同签订率进行抽样检查。对损害农民工保障权益、拖欠工资和超时用工拒不支付薪资的企业，要坚决予以制裁，造成严重后果的要依法严肃处理。同时，企业自身也应该充分肯定农民工对企业的贡献，面对农民工的就业难、社会保险缺失等问题，企业应尽最大努力承担社会责任，让农民工感受到来自企业的关怀，享受到公共部门的服务。

（三）政府主导，企业联动，重点深化农民工基本公共服务均等化工作。

由于单位人的观念仍在流动人口中有着深远的影响，企业员工更信赖自己的工作单位，日常交往也往往局限于同事圈里，用工单位在传递信息、实施服务方面扮演着十分重要的角色。政府可以和企业等用工单位联动，开展相应基本公共服务，比如在企业内部设立职工服务中心，发挥计生服务、医疗和维权等方面的功能。针对部分省份教育资源紧张的问题，政府需要采取相应措施促进区域教育资源均衡分布，缩小城乡接合部中小学与城市中心区中小学教学资源的差距。对接纳流动儿童较多的中小学，要在校舍、操场、体育设施、电脑、图书馆和食堂等硬件配备上给予应有的支持。鼓励学有所长的具有教师资格证书的师范类毕业生到流动人口较多的学校任教，一方面解决了部分大学生的就业问题；另一方面有助于提高流动儿童的教育质量。

三　完善发展型家庭政策，重建农民工家庭功能

（一）完善发展型家庭政策、鼓励农民工家庭化迁移

鼓励农民工家庭化迁移，完善发展型家庭政策，重建农民工家庭功能，为农民工家庭特别是那些承担养老和育幼责任的家庭提供社会扶持或经济帮助。家庭能否合理、负责任地安排生育至关重要。从外部环境看，人口流动、经济社会转型对传统家庭功能带来了严重冲击，部分家庭功能弱化或者异化，急需新的途径来充实和弥补家庭功能的残缺。从现有社会运行的相关制度安排看，社会保障、收入分配往往以个人、就业为先决条件，针对困难家庭的扶助行为主要体现在民政领域，针对家庭的保障主要为补缺型家庭福利政策。

伴随着人口城市化的发展，家庭能在多大程度上做出积极响应，应对外部风险，合理安排家庭生育行为，成为完善家庭发展政策的良好契机。参照国外成熟经验和当地实际，首先要明确促进家庭发展的责任主体，在民政、卫生计生等部门或其他部门明确统一的家庭发展机构，减少多头管理造成的资源浪费和效率低下；其次要统筹各方资源，将现有分散在各个部门管控的资源梳理清楚，根据家庭实际确定资源投放，避免资源碎片化造成扶持效率低下、难以集中解决关键问题等不利局面；再次政策目标上要强调家庭发展能力的全面提升，不仅仅是要解决农民工家庭的基本经济支出，还要从家庭及其成员的长期可持续发展能力出发，进行以家庭为单位的智力投资；最后从保障水平上，要不断增强政策保障的普遍性，在处理好家庭发展政策与其他优惠扶助政策制约或冲突基础上，加大对农民工家庭的支持，即不断改善最低水平家庭的发展水平与发展能力。

（二）加强农民工融入社区的工作

城市社区是农民工在城市生根的土壤，如果能在社区长久互动、交流，农民工将积累更多"市民特质"，城市居民也会改变对农民工群体的看法和态度，逐步走向和谐共融。所以应该致力于建设"混居模式"社区，加强社区"自我管理"制度建设，让农民工主动参与社区管理、社区发展规划等公共事务和公益活动。通过实施社区公共服务，保障农民工的基本权益，分享社区公共资源和经济社会发展成果。尝试引入社会志愿者，从儿童教育服务方面切入，在课业辅导、兴趣小组和亲子教育等方面，以孩子为突破口进入农民工家庭，进而将社区服务拓展到多个方面。积极鼓励广大农民工参与社区建设和志愿者服务工作，让广大农民工产生对城市社区的认同。

（三）为农民工提供生计支持

实现农民工在城市"落地生根"的目标，关键在于发展农民工提升生计系统的能力。对农民工提供生计支持是一项庞大的工程，除了政府支持外，还应有企业支持、志愿者团体支持、社区服务支持和家庭支持等多层面的参与。鼓励企业为提高农民工就业稳定性和福利待遇，逐步建立兼顾农民工的养老保险待遇正常调整机制，保障农民工退休后的基本生活。以政府购买服务的方式，扶助面向服务农民工生产和生活的非政府组织，扩大其服务的覆盖空间和力度。完善发展型家庭政策，重建农民工家庭功能，为农民工家庭特别是那些承担养老和育幼责任的家庭提供社会扶持或经济帮助。

参考文献

[1] Alan Walker, and Andrea Wigfield, "The Social Inclusion Component of Sociality." *Working paper of European Foundation on Social Quality*, 2004.

[2] Alejandro Portes. and Julia Sensenbrenner. , "Notes on the Social Determinants of Economic Action," *The American Journal of Sociology, Embeddedness and Immigration*, 1993.

[3] Alkire S. , *Valuing Freedoms: Sen's Capability Approach and Poverty Reduction*, Oxford: Oxford University Press, 2002.

[4] Anand, P. , Hunter, G. , and Smith, R. , "Capabilities and Well-Being: Evidence Based on the Sen-Nussbaum Approach to Welfare." *Social Indicators Recearch*, 74 (1), 2005.

[5] Ashley C. and Carney D. , *Sustainable Livelihoods: Lessons from Early Experience*, London: Department for International Development UK, 1999.

[6] Balaz, V. , A. M. Williams, and D. Kollar. , "Temporary versus permanent youth brain drain: economic implications." *International Migration*, 42 (4), 2004.

[7] Balestrino, A. and N. Sciclone, "Should We Use Functionings Instead of Income to Measure Well-being?" *Theory and Some Evi-*

dence from Italy, *RivistaInternationale di Scienze Sociale*, 2001.

[8] Beenstock, Michael, Barry R. Chiswick, and Ari Paltiel, "Testing the Immigrant Assimilation Hypothesis with Longitudinal Data." *Review of Economics of the Household*, Vol. 81, 2010.

[9] Bisin A., Patacchini E. and Verdier T., et al, "Ethnic Identity and Labour Market Outcomes of Immigrants in Europe" *Economic Policy*, Vol. 26, No. 65, 2001.

[10] Blinder., "Wage Discrimination: Reduced Form and Structural Estimates" *The Journal of Human Resources*, Vol. 8, No. 4, 1973.

[11] Campbell, B. A., M. Ganco and A. M. Franco et al., "Who Leaves, Where to, and Why Worry? Employee Mobility, Entrepreneurship and Effects on Source Firm Performance." *Strategic Management Journal*, 33 (1), 2012.

[12] Chambers, R. and Conway, G., "Sustainable Rural Livelihoods: Practical Concepts for the 21st Century" *IDS Discussion Paper* 296, Brighton: IDS, 1992.

[13] Cheli, B., Lemmi, A., "A 'Totally' Fuzzy and Relative Approach to the Multidimensional Analysis of Poverty" *Economic Notes*, Vol. 24, No. 1, 1995.

[14] Cutter, S. L, "social science perspectives on hazards and vulnerability science" *Geophysical Hazard*, Vol. 10, No. 1, 2010.

[15] David H. Greenberg, Charles Michalopoulos and Philip K. Robins, "What Happens to the Effects of. Government – Funded Training Programs over Time?" *The Journal of Human Resources*, Vol. 39, No. 1, 2004.

[16] Dirk Jacobs, D. & Tiuie J., "Introduction: Social Capital and

Political Integration of Migrants" *Journal of Ethnic and Migration Studies*, 2004.

[17] Dustmann C. , "An Economic Analysis of Return Migration. " *Department of Economics University College London and CEPR*, 1996.

[18] Dustmann, C. , "The Social Assimilation of Immigrants" *Journal of Population Economics*, Vol. 9, No. 1, 1996.

[19] Galloway T. A. and R. Aaberge. , "Assimilation Effects on Poverty among Immigrants in Norway" *Journal of Population Economics*, 18 (4), 2005.

[20] Giles, J. , Off farm Labor Markets, "Insecurity and Risk Aversion in China" *University of California Working Paper*, 1998.

[21] Giordani, P. , and Giorgi, G. M. , "A Fuzzy Logic Approach to Poverty Analysis Based on the Gini and Bonferrini Inequality Indices" *Statistical Methods & Applications*, Vol. 19, No. 4, 2010.

[22] Hazans, M. , "Post – enlargement return migrants' earnings premium: evidence from Latvia" *Higher School of Economics, Moscow, September, mimeo*, 2008.

[23] Husted, L. , Heinesen, E. , and Andersen, S. H. , "Labour market integration of immigrants: estimating local authority effects " *Journal of Population Economics*, Vol. 22, No. 4, 2009.

[24] Insan Tunali. , "Migration and Remigration of Male Household Heads in Turkey, 1963 – 1973" *Economic Development and Cultural Change*, 45 (1), 1996.

[25] International Labour Office, *Into the Twenty – first Century : the Development of Social Security : a Report to the Director – General*

of the International Labour Office on the Response of the Social Security System in Industrialised Countries to Economic and Social Change. Geneva: International Labor Office, 1984.

[26] Jacobs D. and J. Tillie. , "Introduction: Social Capital and Political Integration of Migrants" *Journal of Ethnic and Migration Studies*, 30, 2004.

[27] John Goldlush. and Anthony H. Richmond. , "A Multivariate Model of Immigrant Adaptation" *International Migration Review*, Vol. 8, No. 2, 1974, "Policy and Research on Migration: Canadian and World Perspectives" *Special Issue.*

[28] Josine Junger – Tas. , "Ethnic minorities, Social Integration and Crime" *European Journal on Criminal Policy and Research*, 2001.

[29] Kambourov, G. and I. Manovskii, "Rising Occupational and Industry Mobility in the United States: 1968 – 97" *International Economic Review*, 49 (1), 2008.

[30] Kambourov, G. and I. Manovskii. , "Occupational Mobility and Wage Inequality" *Review of Economic Studies*, 76 (2), 2009.

[31] Kapuria, P. , *Quality of Life in the City of Delhi: An Assessment Based on Access to Basic Services*, Vol. 117, No. 2, 2013.

[32] Kettunen. J. , "Education and Unemployment Duration" *Economics and Education Review*, Vol. 16, No 2, 1997.

[33] Kilic, T. , C. Carletto and B. Davis, et al. , "Investing back home: return migration and business ownership in Albania" *Economics of Transition*, 17 (3), 2009.

[34] Laderchi, C. R. , "Poverty and its many dimensions: the role of income as an indicator" *Oxford Development Studies*, 25

(3), 1997.

[35] Lee. David S., "Training, Wages, and Sample Selection: Estimating Sharp Bounds on Treatment Effects" *The Review of Economic Studies*, Vol. 76, No. 3, 2009.

[36] Long, J. and J. Ferrie, "The Path to Convergence: Intergenerational Occupational Mobility in Britain and the US in Three Eras" *The Economic Journal*, 117 (519), 2007.

[37] Martinetti, E. C, "A Multidimensional Assessment of Well – being based on Sen's Functioning Approach" *Rivista Internazionale di Scienze Sociali*, 2000.

[38] Martion Papillon, "Immigration, Diversity and Social Inclusion in Canada's Cities" *Canadian Policy Research Networks Inc*, 2002.

[39] Mayr, K., and G. Peri., "Brain drain and brain return: theory and application to Eastern – Western Europe" The B. E. *Journal of Economic Analysis & Policy*, 9 (1), 2009, Article 49.

[40] Meng, X., Gregory, and R. G., "Intermarriage and the economic assimilation of immigrants" *Journal of Labor economics*, Vol. 23, No. 1, 2005.

[41] Miceli, David, "Measuring Poverty Using Fuzzy Sets" *discussion paper*, http://www. natsem. canberra. edu. a., 1998.

[42] Nussbaum, M., Capabilities as fundamental entitlements: Sen and social justice. *Feminist economic*, 9 (2 – 3), 2003.

[43] Oaxaca, "Male – Female Wage Differentials in Urban Labor Markets" *International Economic Review*, Vol. 14, No. 3, 1973.

[44] Oaxaca. R. and Ransom, M., "On discrimination and the Decomposition of Wage Differentials" *Journal of Economic*, Vol. 61, No. 1, 1994.

[45] Ports, Alejiandro, Edited by Ports Alejandro, *Economic Sociology and the Sociology of Immigration: A conceptual Overview*, In *The Economic Sociology of Immigration*, New York: Russell Sage Foundation, 1995.

[46] Rinus Penninx. , "Integration of Migrants: Economic, Social, Cultural and Political Dimensions" *European Population Forum 2004: Population Challenges and Policy Responses.*

[47] Robert E. B. Lucas. , *The Economic Well – Being of Movers and Stayers: Assimilation, Impacts, Links and Proximity*, 2003.

[48] Rozelle, S. , Taylor. J. E. and deBrauw. A, "Migration, Remittances and Agricultural Productivity in China" *American Economic Review Papers and Proceedings*, Vol. 89, No. 2, 1999.

[49] Sabirianova, K. Z. , "The Great Human Capital Reallocation: A Study of Occupational Mobility in Transitional Russia" *Journal of Comparative Economics*, 30 (1), 2002.

[50] Scoones, "Sustainable livelihood: A Framework for Analysis" *IDS Working Paper*, 1998.

[51] Sen A. , *inequality reexamined.* Clarendor Press, 1992.

[52] Sen A. , *Development as Freedom.* Oxford: Oxford University Press, 1999.

[53] Sen, A. , *Capability and Well – being*, in *The Quality of Life* edited by Nussbaum, M. and Sen, A. , K. , Oxford: Clarendon Press, 1993.

[54] Sen, A. , *The Standard of Living: Lecture Ii, Lives and Capabilities*, The standard of living, 1987.

[55] Solinger and Dorothy J. , "The Chinese work unit and Transient Labor in the Transition from Socialism" *Modern China*, Vol. 21,

No. 2, 1995.

[56] Stark, Oded., "Tales of migration without wage differentials: Individual, family, and community contexts" *ZEF discussion papers on development policy*, No. 73, 2003.

[57] Sullivan, P., "A Dynamic Analysis of Educational Attainment, Occupational Choices, and Job Search" *International Economic Review*, 51 (1), 2010.

[58] Ugur Sen., "Social Capital and Trust: The Relationship Between Social Capital Factors and Trust in the Police in the United States" *Proquest, Umi Dissertation Publishing*, 2001.

[59] Vadean, F. P. and M. Piracha., "Circular migration or permanent return: what determines different forms of migration?" *IZA Discussion Paper* No. 4287, IZA, Bonn, 2009.

[60] Vang, Z. M., "The Limits of Spatial Assimilation for Immigrants Full Integration Emerging Evidence from African Immigrants in Boston and Dublin" *The annals of the American Academy of Political and Social Science*, Vol. 641, No. 1, 2012.

[61] Williams, A. M., and V. Balaz., "What human capital, which migrants? Returned skilled migration to Slovakia from the UK" *International Migration Review*, 39 (2), 2005.

[62] YAO J., "Social Benefit Evaluation on Regional Land Consolidation Based on Social Security Function of Land" *Asia Agricultural Research*, 2009.

[63] Zhao Yaohui., "Causes and Consequences of Return Migration: Recent Evidence from China" *Journal of Comparative Economics*, 30, 2002.

[64] [印度] 阿马蒂亚·森：《以自由看待发展》，任赜、于真译，

中国人民大学出版社 2002 年版。

[65] 白南生、李靖：《城市化与中国农村劳动力流动问题研究》，《中国人口科学》2008 年第 4 期。

[66] 卜长莉：《社会资本与社会和谐》，社会科学文献出版社 2005 年版。

[67] 蔡昉、都阳、王美艳：《城市排斥外地劳动力的政治经济学：北京案例》，《中国制度变迁的案例研究》，中国财经出版社 2005 年版。

[68] 蔡昉、都阳、王美艳：《劳动力流动的政治经济学》，生活·读书·新知三联出版社 2005 年版。

[69] 蔡昉：《户籍制度改革与城乡社会福利制度统筹》，《经济学动态》2010 年第 12 期。

[70] 曾一昕：《论二元劳动力市场下农民工人力资本提升的制度困境》，《江汉论坛》2007 年第 1 期。

[71] 陈传波：《农户风险与脆弱性：一个分析框架及贫困地区的经验》，《农业经济问题》2005 年第 8 期。

[72] 陈为智：《社会资本：弱势群体社会保障的一个视角》，《江南社会学院学报》2008 年第 2 期。

[73] 陈彧：《农民市民化问题研究：一个文献综述》，《社会与人口研究》2011 年第 5 期。

[74] 程令国、张晔、刘志彪：《新农保改变了中国农村居民养老模式吗？》，《经济研究》2013 年第 8 期。

[75] 程令国、张晔：《"新农合"：经济绩效还是健康绩效？》，《经济研究》2012 年第 1 期。

[76] 程名望、史清华、徐剑侠：《中国劳动力转移动因与障碍的一种解释》，《经济研究》2006 年第 4 期。

[77] 程名望：《中国农村劳动力转移：机理、动因和障碍——一

个理论框架与实证分析》，同济大学出版社 2012 年版。

[78] 邓秀华：《社会转型期农民工的政治参与渠道探析》，《东南学术》2013 年第 2 期。

[79] 丁士军：《关于家庭财富代际转移的几种假说》，《江汉论坛》1999 年第 5 期。

[80] 都阳、蔡昉、屈小博等：《延续中国奇迹：从户籍制度改革中收获红利》，《经济研究》2014 年第 8 期。

[81] 高虹、陆铭：《社会信任对劳动力流动的影响》，《中国农村经济》2010 年第 3 期。

[82] 高进云、乔荣锋：《农地城市流转前后农户福利变化差异分析》，《中国人口·资源与环境》2011 年第 21 期。

[83] 高强、贾海明：《农民工回流的原因及影响分析》，《农业科技管理》2007 年第 4 期。

[84] 高文书、高梅：《城镇灵活就业农民工社会保险问题研究》，《华中师范大学学报》（人文社会科学版）2015 年第 3 期。

[85] 葛晓巍、林坚：《影响我国外出劳动力回流的因素浅析》，《西北农林科技大学学报》（社会科学版）2009 年第 1 期。

[86] 郭继强、姜俪、陆利丽：《工资差异分解方法评述》，《经济学季刊》2011 年第 1 期。

[87] 郭力：《中部地区农民工回流的动因与应对机制研究》，《中南财经政法大学研究生报》2011 年第 3 期。

[88] 国务院发展研究中心课题组，侯云春、韩俊等：《农民工市民化进程的总体态势与战略取向》，《改革》2011 年第 5 期。

[89] 韩俊、崔传义、金三林：《现阶段我国农民工流动和就业的主要特点》，《发展研究》2009 年第 4 期。

[90] 韩俊强：《农民工工伤保险参保行为与城市融合——基于武汉市的调查》，《社会保障研究》2013 年第 4 期。

[91] 韩俊强:《农民工住房与城市融合》,《中国人口科学》2013年第2期。

[92] 胡金华、陈丽华、应瑞瑶:《农村劳动力迁移的影响因素分析——基于社会网络的视角》,《农业技术经济》2010年第8期。

[93] 胡学勤:《农民工受歧视的二元制度分析》,《扬州大学学报》(人文社会科学版)2007年第7期。

[94] 胡玉萍:《留京,还是回乡——北京市流动人口迁移意愿实证分析》,《北京社会科学》2007年第5期。

[95] 贾燕、李钢、朱新华等:《农户集中居住前后福利状况变化研究——基于"森"的可行能力视角》,《农业经济问题》2009年第2期。

[96] 蒋谦:《四川省农民工回流意愿影响因素分析》,四川农业大学硕士学位论文,2009年。

[97] 靳小怡、李树茁、朱楚珠:《农村不同婚姻形式下家庭财富代际转移模式的初步分析》,《人口与经济》2002年第1期。

[98] 寇恩惠、刘柏惠:《城镇化进程中农民工就业稳定性及工资差距——基于分位数回归的分析》,《数量经济技术经济研究》2013年第7期。

[99] 李春玲:《当代中国社会的声望分层——职业声望与社会经济地位指数测量》,《社会学研究》2005年第2期。

[100] 李家祥:《进城农民逆向回流及对中国城市化进程的影响——兼与拉美城市化相比较》,《求实》2007年第1期。

[101] 李培林、李炜:《近年来农民工的经济状况和社会态度》,《中国社会科学》2010年第1期。

[102] 李培林:《流动民工的社会网络和社会地位》,《社会学研究》1996年第4期。

[103] 李强、龙文进：《农民工留城与返乡意愿的影响因素分析》，《中国农村经济》2009 年第 2 期。

[104] 林善浪、张作雄、林玉妹：《家庭生命周期对农村劳动力回流的影响分析》，《公共管理学报》2011 年第 4 期。

[105] 刘传江、程建林：《第二代农民工市民化：现状分析与进程测度》，《人口研究》2008 年第 5 期。

[106] 刘传江、周玲：《社会资本与农民工的城市融合》，《人口研究》2004 年第 9 期。

[107] 刘翠霄：《中国农民的社会保障问题》，《法学研究》2001 年第 6 期。

[108] 刘建娥：《从农村参与走向城市参与：农民工政治融入实证研究——基于昆明市 2084 份样本的问卷调查》，《人口与发展》2014 年第 1 期。

[109] 刘俊博、李晓阳：《市民化角度下农民工社会保障机制研究：基于重庆市统筹城乡户籍改革的思考》，《西南农业大学学报》（社会科学版）2013 年第 11 期。

[110] 刘立波、罗芳：《农民工回流行为及其影响因素分析——以内蒙古通辽市巴彦塔拉镇为例》，《新疆农垦经济》2010 年第 11 期。

[111] 刘小年：《农民工市民化与户籍改革：对广东积分入户政策的分析》，《农业经济问题》2011 年第 3 期。

[112] 刘铮：《劳动力无限供给的现实悖论——农民工回流的成因及效应分析》，《清华大学学报》（哲学社会科学版）2006 年第 3 期。

[113] 陆铭、张爽：《劳动力流动对中国农村公共信任的影响》，《世界经济文汇》2008 年第 4 期。

[114] 陆铭：《说审稿》，《经济学家茶座》2011 年第 3 期。

［115］罗明忠：《农村劳动力转移后回流的原因：逻辑推演与实证检验》，《经济学动态》2008年第1期。

［116］马红梅、金彦平：《全球金融危机下我国农民工回流问题研究》，《农业经济》2009年第3期。

［117］马贤磊、孙晓中：《不同经济发展水平下农民集中居住前后的福利变化研究》，《南京农业大学学报》2012年第12期。

［118］孟德拉斯：《农民的终结》，社会科学文献出版社2010年版。

［119］明娟：《农民工回流动因及关键影响因素研究——基于安徽太和、宿松的调查分析》，《重庆科技学院学报》（社会科学版）2010年第20期。

［120］纳列什·辛格、乔纳森·吉尔曼：《让生计可持续》，《国际社会科学杂志（中文版）》2000年第4期。

［121］聂建亮、钟涨宝：《新农保养老保障能力的可持续研究——基于农民参保缴费档次选择的视角》，《公共管理学报》2014年第11期。

［122］聂伟、王小璐：《人力资本、家庭禀赋与农民的城镇定居意愿——基于CGSS2010数据库资料分析》，《南京农业大学学报》（社会科学版）2014年第5期。

［123］潘杰、雷晓燕、刘国恩：《医疗保险促进健康吗？》，《经济研究》2013年第3期。

［124］潘烜、程名望：《农民工就业满意度与市民化关系的实证分析》，《经济体制改革》2014年第4期。

［125］彭希哲、赵德余、郭秀云：《户籍制度改革的政治经济学思考》，《复旦学报》（社会科学版）2009年第3期。

［126］戚迪明：《城市化进程中农民工回流决策与行为：机理与实证》，沈阳农业大学博士学位论文，2013年。

[127] 钱文荣、李宝值:《初衷达成度、公平感知度对农民工留城意愿的影响及其代际差异——基于长江三角洲 16 城市的调研数据》,《管理世界》2013 年第 9 期。

[128] 秦雪征、郑直:《新农合对农村劳动力迁移的影响:基于全国性面板数据的分析》,《中国农村经济》2011 年第 10 期。

[129] 任远、陶力:《本地化的社会资本与促进流动人口的社会融合》,《人口研究》2012 年第 5 期。

[130] 盛来运:《农民工的困惑:返乡还是留城》,《中国统计》2009 年第 5 期。

[131] 石莹:《搜寻匹配理论与中国劳动力市场》,《经济学动态》2010 年第 12 期。

[132] 石智雷,易成栋:《长期保障、投资回报与迁移劳动力回流决策》,《经济评论》2013 年第 3 期。

[133] 石智雷、薛文玲:《中国农民工的长期保障与回流决策》,《中国人口·资源与环境》2015 年第 1 期。

[134] 石智雷、杨云彦:《家庭禀赋、家庭决策与农村迁移劳动力回流》,《社会学研究》2012 年第 3 期。

[135] 石智雷、杨云彦:《家庭禀赋、农民工回流与创业参与——来自湖北恩施州的经验证据》,《经济管理》2012 年第 3 期。

[136] 石智雷、朱明宝:《农民工就业稳定性与农民工社会融合》,《中南财经政法大学学报》2014 年第 3 期。

[137] 石智雷:《城乡预期、长期保障和迁移劳动力的城市融入》,《公共管理学报》2013 年第 2 期。

[138] 石智雷:《农村家庭禀赋、劳动力回流与能力建设》,《重庆社会科学》2013 年第 5 期。

[139] 石智雷:《迁移劳动力城乡收入预期的动态变迁及影响因素分析》,《经济评论》2012 年第 4 期。

[140] 孙国峰、张旭晨:《新生代农民工社会保障问题实证分析——以甘肃省为例》,《调研世界》2013年第12期。

[141] 孙敬水、黄秋虹:《中国城乡收入差距主要影响因素及其贡献率研究——基于全国31个省份6937份家庭户问卷调查数据分析》,《经济理论与经济管理》2013年第6期。

[142] 童雪敏、晋洪涛、史清华:《农民工城市融入:人力资本和社会资本视角的实证研究》,《经济经纬》2012年第5期。

[143] 王春光:《农村流动人口的"半城市化"问题研究》,《社会学研究》2006年第5期。

[144] 王桂新、沈建法、刘建波:《中国城市农民工市民化研究——以上海为例》,《人口与发展》2008年第1期。

[145] 王国辉、穆怀中:《社会保障对乡城迁移的影响——以10村444户农户调查为例》,《辽宁工程技术大学学报》(社会科学版)2007年第6期。

[146] 王美艳:《城市劳动力市场上的就业机会与工资差异——外来劳动力就业与报酬研究》,《中国社会科学》2005年第5期。

[147] 王伟同:《城镇化进程与社会福利水平——关于中国城镇化道路的认知与反思》,《经济社会体制比较》2011年第3期。

[148] 王跃生:《婚事操办中的代际关系:家庭财产积累与转移》,《中国农村观察》2010年第3期。

[149] 王子成、赵忠:《农民工迁移模式的动态选择:外出、回流还是再迁移》,《管理世界(月刊)》2013年第1期。

[150] 魏凤、金华旺:《农民视角下新农合保障能力及影响因素评估——基于宝鸡市421户参合农民的调研》,《人口与经济》2012年第4期。

[151] 吴忠民:《从平均到公正:中国社会政策的演进》,《社会学

研究》2004 年第 1 期。

[152] 肖云、蔡旺春：《农民工如何实现从土地保障向制度保障转变》，《经济与管理》2005 年第 3 期。

[153] 谢桂华：《中国流动人口的人力资本回报与社会融合》，《中国社会科学》2012 年第 4 期。

[154] 谢建社、牛喜霞、谢宇：《流动农民工随迁子女教育问题研究——以珠三角城镇地区为例》，《中国人口科学》2011 年第 1 期。

[155] 谢小玉、叶静怡、王小佳：《农民在户籍制度改革中的意愿及原因分析——以重庆市荣昌县昌元街道办事处方家坝村为例》，《西南农业大学学报》（社会科学版）2012 年第 10 期。

[156] 徐建玲：《农民工市民化进程度量：理论探讨与实证分析》，《农业经济问题》2008 年第 9 期。

[157] 许传新：《农民工的进城方式与职业流动——两代农民工的比较分析》，《青年研究》2010 年第 3 期。

[158] 杨菊华：《城乡差分与内外之别：流动人口社会保障研究》，《人口研究》2011 年第 9 期。

[159] 杨菊华：《从隔离、选择融入到融合：流动人口社会融入问题的理论思考》，《人口研究》2009 年第 1 期。

[160] 杨俊玲、谢嗣胜：《农民工住房现状研究》，《农业经济问题》2012 年第 1 期。

[161] 杨云彦、石智雷：《中国农村地区的家庭禀赋与外出务工劳动力回流》，《人口研究》2012 年第 4 期。

[162] 姚洋：《中国农地制度：一个分析框架》，《中国社会科学》2000 年第 2 期。

[163] 叶静怡、李晨乐：《人力资本、非农产业与农民工返乡意

愿：基于北京市农民工样本的研究》，《经济学动态》2011年第9期。

[164] 叶静怡、王琼：《进城务工人员福利水平的一个评价》，《经济学季刊》2014年第4期。

[165] 余运江、孙斌栋、孙旭：《社会保障对农民工回流意愿有影响吗？》，《人口与经济》2014年第6期。

[166] 袁方、史清华：《不平等之再检验：可行能力和收入不平等与农民工福利》，《管理世界》2013年第10期。

[167] 袁志刚：《乡—城劳动力流动、工资决定机制与劳动市场政策》，《云南财经大学学报》2013年第6期。

[168] 悦中山、李树茁、靳小怡等：《从"先赋"到"后致"：农民工的社会网络与社会融合》，《社会》2011年第6期。

[169] 郧彦辉：《农民工市民化测量体系及评估方法探析》，《学习与实践》2009年第8期。

[170] 张国胜、陈瑛：《社会成本、分摊机制与我国农民工市民化——基于政治经济学的分析框架》，《经济学家》2013年第1期。

[171] 张国胜：《基于社会成本考虑的农民工市民化：一个转轨中发展大国的视角与政策选择》，《中国软科学》2009年第4期。

[172] 张凯博：《西部农民工回流的成因及影响分析——基于劳动经济学人口流动理论》，《经济研究导刊》2013年第19期。

[173] 张丽艳、陈余婷：《新生代农民工市民化意愿的影响因素分析——基于广东省三市的调查》，《西北人口》2012年第4期。

[174] 张裴：《新生代农民工市民化现状及影响因素》，《人口研究》2011年第6期。

[175] 张玮:《农村剩余劳动力城市居留意愿研究——基于河南省18地市调查数据》,《西北人口》2012年第3期。

[176] 张杨珩:《影响农民工回流意愿的个体因素分析——以南京市进城农民工为实证》,《内蒙古农业大学学报》(社会科学版)2011年第2期。

[177] 张翼:《农民工"进城落户"意愿与中国近期城镇化道路的选择》,《中国人口科学》2011年第2期。

[178] 张展新、高文书、侯慧丽:《城乡分割、区域分割与城市外来人口社会保障缺失——来自上海等五城市的证据》,《中国人口科学》2007年第6期。

[179] 张宗益、周勇、卢顺霞等:《西部地区农村外出劳动力回流:动因及其对策》,《统计研究》2007年第12期。

[180] 章元、高汉:《城市二元劳动力市场对农民工的户籍与地域歧视——以上海市为例》,《中国人口科学》2011年第5期。

[181] 赵亮、张世伟、樊立庄:《金融危机环境下农民工回流问题分析》,《江西社会科学》2009年第8期。

[182] 赵延东、王奋宇:《城乡流动人口的经济地位获得及决定因素》,《中国人口科学》2002年第4期。

[183] 郑功成:《中国社会保障改革与制度建设》,《中国人民大学学报》2003年第1期。

[184] 郑思齐、廖俊平、任荣荣等:《农民工的住房政策与经济增长》,《经济研究》2011年第2期。

[185] 中国经济体制改革总体设计课题组:《企业社会保障职能的独立化》,《经济研究》1993年第11期。

[186] 周大鸣、刘朝晖:《制度性歧视与社会公正——以厦门农民工为例》,《西南民族大学学报》(人文社科版)2006年第11期。

[187] 周密、张广胜、杨肖丽等:《城市规模、人力资本积累与新生代农民工城市融入决定》,《农业技术经济》2015年第1期。

[188] 朱信凯:《农民市民化的国际经验及对我国农民工问题的启示》,《中国软科学》2005年第1期。

[189] 邹进泰、覃国慈:《农民工回流的经济学分析》,《江汉论坛》2009年第3期。

后　记

　　大规模的人口跨城乡、跨地区迁移是中国过去四十年最显著的社会现象之一，也是整个人类历史上最庞大的城市化运动。研究中国劳动力迁移的文献浩如烟海，有从空间的角度研究人口迁移和人口分布，有从社会学的角度研究流动人口的市民化和社会融合，有从经济学的角度研究劳动力迁移的经济社会影响。纵观学术界，迁移人口的调研数据多、案例分析多、计量分析也多，对其从理论上进行思考和构建的文章则不多见。当我们进行理论回顾的时候，还是刘易斯的二元结构模型、托达罗的三部门模型、巴格内的推拉理论或斯塔克的新迁移经济理论等等，而现实中我国的人口迁移繁杂度和时代命题，早已超越了这些理论可以解释的范畴。学术研究，重在、贵在也需要与时俱进和推陈出新。经典理论存在的价值，一方面是对当时社会问题或社会现象的解释，另一方面也是期待和帮助后人实现新的超越。这是前辈学者们的胸怀与期许，更是当下我们学术研究的责任和使命。真正的投入其中，才会知道理论创新何其的困难。一次次的努力，或许仅仅是试错，是提醒后面的研究者不要再犯同样的错误；如果可以为当下的现实提供一定的解释，为后来者提供些许的借鉴或基础，已经让人十分的欣慰。

　　本书是对我国农民工市民化的理论和经验探索。农民工市民化是人口学、社会学和经济学等不同学科共同关注的学术命题，一方面由于它是人口迁移的重要组成部分，是农村劳动力迁移的目标和终点，另一方面它构成了现代社会变迁的主旋律，更是实现中国现代化发展的核心路径。在本书中，我们沿着雷文斯坦、巴格内和埃弗雷特·李等学者的研究思路，同时借鉴阿玛蒂亚·森的可行能力理论，构建了农民工市民化的社会保护分析框架。本书认为农民工市民化受到流出地和流入地的推－拉力双重作用，在当前发展阶段，这种推拉力的重点转向了以往大家所忽视的社会保护因素。市民化可以看作是农民工个人能力的体现，或者个人能力的结果。个人能力有三个层次，第一层就是大家一般认识的个人能力，以个人素质为主要内容，第二层是个人发展能力的家庭层面拓展，即个人所拥有和可供其使用的家庭禀赋状况，第三个层次是外界环境，包括制度和社区环境等。农民工的社会保护是农民工在个人素质以外用以维持生计的资源或者权利。政府、企业和家庭分别从不同的层面提供社会保护。在农民工的狭义个人能力之外建立维持生计的社会保护体系，才是让农民工在城市"落地生根"、推动农民工市民化的关键。

本书是中南财经政法大学人口与健康研究中心学术团队共同努力的结晶。感谢杨云彦教授为本研究提供的研究方向和方法论指导。本书部分章节已在学术期刊上发表，感谢这些期刊对本书出版的授权，更感谢论文撰写的合作者们，他们是兰州财经大学的赵锋教授、中南财经政法大学的朱明宝博士。感谢人口学和区域经济学专业研究生的出色助研工作，他们是吕琼、高晴、彭慧、张勇、施念、杨雨萱、吴为玲、薛文玲等。更要感谢中国社会科学出版社编辑徐沐熙老师的倾力帮助。

今天也是儿子石牧尘出生的日子。感谢妻子詹书杭对我学术研究的默默支持，对家庭的无私奉献。

石智雷

2018 年 10 月 1 日